**ALICE SCHWARZER**
LEBENSWERK

# ALICE SCHWARZER
## LEBENSWERK

Kiepenheuer & Witsch

Aus Verantwortung für die Umwelt hat sich der *Verlag Kiepenheuer & Witsch*
zu einer nachhaltigen Buchproduktion verpflichtet. Der bewusste Umgang
mit unseren Ressourcen, der Schutz unseres Klimas und der Natur gehören
zu unseren obersten Unternehmenszielen.

Gemeinsam mit unseren Partnern und Lieferanten setzen wir uns
für eine klimaneutrale Buchproduktion ein, die den Erwerb von
Klimazertifikaten zur Kompensation des $CO_2$-Ausstoßes einschließt.

Weitere Informationen finden Sie unter:
*www.klimaneutralerverlag.de*

Verlag Kiepenheuer & Witsch, FSC® N001512

1. Auflage 2020

© 2020, Verlag Kiepenheuer & Witsch, Köln
Alle Rechte vorbehalten.
Covergestaltung: Barbara Thoben, Köln
Umschlagmotiv Vorderseite: © Gabo / Agentur Focus;
Rückseite: © Walter Vogel
Gesetzt aus der Scala und Brandon Grotesque
Satz: Buch-Werkstatt GmbH, Bad Aibling
Druck und Bindung: CPI books GmbH, Leck
ISBN 978-3-462-05436-1

*Für Margarete Schwarzer, geb. Büsche*

# INHALT

- 11 Statt eines Vorwortes: Ich bin Ich
- 15 Wie halten Sie das aus, Frau Schwarzer?
- 33 Wer hat die Frauenbewegung gegründet?
- 53 Vilar, Feldbusch, Romy
 Oder: Was im Fernsehen (nicht) möglich ist
- 65 Sexuelle Identitäten: Neue Freiheiten?
- 85 Frauenarbeit – Männerarbeit
- 95 Begegnungen mit Angela Merkel, 1991–2020
- 117 *EMMA: so fing es an!*
- 134 *Alltag in EMMA*
- 139 *Männer in EMMA*
- 144 *Humor und Feste in EMMA*
- 152 *Die EMMA-Kampagnen*
- 159 Recht ist nicht gleich Gerechtigkeit
- 167 Abtreibung und kein Ende
- 173 Von der *Stern*-Klage bis zu PorNo
- 187 Missbrauch und Kinderfreunde à la Woody Allen
- 203 Frauenhass: Aus Worten werden Taten
- 219 Prostitution und Menschenwürde
- 231 Welchen Islam wollen wir?

247 Schulter an Schulter: Politikerinnen und Feministinnen

255 Unvereinbar? Soldatinnen und Pazifistinnen

261 West-Feministinnen und Ost-Genossinnen

269 Judenhass und Frauenhass

275 Von Köln bis Algier: der Silvester-Schock

291 Menschen brauchen Vorbilder

301 Ich bin da. Mein Herz schlägt.

317 **Schlüsseltexte**

319 *Wir haben abgetrieben!* | 1971

320 *Abtreibung: Frauen gegen den § 218* | 1971

325 *Die unsichtbare Frauenarbeit* | 1973

330 *Der kleine Unterschied und seine großen Folgen* | 1975

339 *Der Stern-Prozess* | 1978

343 *Frauen ins Militär* | 1978

347 *Iran: Die Betrogenen* | 1979

355 *Emanzipiert Pädophilie?* | 1980

358 *Prostitution: Das verkaufte Geschlecht* | 1981

365 *Essstörungen: Dünne machen!* | 1984

370 *Homoehe: Auch das noch?* | 1984

373 *Die Würde der Frau ist antastbar* | 1987

378 *Warum musste Angelika B. sterben?* | 1991

386 *Irak – die Mutter aller Schlachten* | 1991

391 *Newton: Kunst oder Pornografie?* | 1993

396 *Frauenmörder, die SS des Patriarchats* | 1994

399 *Lorena Bobbitt | Beyond Bitch* | 1994

| | |
|---|---|
| 402 | Tage in Ravensbrück | 1995 |
| 411 | Ich habe einen Traum | 2000 |
| 414 | Zum Beispiel Daniel Cohn-Bendit | 2001 |
| 419 | Von Herren- und Untermenschen | 2002 |
| 423 | Die Gotteskrieger und die falsche Toleranz | 2002 |
| 430 | Der Aufstand der jungen Muslime | 2005 |
| 434 | Schröder: Ein Mann sieht rot | 2005 |
| 438 | Bushido: Du bist ein Spießer! | 2010 |
| 440 | Prostitution – ein deutscher Skandal | 2013 |
| 444 | 10 Jahre Kanzlerin | 2016 |
| 448 | Der gekränkte Mann | 2016 |
| 453 | Die Burka verstößt gegen das Grundgesetz! | 2016 |
| 458 | MeToo: Sexuelle Gewalt & Macht | 2018 |
| | |
| 463 | Danksagung |
| 465 | Anmerkungen |
| 470 | Bildnachweis |
| 471 | Personenregister |

# STATT EINES VORWORTES: ICH BIN ICH

Wo bei anderen Menschen der Beruf steht, ist bei mir häufig zu lesen: »Alice Schwarzer, Feministin«. Als sei meine politische Haltung mein Beruf. Und als hätte der Feminismus nicht viele Facetten – und so manche sogar konträr zu meinen Überzeugungen. Nein, von Beruf bin ich Journalistin, von Überzeugung Humanistin, Pazifistin und Feministin – und als solche stehe ich in *einer* ganz bestimmten Tradition. Ansonsten stehe ich nur für mich, für das, was ich persönlich getan oder veröffentlicht habe. Ich rede nicht im Namen anderer oder von Ideologien, sondern nur in meinem Namen. Ich bin Ich.

Die feministische Theorie und Praxis, die in der Moderne etwa seit 170 Jahren existiert, war nie einheitlich – so wenig wie der Sozialismus –, sondern hatte von Anfang an drei unterschiedliche Hauptströmungen: Erstens die Reformerinnen, die nicht auf Aufhebung der Geschlechterrolle (Gender) und uneingeschränkt gleichen Rechten und Chancen bestehen, jedoch die Lage der Frauen verbessern wollen. Zweitens die Differenzialistinnen, die von einer »Gleichwertigkeit« der Geschlechter im Unterschied ausgehen, angeboren oder irreversibel konditioniert. Drittens die Radikalen, deren Ziel die Aufhebung der Geschlechterrollen sowie gleiche Rechte und Chancen für beide Geschlechter sind. Zu Letzteren gehöre ich.

Denn ich glaube nicht an eine determinierende »Natur der Frau«, so wenig wie an eine Natur des Mannes bzw. des Menschen überhaupt. Ich gehe davon aus, dass der biologische Faktor nur einer von vielen ist, die den Menschen definieren, und dass die real existierenden Unterschiede, die heute zweifellos zwischen den Geschlechtern bestehen – und nicht nur zwischen ihnen –, »gemacht« sind. Doing gender, wie das heute im Angelsächsischen heißt. Oder: »Wir werden nicht als Frauen geboren, wir werden es«, wie Simone de Beauvoir es vor über 70 Jahren formuliert hat.

Frauen sind keineswegs »von Natur aus friedlich« und Männer nicht zwingend gewalttätig; Frauen sind nicht von Natur aus mütterlich und Männer nicht nicht fürsorglich; sie sind auch nicht von Natur aus emotional und Männer rational. Es gibt zahlreiche Beispiele individueller Abweichungen, die das Gegenteil belegen. Die vorgeblich »weiblichen« und »männlichen« Eigenschaften sind das Resultat tiefer Prägungen, langer Traditionen und täglich erneuerter Zu(recht)weisungen. Die Folge ist die Verstümmelung von Menschen zu »Frauen« und »Männern«.

Der überwältigenden Mehrheit der Menschen wird bis heute eine Geschlechterrolle zugewiesen: weiblich oder männlich. Die Möglichkeit auf Diversität und ein »queeres« Leben ist einer winzigen Szene vorbehalten und keineswegs gesichert. Mein Ideal jedoch sind nicht drei, vier, viele Geschlechter, sondern ist der ganzheitliche Mensch. Also ein Mensch, der sich – je nach Begabung, Interessen und Möglichkeiten – unabhängig von seiner Biologie sowohl »weibliche« als auch »männliche« Eigenschaften und Leidenschaften zugestehen kann und daran weder gehindert noch dafür bestraft wird. Doch davon sind wir in der westlichen Welt nach mindestens 4000 Jahren Patriarchat und erst einem halben Jahrhundert neue Frauenbewegung noch ein gutes Stück entfernt, vom Rest der Welt ganz zu schweigen. Dennoch ist durchaus einiges in Bewegung geraten: Männer schieben Kinderwagen und Frauen sitzen in Chefsesseln. Doch auch von diesen Rollenbrecherinnen wird weiterhin erwartet, dass sie trotz alledem »ganz Frau« bleiben. Wenn nicht, wird das sanktioniert.

Ich zum Beispiel bin nach traditionellen Kriterien eigentlich eher »weiblich«, also fürsorglich und menschenorientiert, ich koche gerne und trage lieber Kleider. Gleichzeitig jedoch gestehe ich mir einige als »männlich« konnotierte Eigenschaften zu: offene Konfliktfähigkeit, kein dauerdämliches Lächeln und nicht geleugnete Macht, auch wenn die sehr relativ ist. Was in meinem Fall schon genügt, mich als »Mannweib« abzustempeln. Seit der Wiederbelebung des Feminismus in den 70er Jahren werden Abweichungen von der Geschlechterrolle bei Frauen schärfer sanktioniert als bei Männern. Darum tragen so viele besonders tüchtige Frauen zum Anzug besonders hohe High Heels. Sie wollen den Männern damit signalisieren: Keine Sorge, ich bin trotz alledem auch nur eine Frau. Was immer das heißen mag – eine Frau sein.

Ich stehe in der Tradition von Frauenrechtlerinnen wie Olympe de Gouges (1748–1793), die für ihre »Deklaration der Rechte der Frau und Bürgerin« von den Revolutionären von 1789 unter die Guillotine geschleift wurde; Hedwig Dohm (1831–1919), die die Scharfsinnigste in der historischen Frauenbewegung war (»Die Menschenrechte haben kein Geschlecht«) und heftig bekämpft wurde; Virginia Woolf (1882–1941), die geniale Schriftstellerin und Feministin, oder Simone de Beauvoir (1908–1986), die große Vordenkerin vom »Anderen Geschlecht«. Und auch von Weggefährtinnen wie in Amerika Kate Millett (»Sexus und Herrschaft«) oder Shulamith Firestone (»Die sexuelle Revolution«), beide leider schon tot. Mit Susan Faludi (»Backlash«), der Interessantesten aus der Töchtergeneration, stehe ich seit Jahrzehnten in freundschaftlichem Austausch. Wir arbeiten als Autorinnen wohl nicht zufällig oft an den gleichen Themen: Gendergap, »neue« Weiblichkeit, irritierte Männlichkeit oder Transsexualität.

Alle diese Frauen woll(t)en, ganz wie ich, nicht nur die Frauen befreien, sondern die Menschen. Wir radikalen Feministinnen sind gegen jegliche Unterdrückung und Ausbeutung, gegen Gewalt und Machtmissbrauch. Innerhalb dieses Spektrums gehöre ich allerdings zu der gemäßigten Fraktion. Das heißt, ich bin immer auch offen für Kompromisse und Reformen, soweit sie den Menschen hier und heute nutzen – und sie kein Hindernis sind auf dem Weg zum Ziel oder gar ein Rückschlag. Aus diesem Grund habe ich früh auch den Schulterschluss mit »gemäßigten« Frauenrechtlerinnen und frauenbewussten Politikerinnen gesucht.

Gerade leben wir in einer Zeit, in der solche Koalitionen für Frauen wieder überlebenswichtig werden. Den letzten Teil dieser Standortbestimmung schreibe ich in den Monaten der Corona-Krise. Es ist eine eigenartige Atmosphäre, zwischen Nachdenklichkeit und Panik. Viele Menschen werden Schrammen davontragen. Und eines ist schon jetzt klar: Die Frauen werden besonders betroffen sein. Jobs brechen weg und das Homeoffice ist nicht nur Erleichterung, sondern auch Gefahr. Die gute alte Arbeitsteilung zwischen den Geschlechtern feiert Urstände. Erste Studien zeigen, dass auch bei gleichberechtigt berufstätigen Eltern die Kinderversorgung und Hausarbeit wieder vor allem an den Frauen hängen bleibt. Vor einer »Retraditionalisierung der Geschlechterrollen« wird gewarnt.

In den vergangenen Jahren haben mir manche Medien das Etikett »Alt-Feministin« verpasst. Als sei ich als Vertreterin einer politischen Theorie schon überholt, nur weil diese Theorie 50 Jahre alt ist oder 170 Jahre, rechnen wir die historische Frauenbewegung dazu. Schließlich reden wir von einer Theorie und Praxis, die in der zweiten Hälfte des 20. Jahrhunderts die tiefgreifendste soziale Revolution unserer Epoche ausgelöst und auch mein Leben radikal verändert hat.

Im ersten Teil meiner Lebenserinnerungen, in dem 2011 erschienenen »Lebenslauf«, bin ich der Frage nachgegangen: Woher komme ich? Was hat mich geprägt? Wie bin ich zu der geworden, die ich bin? Es geht darin um die Jahre 1942 bis 1977. In diesem zweiten Teil setze ich nun den Akzent auf die publizistischen und politischen Aktivitäten meines Lebens. Ich beginne Mitte der 1970er Jahre und gehe bis ins Heute. 1975, das war der Turning Point meines Lebens. Seither bin ich eine öffentliche Person.

# WIE HALTEN SIE DAS AUS, FRAU SCHWARZER?

»Wie halten Sie das aus, Frau Schwarzer?« Das ist die Frage, die ich auf jeder Veranstaltung irgendwann zu hören bekomme. Auf jeder. So auch heute, am 28. April 2019 im Düsseldorfer Schauspielhaus. Vor mir sitzen rund tausend Menschen, überwiegend Frauen, etwa ein Viertel Männer. Viele von ihnen, auch die Männer, werden nachher noch zum Signiertisch kommen, mich anstrahlen und Handyfotos mit mir machen. Aber jetzt sitzen sie da in dem halbdunklen Raum und halten die Luft an. Was sagt sie jetzt?

Ich habe inzwischen eine gewisse Routine, aber dennoch gibt diese Frage mir jedes Mal einen Stich ins Herz. Ja, wie halte ich es eigentlich aus? Ganz ehrlich, manchmal weiß ich es selber nicht. Denn schließlich geht das so seit 45 Jahren. Seit ich durch mein Streitgespräch mit Esther Vilar am 6. Februar 1975 eine öffentliche Person wurde. Schlimmer: eine öffentliche Feministin. Noch schlimmer: die Feministin Nr. 1. Die, die für alles verantwortlich ist. Dafür, dass eine Amerikanerin namens Lorena Bobbitt 1993 ihrem Mann den Penis abgeschnitten hat (nach jahrelangen Vergewaltigungen). Oder auch, falls Frau Seehofer ihrem Gatten jemals die Weißwürste kalt servieren sollte (was wohl nie der Fall sein wird, gottbehüte).

Wenn ich also so dastehe auf der Bühne und, wie meist nach meinen Vorträgen oder Lesungen, mit den Menschen diskutiere, wird mir immer wieder klar: Es hat sich seit meinen turbulenten Veranstaltungen nach dem Erscheinen vom »Kleinen Unterschied«[1] 1975 nichts Grundlegendes geändert. Die Neugierde oder Erwartungen, die leidenschaftliche Zustimmung oder das zögerlich erwachende Interesse – das war schon vor 45 Jahren so. Weniger geworden sind nur die Aggressionen und Anzüglichkeiten. Kaum einer brüllt heute noch quer durch den

Saal: »Sie sind doch gar keine normale Frau, Frau Schwarzer!« Daran sehe ich, dass seither doch einiges passiert ist.

Aber jedes Mal und immer wieder muss ich die Mauer der Klischees durchbrechen, versuchen, die Menschen zu erreichen, um ihnen zu zeigen, wer ich wirklich bin, wofür ich wirklich stehe. Und immer wieder muss ich – nach jeder der etwa alle fünf Jahre über mich hinwegschwappenden, rituellen Anti-Schwarzer-Kampagnen – die frohe Kunde meines Überlebens überbringen. Das beruhigt die Frauen. Es sind ja fast immer Frauen, die mich fragen. Und sie fragen es nicht nur in Sorge um mich, sondern auch aus Sorge um sich. Denn sie wissen längst: Mit den Angriffen auf »die Schwarzer« sind auch sie gemeint. Ich bin persönlich wie stellvertretend im Visier: Seht her, das machen wir mit so einer! So soll ich zur Unberührbaren gemacht werden. Was nicht ganz klappt, aber doch ein bisschen – wie wir an den Äußerungen so mancher Spitzensportlerin oder Topmanagerin sehen: Ja, ich bin emanzipiert, aber keine Alice Schwarzer ...

Aber Alice Schwarzer ist Alice Schwarzer. Sie kommt da nicht raus. Und sie steht immer noch auf der Bühne und ist eine Antwort schuldig. Zum Beispiel darauf, wie ich es eigentlich aushalte, dass mir seit dem Erscheinen vom »Kleinen Unterschied« die »Weiblichkeit« (was immer das sein mag) sowie das Begehrtwerden (von wem und mit welchen Motiven auch immer) öffentlich abgesprochen werden. Seither bin ich keine »richtige Frau« mehr. Denn für eine »richtige Frau« lautet das oberste Gebot, begehrt und geliebt werden zu wollen – und nicht etwa aufzubegehren und sich unbeliebt zu machen.

Das geht seit meinem TV-Streitgespräch mit Esther Vilar und der Veröffentlichung vom »Kleinen Unterschied« so. Seit ich den bis dahin öffentlich stummen Frauen eine Stimme gegeben habe. Spätestens da hatten viele Frauen verstanden. Verstanden, dass sie nicht allein sind mit ihren Problemen, sondern die Sache System hat. Seither lag ich bei Zwisten im Ehebett auf der Ritze: Für oder gegen Alice?

»Der kleine Unterschied« wurde zu meiner eigenen Überraschung ein internationaler Bestseller: von Brasilien bis Japan identifizierten Frauen sich mit den 18 deutschen Frauen, die ich als Fallbeispiele gewählt hatte. Das Buch ist ein Longseller, seit 45 Jahren wird es immer wieder neu aufgelegt.

Im Januar 2020 besuchte ich die »Schwemme« eines Kölner Brauhauses. Das sind Kombüsen, in denen die Fässer stehen und das Bier gezapft wird. Einheimische gehen da gerne auf einen Sprung rein, um stehend ein Kölsch zu trinken oder auch zwei. Am Zapfhahn stand eine junge Frau (was relativ neu ist, traditionell sind Köbesse in den Brauhäusern Männer). Mitte zwanzig, hübsch, blonder Pferdeschwanz. Nach ein paar Minuten wandte sie sich zu mir: »Hör mal, Alice. (Es ist Tradition in den Brauhäusern, sich zu duzen.) Es ist sonst nicht meine Art, Gäste anzusprechen. Aber ich habe gerade den ›Kleinen Unterschied‹ gelesen und mich total wiedergefunden in dem Buch. Jetzt habe ich es meinem Freund in die Hand gedrückt.« Ich staune. Julia (so heißt sie) redete weiter: »Du erwähnst in dem Buch doch, dass sich die Träume weißer Amerikanerinnen von denen weißer Amerikaner stärker unterscheiden als die Träume weißer Amerikanerinnen von denen weiblicher Aborigines in Australien. Und stell dir vor, ich habe meine Freundinnen gefragt: Die haben auch alle ganz andere Träume als ihre Freunde!« Nun bin ich doch überrascht.

Es geht also weiter. Und solange das so ist, werde ich Ärger haben. Es hätte mir eigentlich von Anbeginn an klar sein müssen, dass eine Autorin, die die Funktion von Liebe und Sexualität analysiert und den Frauen sagt, sie sollten nicht länger relative Wesen bleiben, sondern eigenständige Menschen werden, dass die nicht ungeschoren davonkommt. Aber ich war naiv, ich war damals tatsächlich nicht darauf gefasst. Ich habe einfach immer geradeaus gesagt, was ich denke.

»Frustrierte Tucke« (*Süddeutsche Zeitung*), »Hexe mit stechendem Blick« (*Bild*) oder auch »Nachteule mit dem Sex einer Straßenlaterne« (Münchner *Abendzeitung*), so tönte es 1975 in den Gazetten. Quasi unwidersprochen. So was geht natürlich nicht spurlos an einem Menschen vorbei. Der *ZEIT*-Autor Christian Schultz-Gerstein war einer der ganz wenigen, die gegenhielten. 1976 schrieb er: »Und ein Ende der Beschimpfungen, die offenkundig kein anderes Ziel haben als das, die deutsche Frauenrechtlerin Alice Schwarzer so lange zu demütigen, bis sie es endlich gefressen hat, dass sie ihre Schnauze halten soll, ein Ende dieser bisher längsten und perfidesten Menschenjagd in der Geschichte der Bundesrepublik ist nicht abzusehen. Denn Alice Schwarzer hat immer noch nicht abgeschworen.«

Schultz-Gerstein war vermutlich besonders sensibilisiert, weil der Reporter mich – als Einziger in all den Jahrzehnten! – bei einer Lesereise begleitet hatte. Da hatte er sich selber ein Bild machen können von dem leidenschaftlichen Interesse der Menschen und wie ich damit umging. Er war nicht unbedingt meiner Meinung, aber schockiert darüber, dass mir nicht der »selbstverständliche Schutz« für Andersdenkende gewährt wurde, sondern, wie er in der ZEIT schrieb, »rechte wie linke Journalisten gleichermaßen ihr stumpfsinniges ›Schwanz-ab-Schwarzer‹ predigen, das so verdächtig nach ›Kopf-ab-Schwarzer‹ klingt. Und dass sie es ihren Lesern vormachen, wie man mit so einer umspringt. Das ist schon furchterregend.«[2] Ja, das war es.

Um meine Lage zu verstehen, muss man sich klarmachen, dass ich in Deutschland in einer ziemlich einmaligen Situation war. In Ländern wie Amerika bekamen damals etwa ein Dutzend öffentlicher Feministinnen die volle Breitseite ab: von Kate Millett, Shulamith Firestone, Gloria Steinem, Phyllis Chesler, Susan Brownmiller oder Robin Morgan bis Andrea Dworkin, um nur ein paar zu nennen. Hierzulande aber starteten die Feministinnen spät und zögerlich. Ich aber hatte meinen Feminismus früh aus Frankreich importiert und war eine medial erfahrene Journalistin. So konnten mich die Medien zur Einzigen stilisieren, was allerdings eine höchst zweifelhafte Ehre war. Von den genannten Amerikanerinnen landeten drei zeitweise in der Psychiatrie, und Firestone brachte sich 2012 um. Auch den Restlichen ging es nicht immer gut. Denn sie waren, ganz wie ich, nicht nur Zielscheibe von Männern und Medien, sondern auch der eigenen Schwestern. Das ist das vielleicht dunkelste Kapitel unter Feministinnen: der Schwesternstreit (Phyllis Chesler, die Autorin des Klassikers »Frauen, das verrückte Geschlecht«[3], hat 2002 darüber ein schmerzliches Buch geschrieben: »Woman's Inhumanity to Woman«[4]).

Da wussten wir noch nicht, wie es seit dem Erscheinen vom »Anderen Geschlecht« – dieser 1949 erschienenen »Bibel der neuen Frauenbewegung« – der von uns so bewunderten Simone de Beauvoir ergangen war. Eine brachiale Welle der Einschüchterung und Diffamierung war über sie weggegangen, und zwar seitens vieler Männer wie auch so mancher Frauen. Sie sei »frustriert«, »lesbisch« (zu der Zeit hatte Beauvoir ein leidenschaftliches Verhältnis mit Nelson Algren) und vermutlich habe eh Sartre das Buch geschrieben. Nach ihrem Tod 1986 wurden der Schriftstellerin und Philosophin noch mal Kübel von Dreck hinterhergeworfen, und zwar vor allem in fortschrittlichen Publikationen: »Ihr Werk: Mehr Popularisierung als Kreation« (*Le Monde*); »Sie besaß so viel Fantasie wie ihr Tintenfass« (*Revue de deux Monde*); »Sartres Krankenschwester« (*New York Times*).

Die Rede ist von der Frau, die die vermutlich einflussreichste Intellektuelle des 20. Jahrhunderts war; die im »Anderen Geschlecht« das »Doing Gender«, das »Machen« der Geschlechter (wie Rassen) umfassend analysiert hat (»Man wird nicht als Frau geboren, man wird es«); und die ein halbes Jahrhundert lang mit Sartre ein außergewöhnliches, wirklich gleichberechtigtes DenkerInnen-Duo gebildet hatte (was auch Sartre selber nicht müde wurde zu betonen). Hilft alles nichts: Selbst sie wurde ridikülisiert und zum relativen Wesen degradiert.

Heute sind die Gehässigsten tatsächlich vor allem manche junge Frauen. Sie werfen Beauvoir vor, ein Anhängsel, wenn nicht gar Opfer von Sartre gewesen zu sein – und ahnen noch nicht einmal, dass ihre eigene Existenz ohne diese große Vordenkerin so gar nicht denkbar wäre.

Doch zunächst treten gegen uns Feministinnen die Männer auf. Im »Kleinen Unterschied« hatte ich ja nicht nur das Schweigen der Frauen gebrochen, sondern auch mit Verve und Ironie auf die Jungs draufgehauen. Vor allem hatte ich an das größte Tabu gerührt: die Sexualität. Und ich hatte die sogenannte »sexuelle Revolution« der 60er Jahre kritisiert, die auf Kosten von Frauen und Kindern ging. Dennoch hatte ich nicht mit so heftigen Reaktionen gerechnet. Doch da ich nicht in einer Dauerschleife des Disputs hängen bleiben wollte, verschanzte ich mich erst einmal hinter der Arbeit. Bereits ein Jahr nach Erscheinen vom »Kleinen Unterschied« begann ich, *EMMA* vorzubereiten. Die erste Ausgabe erschien 18 Monate nach dem »Kleinen Unterschied«.

Zu dem Zeitpunkt wusste ich schon – auch aus meiner Erfahrung in der französischen Frauenbewegung –, dass es eine beliebte Methode war, Frauenrechtlerinnen nicht in der Sache zu kritisieren, sondern sie in ihrer »Weiblichkeit« zu verunsichern und persönlich zu diffamieren. Wenn ich jedoch heute auf die Fotos aus diesen Jahren schaue, bin ich schockiert darüber, wie dreist das Einschüchterungsmanöver war. Abgesehen von sichtbar hart manipulierten Aufnahmen (von unten, mit offenem Mund etc.) ist auf diesen Fotos eine eher sensible bis melancholische, manchmal auch angriffslustige oder übermütige junge Frau zu sehen. Alle von mir in den vergangenen Jahrzehnten veröffentlichten Fotos sind symptomatisch, belegen sie doch den Umgang der Medien mit einer (zu) starken Frau und spiegeln exakt die jeweilige allgemeine Stimmung: mal aggressiv, mal wohlwollend. Dasselbe gilt übrigens für Angela Merkel, von 1991 (»Kohls Mädchen«) bis heute (»Die ewige Kanzlerin«).

Es half mir auch, dass ich früh gelernt hatte, nicht auf traditionelle weibliche Attraktivität zu setzen. Meine jungen Großeltern, die meine sozialen Eltern waren, lobten ihr Kind für Mut und Intelligenz – und versäumten es, mich zum koketten Mädchen zu dressieren. So kam es, dass ich selbst in der Phase meiner klassischen Attraktivität – blond, langbeinig, kurzrockig – nie darauf gebaut habe. Darum konnte mich auch das Absprechen dieser Art »weiblicher« Attraktivität nicht im Kern treffen.

Auch das war untypisch bei mir: ich bin bei den (Groß-)Eltern aufgewachsen, bei denen sich eine partielle Rollenumkehrung eingeschlichen hatte. Ich habe das im »Lebenslauf«[5] im Detail erzählt. Beide Großeltern kamen aus dem schon durch den 1. Weltkrieg deklassierten Bürgertum. Sie fassten auch nach dem 2. Weltkrieg nicht mehr richtig Tritt. Wir blieben in einer Dauerschleife der Randständigkeit hängen. Dabei spielte eine Rolle, dass beide tapfere Anti-Nazis gewesen waren, was auch nach 1945 nicht unbedingt angesagt war in Westdeutschland. Der Großvater, Ernst Schwarzer, dessen Zeitschriften- und Zigarettenladen im Krieg plattgebombt worden war, schusselte nach dem Krieg von Kleinst-Unternehmen zu Kleinst-Unternehmen. Die Großmutter, Margarete Schwarzer, von Beruf Schneiderin, war eine frustrierte Hausfrau, die kaum kochte, lieber las und über Politik debattierte. Bis zu ihrem Tod hat sie ihrem Vater, Besitzer einer Buchbinder-Manufaktur, nicht verziehen, dass »nur meine Brüder studieren durften«.

Außer Haus war die 1,50 Meter kleine Frau schüchtern, innerhalb gab sie den Ton an. Sie war sehr ironisch und politisch extrem klarsichtig, schon in den 1950er Jahren Tierrechtlerin und Ökologin dazu: strikt gegen das Sprühen von Pflanzenschutzmitteln im Garten (über das sie Leserbriefe an die Lokalzeitung schrieb), auch »tote Blumen« durfte man ihr nicht schenken. Hinzu kam ihr gewaltiger Zorn auf Rechte und Nazis und ihr kritischer Blick auf Linke. Ihr Mann zog dabei mit, war jedoch sanfter und geselliger, vor allem fürsorglicher.

Mein Großvater war es, der mich in den (Nach-)Kriegswirren ernährt und gewickelt hat, sie interessierte sich für mich erst, als ich sprechen und denken konnte. Es war eine spannungsgeladene Ehe, wie viele, mit großen finanziellen Sorgen. Sie machte ihm Szenen und ihn verantwortlich für ihr verpasstes Leben – wofür dieser humorvolle, liebeswerte Mann nun wirklich nur wenig konnte.

Klar, dass die beiden mein Männer- und Frauenbild geprägt haben. Denkende Frauen und mütterliche Männer sind für mich selbstverständlich. Auch entspricht es meinen ureigensten Erfahrungen, dass nicht alle Frauen gute Mütter sind, viele Männer es jedoch sein könnten.

Was mich, das Kind, anging, war ich die Dritte in dem schwankenden Boot meiner Familie und musste sehr früh mit in die Ruder greifen. Ich hielt meine zu Heftigkeiten neigende Großmutter in Schach und beschützte meinen lieben Großvater. Ihm verdanke ich schließlich mein Leben. Meine abwesende Mutter hatte den Status einer großen Schwester und kümmerte sich erst um mich, als ich anfing, mich um sie zu kümmern.

Die Familie hatte mich nach der Bombardierung von Elberfeld am 24. Juni 1943 in ein Kinderheim in Pforzheim gebracht. Meine Mutter heiratete in Wien (einen deutschen Unternehmer) und blieb dort bis Kriegsende. Mein Großvater, Jahrgang 1895, also nicht kriegsverpflichtet, holte mich nach wenigen Wochen (oder Monaten?) aus dem Heim in das fränkische Dorf Oberlauringen, wohin man die Großeltern evakuiert hatte. Er war es, der mich windelte und ernährte. 1948 ging er voraus nach Wuppertal, um für uns drei eine Wohnung zu suchen. Die Großmutter und ich folgten ihm ein Jahr später. Pforzheim war 1944 plattgebombt worden, unter den Trümmern das Kinderheim.

Innerhalb unseres Trios galt ich schon als Kind im Zweifelsfall als die Stärkste, hatte Sorgen und Verantwortung, aber auch Respekt und Freiheiten. Niemand engte mich ein – allerdings förderte mich auch niemand. In der Schule war ich nicht das Mädchen mit den dicken Zöpfen und der weißen Bluse, der Liebling der Klassenlehrerin. Ich war die zwar als intelligent und witzig geltende, aber irgendwie doch fremde Außenseiterin. Meine Bluse strahlte nicht wie in der Waschmittel-Werbung und meine Schulhefte waren so manches Mal verknittert, weil eine der fünf Katzen drübergelaufen war. Auch die drei Hunde hinterließen ihre Spuren in unserem winzigen Häuschen. Und dann waren da die Nachbarn. Ich war zwar beliebt bei ihnen, aber auf meine Großmutter warfen sie scheele Blicke, meinen »armen« Großvater bedauerten sie. Und wir? Wir Schwarzers fanden, dass wir eigentlich drüberstehen: mit einem weiten Blick vom bewaldeten Hügel über Elberfeld und die ganze Welt. Es war eine schizophrene Situation, diese Mischung aus Geringschätzung und Stolz.

Das hat mich geformt – und nicht etwa irgendwelche Erziehungsmaßnahmen. »Du hast dich selber erfunden«, hat meine verstorbene Freundin, die Psychoanalytikerin Margarete Mitscherlich, mal zu mir gesagt.

Diese frühe Randständigkeit und Verantwortung prägen mich bis heute. Ich bin es gewohnt, nicht dazuzugehören – aber gleichzeitig zu vermitteln zwischen dem Rand und der Mitte. In meiner Familie war ich sozusagen die Außenministerin. Hinzu kam der extrem ausgeprägte Gerechtigkeitssinn meiner Großmutter: Gerechtigkeit für alle Geknechteten dieser Erde (wenn auch nicht immer für ihre eigene Familie). Auch ich ertrage keine Ungerechtigkeiten, selbstverständlich auch nicht gegen Männer – und ebenso wenig gegen mich selbst. Wenn ich mich ungerecht behandelt fühle, gehe ich mit dem Kopf durch die Wand. Was nicht immer klug ist.

So gewappnet ging ich in die Welt – und war erstaunt, dass plötzlich ein Mädchen weniger wert sein sollte als ein Junge. Ein »Schlüsselerlebnis«? Die Tanzschule H. H. Koch in Elberfeld. Frau Koch bittet zum ersten Mal »die Herren«, nun »die Damen« aufzufordern. Wir sind 16. Und mich überflutet schlagartig ein bisher unbekanntes Gefühl des Ausgeliefertseins an Männer. In meiner Kindheit war mein Verhältnis zu den Jungs, mit denen ich ebenso vertraut war wie mit den Mädchen, eher kameradschaftlich gewesen. Aber jetzt. Um Gottes willen, wenn du jetzt sitzen bleibst?! Ich bleibe nicht. Im Gegenteil, ich werde von Tom, dem mit Abstand bestaussehenden Jungen, aufgefordert. Er bleibt mir treu bis zum Schlussball. Und er will noch nicht mal was von mir, so wenig wie ich von ihm (blond und strahlend war nicht mein Typ, eher dunkel und melancholisch). Doch wir sind beide aus dem Schneider.

Meine Schulzeit ist wie meine Familienverhältnisse: chaotisch. Zuletzt gehe ich zur Handelsschule und mit 16 »ins Büro«. Da werde ich in der Buchhaltung schnell trübsinnig und flüchte am Feierabend mit meiner Mädchenclique in die Milchbar und zum Rock 'n' Roll und Jazz. Mit 23 erkämpfe ich mir, nach einem durch Putzen und Tippen finanzierten Sprachstudium in Paris, ein Volontariat bei den *Düsseldorfer Nachrichten*. Ich bin die einzige Frau unter acht Volontären und die Einzige ohne Abitur und Studium. Das hole ich später nach. Parallel zu meiner Tätigkeit als freie Korrespondentin in Paris studiere ich zwischen 1969 und 1973 an der berüchtigten »roten Fakultät« Vincennes in Paris, unter anderem bei Michel Foucault. Bei ihm belege ich die Kurse »Marxismus und Psychoanalyse« sowie »Sexualität und Macht«. Meine dabei erworbenen frühen Kenntnisse der amerikanischen Sexualforschung werden sich prägend auf den »Kleinen Unterschied« auswirken.

In Paris arbeite ich für den Rundfunk, meist den WDR, manchmal auch für *Spiegel* oder *Stern*, das österreichische *Neue Forum* und die niederländische *Vrij Nederland*. Meine Themen sind die sozialen und kulturellen Folgen des Mai 68: wilde Streiks in den Fabriken, skandalöse Verhältnisse in den Nissenhütten der Vorstädte, Repressionen gegen die Linke, das Erstarken der Rechtsextremen oder auch mal die Avantgardemode von Yves Saint Laurent und Courrèges, die die Frauen im Anzug bzw. im Weltraumlook auf den Laufsteg schicken.

Ich war Journalistin geworden, weil ich dazu beitragen wollte, die Welt zu verbessern. Doch an mich, an uns Frauen habe ich dabei damals nicht gedacht. Frauen waren in den 60er Jahren einfach kein Faktor, da galt nur »die große Politik«. Im Rückblick beschämt mich, kaum wahrgenommen zu haben, dass erst 1961 die erste Ministerin im Adenauer-Kabinett auftauchte: die Gesundheitsministerin Elisabeth Schwarzhaupt (und das auch nur, weil die Parteifrauen jahrelang dafür gekämpft hatten).

Die Kämpfe der historischen Feministinnen waren vergessen, ihre Siege selbstverständlich. Fortschrittliche Frauen dachten nicht mehr in der Kategorie »Geschlechter«, sondern in der der Klassen. Selbst Simone de Beauvoir, deren »Anderes Geschlecht«[6] 1949 erschienen war, hatte ja bis zum Aufbruch der neuen Frauenbewegung 1970 erklärt, sie sei keine Feministin, denn das Problem werde sich in der neuen, sozialistischen Gesellschaft schon rütteln. Das müssen wir uns einfach klarmachen: Vor der Frauenbewegung hatte eine Frau nur in Ausnahmefällen (wie im Fall von Virginia Woolf) ein politisches Bewusstsein von ihrer eigenen Lage als Frau. Wir konnten bestenfalls unser Frauenleben schildern, wie viele Schriftstellerinnen und Künstlerinnen es getan haben, ohne Schlussfolgerungen.

Die sogenannten »Frauenthemen« sind in diesen Jahren weniger mein Beruf, sondern eher mein Hobby. Doch ab Herbst 1970 bin ich eine der Pionierinnen der Pariser Frauenbewegung, des Mouvement de la Libération des Femmes (MLF). Eines Tages fragt mich der jüngere, eher linke Studioleiter des WDR in Paris: »Stimmt es, dass Sie im MLF engagiert sind?« Hm. »Aber das haben Sie doch gar nicht nötig.« Hmmm.

Ich habe mich nicht einschüchtern lassen. Das ist es, was vielen Frauen und auch so manchem Mann wohl am meisten imponiert: Dass ich mir bis heute weder das Denken noch den Mund verbieten lasse. Und dass ich auch keine Angst habe, mich mal zu irren oder mich unbeliebt zu machen. Denn das ist das größte Hindernis für Frauen auf dem Weg zu einer wahren Partnerschaft mit Männern: ihre Angst vor Liebesverlust. Doch sie täuschen sich: Respekt wiegt mindestens so schwer wie Liebe – und beide schließen sich keineswegs aus.

Respekt und Anerkennung habe ich allerdings auch für meinen Weg erfahren, zum Beispiel von dem inzwischen verstorbenen Historiker Hans-Ulrich Wehler. Der schrieb 2007, nicht nur Männer machten Geschichte, sondern auch Frauen. Er würdigte den »dramatischen Erfolg« der neuen Frauenbewegung, die in einem »unvorstellbaren Tempo« die rechtliche und soziale Gleichberechtigung erstritten habe. »Es reicht aber nicht«, fuhr er fort, »die Schwungkraft einer anonymen Bewegung anzuerkennen. Ohne die Dynamik, die Argumentationsstärke, das kontinuierliche Engagement einer Wortführerin wie Alice Schwarzer wäre dieser Erfolg vermutlich nicht in der jetzt erreichten Form zustande gekommen. Man braucht nämlich diese Persönlichkeit nur einmal wegzudenken – im Jargon der Wissenschaft: kontrafaktisch zu überlegen –, um zu erkennen, in welchem Maße diese Publizistin und De-facto-Politikerin, oft im Alleingang, die Sache der Frauen überzeugend verfochten hat. Ohne diese ganz individuelle Motorik, ja sei's drum, ohne diese Leidenschaft, im offenen Streit für ihre gerechte Sache unentwegt voranzugehen, hätte der Frauenbewegung, aber auch den Entscheidungsgremien der Parteipolitik ein wesentlicher Impuls gefehlt.«[7] Ja, ohne die Leidenschaft ... Aber ich muss einsehen: Ich bin eine Institution geworden, ob ich will oder nicht. Eine Institution ohne Institution. Denn ich gehöre keiner Partei an, keiner Organisation, keinem Unternehmen, ich stehe für mich allein; nur in *EMMA* unterstützt von einem bewährten Team. Selbstverständlich bin ich Teil des weltweiten Aufbruchs der Frauen und in den 1970er Jahren Teil der Frauenbewegung. Doch diese Bewegung war nur ein lockeres Netzwerk und ist nie zu einem fassbaren Machtfaktor geworden. Stattdessen hat sie sich unter dem Druck von außen sehr bald von innen zersplittert.

Spätestens ab Mitte der 80er Jahre gingen die Aktivistinnen in die Institutionen, gründeten Projekte (wie ich zuvor schon die *EMMA*), engagierten sich im Beruf, bekamen Kinder oder zogen sich auch zurück. Seither ist der Feminismus eine gesellschaftliche Stimmung, ein Bewusstseinszustand, den jede einzelne Frau immer wieder neu durchsetzen muss. Die Errungenschaften der letzten Jahrzehnte müssen täglich neu verteidigt werden. Der Fortschritt ist keineswegs gesichert. Und es geht auch nicht automatisch voran, manchmal geht es sogar zurück.

Ich bin ein Mensch, der sich alles, was er heute ist, selber erkämpft hat. Und das hat (fast) immer Spaß gemacht! Ich habe immer schon gerne gelacht, gefeiert, geliebt. All das ist trotz meiner politischen Kämpfe nie zu kurz gekommen, ja gehört für mich zusammen. Denn neben den Aggressionen, die ich aushalten muss, steht die unendlich große Zuneigung, ja Liebe von Menschen, die mir seit einem halben Jahrhundert entgegenschlägt; neben meinem Zorn auf Menschen, die ihre Macht missbrauchen, steht mein Interesse an Menschen. Das gilt für die vielen spannenden Persönlichkeiten, denen ich in meinem Leben begegnet bin und noch begegne – und mit denen ich mich häufig auch befreunde –, genauso wie für die Supermarktkassiererin nebenan und den Penner auf der Straße. In Köln, der Stadt, in der ich lebe und wo man mich kennt, passiert es so manches Mal, dass ein Obdachloser mich anspricht. Nicht nur, um mich um Geld anzuhauen, auch weil er sich Verständnis und Hilfe erhofft. »Hey Alice, du kennst doch die da oben. Kannst du nicht mal ...?« Manchmal kann ich. Aber in Wahrheit kenne ich »die da oben« viel weniger gut als »die da unten«.

Doch noch einmal zurück zu der Frage: Wie halte ich es aus? Da ist zu sagen, dass es auch bei dem Thema Schwarzer eine Verzerrung durch die Medien gibt. Die waren und sind oftmals auf Skandalisierung und Herabsetzung aus, weniger auf Sachkritik, die natürlich so manches Mal auch bei mir berechtigt ist. Ich meine die persönliche Diffamierung.

Und das war so manches Mal auch Strategie, politische Strategie. Wie im Fall der SPD im Jahr 1980 (siehe Seite 129 ff.) oder auch der

DDR mit ihren West-Stasis. Eine interessante, weitgehend unaufgearbeitete Geschichte: Während im Osten bis heute Stasi-ZuträgerInnen enthüllt werden, hat man über die im Westen kaum je geredet. Die sind auch gleich beim Mauerfall aus den Akten verschwunden. Doch es gab sie, und wie! In den Medien, an den Universitäten, im öffentlichen Leben. Meist arbeiteten sie verdeckt, das heißt, sie waren keine offenen Kommunisten – mit denen man sich sachlich hätte auseinandersetzen können –, sondern GenossInnen in Unterwanderstiefeln. Wir, die wenigen wirklich autonomen Feministinnen der 70er Jahre, die das verstanden haben, erkannten ihre Organisationen schon an dem Adjektiv »demokratisch«: der »Demokratische Frauenbund« etc. Doch sie waren nicht greifbar, weil sie nie zugaben, wofür sie standen. Aber im Diffamieren Unliebsamer waren sie groß. Unter anderem verpassten diese Aktionistinnen mir in der Debatte um die »Frauen in der Bundeswehr« das Label »Flintenweib«.

Mich hatte die DDR wohl seit Mitte der 1970er Jahre im Visier, in denen ich in Westberlin gelebt hatte (eine Hochburg der Stasi-Spitzel). Hätte der West-Feminismus der DDR nicht eigentlich egal sein können? Nein, hätte er nicht. Denn das Regime befürchtete die Infektion der eigenen Genossinnen mit dem Bazillus. Was ja auch passiert ist. Also wurde eine West-Feministin wie ich, obwohl sie sich nie direkt eingemischt hatte in die Belange der DDR, systematisch verfolgt und verleumdet. Gerne auch von Frauen innerhalb der Frauenbewegung, die im Auftrag unterwegs waren. Unterwandermäßig. Ich erinnere mich an eine – eine lebenslustige Soziologin mit Ostberlin-Kontakten, die fantastisch Rock 'n' Roll tanzte –, die nach dem Mauerfall Selbstmord begangen hat. Aus Scham. Die anderen schweigen bis heute.

Irgendwann in den 1990er Jahren habe ich im Fernsehen einen Dokumentarfilm über die Methoden von Markus Wolfs Stasi-Behörde, den politischen Gegner zu diffamieren, gesehen. Und da habe ich mich wirklich erschrocken. Denn ich habe sehr vieles wiedererkannt, was mir selber widerfahren war.

Wie das ablief, lässt sich oft schwer festmachen: Es war ein gewisser Sound, aber es waren auch bestimmte Personen. Der Sound war immer wieder der Vorwurf des mangelnden Klassenbewusstseins der »bürgerlichen Feministin« (ein Begriff, der auch in Bezug auf die historische Frauenbewegung diskriminierend gemeint ist, sich aber leider selbst in der feministischen Geschichtsschreibung eingebürgert hat). Wobei das in meinem Fall besonders komisch war: Wenn eine Feministin nicht bürgerlicher Herkunft war und sich vorrangig mit nicht-privilegierten Frauen beschäftigt hat – von der Kassiererin bis zur »mithelfenden Familienangehörigen«, von der Drogenabhängigen bis zur Kindsmörderin –, dann war ich das. Wer die Frauen waren, die systematisch Diffamationen über mich verbreiteten, via Medien oder innerhalb der Frauenbewegung, so könnte ich bis heute Namen nennen, aber ich möchte das jetzt nicht mehr tun. Es wäre zu zufällig und ist vorbei.

Heute scheint das größte Problem des Feminismus der sogenannte Generationenkonflikt zu sein. Aber ist es wirklich »nur« ein Generationenkonflikt? Lässt die heutige dritte Generation nach der neuen Frauenbewegung die Emanzipation schleifen? Die Gefahr besteht in der Tat. Auch ich spüre erstmals einen Generationenbruch. Viele junge Frauen sind der feministischen Pionierinnengeneration ferner, als ihre Mütter es waren. Was man versteht. Doch gleichzeitig ist es unübersehbar, dass ein Teil der Medien und der Politik diese Entwicklung mit vorantreibt, wenn nicht sogar überhaupt erst produziert.

Seit Jahren wird zum Beispiel in manchen Blättern mein Name nicht mehr ohne den diskriminierend gemeinten Zusatz »Alt-Feministin« erwähnt, gleichzeitig wird die Distanzierung »junger Feministinnen« vom Feminismus der 1970er Jahre bejubelt. Doch: Was war falsch daran? Womit haben wir eigentlich nicht recht behalten? Das ist bisher noch nie gesagt worden. Darf ich eine Vermutung äußern? Weil es nicht gesagt werden kann! Denn die Themen des Aufbruchs sind auf die eine oder andere Weise alle noch immer die Themen des 21. Jahrhunderts: die Gewalt gegen Frauen, das Abtreibungsverbot, die Pornografisierung, der Frauen- und Fremdenhass, sexuelle Identität, das Schlachtfeld Körper, der Gendergap beim Lohn, nicht ausreichende Partizipation an der Macht, unzureichender Einsatz von Vätern und Vater Staat bei den Kindern etc. etc.

Allerdings ist diese Kritik keine reine Generationenfrage. Ich kenne auch ganz andere junge Frauen. So haben zum Beispiel alle acht *EMMA*-Leserinnen-Analysen über vierzig Jahre immer wieder ergeben, dass *EMMA* die jüngsten Leserinnen aller Frauenzeitschriften und Politmagazine hat: zuletzt waren 22 Prozent unter 30 und 48 Prozent zwischen 30 und 50. Und bei meinen Lesungen ist das Publikum in neutralen Sälen (also Orten, die weder überwiegend von Älteren noch Jüngeren frequentiert werden) sehr gemischt, in etwa in Relation zur Bevölkerung. Und auch die direkten Briefe an mich von jungen bis zu ganz jungen Frauen nehmen gerade in den letzten Jahren zu. Sie sind heute die Verlorenen, wissen nicht, wohin. Den Vogel schoss jüngst die zehnjährige Helena aus Tübingen ab. Sie hat mir zusammen mit ihren Eltern einen kleinen Apfelbaum in die Redaktion gebracht, weil ich ihr »Vorbild« bin.

Nicht zu reden von den Frauen und auch Männern aller Generationen, die mir bis heute auf der Straße, im Supermarkt oder Kino zuraunen: »Halten Sie durch! Wir brauchen Sie noch!« Manche haben auch Aufträge für mich, Stil: »Können Sie nicht endlich für Ganztagskrippen sorgen!« Oder: »Sie sollten auch mal Juliette Greco porträtieren, die ist viel interessanter als Romy Schneider.« Manchmal werden auch Vorwürfe laut: »Wir haben lange nichts von Ihnen gehört, Frau Schwarzer. Was ist los?!« Das sind die, die weder *EMMA* noch meine Bücher lesen, sondern nur fernsehen.

In dieser Phase des Post-Feminismus gesteht man mir, der feministischen Pionierin, in Deutschland seit einigen Jahren den Status einer Klassikerin zu. Tenor: Sie hat nicht immer recht und übertreibt oft, aber sie hat viel für die Frauen erstritten. Was ehrenvoll ist, aber auch beunruhigend. Denn für die, die so reden, ist der Feminismus Historie. Sie glauben, 4000 Jahre Patriarchat seien innerhalb von 40 Jahren zu erledigen. Auf zu neuen Ufern. Zum Beispiel zur Klimarettung, die ja ebenfalls in der Tat bitter nötig ist. Was sich allerdings keineswegs ausschließt, im Gegenteil. Denn auch die Klimakatastrophe hat viel mit Machbarkeits- und Männlichkeitswahn zu tun, ebenso wie mit kapitalistischer Profitgier.

Als wir neuen Feministinnen vor einem halben Jahrhundert antraten, die Macht der Männergesellschaft zu brechen, konnten wir uns nicht auf die Schultern unserer Vorgängerinnen stellen, um weiter zu sehen. Ihre Geschichte war verschüttet und verleugnet, in Deutschland doppelt und dreifach. Die Bücher radikaler Feministinnen waren von den Nazis mit als erste verbrannt worden. Pionierinnen wie Anita Augspurg und Lida Gustava Heymann oder Helene Stöcker starben im Exil. Wir jungen Feministinnen mussten in den 1970er Jahren also mal wieder bei null anfangen. Nur ein halbes Jahrhundert nach der hohen Zeit der historischen Frauenbewegung.

Vor unserem Geschlechterbewusstsein stand für die Gesellschaftskritischen unter uns das Klassenbewusstsein und: Nie wieder Auschwitz! Der Holocaust war für die Bewussten meiner Generation initial für jegliches Unrechtsbewusstsein. Es ist darum nicht ganz ohne Komik – oder Tragik –, dass ein weiteres halbes Jahrhundert später eine neue Feministinnen-Generation antritt, die von diesem umfassenden Blick ihrer Vorgängerinnen auf die Geschichte, die Machtverhältnisse und die Welt nichts zu ahnen scheint. Manche dieser »Neofeministinnen« behaupten allen Ernstes, »Alt-Feministinnen« wie Schwarzer hätten sich ja »nur« um die Frauen gekümmert; schlimmer noch: nur um weiße Frauen; noch schlimmer: nur um weiße privilegierte Mittelschichtsfrauen. Sie aber hätten nun als Erste endlich das richtige, umfassende Bewusstsein.

Diese selbst ernannten »Intersektionalistinnen« und »Anti-Rassistinnen« beziehen ihre Slogans und Texte in der Regel nicht aus gelebten Erfahrungen, sondern aus einer importierten Ideologie – so wie einst die linken Feministinnen aus den sozialistischen Staaten. Damals musste eine Frauenrechtlerin zehn Mal »Klassenkampf« sagen, bevor sie es überhaupt wagen konnte, auch nur einmal vom »Geschlechterkampf« zu sprechen. Heute muss eine solche »Neofeministin« zehn Mal »Anti-Rassismus« sagen – und die Frauen verschwinden schließlich ganz hinter diesem ideologischen Konstrukt. Es gibt sie nicht mehr. Sie sind abgeschafft, zugunsten von zig Geschlechtern, den LGBT*/QA+.

Diese linken »Identitären« oder »KommunitaristInnen«, wie sie international genannt werden, sprechen wieder einmal im Namen der »Anderen«, der Minderheiten, zu denen sie selbst nicht gehören. Sie sind, zumindest in Europa, überwiegend Teil der von ihnen viel geschmähten »weißen Frauen«, ja der »privilegierten weißen Frauen«, denn sie sind in der Regel Akademikerinnen. Sie sind zwar versiert im Diskurs ihrer internationalen Community – aber sehr weit entfernt von den Themen der Frauen nebenan. Sie leben in einer Blase, deren Reden die Menschen schon ein paar Schritte weiter nicht mehr verstehen.

Auch diese Frauen fangen also wieder bei null an. Wie praktisch für das Patriarchat! Solange das »andere« Geschlecht mit seiner Revolte alle drei Generationen immer wieder von vorne beginnt, hat das eine Geschlecht nichts zu befürchten. Es ist diese Geschichtslosigkeit, die wohl das größte Hindernis ist auf dem Weg zur Emanzipation.

# WER HAT DIE FRAUENBEWEGUNG GEGRÜNDET?

Ich lese ihn immer wieder, und sei es in irgendeinem Blog, den vorwurfsvollen Satz: Alice Schwarzer hat nicht die Frauenbewegung gegründet! Stimmt. Ich habe das auch noch nie behauptet. Niemand hat die Frauenbewegung gegründet. Man gründet eine Partei oder Organisation, aber keine Bewegung. Schon der Name sagt ja, was es ist: Etwas ist in Bewegung geraten. Die ersten zwei, drei fangen an, es kommen Dutzende dazu, Hunderte, Tausende. Eine Bewegung ist geboren. So wie heute die weltweite Klimabewegung.

Auch der Aufbruch der Frauen beschränkte sich Ende der 1960er/Anfang der 1970er Jahre zunächst auf die sogenannte Erste Welt. Da war die Spannung zwischen dem, was war, und dem, was hätte sein können, am größten. Erst jetzt, ein halbes Jahrhundert später, gibt es erste Anzeichen für eine erwachende Frauenbewegung auch in der islamischen Welt, im nordafrikanischen Maghreb zum Beispiel, wo Frauen im Herbst 2019 in Marokko ein Manifest veröffentlicht haben: »Ich habe abgetrieben!« Sie wagen es, das Recht auf freie Sexualität zu fordern. Ich habe zwei führende Aktivistinnen gerade in Paris getroffen, eine Filmemacherin und eine Anwältin. Da haben sie strahlend den Simone-de-Beauvoir-Preis entgegengenommen, der einmal im Jahr, immer an Beauvoirs Geburtstag am 9. Januar, verliehen wird (und in dessen Jury ich Mitglied bin). Die Marokkanerinnen erinnern mich mit ihren Hoffnungen und ihrem Übermut stark an unsere Anfänge der 1970er Jahre. Von einem »kulturellen Unterschied« kann da wenig die Rede sein.

In den westlichen Demokratien hatte damals ein Bündel von Faktoren den Aufbruch der Frauen begünstigt. Wir neuen Feministinnen waren die Töchter der Frauen, die im Krieg und danach ihren »Mann«

gestanden hatten und brüsk ins Haus zurückgeschickt worden waren, als die Männer zurückkamen. Diese Müttergeneration war frustriert, die Töchter zogen den Schluss: Das soll uns nicht passieren. Auch die Mütter selbst hatten das – oft unbewusste und meist wortlose – Signal gesendet: Mach du es besser!

Hinzu kam: Der 68er-Virus hatte auch die Frauen infiziert. Autoritäten wurden infrage gestellt, ja sogar die eigenen Männer, und neue Freiheiten erprobt, ja sogar sexuelle. Das wurde auch von der Pille gefördert, das erste sichere Verhütungsmittel in Frauenhand (das deutsche Frauenärzte bis in die 1970er Jahre nur verheirateten Frauen verschrieben). Allerdings machte diese Pille die Frauen gleichzeitig verfügbarer. Es gab Jungs, die fragten nun die Mädchen schon beim ersten Tanz: »Hast du heute schon geschluckt?« Und nicht zuletzt benötigte der Markt Arbeitskräfte. Italiener, Spanier und eine Million Türken waren schon ins Land geholt worden. Jetzt also die stille Reserve Frau.

Doch zum Auslöser der deutschen Frauenbewegung wurde der Kampf gegen den §218. Der bedrohte alle Frauen in der BRD bei »Selbstabtreibung« mit bis zu fünf Jahren Gefängnis und die Ärzte mit bis zu zehn Jahren. Sicher, im Jahr 1969 waren nur noch 269 Frauen wegen Abtreibung bestraft worden. Sie waren der Justiz sozusagen versehentlich in die Fänge geraten. Denn schließlich konnte man die – vor Pille und Aufklärung – geschätzte eine Million Frauen, die im Jahr allein in der BRD abtrieben, nicht alle ins Gefängnis stecken. Wer hätte denn dann die Kinder versorgt und den Haushalt gemacht?

Ein halbes Jahrhundert später treiben in ganz Deutschland nur noch knapp 100 000 Frauen im Jahr ab, also eine einstellige Prozentzahl im Vergleich zu vor 50 Jahren! Was vor allem das Verdienst der Frauenbewegung ist. Dank Aufklärung, Eigenständigkeit und gestiegenem Selbstbewusstsein werden Frauen einfach seltener ungewollt schwanger.

Noch im Frühjahr 1971 hatte die frühfeministische Journalistin Sina Walden, die Tochter von Herwarth Walden, wütend in *Brigitte* geschrieben: »Deutsche Frauen verbrennen keine Büstenhalter oder

Brautkleider, stürmen keine Schönheitskonkurrenzen und emanzipationsfeindlichen Redaktionen, fordern nicht die Abschaffung der Ehe und verfassen keine Manifeste zur Vernichtung der Männer. Es gibt keine ›Hexen‹, keine ›Schwestern der Lilith‹ wie in Amerika, nicht einmal ›Dolle Minnas‹ mit Witz wie in Holland. Es gibt keine wüsten Pamphlete, keine kämpferische Zeitschrift, kein bedeutendes aufrührerisches Buch. Es gibt keine Wut.«[1]

Nur wenig später sollte es all das geben. Fast all das. Aber noch herrschte Friedhofsruhe.

Bis am 6. Juni 1971 die Bombe platzte, das im *Stern* veröffentlichte Bekenntnis der 374: »Ich habe abgetrieben und fordere das Recht für jede Frau dazu!« Das hatte in der Tat ich initiiert. Ich habe die Idee aus Frankreich, wo ich zu der Zeit lebte, nach Deutschland exportiert, den *Stern* dafür gewinnen können und die Unterschriften gesammelt. Genauer gesagt: Ich und viele, viele Frauen hatten die Unterschriften gesammelt. Die Hälfte der Bekennerinnen kam von drei Frauengruppen, die andere Hälfte von Nachbarinnen, Freundinnen, Kolleginnen, Passantinnen.

Ute Geißler, Arzttochter und damals Buchhändlerin in München sowie Aktivistin der »Roten Frauen«, erinnert sich an die Wochen vor Erscheinen des Appells. »Wir haben einfach einen Tapeziertisch besorgt, ihn vors Rathaus oder vor die Uni gestellt und dann Flugblätter zum Unterschreiben verteilt. Na, da kriegten wir was zu hören! Das Recht auf Abtreibung? Dann treibt ihr es ja noch toller! Oder: Dass ihr euch nicht schämt, ihr Flittchen! Aber auch: Endlich trauen Frauen sich! Wenn ich daran denke, was das für ein Elend war, als die Männer aus dem Krieg zurückkamen ...«[2]

373 Frauen und ich hatten die im *Stern* veröffentlichte Selbstbezichtigung unterschrieben. Ich bin oft gefragt worden, ob ich selbst abgetrieben habe. Nein, habe ich nicht. Ich hatte Glück und bin nie ungewollt schwanger geworden. Aber ich kenne nur zu gut die Angst davor. Meine Taschenkalender aus diesen Jahren sind übersät mit Kreuzen – Zeugen eines bangen Zählens und Wartens. Auch muss erinnert werden: Der Appell der 374 war ja kein Geständnis, sondern eine politische Provokation. Wir wenigen unter ihnen, die wir

nie hatten abtreiben müssen, haben damals nicht öffentlich darüber gesprochen, damit es nicht als Distanzierung interpretiert werden konnte.

Diese 373 Unterzeichnerinnen hatten den Mut von Löwinnen. Sie wussten nicht: Wird mein Mann sich scheiden lassen? Wird meine Familie mit mir brechen? Werden meine Nachbarn noch mit mir sprechen? Verliere ich meine Stelle? Werde ich verhaftet? Sie waren wahre Heldinnen! Nach der Veröffentlichung tauchte die Polizei bei der Münchner Gruppe der »Roten Frauen« auf, Hausdurchsuchungen. Doch die Provokateurinnen blieben letztendlich ungeschoren. Denn laut Meinungsumfragen 1971 waren 79 Prozent aller Frauen und Männer für die Fristenlösung. Die Frauenbewegung war willkommen.

Aber war da nicht vorher schon mal etwas gewesen? Ja, doch. Die Frauen im SDS (Sozialistischer Deutscher Studentenbund) hatten im September 1968 den Aufstand geprobt. Eine Tomate flog und eine feministische Brandrede wurde gehalten (»Genossen, eure Veranstaltungen sind unerträglich!«).

Die Filmemacherin Helke Sander hielt diese Rede. Sie ist eine der wenigen, die in beiden Phasen des Aufbruchs der Frauen aktiv waren: im Vorfrühling der Genossinnen 1968 wie im Sommer der Frauenbewegung ab 1971. In einer Rede erinnerte Sander sich 2018, wie sie zusammen mit einer Freundin im Dezember 1967 ein erstes Flugblatt an der Freien Universität verteilt hatte, das wie ein »Urknall« wirkte. Von da an traf sich der »Aktionsrat zur Befreiung der Frauen« einmal in der Woche im linken »Republikanischen Club«. Erstes Ziel: Die Gründung von »Kinderläden« (in leerstehenden Läden), um das Problem der studierenden Mütter zu lindern. (Damals gab es 173 Kinderkrippen in Westberlin, erinnert sich Sanders, heute sind es 1921 in ganz Berlin.) Ein paar Männer waren auch dabei. Mit dem Resultat, dass die Genossen sehr bald den »Zentralrat der antiautoritären Kinderläden« gründeten und darin umgehend die Führung übernahmen.

Und die Frauen? Die richteten sich (noch) nicht an die gesamte Gesellschaft, sondern nur an ihre Genossen. Sander: »Nach wie vor hielten wir die vor allem im SDS behandelten Themen für relevant. Wir wollten gemeinsam mit den Männern die Verhältnisse ändern.«[3]

In Frankfurt gab es in der Zeit dieses wunderbare satirische Flugblatt, das ich allerdings erst später entdeckte: »Befreit die sozialistischen Eminenzen von ihren bürgerlichen Schwänzen!« Dazu gezeichnete mickrige Pimmel, versehen mit jeweils dem Namen eines prominenten Genossen.

Wo befand ich mich zu dieser Zeit? Ich war Volontärin bei den *Düsseldorfer Nachrichten* und verfolgte die Ereignisse mit heißem Herzen in den Medien. Denn die 68er waren in Deutschland eine fast rein studentische Bewegung in den Metropolen; in Berlin, Frankfurt, München. In einer Stadt wie Düsseldorf herrschte Ruhe (nur Beuys sorgte mit seinen Aktionen an der Kunstakademie für Unruhe). Im *Spiegel* las ich damals eine herablassende Glosse über die gerade entstehenden »Weiberräte«, die mit den Worten endete: »Selbst ein Mädchen, das mit intimem Anliegen von außen kommt und den nächststehenden Artgenossinnen etwas zuflüstern will, findet nur mühsam Gehör. Was will sie? Tampons! Hat eine vielleicht Tampons?«[4] Und ewig blutet das Weib ... Ich war empört!

Knapp zwei Jahre später machte ich mich auf die Suche nach den revoltierenden Genossinnen. Inzwischen war ich Reporterin bei der Satire-Zeitschrift *Pardon*, die neben *konkret* als eine der Stimmen der APO (Außerparlamentarische Opposition) galt. Die einzige Journalistin in der Redaktion, klar. Ich war die Nachfolgerin von Günter Wallraff, war wie er auf Rollenreportagen spezialisiert und für ein paar Wochen ans Fließband in der Tachofabrik VDO gegangen. Die Arbeitsbedingungen dort waren katastrophal. Sogar die Seife zum Händewaschen mussten die Frauen selber mitbringen. Der Betriebsrat fand das »normal« (»Soll etwa die Firma die Seife kaufen?«). Und ich entkam nur knapp einem MeToo-Anschlag (des Vorarbeiters).

Nun wollte ich vom Frankfurter »Weiberrat« wissen, was die Genossinnen denn zu solchen Verhältnissen sagen. Längere Recherchen und sodann eine Frauen-WG in Bockenheim. Auf dem Tisch Berge marxistischer Literatur: die blauen Bände von Marx, Bücher des Trotzkisten Ernest Mandel (mit dem ich mich Jahre später befreunden sollte), von den frauenbewegten Sozialistinnen Clara Zetkin und Alexandra Kollontai – und auch »Das andere Geschlecht« von Simone de Beauvoir. Immerhin. Doch mein Anliegen wurde als unpassend empfunden. Wir sind noch nicht in der Lage, uns zu solchen Problemen zu verhalten, hieß es. Wir bereiten uns zurzeit mit Marx-Schulungen auf den Klassenkampf vor. Die wenigen versprengten linken Frauengruppen waren, ganz wie die gesamte außerparlamentarische Linke, zersplittert und erstarrt.

Weitere zwei Jahre später, im Mai 1971, stehe ich erneut vor dem Frankfurter »Weiberrat«. Diesmal will ich ihn für die Abtreibungsaktion gewinnen. Etliche unter den zwei Dutzend Frauen würden auch nur zu gerne mitmachen, doch die Leaderinnen Margit und Hilde bescheiden mich: Als Sozialistinnen nehmen wir an so einer »reformistischen und kleinbürgerlichen Aktion« nicht teil. Allerdings: Nachdem der Appell erschienen war, verstanden die Frankfurterinnen schnell. Sie stiegen ein, gründeten ein Frauenzentrum, machten Schwangerschaftsberatung und provokante Aktionen wie die öffentlich angekündigten »Fahrten nach Holland«, wo Frauen damals zum Abtreiben hinfuhren.

Ihre Genossen hatten direkt nach Erscheinen des *Stern* noch versucht, sie einzuschüchtern. In dem linksradikalen Verlag »Roter Stern« erschien ein Buch von Clara Zetkin »Zur Geschichte der proletarischen Frauenbewegung Deutschlands«, im Nachwort schnarrte KD Wolff (später der Verleger einer historisch-kritischen Ausgabe der Werke Friedrich Hölderlins) im Juni 1971: »Nicht von der borniertem und ständischen Interessenvertretung der bürgerlichen Frauenbewegung der Jahrhundertwende unterscheiden sich die Initiativen westdeutscher Bildmagazine und ihrer Schauspielerklientelen zur Abschaffung des §218. Wer von Frauenbewegung redet und den Zusammenhang im antikapitalistischen Kampf nicht einmal berührt, hätte besser geschwiegen.«[5] Wenig später machten die Genossen eine 180-Grad-Wendung. Nun erklärten sie den §218 zu einer »der Hauptblockaden auf dem Weg in die Frauenbefreiung im Spätkapitalismus«.

Doch viele linke Frauen brauchten diesen Segen nicht mehr. Sie hatten erkannt: Auch der Sieg des Sozialismus würde nicht automatisch ihre Probleme lösen, siehe die realsozialistischen Länder. Und auch die eigenen Genossen waren Machos. Den Frauen wurde klar: Die spezifische Unterdrückung der Frauen ist – jenseits von Klassen, Kulturen oder Ethnien – universell.

Anfang 1972 machte ich das erste einer Serie von Interviews mit Simone de Beauvoir, die mit ihrem Essay »Das andere Geschlecht« weltweit die prägende Vordenkerin der neuen Frauenbewegungen war. Selbst sie hatte, wie erwähnt, 1949 noch geschrieben, sie sei keine Feministin und hoffe auf den Sieg des Sozialismus, der dann ja automatisch auch die Frauen befreien würde. Inzwischen war Beauvoir von uns jungen Feministinnen kontaktiert worden und wurde zur »Wegbegleiterin« der Strömung der »Radikalen« im MLF (Mouvement de Libération des Femmes). In dem Gespräch, das ich mit ihr 1972 führte, distanzierte sie sich von ihrer früheren Position und bekannte nun klar: »Ich bin Feministin!« Sie plädierte für eine autonome Organisation von Frauen und kritisierte scharf die patriarchale Linke. Das Gespräch wurde weltweit veröffentlicht und kursierte in zahllosen Frauengruppen als Raubdruck. Viele linke Frauen sahen sich nun bestärkt in ihrem erstarkenden feministischen Bewusstsein.

Kommt uns das im Jahr 2020 alles irgendwie bekannt vor? Ja. Die Parallelen sind unübersehbar. Nur: Was früher »Klassenkampf« hieß, heißt heute »Anti-Rassismus«. Denn der internationalen Linken ist inzwischen das Proletariat verloren gegangen, also stürzt sie sich auf neue »Verdammte dieser Erde« (Fanon): u. a. auf die Muslime. Wieder einmal wird Stellvertreterpolitik betrieben von Nicht-Muslimen und Islamisten. Die einst von der Linken als »bürgerlich« diskriminierten Feministinnen sind heute »privilegierte Weiße«.

Eigentlich gibt es gar keine Frauen und Männer mehr, also auch keine patriarchalen Machtverhältnisse. Die Frontlinie verläuft zwischen Frauen. Die einen, die »Cis«-Frauen, stehen dazu, weiblichen Geschlechts zu sein – mit all den Folgen, die das in einer patriarchalen Welt hat. Die anderen betrachten sich als »genderfluid« und leugnen die sozial-psychologische Bedeutung ihres Frauseins. Wieder einmal wird das Trennende betont, statt auf das Gemeinsame zu setzen. Es ist eine uralte Strategie: Frauen spalten.

Doch zurück in das Jahr des Aufbruchs. In dem Bericht, den ich begleitend zu dem Appell der 374 für den *Stern* geschrieben habe, hatte ich sehr bewusst meine Rolle bei der Aktion verschleiert. Ich wollte, dass es aussieht wie eine kollektive Frauenaktion – was es ja auch war. Und nachdem der *Stern* erschienen war und die Lawine rollte, ging ich zurück nach Paris, wo mein Leben, meine Arbeit und meine Frauenbewegung mich erwarteten.

Rasch aber erkannte ich, dass nach der ersten Euphorie etwas schieflief in der deutschen Debatte über das Abtreibungsverbot. Plötzlich redeten nur noch Männer: Kirchenmänner, Bevölkerungsexperten, Gynäkologen (damals noch ein Männerberuf). Und die Journalisten? Auch die, selbst die Liberalen und Linken, geißelten die Aktion der 374 so mutigen Frauen als »Exhibitionismus« (*Süddeutsche Zeitung*), »Konsumwahn« und »Vernichtung unwerten Lebens« (*Frankfurter Rundschau*). *Stern* und *Spiegel* waren pro, *Bild* für eine Einerseits/Andererseits-Strategie: eigentlich konservativ und gegen das Recht auf Abtreibung, andererseits als Boulevardblatt den Massen verpflichtet – und die waren pro.

Also versuchte ich, von Paris aus in den Sendern und Zeitschriften, in denen ich bisher problemlos noch jeden kritischen Text über Frankreich veröffentlichen konnte, nun über Abtreibung zu schreiben. Vergebens. Da ging die Klappe runter. »Das ist doch durch«, hieß es. Oder: »Ihr Frauen seid viel zu parteiisch. Da müssen jetzt Männer objektiv drüber berichten.«

Die folgenden Jahre waren für mich eine Art Doppelleben zwischen Deutschland und Frankreich. Drei Jahre lang pendelte ich zwischen Seine und Rhein, veröffentlichte in Deutschland erste Bücher über Frauen, um die Zensur der Medien zu umgehen, gleichzeitig blieb ich Korrespondentin in Paris und aktiv in der Pariser Frauenbewegung.

Jüngst ist mir am Montparnasse auf der Straße Catherine Deneuve begegnet. Und da fiel mir ein: Auch bei ihr hatte ich 1973 Geld gesammelt für die Saalmiete einer vom MLF in der Mutualité geplanten Veranstaltung. Deneuve hatte 2000 Francs gegeben (Simone Signoret 500). An diesem Tag im Dezember 2019 wirkte Deneuve ein wenig resigniert, also habe ich sie an ihre gute Tat erinnert. »Wirklich?«, antwortete sie. »Ich erinnere mich nicht. Aber ich bin stolz, dass ich es getan habe.«

Es waren bewegte Zeiten. An dem Abend des gleichen Tages, an dem ich bei Deneuve geklingelt hatte, habe ich mit Annie Cohen ein Flugblatt für die wild streikenden Verkäuferinnen von Thionville entworfen. Bis tief in die Nacht habe ich in meiner Wohnung Rue d'Alesia auf meiner hellblauen Baby Brother getippt. Annie, die vor ihrem Überlaufen in die Frauenbewegung bei den Maoisten aktiv gewesen war, verbrachte damals Wochen in dem kleinen Moselstädtchen, um die in dem örtlichen Kaufhaus streikenden Verkäuferinnen zu unterstützen. Deren Hauptforderung lautet nicht etwa mehr Lohn, sondern: »Wir wollen nicht mehr immer lächeln müssen!« Oder: »Wir wollen uns zwischendurch auch mal setzen dürfen!« Es ging also um Würde am Arbeitsplatz, etwas, was die Gewerkschaften bis heute nicht sonderlich beschäftigt, aber die Menschen sehr.

Am Abend darauf gab es eine »grande bouffe«. Annie hatte Geburtstag, und wir holten den fertigen Couscous bei ihrer Großmutter ab. Die war 1962, bei der Unabhängigkeit der Ex-Kolonie Algerien, zusammen mit der ganzen jüdischen Familie nach Frankreich geflohen. Denn Juden galten, ganz wie die Algerier-Franzosen, nun als »unerwünscht«, obwohl sie seit Generationen in Algerien gelebt hatten. Gegessen wurde der köstliche Couscous dann von einem übermütigen Dutzend Frauen bei mir, da war es irgendwie am gemütlichsten. Und mein damaliger Lebensgefährte Bruno, mit dem ich die Wohnung teilte? Der war das mit den Frauen schon gewohnt und ging ins Kino.

Im Gegensatz zur deutschen Frauenbewegung war die französische sehr bunt und divers in Alter, Lebenslagen und Herkunft. Zu meinen besten Freundinnen zählten eine Brasilianerin, eine Isländerin und Anne Zelensky, eine in Afrika geborene Russin. Auch etliche Künstlerinnen und Schriftstellerinnen waren aktiv, darunter die Schauspielerin Delphine Seyrig sowie die Schriftstellerin Monique Wittig (von der Judith Butler sich stark hat inspirieren lassen).

Im August 2020 haben die Französinnen den 50. Jahrestag ihrer

Bewegung gefeiert und mich, »l'allemande«, dazu geladen. Ich war gerührt. Wir waren damals in Frankreich knapp ein Jahr vor den Deutschen gestartet.

Auch an der Sorbonne hatten die Studentinnen bereits im Mai 68 ein gewisses Unbehagen gehabt. Es folgten, ganz wie in Deutschland, Theoriegruppen wie »Marxismus-Feminismus«, in denen lange und leidenschaftlich diskutiert wurde. Doch den Schritt über die akademische Szene hinaus machten auch sie erst am 26. August 1970. Da schritt ein knappes Dutzend Frauen, darunter Monique Wittig, feierlich zum »Grab des unbekannten Soldaten«, das unter dem Arc de Triomphe liegt, und legte einen Kranz nieder: »Für die unbekannte Frau des unbekannten Soldaten«. Die Medien berichteten über die pfiffige Aktion. Der Startschuss für das »Mouvement de Libération des femmes« (MLF) war gefallen; ein paar Wochen später waren wir schon zwei, drei Dutzend, darunter ich; zwei, drei Monate später schon Hunderte, die sich jeden Mittwoch in der Mensa der Beaux Arts trafen; wenig später Tausende im ganzen Land.

Meinen Taschenkalendern aus den Jahren entnehme ich, dass ich zwischen Sommer 1971 und Sommer 1974 mindestens einmal im Monat in Deutschland war. Nicht nur, um wie bisher Sendungen im Rundfunk aufzunehmen oder mit Redaktionen zu verhandeln, sondern auch, um zu recherchieren.

Im Herbst 1971 erschien in der edition suhrkamp mein erstes Buch: »Frauen gegen den § 218«[6], im Herbst 1973 das zweite: »Frauenarbeit – Frauenbefreiung«[7].

Für die beiden Bücher hatte ich mit je 18 bzw. 15 Frauen gesprochen, ausgewählt so repräsentativ wie möglich. Ich wollte, dass eine maximale Anzahl von Leserinnen sich identifizieren konnte. Die Frauen in dem §-218-Buch hatten zusammen 41 Kinder und 43 Abtreibungen hinter sich, elf (!) von ihnen waren Hausfrauen, die meisten engagiert in der »Aktion 218«. Auch die Frauen in dem Arbeitsbuch waren ganz »normale« Frauen.

Ich gab den Frauen eine Stimme, verdichtete die Gespräche zu Monologen (Protokollen) und stellte den analytischen Teil hintan. Es waren diese Gespräche, die mich radikalisiert haben. Diese Verzweiflung. Diese Abhängigkeit. Diese Sprachlosigkeit. So schlimm hatte ich mir das nicht vorgestellt. Für mich taten sich Abgründe auf.

Ich erinnere mich bis heute an den Satz der Ehefrau eines Arbeiters am Münchner Nockherberg. Am Anfang hatte sie ungefragt zu mir gesagt: »Ich bin glücklich.« Ich habe ihr nicht widersprochen. Und eine halbe Stunde später hat sie es fast rausgeschrien: »Was soll ich denn tun? Ich habe vier Kinder und kein eigenes Geld! Ich *kann* gar nicht gehen. Soll ich aus dem Fenster springen?« Oder die Hausfrau, die über den Sex mit ihrem Mann gesagt hat: »Währenddessen denke ich nur daran«, an die Angst, schwanger zu werden.

Ich engagierte mich also verstärkt, schrieb über die Verzweiflung und Revolte der Frauen und versuchte, auch zur Frauenbewegung in der Bundesrepublik beizutragen. In meinem zweiten Buch 1973 (und später auch im »Kleinen Unterschied«) veröffentlichte ich im Anhang alle mir bekannten Adressen von Frauengruppen in der BRD und Westberlin, die ich via Rundschreiben »an alle« gesammelt hatte, die in Österreich und der Schweiz gleich dazu. Allein in Westdeutschland waren es 1973 genau 44, zwei Jahre später 74 Gruppen. Schon die Namen der Gruppen verraten, woher diese frühe Frauenbewegung kam und wie vielfältig sie war. Für manche Städte steht da nur die Privatadresse einer einzelnen Frau, für andere »Frauen im revolutionären Kampf« (Frankfurt), »Frauenzentrum« (Berlin) oder »Interessengruppe Frauenemanzipation« (Wiesbaden). Die meisten Gruppen aber hießen schlicht »Aktion 218«. Zu den wiedererwachten Genossinnen und überwinterten Frauenrechtlerinnen waren nun die empörten Frauen von nebenan gestoßen.

Tonangebend allerdings wurden rasch die politerfahrenen Genossinnen. Sie führten in Deutschland eine in den internationalen Frauenbewegungen eher unbekannte Rigidität und Bürokratismus ein. Ich erinnere mich, wie ich im Februar 1972 aus Neugierde zum ersten »Delegiertentreffen« in Sachen Abtreibung nach Frankfurt gefahren war (nachdem ich den *Stern*-Appell angezettelt und das Buch über Abtreibung veröffentlicht hatte). In dem kleinen Raum drängelten sich etwa drei Dutzend Frauen aus der ganzen BRD und Westberlin. Es wurde berichtet und diskutiert. Doch als ich die Hand hob, um etwas beizutragen, wurde ich beschieden: Du hast kein Rederecht, Alice, du bist keine »Delegierte«.

Bei der Gelegenheit lernte ich auch, was es bedeutet, wenn eine zwei Hände hebt: Das ist eine Meldung zur Geschäftsordnung, da kommt man gleich dran und nicht erst, wenn das Thema, zu dem man etwas beitragen will, schon lange durch ist. Ich erinnere mich noch genau: Als ich so dasaß und zuhörte, packte mich plötzlich eine unbändige Lust: Und wenn ich jetzt auf den Tisch springe und einen Striptease mache? – Ich war und bin einfach hoffnungslos anarchisch.

In den deutschen Frauenzentren ging es sehr unterschiedlich zu. Es gab Zentren, die waren homogener, eher studentisch wie Aachen oder eher proletarisch wie Dortmund, und es gab Zentren, die zerriss es fast wegen ihrer Heterogenität. Meist hatten die politikerfahrenen Frauen die Zentren gegründet – doch dann kamen die »Frauen von nebenan« dazu. Die trugen keine Jeans mit Parka, sondern kamen in Rock und Bluse. Und nicht nur die Kleidung unterschied sich, auch die Sprache. Gleichzeitig taten sich beide Lager schwer, als Frauen öffentlich die Stimme zu erheben, hatten beide schon mal abgetrieben oder waren als Kind missbraucht, als Frau vergewaltigt worden. Manche Frauenzentren schafften es, fast alle zu integrieren – bei anderen blieben die »Frauen von nebenan« irgendwann auf der Strecke.

Ich war im Berliner Frauenzentrum in Kreuzberg, Hornstraße 2, auch eher exotisch. Ich war 32 Jahre alt, voll im Beruf, hatte zwei Bücher veröffentlicht und arbeitete für Funk und Fernsehen. In Paris war ich unter Gleichaltrigen und Älteren gewesen, an der Seite bekannter Schriftstellerinnen oder Stars. Hier in Berlin waren die meisten noch Studentinnen oder kamen aus der alternativen, linken Szene. Das passte nicht immer zusammen.

Ich erinnere mich an die Szene mit Regula, die mit den mattblonden Zöpfen. Wir schreiben das Jahr 1974. Es ging um die Strategie beim Kampf gegen den § 218. Ich warf spontan – wie ich es aus Paris gewohnt war – etwas ein. Da maßregelte mich Regula: »Alice, du bist noch gar nicht dran. Und überhaupt: Immer weißt du alles besser.« Ich schwieg. Zunächst. Dann sagte ich quer durch den

Raum zu Regula: »Und was ist, wenn ich es wirklich besser weiß, Regula?« – »Dann sollst du auch den Mund halten!«, herrschte Regula mich an.

Das gab mir zu denken. Ich habe nichts gegen die Regulas dieser Welt, aber ich will auch nicht werden wie sie. Ich war nicht in der Frauenbewegung, um mich mit den Frauen auf dem kleinstmöglichen Nenner zu treffen. Ich war für die größtmögliche, gemeinsame Herausforderung!

Sehr bald regten sich nach der anfänglichen Frauen-gemeinsam-sind-stark-Euphorie die ersten Differenzen. Das Gift des Schwesternstreits schlich sich ein. Die Motive dafür waren vielfältig: von politischen Differenzen bis zu persönlichen Rivalitäten. Sozialistinnen gegen Autonome, Mütter gegen Nicht-Mütter, Lesben gegen Heteras. Und auch ich geriet ins Visier. Denn in der Tat: Meine Situation war durchaus ambivalent. Die Mehrheit der Bewegung war studentisch, ich aber war das, was man heute eine »Karrierefrau« nennt. Ich war eine erfolgreiche Journalistin und schrieb nun auch über Frauen und die Frauenbewegung. Das konnte nicht jeder gefallen, vor allem denen nicht, die politische Differenzen mit mir hatten. Schließlich war ich unter anderem eine scharfe Kritikerin der patriarchalen Linken und auch fernab jeglicher Esoterik. Es gab die ersten Gehässigkeiten und »Offenen Briefe« gegen mich. Doch da waren gleichzeitig auch meine neuen Freundinnen, mit denen ich zusammenarbeitete, und die vielen, vielen Frauen, die Hoffnungen in uns Feministinnen setzten.

Wobei es schon falsch war, von »den« Feministinnen zu sprechen. Nach dem euphorischen Aufbruch zeichneten sich ganz wie in der historischen auch in der neuen Frauenbewegung drei Tendenzen ab: die »sozialistischen Feministinnen«, die Teil einer Partei oder Organisation waren; die Differenzialistinnen, für die Frauen in Relation zu Männern »anders« sind, biologisch bedingt oder irreversibel kulturell geprägt, also nicht »gleich«, sondern »gleichwertig«; und die Radikalen, heute auch Antibiologistinnen oder Universalistinnen genannt. Man stellt sich unter den »Radikalen« gerne ziemlich wüste Weiber vor, der Begriff bedeutet jedoch schlicht: an die Wurzeln gehen. Die Radikalen stellen jegliche Geschlechtsrollenzuweisung im Namen der »Natur der Frau« infrage. Ich gehöre wie erwähnt zu den Radikalen, auch wenn ich so manches Mal gleichzeitig die Politik der kleinen Schritte der Reformerinnen befürworte. Denn ich bin immer dafür, die Frauen »da abzuholen, wo sie sind«, wie es heutzutage so nett heißt.

Wir Radikalen waren immer eine Minderheitsströmung innerhalb der Frauenbewegungen, oft angefeindet von den Sozialistinnen und Differenzialistinnen.

Auch darum ist es einfach falsch, mich zur »Vertreterin der Frauenbewegung« zu stilisieren. Denn einmal abgesehen davon, dass eine Bewegung gar keine Vertreterin haben kann, habe ich an vielen Punkten immer wieder ganz anders gedacht und gehandelt als viele in der Frauenbewegung. Das hat seinen Preis. Schon 1978 wollte das Frauenzentrum Neu-Isenburg mich via offenem Brief »aus der Frauenbewegung ausschließen«, weil ich, eher aus Lust an der Provokation, den Gedanken von Shulamith Firestone aufgegriffen und gefragt hatte, warum im 20. Jahrhundert Frauen eigentlich immer noch unter Schmerzen natürlich gebären müssten, wo die Männer doch schon zum Mond fliegen. Bundesweit schließlich war der Protest, als ich 1980 den uneingeschränkten Zugang von Frauen zum Militär forderte. Da waren einfach (fast) alle gegen mich: die Linken und die Feministinnen.

Aber ich habe mich nie in meiner Utopie beirren lassen: dass von den Geschlechtsrollen befreite Frauen und Männer einfach nur Menschen sein könnten. Mir ist jede mit der »Natur« begründete Differenz suspekt, nicht nur in Bezug auf die Geschlechter. Die heute real existierenden Unterschiede der Geschlechter halte ich für das Resultat von über Jahrtausende gehenden Prägungen – und vor allem für eine Machtfrage.

Im Sommer 1974 kehrte ich endgültig zurück nach Deutschland. Das hatte ich schon 1969 mit meinem Lebensgefährten Bruno in einem »Pakt« vereinbart: fünf Jahre Frankreich, fünf Jahre Deutschland ... und dann sehen wir weiter. Inzwischen war viel passiert. Ich war immer mehr in die Welt der Frauen geglitten – und entfernte mich von Bruno. Gerecht war das nicht, denn er war wirklich ein Feminist. Doch ich war nicht mehr zu halten. Ich wollte auch wieder in meinem Land, in meiner Sprache arbeiten. Ich trennte mich von meiner ersten großen Liebe, unter Schmerzen, und zog in die Stadt einer neuen Verliebtheit, nach Berlin.

Sie hieß Ursula, und ich habe zwei Jahre lang auch politisch viel mit ihr angezettelt. Zum Beispiel die Aktion »Letzter Versuch«, mit der wir 1974 die Fristenlösung erkämpfen und die zögernde SPD auf unsere Seite zwingen wollten. Dazu initiierten wir vom Hinterhof in Kreuzberg aus mit Matrizen-Abzügen und zum Postamt getragenen Briefen (es gab noch nicht einmal Faxe, vom Internet ganz zu schweigen) eine Selbstbezichtigungsaktion von 329 ÄrztInnen, veröffentlicht im *Spiegel*, einen bundesweiten Protesttag am 16. März von Tausenden von Frauen in der ganzen Bundesrepublik und Westberlin sowie meinen TV-Beitrag am 11. März über einen provokant öffentlich angekündigten Schwangerschaftsabbruch mit der in Deutschland bis dahin noch unbekannten, schonenden Absaugmethode. Unsere Rechnung ging auf. SPD-Chef Herbert Wehner persönlich trieb die Genossen zum Jagen. Er hatte begriffen: Ohne die Frauen würde die SPD die nächste Wahl verlieren. Wir bekamen unsere Fristenlösung – wenn auch nicht für lange.

Nur ein Sozialdemokrat hatte während der Abstimmung den Saal verlassen: Kanzler Willy Brandt. Begründung: Er sei unehelich geboren – und mit einem Recht auf Abtreibung für die Frauen gäbe es ihn nicht.

Damals arbeitete ich als freie Mitarbeiterin für das wichtigste politische TV-Magazin, für *Panorama*, geleitet von Peter Merseburger. Ihm hatte ich den Beitrag über die Abtreibung vorgeschlagen. Der unerschrockene Merseburger sagte Ja. Ich gestehe, ich verschwieg, dass ich nicht nur die Berichterstatterin war, sondern auch die Initiatorin. Bis heute habe ich deswegen ein schlechtes Gewissen. Aber ich konnte es Merseburger einfach nicht sagen, er hätte dann meinen Beitrag abblasen müssen.

Die öffentlich angekündigte Abtreibung wurde in Berlin gedreht, unter dramatischen Umständen. Doch alles ging gut. Mein Beitrag wurde am späten Sonntagabend vor der Ausstrahlung am Montag als »korrekt« von Merseburger und dem NDR-Intendanten Neuffer abgenommen. Doch am Montagmittag wurde die Ausstrahlung überraschend in letzter Minute gestoppt. Die ARD-Intendanten hatten sich in einer Telefonkonferenz kurzgeschlossen und die Ausstrahlung untersagt. Daraufhin zog Merseburger die ganze Sendung zurück und strahlte 45 Minuten lang ein leeres Studio aus. Welcher TV-Journalist würde heute noch so etwas wagen?

Das Verbot der *Panorama*-Sendung war der bis heute eklatanteste Fall von Zensur in der Geschichte der ARD. Die internationalen Medien berichteten. Dem vorausgegangen war ein tagelanges Trommelfeuer gegen den Bericht in den deutschen Medien, allen voran in *Bild*, munitioniert von der katholischen Kirche.

Als Nächstes zettelten wir – ich, Ursula und eine Handvoll Freundinnen – das »Rockfest im Rock« an, am Muttertag, dem 11. Mai 1974. Gegen den Widerstand der Wortführerinnen im Berliner Frauenzentrum Hornstraße. Die warnten, »die Basis« würde ein Fest von Frauen nur für Frauen nicht verstehen. Es kamen über 2000 Frauen in die Mensa der TU, sie tanzten bis vier Uhr nachts.

Im Sommer darauf fuhren wir in das legendäre feministische Frauenferienlager Femø (das feiert gerade seinen 50. Jahrestag!). Wir wohnten eine strahlende Sommerwoche lang in riesigen Armeezelten, aßen dänisch und nur einmal gut (als die Italienerinnen kochten), faulenzten, diskutierten, tanzten. Es war ein Sommer des Übermutes. Und der *Spiegel* titelte anzüglich mit der »neuen Zärtlichkeit« unter Frauen.

Ende November 1974 erreichte mich in Berlin ein Anruf von Simone de Beauvoir. Sie war in Panik. Sartre, schon sehr krank und halb blind, hatte sich von seinen radikalen jungen Freunden und dem RAF-Anwalt Croissant überreden lassen, Andreas Baader im Gefängnis in Stammheim zu besuchen. Beauvoir bat mich um Hilfe. Ob ich, um weitere Manipulationen zu verhindern, Sartre in Stuttgart beistehen könnte. Ich sagte zu, aber auch, dass ich auf keinen Fall mit nach Stammheim gehen würde.

Denn inzwischen war mir auch die linke Szene der BRD vertraut.

Ich hatte 1974 ein 45-Minuten-Feature für den WDR über die außerparlamentarische Linke gemacht (»Wer will wie und warum Revolution machen?«) und gründlich recherchiert: bei den Trotzkisten in Berlin-Kreuzberg, bei den Maoisten in Dortmund (wo Ex-Studentenführer Christian Semler nur noch in chinesischen Längenmaßen sprach: Li), bei den Spontis in den besetzten Häusern im Frankfurter Westend. Überall viel Ideologie und wenig Realitätssinn. Es gab für mich also kaum Anlass, die Szene zu idealisieren. Ganz zu schweigen von meiner sehr kritischen Distanz zur RAF und der Polit-Guerilla in den westlichen Metropolen. Andreas Baader schließlich, diesen Ex-Zuhälter, für den Frauen nur »Fotzen« waren, missbilligte ich zutiefst für seine Gewaltinszenierung und Menschenverachtung.

Ich flog also nach Paris und interviewte Sartre vor seiner Reise nach Stuttgart. Das Interview erschien am 2. Dezember 1974 im *Spiegel*. Sartre distanziert sich darin, bei aller Sympathie, unmissverständlich vom »bewaffneten Kampf«. Was mich in weiten Teilen der Linken nicht unbedingt beliebter machte.

Am 4. Dezember fuhr ich nach Stuttgart und begleitete Sartre zu der Pressekonferenz. Nach Stammheim war ich nicht mitgefahren, Daniel Cohn-Bendit, der auch übersetzte, hatte ihn begleitet. Die Verklärung der selbstgerechten, menschenfeindlichen RAF sollte in der Linken noch Jahre anhalten – und für so manchen währt sie bis heute.

Im Jahr zuvor, 1973, hatte ich mich zwei Mal mit Rudolf Augstein getroffen, im Frühling und Herbst. Ich war mit ihm zum Essen verabredet und holte ihn in der Redaktion ab (in seinem Vorzimmer habe ich ihn abgeholt, aber nie »antichambriert«, wie eine seiner Sekretärinnen in ihrem jüngst erschienenen Buch fälschlicherweise geplaudert hat). Beim zweiten Mal bot Augstein mir – bei Austern und Champagner – den Posten einer *Spiegel*-Reporterin an. Ich wäre der erste weibliche *Spiegel*-Reporter gewesen. Ich sagte Ja – der Job meiner Träume! Doch wenige Tage später rief Augstein an, etwas verlegen. Er stehe selbstverständlich zu seinem Wort, aber er müsse mir sagen, dass die Redaktion gegen »die Feministin« sei. Dabei hatte ich mir bis dahin noch nicht einmal den »Kleinen Unterschied« zuschulden kommen lassen, nur die beiden Suhrkamp-Bücher, ein paar Artikel und das TV-Porträt über Beauvoir. Ich zog zurück. Zum Glück. Sonst hätte es *EMMA* wohl nie gegeben.

Allmählich bekam ich den Preis zu spüren, den ich für mein offenes feministisches Engagement bis heute zahle. Einst war ich eine durchaus respektierte Kollegin, mit der man auch gerne über Innenpolitik in Frankreich oder anstehende Wahlen redete. Doch mit der Zeit galt ich nur noch als »die Feministin«, in ihrer tumbesten Version. Die, die den Männern an den Kragen will. Geredet wird mit mir seither auch von klugen Männern fast nur noch über Männer und Frauen – auch wenn mein Themenspektrum bis heute vom Krieg der Geschlechter bis zum Krieg in der Welt geht, von der Abtreibung bis zur Avantgardekunst.

Diese intellektuelle Einengung ist vielleicht die größte Kränkung, die mir widerfahren ist und mir bis heute widerfährt.

In diesen Jahren vor *EMMA* arbeitete ich so viel, dass ich mich heute frage, wann ich überhaupt geschlafen habe. Und in den Jahren mit *EMMA* noch mehr. Irgendwie scheine ich, die geborene Wuppertalerin, durchdrungen vom protestantischen Arbeitseifer. Allerdings ist es so, dass Arbeit und Leben für mich eins sind und mein Beruf mir großen Spaß macht. Solange es nicht gerade wieder Ärger gibt ...

Neben meinen journalistischen Arbeiten und den Recherchen für den »Kleinen Unterschied« initiierte ich 1974 mit Ursula den »Frauenkalender«[8] – 25 Jahre lang ein subversiver, bis zum Jahr 2000 jährlich erschienener Taschenkalender im lila Einband, der Tag für Tag feministische Ideen und Informationen lieferte, ein heimlicher Bestseller. Außerdem hatte ich für das Wintersemester 1974/75 sowie das Sommersemester 1976 einen Lehrauftrag bei den Soziologen in Münster angenommen. Etwas leichtfertig. Es war der Wunsch von Studentinnen gewesen, und ich hatte noch von Paris aus zugesagt.

Mein Konzept und die Lektüre-Liste (archiviert im FrauenMediaTurm) spiegeln meine ganze Spannbreite der Themen, den Wissens- und Interessensstand einer Feministin wie mir in dieser Zeit. Die von mir empfohlenen Lektüren gingen offensichtlich von meinem eigenen Arbeitstempo aus und waren für zwei Semester etwas unrealistisch. Das Thema meines Kurses lautete »Frauenbewegung und Sexualität«, stark inspiriert von meinen Vorarbeiten zum »Kleinen Unterschied«, der zu dem Zeitpunkt den Arbeitstitel »Sexmonopol« hatte.

Die Neugierde und Motivation der StudentInnen ist groß. Es kommen weit über hundert. Rund fünfzig bleiben bis zum Ende, etwa zehn Prozent sind Männer. Und bis heute sind einige meiner damaligen Studentinnen aktive Feministinnen. Mir macht das Lehren zwar Spaß, aber ich finde es zu zeitaufwendig. Mir wird rasch klar: Ich bin vor allem eine Autorin und Blattmacherin. Spätere Anfragen für Lehraufträge, darunter einer über Publizistik in Berlin, sage ich ab.

Doch ich suche immer wieder die Begegnung und den Austausch mit Menschen, jenseits der Medien und jenseits der Frauenbewegung. So wie im Juni 1974 in der »Evangelischen Akademie Loccum«. Da treffen sich 120 Frauen, darunter ein paar Männer, unter dem Stichwort »Emanzipation der Frau«. Drei Tage lang wird referiert und diskutiert. Und erstmals beggenen sich zwei Generationen: die traditionellen Frauenrechtlerinnen und die neuen Feministinnen. Unter den Frauenrechtlerinnen ist auch die damalige Vorsitzende des »Deutschen Frauenrates«, Irmgard von Meibom, Mitglied der CDU. Von da an sollten wir, sie mit ihrem – in den Karteikästen zehn Millionen Mitglieder zählenden – Dachverband aller Frauenorganisationen und ich, so manches Mal hinter verschlossenen Türen gemeinsame Sache machen, nicht nur 1978 beim »*Stern*-Prozess«.

Auch die zu den Älteren zählende Journalistin Inge Sollwedel ist in Loccum dabei und schreibt anschließend in der *Frankfurter Rundschau*: »Auftakt am nächsten Morgen: Alice Schwarzer mit dem etwas global geratenen Thema ›Emanzipation in unserer Gesellschaft‹. Aber was sie daraus macht. Eine blitzgescheite junge Frau erzählt. Sie nennt die Dinge beim Namen, die Unterdrückung wie die Freude, verzichtet auf programmatische Verkündungen, akzeptiert sich selbst und ihr ganzes Geschlecht. Die Älteren – gestern noch fast feindlich – begreifen: Was sie gefordert, erkämpft und geleistet haben – die jungen Frauen leben das nun. Das ist neu für Frauen. Ihr Recht auf Träume zu proklamieren.«

Ja, das war neu für Frauen in Deutschland: dieser Schulterschluss zwischen traditionellen Frauenrechtlerinnen und autonomen Feministinnen. Jetzt sollte es wirklich eng werden für die Männer.

# VILAR, FELDBUSCH, ROMY ODER: WAS IM FERNSEHEN (NICHT) MÖGLICH IST

Wäre eine Sendung wie mein Streitgespräch mit Esther Vilar 1975 heute noch möglich im Fernsehen? Ich fürchte, nein. Schon lange geht der Trend Richtung Perfektion, auf Kosten von Spontaneität und Improvisation. Alles wird abgesprochen und durchgetaktet. Mit Talkshow-Gästen werden vorab lange Gespräche geführt: Was werden sie antworten? Moderatoren werden gebrieft und bekommen Anweisungen via Knopf im Ohr. Es gibt kaum noch Überraschungen.

Ich selber habe die Anfänge dieser Entwicklung erlebt. 1998, als ich für RTL zusammen mit meinem inzwischen verstorbenen Kollegen Johannes Gross die sechs Spitzenkandidaten der bevorstehenden Bundestagswahlen interviewte: von einem (gereizten) Gerhard Schröder bis zu einem (gelassenen) Helmut Kohl. Beim Gespräch mit Kohl ertönte mitten im Interview (in meinem Knopf im Ohr) die Anweisung, ich solle es unterlassen, den Interviewten manchmal mit »Herr Kohl« anzusprechen (wenn wir zum Beispiel über seine Kriegsjugend sprachen), sondern grundsätzlich immer »Herr Bundeskanzler« zu ihm sagen. Das hat mich so erbost, dass ich in der Werbepause Kohl via Mikro gefragt habe: »Wollen Sie wirklich immer mit ›Herr Bundeskanzler‹ angesprochen werden?« Da lächelte Kohl und antwortete: »Das halten Sie ganz, wie Sie es richtig finden, Frau Schwarzer.«

Nach der Aufzeichnung kam Kohl auf der Terrasse des Bonner Kanzlerbungalows zu mir und erzählte mir von seiner Frau. Dass sie als junges Mädchen nach dem Krieg Opfer einer Gruppenvergewaltigung durch russische Soldaten geworden war und nur knapp überlebt hatte. Kohl hatte Vertrauen gefasst. Er wollte, dass ich mit ihr spreche. Was ich dann leider nicht getan habe, weil sie sich noch nie selber bei mir gemeldet hatte und ich nicht übergriffig sein wollte.

Ein paar Jahre zuvor, 1992/93, hatte ich eine eigene Talkshow beim Hessischen Rundfunk, alle zwei Wochen live in einer Frankfurter Hotellobby. Einmal platzt ein Hausbesetzer-Trupp in die Sendung. Da wurde das Ganze erst so richtig spannend: Ich bat sie einfach ans Mikro. Damals behandelte ich viele Tabuthemen in der Sendung: vergewaltigte Frauen aus Bosnien; den wegen seiner Immobiliengeschäfte von Linken heftig angegangenen, dünnhäutigen Ignatz Bubis; den als rechts kritisierten Frontmann der »Böhsen Onkelz«, Stephan Weidner; Transsexuelle und zu guter Letzt eine Runde strapazierter Politikerinnen, darunter Angela Merkel (die damals noch verfemte Bundesfrauenministerin war). Mein Prinzip war, eine Atmosphäre des Vertrauens zu schaffen, in der die Menschen offen reden und ausreden können. Wenn ich dann am Samstagmorgen nach der Sendung durch die Innenstadt zu Fuß zum Bahnhof ging, standen da so manches Mal kleine Menschengruppen, die über die Sendung von gestern Abend diskutierten.

Doch war ich selten handelndes Subjekt im Fernsehen (ich hatte ja auch immer mit *EMMA* genug zu tun), sondern eher behandeltes Objekt. Das Streitgespräch mit Vilar 1975 war eine Mischung aus beidem gewesen und genau das einer der Gründe für seinen Erfolg. Die Redaktion hatte die Rahmenbedingungen geschaffen: live, zu zweit im Studio, ohne Moderator oder Regieanweisungen. Wir hatten freie Bahn. Heraus kam ein »High Noon im deutschen Fernsehen« (Hellmuth Karasek im *Spiegel*).

Was war geschehen? Esther Vilar hatte ein Buch geschrieben, das aus der Feder eines Mannes wohl kaum gedruckt worden wäre, aus der Feder einer Frau aber »pikant« war. Auf dem Höhepunkt der Frauenbewegung vertrat Vilar in ihrem Buch »Der dressierte Mann« die These, dass die Frauen die »armen Männer« ausbeuten und am liebsten den ganzen Tag auf dem Sofa liegen und Pralinen reinstopfen, kurzum, nicht mehr seien als »ein Loch«.

Hätte sie Vergleichbares über Schwarze oder Juden geschrieben, wäre das Buch wohl wegen Rassismus bzw. Antisemitismus verboten worden. Aber es ging ja nur gegen Frauen. Und das auch noch aus der Sicht einer Frau. Die muss es ja wissen. Dieser Trick – Frau gegen Frau – ist seither längst zur Masche verkommen. Kein Mann, der einigermaßen auf sich hält, würde noch öffentlich Feministinnen dissen. Er weiß ja, dass wir recht haben und er sich nur ins Unrecht setzen kann. Dafür werden Frauen vorgeschickt. Und so manche tut es willfährig – etliche Frauen-Karrieren in den Medien beruhen auf eilfertig geliefertem Anti-Feminismus.

Schon in den Jahren vor der Vilar-Sendung, als ich noch in Paris lebte, war ich von mehreren Zeitungen gefragt worden, ob ich nicht den »Dressierten Mann« rezensieren wolle. Ich wollte nicht. Ich fand es zu durchschaubar provokant und irgendwie kläglich. Nun aber lebte ich wieder in Deutschland und begriff: Das Buch machte Furore bei den Männern, in Redaktionen wie an Stammtischen, und war eine regelrechte Waffe gegen uns Frauen. Und die Frauen? Die waren sprachlos und sehr, sehr gekränkt.

Als ich nun die Anfrage vom WDR bekam, begriff ich zunächst nicht, dass das Ganze als Karnevalsscherz programmiert war. In Berlin, wo ich zu der Zeit lebte, wusste man nicht, dass der 6. Februar 1975 in Köln der Tag von Weiberfastnacht war. Ich nahm aber die Sache ernst und fasste einen Entschluss: Ich würde in die Sendung nicht als erfahrene Journalistin gehen, sondern als betroffene Frau. Sozusagen stellvertretend für die vielen Frauen, die von Vilar so beleidigt worden waren und ohnmächtig die Fäuste ballten.

Und genau das war richtig. Ich lachte nicht über den Quatsch, den Vilar da verzapft hatte. Ich fand das auch gar nicht lustig. Ich stellte sie ernsthaft zur Rede. Was mein Gegenüber aber nur leicht aus der Fassung brachte, im Prinzip blieb sie 45 Minuten lang auffallend ruhig. So ruhig, dass ich mir am Ende die Frage stellte, ob sie mit Tranquilizern nachgeholfen hatte. Ich aber war wütend! So wütend wie die Zuschauerinnen.

Als ich an dem 6. Februar 1975 gegen 16 Uhr das Studio betrat, machte mich das mit einem Schlag zur öffentlichen Person. Von da an war die Hölle los. »Die Frauen waren für Alice – die Männer für Esther«, schrieb *Hörzu*. Und *Bild* titelte mit der »Hexe mit dem stechenden Blick durch die Brille«. Eine ganze Nation diskutierte: Für oder gegen Vilar? Für oder gegen Schwarzer? Den WDR erreichten Waschkörbe von Briefen, ja ganze Petitionen aus Betrieben, die forderten, dass die am Nachmittag gelaufene Sendung wiederholt würde (es gab ja noch keine Mediatheken). Tatsächlich aber wurde die Sendung, die »Fernsehgeschichte gemacht hat«, bis heute nicht ein einziges Mal im 1. Programm ausgestrahlt. Dafür ist sie mittlerweile auf Youtube zu sehen.

Neun Jahre später wollte die WDR-Frauenredaktion allen Ernstes eine Wiederholung des Streitgespräches mit mir und Vilar produzieren. Ich lehnte ab. Denn Vilar interessierte mich in Wahrheit überhaupt nicht. Es war mir 1975 darum gegangen, die Funktion ihres Pamphletes und dessen Ungeheuerlichkeit klarzumachen. Mit wem ich denn sprechen wolle? Mit Burkhard Driest (den Monika Lundi fünf Jahre zuvor der Vergewaltigung bezichtigt und die ich dazu interviewt hatte)? Nein, auch nicht. Mit wem dann? Mit Rudolf Augstein. Zum Beispiel.

Er kam. Zuerst in die *EMMA*-Redaktion. Da guckte er sich nostalgisch um, ganz wie drei Jahre später Marion Dönhoff. »Du hast es gut«, sagte er. »Ich habe meinen Laden vergesellschaftet. Die sind jetzt alle Mitbesitzer – und gehen nie mehr weg.« Dann gingen wir zusammen rüber zum WDR, drei Fußminuten entfernt, ins Studio. 45 Minuten zu Live-Bedingungen.

Was dann ausgestrahlt wurde, war für die Linguistin Prof. Senta Trömel-Plötz ein »aus vielen Gründen erschütterndes« Gespräch: der Paradefall einer »konversationellen Politik zwischen Herrschenden und Beherrschten«, bei der »Gleichheit und Symmetrie nicht gefragt« war. Von mir schon, aber von Augstein nicht. Zumindest nicht vor laufender Kamera.

Ich steige, so analysierte die Linguistin mit ihren StudentInnen, in die Sendung »mit einer Liebeserklärung ein«: »Weil ich Sie mag«, gleich zweimal. Warum? »Will sie damit Augstein günstig stimmen, für sich gewinnen?«, fragt Trömel-Plötz. »Oder will sie ihn verwirren, verunsichern, irritieren? Biedert sie sich an oder überfährt sie ihn? Unterwirft sie sich oder dominiert sie ihn?«[1] – Vermutlich beides.

Die StudentInnen der Kommunikations-Expertin zählten jedes

Wort und jede Geste der 45-Minuten-Sendung und kamen auf folgende Resultate: Augstein redet doppelt so lang wie Schwarzer. Er unterbricht sie dreißigmal, sie ihn siebenmal. Er unterstützt sie mit drei bestätigenden Lauten, sie ihn mit 33. Er spricht sie persönlich 59 Mal an, sie ihn 180 mal. Trömel-Plötz: »Zusammenfassend ist zur kommunikativen Kompetenz Schwarzers zu sagen: Sie zeigt nicht nur Respekt vor ihrem Gesprächspartner und schützt sein Image, sie bleibt bis zum Ende fair.« Und er? »Ts, ts, hehe ...«

Und ich? Ich mochte ihn immer noch. Und er sah eigentlich auch keinen Grund zur Unstimmigkeit. Zumindest nicht nach der Sendung. Beim Sichten des Gesprächs nach der Aufzeichnung im WDR drehte er sich zu mir um und sagte: »Mein Gott, bist du lebendig.«

An Rudolf Augstein ist mir die Doppelstrategie von Männern klar geworden, die eine Frau eigentlich schätzen: privat ja – öffentlich: niemals! Da wird die Hierarchie gewahrt, ja immer wieder erneut festgeschrieben.

Ein Vierteljahrhundert nach Vilar, im Jahr 2001, treffe ich in der Talkshow »Johannes B. Kerner« auf Verona Feldbusch. Auch da hatte ich lange gezögert. Denn ich weiß natürlich um die Wirkung eines öffentlichen Streites zwischen Frauen: Weiberzank! Hahaha. Doch zunehmend wurde mir die vor allem für junge Frauen einschüchternde und prägende Wirkung dieser Werbeikone klar. Also einverstanden, ich bin dabei. Doch dann wurde die Sendung plötzlich um zwei Wochen verschoben. Es hieß: Feldbusch wird noch gecoacht, vom *Bild*-Chef Kai Diekmann persönlich.

In den Tagen davor fragen mich alle nur eines: Was ziehst du an? In der Tat. Was ich zu sagen habe, ist klar. Aber: Was ziehe ich an? Ziehe ich mich an wie für eine Verabredung – oder wie für einen Termin? Will ich gefallen oder überzeugen? Vielleicht beides? Ich packe durchsichtiges Gefallenwollen und sachliches Überzeugenwollen in die Reisetasche – und entschließe mich eine Stunde vor Beginn der Sendung fürs Sachliche. Also ein Outfit, das nicht ablenkt.

Eine halbe Stunde vor Beginn der Aufzeichnung komme ich in der Maske an. Die Kosmetikerin steht schon auf glühenden Kohlen: »Na, dann wollen wir mal anfangen, Frau Schwarzer. Verona Feldbusch ist schließlich schon seit vier Stunden hier.« Seit vier Stunden? Um Gottes willen, was hat sie denn nur die ganze Zeit gemacht? Zu sehen ist sie auf jeden Fall nicht.

Kurz vor Beginn der Aufzeichnung gehe ich zur Toilette im ersten Stock. Da steht sie auf dem Flur, umringt von ein paar Herren im Anzug. Ich lächle, sage so etwas wie: Ach, da sind Sie ja, Frau Feldbusch – und reiche ihr im Vorbeigehen die Hand. Eher unterbewusst registriere ich, dass mich alle entgeistert anstarren und sie mir nur zögerlich die Hand gibt. Als ich sehr kurz darauf wieder aus der Toilette komme, ist die ganze Gruppe verschwunden. Spurlos. Als sei es ein Spuk gewesen.

Ich unterdrücke mein Unbehagen und folge der Lotsin zum Eingang des Studios. Schnell, schnell, Frau Schwarzer, die Sendung fängt gleich an! Und tatsächlich, Verona Feldbusch steht auch schon vor der noch geschlossenen Schwingtüre zum Studio. Aber sie ist nicht allein. Neben ihr steht ihr Manager Alain Midzic, ein Ex-Fußball-Manager und ihr Ex-Lebensgefährte. Als sie mich sieht, dreht sie sich so, dass sie mir den Rücken zuwendet. Ihr Manager beugt sich vor und flüstert ihr ins Ohr. Während er flüstert, starrt er mich an. Beide stehen etwa einen Meter von mir entfernt. Mein nur mühsam unterdrücktes Unbehagen steigt. Was ist hier los?

Vor etwa zwei Jahren war es losgegangen. Damals fragte quasi täglich eine Redaktion bei mir an: Wollen Sie nicht Frau Feldbusch für uns interviewen? Wollen Sie nicht ein Streitgespräch mit Verona für uns machen? Wollen Sie nicht über das Phänomen Feldbusch für uns schreiben? Ich lehnte dankend ab. Keine Zeit. Hinzu kam: Ich hatte einfach so gar keine Meinung zu Verona Feldbusch. Ich hatte sie nämlich noch nie im Fernsehen gesehen und interessierte mich ehrlich gesagt nicht sonderlich für sie. Einmal, abends beim Zappen, geriet ich in *Peep*. Die Stimme. Das Geplapper. Das Gestöckel. Kannte ich das nicht schon aus den 50ern? Die klassische Objektfrau. Ich zappte nach zwei Minuten weiter.

Doch die Medien ließen nicht locker. Also schrieb ich Verona Feldbusch einen ersten Brief. Ob sie auch andauernd angefragt würde? Und was sie denn davon halte? Ich erhielt nie eine Antwort.

Die Monate vergingen, Verona Feldbusch blieb Thema. Nicht nur bei den Trash-Fans, sondern auch in meinen aufgeklärten Kreisen, wo angeblich weder *Bild* gelesen noch *RTL* geguckt wird. Einmal gab es sogar fast einen Streit wegen ihr. Zwei Freundinnen von mir gerieten aneinander. Die eine, eine hochintellektuelle Schriftstellerin, die andere eine hochavantgardistische Architektin. Die Architektin, Mutter einer kleinen Tochter (und eines Sohnes), hatte zufällig Feldbusch gesehen und fand es schlicht grässlich, dass »diese Art von Weibchen von gestern« allen Ernstes als Frau von heute verkauft wird. Die Schriftstellerin, Mutter zweier erwachsener Töchter, schüttelte nur matt den Kopf über den mangelnden Durchblick der Architektin. Hier ginge es doch keineswegs darum, dass Feldbusch Feldbusch *ist*, sondern darum, dass Feldbusch Feldbusch *spielt*. Genau das sei eben das neue Verwirrspiel der Geschlechter, in dem die modernen Frauen selbstverständlich begriffen hätten, dass das Frausein nur eine Rolle sei – eine zu »dekonstruierende Konstruktion«, wie das postfeministisch heißt. Und genau dieses Spiel mit den Klischees sei doch der schlagende Beweis für die »neue Souveränität« der neuen Frauen.

Ehrlich gesagt lag mir eigentlich nur daran, den netten Abend nicht platzen zu lassen. Ich murmelte also halbherzig, was denn an diesem Spiel neu sei? Männer wie Frauen hätten doch immer schon nur Männer und Frauen gespielt. Und eben darum ginge es doch für die wirklich modernen Frauen: Dieses unwürdige Spiel zu beenden und sich endlich mal auf Augenhöhe gegenüberzutreten. Der Abend ging verstimmt zu Ende, aber ich begann zu ahnen: Die Sache ist ernst. Ich gehe also in die Kerner-Sendung. Aber nur unter einer Bedingung: kein Hennenkampf! Wenn es auf Weiberzank rausläuft, verlasse ich das Studio, warne ich Kerner.

Die Flügeltür fliegt auf, wir betreten das Studio. Vor laufender Kamera. Doch erst müssen wir eine Treppe runter, auf der man nicht nebeneinander gehen kann. Nein, um den Vortritt mag ich mich nun wirklich nicht mit ihr streiten. Ich mache höflich eine Handbewegung – und sie stöckelt los. Unter dem Gejohle des Publikums. Ganz schön naiv von mir, nicht bedacht zu haben, dass im Publikum eine gezielt platzierte Feldbusch-Claque sitzt, die in der kommenden Stunde den Ton angeben wird. Wo bin ich nur gelandet?

Als die Stunde vorbei ist, ist es auch für mich vorbei. In meinem an Turbulenzen und Angriffen nicht gerade armen Leben habe ich so etwas tatsächlich noch nie erlebt: In 60 Minuten nicht ein einziger Blick der Wahrnehmung oder des Verstehenwollens, nur Ablehnung und Feindschaft. Wie ein Roboter. Ich war wie gelähmt: Diese Frau schockierte und erbarmte mich zugleich.

Nach der Sendung gehe ich essen und schaue mir vier Stunden später zusammen mit Freunden die Sendung an – uns allen scheint Feldbusch schlicht indiskutabel. So sieht die *Bild*-Redakteurin das auch. Sie ruft am nächsten Morgen in der *EMMA* an und sagt: »Wir alle hier in der *Bild*-Redaktion finden, dass es ein klarer Sieg für Frau Schwarzer war – und sind sehr erstaunt über unsere Ted-Zahlen.« Das sind wir auch. Woher die wohl kommen?

Meine Verwunderung steigt, als die ganze Breitseite der Medien auf mich zurollt. Was für eine Kluft zwischen den Reaktionen der Medien und der der Menschen – Frauen wie Männern! Und übrigens auch eine Kluft zwischen Print- und den jüngeren Online-Medien. Letztere sind kritischer mit Feldbusch.

In den Wochen und Monaten nach der Sendung gibt es nur noch ein Thema für die Menschen, die mit mir zu tun haben: diese Sendung. Seit der Diskussion mit Esther Vilar, dem Erscheinen vom »Kleinen Unterschied« und der ersten *EMMA* habe ich nicht solche Emotionen freigesetzt. In der *EMMA*-Redaktion treffen schon am Morgen nach der Sendung über 200 Faxe und E-Mails ein, drei Wochen später sind es über 800 und täglich kommen neue dazu. Die, die noch in derselben Nacht schreiben, konnten meist »vor Aufregung nicht schlafen«.

Auf der Straße reagiert etwa jeder Zweite, der mir entgegenkommt; Frauen wie Männer, aber auffallend viele Männer, die meistens im Feldbusch-Alter bzw. jünger sind. Ganz offensichtlich haben viele Menschen begriffen. Begriffen, dass es hier nicht nur um zwei Frauen geht, ja noch nicht einmal »nur« um das Frauenbild (was genügen würde). Es geht schlicht um das Menschenbild in unserer medialen Welt: Marionette oder Mensch?

Aber wer steht dahinter? Es sind die Manager, die an so einer Frau verdienen; es sind die Werbeagenturen, die in das Produkt Feldbusch Millionen investieren; es sind die Medien, deren exhibitionistisches Futter für die Seite 1 sie ist. »Vorsicht, Sie haben es da mit mafiösen Strukturen zu tun, Frau Schwarzer«, warnt mich ein erfahrener Werber. Und diese Mafiosis handeln nicht mit der Droge Heroin, sie handeln mit der Droge Prominenz. Nicht Prominenz aus eigener Kraft – die hätte ja einen eigenen Willen. Prominenz von ihren Gnaden. Die solchen Kunstprodukten hinterherhechelnden Menschen werden so noch manipulierbarer.

Wirklich erstaunlich fand ich im Rückblick, dass niemand die Parallelen zwischen der Vilar-Sendung und der Feldbusch-Sendung zog. In beiden Fällen stritten ja nicht ein Mann und eine Frau über die Frauenfrage, sondern zwei Frauen. Beide Male wurde suggeriert: Die eine ist eine »echte« Frau, die andere ein »Mannweib« (die mit der »beunruhigenden männlichen Intelligenz«, wie der *Spiegel* mal geschrieben hatte). Doch es gab noch einen Unterschied. Vilar und ich waren gleich alt gewesen, diesmal aber traten zwei Generationen gegeneinander an; was von Feldbusch noch mit piepsiger Mädchenstimme und einer Spange im Haar betont wurde. Ich war nun 58 Jahre alt und man begann die Karte zu spielen: junge Frauen gegen alte. Auch wurde nur noch wenig gesprochen, zumindest auf ihrer Seite nicht. Es lief über den Körper. Im Laufe der Sendung war Feldbusch tatsächlich aufgestanden und hatte begonnen sich auszuziehen. Irgendwie hat sie mir da auch leidgetan.

Eine kleine Anekdote am Rande. Es war ein Zufall, dass ich am Abend nach der Sendung auf Sylt war, in der inzwischen kultigen »Sansibar« (Herbert Seckler ist ein alter Bekannter aus den Tagen, als er noch eine Krabbenbude hatte, ich kriege da also immer einen Tisch). Zwei Tische weiter saß an diesem Abend Gunter Sachs. Wir wechselten Blicke. Schließlich stand er auf, kam an meinen Tisch und sagte: »Frau Schwarzer, wie konnten Sie nur mit dieser grässlichen Person reden?!« Wir blieben jahrzehntelang bis zu seinem Freitod in Kontakt: Ich und dieser einzige internationale und überraschende Playboy aus Deutschland. Seine Mutter war in der Nazizeit mit ihm ins Schweizer Exil gegangen, er war mal mit Brigitte Bardot verheiratet, er sammelte Kunst und neigte zur Melancholie.

Eigentlich lache ich lieber, als zu streiten. Und was mir immer Spaß macht, ist, gegen sinnlos einschränkende Regeln zu verstoßen, geschriebene wie ungeschriebene. Ende der 1980er Jahre war ich die erste öffentliche Intellektuelle, die in eine Unterhaltungssendung ging: »Ja oder Nein?« mit Joachim Fuchsberger. Meinen Kolleginnen und Freundinnen war das eher peinlich. Muss das denn sein, Alice? Nein, es musste nicht, aber konnte. Warum auch nicht? Ich habe immer schon diese so deutsche Unterscheidung zwischen E (hohe Kultur) und U (niedrige Unterhaltung) gehasst. Wenig ist schließlich schwerer als amüsante, gehaltvolle Unterhaltung.

Viele Zuschauer jedenfalls, allen voran Zuschauerinnen, hatten einen Mordsspaß an »Ja oder Nein?«. Es gefiel Frauen, wenn ich Sepp Maier anpflaumte (mit dem ich mich in Wahrheit blendend verstand, wir haben denselben Sinn für schwarzen Humor). Oder wenn ich sarkastische Scherze über Machos machte. Auch mir selber macht eine lockere Unterhaltung im Fernsehen genauso viel Spaß wie eine ernste Diskussion. Warum sollte es den ZuschauerInnen da anders gehen?

Richtig Spaß gemacht hat mir auch die Talkshow mit Klaus Löwitsch 1988 beim SFB. Es ging mal wieder um Männer und Frauen und er konnte es nicht lassen, mich anzupöbeln: Ich solle mich doch nicht so anstellen, die Frauen wären doch schon längst emanzipiert. Schließlich war ich es leid. Ich sagte zu ihm: »Jetzt will ich Ihnen mal sagen, Herr Löwitsch, warum wir Frauen noch nicht emanzipiert sind, und wann wir es sein werden – nämlich dann, wenn wir uns ungestraft und ohne aus der Sendung zu fliegen, so benehmen können wie Sie.«

Zunächst hatte ich die einzelnen Frauen beschrieben: Lea Rosh mit dem Glimmer im Haar, Heide Simonis mit den Jugendstil-Ohrringen, Michaela Geiger mit der Kamelie am Revers und ich (»Ich bin vielleicht nicht Ihr Typ, aber ich versuche auch, das Beste aus mir zu machen mit meinen frisch gewaschenen Haaren«). »Und nun sehen Sie sich mal an, Herr Löwitsch ...« Dann warf ich mich auf meinem Sitz nach hinten, spreizte die Beine und flegelte mich für Sekunden so rum wie Löwitsch.

Das Studiopublikum raste und der CSU-Politikerin Geiger rollten die Lachtränen übers Gesicht. Nur Löwitsch, der fand das gar nicht komisch. Er verließ abrupt die laufende Live-Sendung. Der ihm nachrennenden SFB-Redakteurin hat er dann noch eine Ohrfeige angedroht – die vermutlich eigentlich mir galt. Leider hat die Kamera Löwitschs Abgang nicht gezeigt, sondern versucht, es zu vertuschen. Genau so etwas ist das Problem des steifen deutschen Fernsehens.

Oder 2004: »Wer wird Millionär« mit Günther Jauch (da saß Steffen Seibert noch auf der Mitspielerbank und hat mir vorgesagt, heute hat der Regierungssprecher für so was keine Zeit mehr). Ich bin damals in der Sendung, ehrlich gesagt, nur von meinem Sitz aufgestanden und um das Ratepult herum zu Jauch gegangen, weil ich anfing mich zu langweilen. Was ein totaler Regelbruch war. Ich mache oft etwas Schräges aus Langeweile. Das Fernsehpublikum hat mir und Jauch den Spaß später mit einem »Publikums-Bambi« gedankt. Und bei der Gelegenheit habe ich auch noch den netten Tom Hanks kennengelernt. Hat sich also gelohnt.

Zuletzt habe ich 2018 für *Arte* bei einem Dokumentarfilm über Romy Schneider mitgewirkt – im französischen *Arte*, wo ich nicht so eingeengt bin von dem in Deutschland alles überschattenden Schwarzer-Klischee. Der Dokumentarfilmer Patrick Jeudy hatte die Tonbandaufzeichnung eines Gespräches, das ich mit Romy am 6. Dezember 1976 in Köln für *EMMA* geführt hatte, als Grundlage für den Film genommen: »Ein Abend mit Romy«.[2] Und ich kommentierte nun diesen daraus entstandenen Film, sprach über Romy, die ab ihrem 14. Lebensjahr alle Rollen verkörpert hatte, die in der Nachkriegszeit für Frauen vorgesehen waren, über ihre Verzweiflung und ihre Stärke. Es ist ein sehr leiser, sehr nachdenklicher Film.

Würde man mich fragen, wie ich mein Agieren im Fernsehen heute sehe, würde ich sagen: Schauen Sie sich diese fünf Sendungen von mir an: die Vilar-Sendung von 1975, das Gespräch mit Augstein 1984, die Szene mit Löwitsch 1988, eine der von mir moderierten Talkshows bei »Zeil um Zehn« und die Romy-Sendung von 2018 – diese Spanne zeigt, was im Fernsehen möglich ist.

# SEXUELLE IDENTITÄTEN: NEUE FREIHEITEN?

Im 21. Jahrhundert werden Frauen Staatschefs oder fliegen ins All. Gleichzeitig aber war das Kinderzimmer der Mädchen noch nie so rosa wie heute. Wir leben in Zeiten des Umbruchs, das bedeutet Fortschritt und Rückschritt zugleich.

Neben der Welt der realen Gleichberechtigung steht die illusionäre Welt der Prinzessinnen, die »echte Frauen« bleiben wollen. Echte Frauen aber seien nicht gleichberechtigt, sondern »gleichwertig«. Ein kleiner, aber feiner Unterschied. Der sei, heißt es, in der Biologie begründet: in Genen, Hormonen, unterschiedlichen Hirnhälften oder wo auch immer. Frauen waren und bleiben angeblich »Sammlerinnen«, Männer »Jäger«.

Gleichzeitig ist da eine ideologische Strömung, verbreitet vor allem im universitären Milieu, die all das über Bord zu werfen scheint. Für sie gibt es überhaupt keine Geschlechterrollen mehr, sondern ganz viele Geschlechter-Identitäten, frei nach Wahl. Nicht nur Gender (die Geschlechterrolle), auch Sex (das biologische Geschlecht) steht zur Disposition, je nach subjektivem Empfinden. Nicht mehr die gesellschaftliche Realität soll bestimmend sein, sondern das individuelle Bewusstsein. Will ich lieber eine Frau sein? Oder ein Mann? Oder irgendetwas dazwischen? Und morgen vielleicht das Gegenteil? Das entscheide ich, nicht meine Umwelt. Ich bin so frei.

Doch leider, die Verhältnisse, die sind nicht so. Auf der ganzen Welt gelten Menschen immer noch in erster Linie als Frauen oder Männer, in einem wachsenden Teil der Welt verschärft. In den islamischen Ländern, von denen es inzwischen 35 gibt, sind Frauen und Männer in der Tat von verschiedenen Sternen: Diese Frauen sind, weil sie Frauen sind, auch nach dem Gesetz weitgehend rechtlos, Gewalt gegen sie und die Kinder ist ein Männerrecht. Ihre Individualität und Sichtbarkeit verschwindet unter dem Schleier. In manchen Ländern, wie Afghanistan, dürfen Frauen nicht ohne männliche Begleitung auf die Straße (und wenn es der vierjährige Sohn ist), und kein männlicher Arzt darf sie berühren (und wenn es ihren Tod bedeutet). Der Kopftuch- oder gar Vollverschleierungszwang markiert Millionen lebendiger Frauen als »die Anderen« und lässt sie unter einem Leichentuch verschwinden.

Andere Kulturen, andere Sitten? Ich bin den Kulturrelativismus und die Differenzdebatten auch innerhalb unserer Gesellschaft von Herzen leid! Sind die Geschlechter nun von Natur aus irreversibel männlich oder weiblich – oder ist es eine Frage der Prägung, also kulturell?

Wie schnell solche Prägungen zu Rückschritten führen können, zeigen jüngste Studien aus der Sprachforschung. In den vergangenen Jahrzehnten hatten sich in unserem Kulturkreis die Stimmen von Frauen und Männern angenähert, ganz wie ihre Leben: Frauen sprachen tiefer und Männer weniger markig. Seit ein paar Jahren jedoch verzeichnen SprachforscherInnen einen gegenteiligen Trend. Im Jahr 2020 konstatierten sie das Phänomen, dass Frauen wieder höher sprechen und Männer tiefer. Vor allem in den Medien und der Werbung. Von wahren »Micky-Maus-Stimmen« reden die ExpertInnen, von »rosa Piepsigkeit« und »kultiviertem Kleinmädchentum«. Männerstimmen hingegen werden immer markiger. Rolle rückwärts?

Ich schlage also vor: Wir räumen erst mal den ganzen Müll des seit Jahrtausenden auf uns einhämmernden Geschlechterdrills ab – und dann sehen wir, was bleibt. Meine These lautet: Dann bleibt der Mensch, dessen individuellen Unterschiede vermutlich größer sein werden als die geschlechtlichen oder die nach Hautfarbe bzw. Ethnie etc.

2020 tanzten auf dem traditionellen Wiener Opernball erstmals zwei Frauen als Paar: Iris im weißen Ballkleid und Sophie im Frack. Nur der 87-jährige Richard Lugner, Opernball-Urgestein, regte sich noch darüber auf. Staatsoperndirektor Dominique Meyer hingegen beschied die Protestierenden kühl: »Wir sind nicht mehr im 19. Jahrhundert.« Auch sei die Entscheidung, das Frauenpaar zuzulassen, ein »Zeichen gegen Homophobie«. Doch Sophie, Kurzhaarschnitt und Frack, mokierte sich, sie und Iris seien doch »noch nicht einmal ein Paar«, sie tanzten einfach nur gerne zusammen. Warum also das Ganze? Weil sie nicht »binär« sein möchte, also sich nicht für eines der beiden Geschlechter entscheiden will. Wobei auf dieser ultra-binären Veranstaltung Sophie dann eben doch zum Frack greift. Das sind Zeiten!

Vor gar nicht so langer Zeit war das noch ziemlich anders. Da müssen wir gar nicht bis ins 19. Jahrhundert zurückgehen, es genügt das 20. Bis 1969, bis zur großen Sexualstrafrechtsreform, stand in der BRD auf männliche Homosexualität noch Gefängnis, in der DDR gesellschaftliche Ächtung. Und die weibliche Homosexualität wurde so ignoriert, dass sie noch nicht einmal bestraft wurde, weil sie quasi inexistent – oder vereinnahmbar – schien.

Doch beschränkt sich auch die neue Lockerheit bis heute auf die westliche Welt. Das in der Tradition homophober Militärstaaten stehende Osteuropa tut sich schwer, mitzuhalten mit dem Tempo westlicher Toleranz, sie brauchen Zeit, ganz wie einst der Westen. Männliche wie weibliche Homosexuelle sind in Osteuropa bis heute Opfer gesellschaftlicher oder gar staatlicher Repression. Und die islamischen Länder? Da kostet Homosexualität den gesellschaftlichen oder gar den realen Tod. In etlichen Ländern werden Schwule von den Dächern gestoßen und Lesben gesteinigt.

Dass das hierzulande nicht mehr so ist, ist allen voran der Frauenbewegung zu verdanken. Ob Iris und Sophie das wohl wissen? Vermutlich nicht. Die Frauenbewegung und die gleichzeitig aufbrechende Schwulenbewegung hatten in den 1970er Jahren der heterosexuellen Norm den Kampf angesagt. Wobei es der Schwulenbewegung, verständlicherweise, vor allem um die Anerkennung der Homosexualität ging. Teile von ihr kippten in den 1990er Jahren in einen neuen Biologismus, indem sie mit einer »angeborenen« Homosexualität argumentierten, wohl hoffend, dass dieses »Schicksal« eher akzeptiert würde. Die Frauenbewegung aber stellte das ganze sexuelle Konzept, die Ächtung der Homosexualität und das Gebot der

(Zwangs-)Heterosexualität infrage. Wir attackierten Gender *und* Sex. Das heißt, wir hinterfragten nicht nur die Zuweisungen der sozialen Rolle, sondern auch das Konzept der Vorrangigkeit der Heterosexualität. Die Frauenbewegung war schon »queer«, als es den Begriff noch gar nicht gab. Und »divers« sowieso.

Als ich im Herbst 1970 zum ersten Mal aus der Nähe zwei Frauen sah, die sich küssten, zwei Freundinnen, war ich überrascht. Aber wiederum auch nicht. Denn schließlich waren in der frühen Frauenbewegung Lesben sehr präsent. Was naheliegt. Frauen, die Frauen lieben, interessieren sich nun mal mehr für Frauen – und engagieren sich folgerichtig auch verstärkt in der Frauenbewegung. Sicherlich hatte so manche auch ihre ganz persönlichen Gründe, keine Männer zu lieben – und das trotz des damals noch gewaltigen Tabus der Homosexualität.

Gleichzeitig aber waren wir Feministinnen keineswegs so lesbisch wie unser Ruf. Um es mit der amerikanischen Feministin Robin Morgan, die damals noch mit einem Mann verheiratet war, zu sagen: »Wir wurden schon als lesbisch beschimpft, als wir selber noch nicht wussten, dass wir es sind.« Morgan spielt damit sowohl auf das Klischee »Feministin gleich Lesbe« an als auch auf die Frauen, die überhaupt erst im Zuge der Frauenbewegung entdeckten, dass frau sich auch in ihre beste Freundin verlieben kann. Zu diesen Frauen gehörte auch ich.

Irgendwann Anfang der 1970er Jahre verliebte ich mich in meine beste Freundin – und die sich in mich. Es ist ja kein großer Schritt zwischen inniger Freundschaft und Liebe. Und sobald die kulturellen Schranken gefallen sind, ist es sogar nur ein ganz kleiner Schritt. Trotzdem war es in dem Fall keine gute Idee. Ich war noch mit meinem Lebensgefährten Bruno zusammen – und sie hatte gerade Christian geheiratet. Aber wir tanzen noch heute zusammen.

Es waren also weniger die sogenannten Traditionslesben, die nach lebenslanger Repression nun in der Frauenbewegung oft ein triumphales Coming-out hatten, es waren vor allem die sogenannten Bewegungslesben, die die Männergesellschaft nervös machten. Zu Recht. Was sollte denn aus den Männern werden, wenn ihre eigenen Frauen sich einfach in eine Frau verliebte? Schließlich ist die Heterosexualität das Fundament des Patriarchats: Aus Liebe zu Männern geben Frauen ihre Eigenständigkeit auf, aus Liebe versorgen sie Kinder und Männer, aus Liebe arbeiten sie gratis oder unterbezahlt. Denn schließlich müssen sie ja die sogenannte »Vereinbarkeit von Beruf und Familie« hinkriegen. Im Namen der Liebe.

Nun aber ging die »neue Zärtlichkeit« unter den Frauen um (*Der Spiegel* 1974). Von den rund 2000 Frauen auf dem erwähnten »Rockfest im Rock« am 9. Mai 1974 waren die meisten heterosexuell, etliche homosexuell und so manche wohl auch »nicht binär«, wie Sophie aus der Queer-Szene es heute formuliert. Das Entscheidende aber war: Frauen amüsierten sich mit Frauen – ohne Männer. »Liebe ist ...«, witzelte *Bild* leicht angestrengt, »... wenn ihr ein Mann lieber ist als die ganze Frauenbewegung.«

Doch irgendwann war Schluss mit lustig. Ein in diesem Jahr stattfindender historischer Strafprozess gegen zwei Frauen, Judy Andersen und Marion Ihns, wurde zum Tribunal gegen die lesbische Liebe instrumentalisiert. Sie hatten den Ehemann von Marion Ihns von einem Auftragsmörder umbringen lassen. »Wenn Frauen Frauen lieben, kommt es oft zum Verbrechen«, titelte *Bild*. Ihns hatte ein über Jahrzehnte gehendes Ehemartyrium mit Gewalt und Vergewaltigungen hinter sich. Andersen war als Kind missbraucht worden und hatte immer schon Frauen geliebt. Im Prozess wurden die beiden gegeneinander ausgespielt in: hier die böse »männliche« Verführerin (Andersen) und da die arme »weibliche« Verführte (Ihns). Ihre Lebensgeschichte wurde beim Strafmaß nicht berücksichtigt: lebenslänglich! Für beide. Im Gerichtssaal protestierten Feministinnen mit einem Spruchband: »Am Pranger steht die lesbische Liebe.«

Doch wir Feministinnen waren trotz dieser bedrohlichen Stimmung nicht mehr aufzuhalten: Wir hatten entdeckt, dass auch Frauen liebenswert sein können. Es musste auch gar nicht immer Sex und Liebe sein, miteinander amüsieren und tanzen genügte oft schon. Tendieren also Feministinnen tatsächlich mehr zu der Liebe zu Frauen als Nicht-Feministinnen? Die Antwort lautet: Ja. Sie gestatten sich, eben auch Frauen liebenswert zu finden. Nehmen wir als Beispiel die *EMMA*-Leserinnen. Alle Leserinnen-Analysen zeigen über die Jahrzehnte, dass etwa 80 Prozent Männer lieben. 20 Prozent aber lieben Frauen – und fünf Prozent davon beide.

Die internationalen Umfragen kommen zu folgenden Ergebnissen: Etwa 3,5 Prozent der Frauen und 3 Prozent der Männer bezeichnen sich als »ausschließlich homosexuell«; 82 Prozent der Frauen und 86 Prozent der Männer sagen, sie seien »ausschließlich heterosexuell«. Dazwischen sind rund 10 (Männer) bzw. 15 (Frauen) Prozent Bisexuelle. Bemerkenswert ist, dass das Mann/Frau-Verhältnis früher umgekehrt war: Da gab es mehr exklusiv heterosexuelle Frauen als Männer.

SexualwissenschaftlerInnen sprechen seit den 1990er Jahren von einem »erotischen Kontinuum«. So belegte eine deutsche Studie aus der Zeit, dass Männer stärker in jungen Jahren zu homosexuellen Kontakten neigen und Frauen eher im Alter. Nehmen Männer sich in der Jugend die Freiheit und segeln sodann im Alter in den sicheren Hafen einer versorgenden Ehe? Und wagen Frauen weniger, in ihrer Jugend gegen die Heteronorm zu verstoßen, und tun das erst später, nachdem sie ihre »Frauenpflichten« mit Familie und Kindern erfüllt haben?

Auch solche Entwicklungen belegen, dass Hetero- und Homosexualität nicht angeboren sind, also nicht definitiv, sondern fluid und eine Frage von Prägungen und Gelegenheiten. Wobei der Grad der von der Norm abweichenden, individuellen homosexuellen »Dringlichkeit« schwankt: von 99:1 bis zu 50:50. Es gibt Frauen und Männer, die ihr Leben lang ausschließlich homosexuelle Kontakte haben – wenn auch vielleicht manchmal andere Fantasien –, und andere, die je nach Lebens- und Lustphase wechseln. Dabei spielen für zur Homosexualität tendierende Frauen auch die ökonomische Unabhängigkeit und das daraus resultierende Selbstbewusstsein eine Rolle, denn sie müssen ja ohne Mann existieren können. Im sogenannten Kinsey-Nachfolgereport bezeichneten sich 1998 Frauen mit Collegeabschluss acht Mal so häufig als »homosexuell« als Frauen ohne Abschluss.[1]

Alfred Kinsey selbst, der Pionier der Sexualforschung, schrieb bereits 1953 in seinem berühmten Report über »Das sexuelle Verhalten der Frauen«: »Man kann gar nicht oft genug betonen, dass das Verhalten eines jeden Lebewesens von der Art des Reizes, der es trifft, von seinen anatomischen und physiologischen Fähigkeiten, seinen früheren Erfahrungen abhängig ist. Es ist uns in der Anatomie oder Physiologie der sexuellen Reaktion und des Orgasmus nicht bekannt geworden, ob und wodurch sich onanistische, heterosexuelle oder homosexuelle Reaktionen unterscheiden. Die Ausdrücke sind nur deshalb von Wert, weil sie die Quelle des sexuellen Anreizes angeben, sollten aber nicht zur Charakterisierung der Personen verwendet werden, die auf die jeweiligen Reize reagieren. Unser Denken wäre klarer, wenn die Ausdrücke vollständig aus unserem Wortschatz verschwänden.«[2]

Und was passiert nun über ein halbes Jahrhundert später? Die »Ausdrücke« verschwinden nicht, sie werden nicht weniger, sie werden immer mehr. Die kleine, aber wirkungsmächtige, weil als fortschrittlich geltende Queer-Szene definiert die Menschen heute akribischer denn je nach sexuellen Neigungen. Demnach sind Menschen: »Cis-sexuell, transsexuell, transgender, agender, demigender, nonbinary, pansexuell, endogeschlechtlich, genderfluid, intergender, pangender« etcetc. Ihr sexuelles Verhalten wird klassifiziert in »acefluid«, »gynosexuell« oder »cupiosexuell« etcetc. Ich scherze? Leider nicht. Diese Absurditäten sind inzwischen sogar in der Wissenschaft und in den Amtsstuben angelangt, inklusive Sternchen* und Unterstrich_.

Dabei wurde die Kategorie »Homosexualität« überhaupt erst im 19. Jahrhundert im Zuge der Implementierung der Ideologie von »Weiblichkeit« und »Männlichkeit« wissenschaftlich etabliert. Fortschrittliche PsychoanalytikerInnen und SexualforscherInnen klassifizierten im 20. Jahrhundert die kulturell diktierte Heterosexualität als »Zwangsheterosexualität« (so Sándor Ferenczi, ein Kollege von Sigmund Freud). Ein Begriff, den ich im »Kleinen Unterschied« übernommen habe. Sigmund Freud selber ging von einer »polymorphen« Sexualität des Menschen aus, die ursprünglich auf nichts und niemanden gerichtet sei. Was die Schul-Psychoanalyse zunächst einmal nicht hinderte, Homosexualität als »Krankheit« zu pathologisieren – das wurde erst 1990 offiziell abgeschafft.

Nicht zufällig hatte mein Arbeitstitel zum »Kleinen Unterschied« wie erwähnt »Sexmonopol« gelautet: das Monopol von Männern über Frauen dank der kulturell erzwungenen Heterosexualität. Ein Liebes-Monopol mit enormen psychischen, sozialen und ökonomischen Folgen.

Dabei sind rein biologisch gesehen selbst im genitalen Bereich die Unterschiede zwischen den Geschlechtern klein und die Parallelen groß. Die orgastischen Abläufe sind bei Frauen und Männern quasi identisch. Am Anfang ist allerdings das Weib. Erst nach der siebten Woche differenziert das Geschlechtshormon Östrogen den Embryo in weiblich oder männlich. »Embryologisch gesehen ist es durchaus richtig, im Penis eine wuchernde Klitoris, im Skrotum (Hodensack) eine übertrieben große Schamlippe, in der weiblichen Libido die ursprüngliche zu sehen«, schrieb die amerikanische Psychiaterin und Sexualwissenschaftlerin Mary Jane Sherfey 1973 in »Die Potenz der Frau«. Und schloss: »Die moderne Embryologie müsste für alle Säugetiere den Adam-und-Eva-Mythos umdrehen.«

Nun sollte der Phallus-Kult nicht durch einen Klitoris-Kult ersetzt werden. Doch ist es Zeit, sich klarzumachen, dass es keinen physiologischen Grund für die Priorität des Männlichen gibt und die Sexualorgane der Geschlechter fast identisch sind. Was beim Mann nach außen geht, ist bei der Frau sozusagen nach innen gestülpt. Dem Penis mit der Eichel entspricht die Klitoris mit den Schamlippen, dem Scheidenvorhof und den Schwellkörpern. Diese weiblichen Schwellkörper reichen bis zu neun Zentimeter tief in den Körper einer Frau.

Das Zentrum der weiblichen Sexualorgane ist also nicht die Vagina – die ist der Zeugungskanal –, sondern die Klitoris. Sie hat mit rund 8000 doppelt so viele Nervenfasern wie der Penis. Was nicht gegen die Penetration spricht, das hält eine jede und ein jeder wie gewünscht. Nur: Ohne die direkte oder indirekte Einbeziehung der Klitoris läuft rein körperlich gar nichts. Sherfey: »Es gibt keinen vaginalen Orgasmus, der sich vom klitoridalen unterscheidet. Das Wesen des Orgasmus bleibt dasselbe, unabhängig von der erogenen Zone, deren Reizung ihn verursacht hat.«[3] Der vaginale Orgasmus ist ein

Mythos. Und kein zufälliger. Er begründet die Vorrangigkeit der Heterosexualität.

Die Penetration ist nur für das Zeugen von Kindern unerlässlich, für das Zeugen von Lust jedoch so manches Mal eher hinderlich. Es gibt Frauen, die beim Sex mit Männern keinen Orgasmus bekommen, beim Masturbieren aber schon. Allerdings: Auch hier geht Kultur vor Natur. Die orgastischen Abläufe manifestieren sich zwar in den Sexualorganen, doch das Zentrum der Lust ist das Gehirn. Und gerade in der Sexualität gilt: Anerzogenes kann schwerer wiegen als Angeborenes bzw. durchdringt sich wechselseitig.

Zwei Generationen nach Sherfey bestätigt die australische Neurologin Helen O'Connell 2005 die Thesen der Amerikanerin handfest. Ja, sie geht noch weiter und legt in ihrer »Anatomy of the Clitoris« dar: »Der Schwellkörperanteil der Frau ist sogar größer als der beim Mann.«[4] Die Medizinerin hatte zehn Frauenleichen seziert und dokumentiert. Sie kam zu dem Schluss: Das klitorale System innerhalb des Körpers ist doppelt so ausgedehnt wie bisher in gängigen Anatomiebüchern beschrieben. Zwei mit der Klitorisspitze verbundene Stränge von Daumenlänge umfassen zwei zwiebelförmige Schwellkörper, die tief in den Körper der Frau reichen, teilweise bis an die Vorderwand der Vagina. Das ist der Bereich, der manchmal als G-Punkt bezeichnet wird.

Warum das so wichtig ist? Erstens, weil es Fakt ist. Zweitens, weil die Frauen in unserer phallus-fixierten Kultur auch ihren eigenen Körper kennen und akzeptieren sollten (und heterosexuellen Männern können diese Kenntnisse auch nicht schaden). Noch 2016 wussten zum Beispiel 83 Prozent aller in Frankreich befragten 15-jährigen Mädchen nicht, welche Funktion die Klitoris hat.

Ganz in der Tradition vom »Kleinen Unterschied« war die weibliche Homosexualität in *EMMA* von Anbeginn an so selbstverständlich Thema wie die Heterosexualität. Was uns den Ruf eines »Lesbenblattes« einbrachte und wohl die »normalen« Frauen abschrecken sollte. Klappte aber nicht. Der Kontext der Homosexualität war allerdings vor 40 Jahren ein völlig anderer als heute, in Zeiten der Homo-Ehe. In den 70er und 80er Jahren gab es noch eine starke gesellschaftliche

Repression. Die lockerte sich ab den 90er Jahren. Danach ging es in großen Schritten voran. Ab 2001 durften Homosexuelle beiderlei Geschlechts sich verpartnern, seit 2017 dürfen sie heiraten, uneingeschränkt, wie Mann und Frau.

Einen entsprechenden Raum nimmt die Homosexualität in *EMMA* ein: früher zu Zeiten der Repression einen großen, heute zu Zeiten der Normalisierung einen kleinen. Alles in allem hat *EMMA* mit dem Thema »Lesben« jedoch immerhin 29 Mal getitelt, ganz zu schweigen von den zahlreichen Artikeln. Was lange die Gemüter erregte. Ich erinnere mich nur zu gut an frühe Talkshows, in denen die Moderatoren (Moderatorinnen gab es noch nicht) nur zu gerne in Ermangelung von delikatem Stoff auf die »Kleinanzeigen« in *EMMA* zu sprechen kamen, als Beweis für unsere Anrüchigkeit. In diesen Kleinanzeigen suchten oft Frauen eine Frau, weil sie das nur in *EMMA* konnten – und so manche von ihnen sind bis heute ein Paar.

Bereits im Juli 1984 hatte *EMMA* zwei Bräute und die »Lesbenehe« auf dem Cover. Anlass war die erste kirchliche Trauung in der Bundesrepublik zweier Frauen: Sabine und Sylvia, eine Taxifahrerin und eine Hausfrau, beide im schwarzen Anzug und mit weißen Brautschleiern. Getraut hatten nicht nur sie sich, getraut hatte sie der protestantische Pastor Arndt in Hamburg (»Mir haben noch nie so die Knie gezittert«).

Ich nahm das zum Anlass für einen Kommentar mit dem Titel »Homoehe: Auch das noch?« (siehe Seite 370). Denn das war der Satz, den ich nun in meinen fortschrittlichen Kreisen von allen Seiten zu hören bekam: von Feministinnen, die mit Frauen oder auch Männern lebten (und mit Letzteren so manches Mal verheiratet waren), und auch von fortschrittlichen Männern, vor allem Schwulen. Die Schwulenbewegung war damals noch stark in der Linken verankert und lehnte die Ehe als »bürgerlich« ab. Und die Feministinnen waren, ganz wie ich, Kritikerinnen der Institution Ehe, weil die über Jahrhunderte die Frauen weitgehend entrechtet hatte, was sie inzwischen nicht mehr tut.

Mit meinem Kommentar setzte ich mich mal wieder mit Schwung

zwischen alle Stühle. Denn ich plädierte für das uneingeschränkte Recht von Homosexuellen zu heiraten und argumentierte mit psychologischen, ökonomischen, juristischen und politischen Gründen. Ich schrieb: »Es ist eine Sache, aus wohl erwogenen Gründen gegen die Ehe zu sein, was bedeutet, zu argumentieren, damit Frauen sich von dieser Fessel befreien. Aber es ist eine andere Sache, Menschen zu verbieten zu heiraten.« Die Ehe sei schließlich ein »elementares Menschenrecht«, das man bezeichnenderweise im Dritten Reich dem sogenannten »unwerten Leben« versagt hatte (Behinderte konnten für »eheunmündig« erklärt werden). Und ich ging noch einen Schritt weiter: Ich erklärte die Homo-Ehe für »glatt revolutionär«: »In einer zwangsheterosexuellen Welt wie der unseren ist und bleibt es eine Unerhörtheit, die homosexuelle Liebe so ernst zu nehmen wie die heterosexuelle.«[5] – Der Gegenwind war heftig, vor allem aus den eigenen Kreisen. Die Konservativen nahmen das Ganze noch nicht so ernst.

Mit dieser Linie einer uneingeschränkten Gleichberechtigung lag *EMMA* damals für viele reichlich daneben, vor allem in Deutschland. Es sollte noch etwa zehn Jahre dauern, bis die ersten Forderungen nach der Homo-Ehe aufkamen. Und bei mir persönlich sollte es noch 35 Jahre dauern, bis ich Ehegegnerin tatsächlich auch selber meine langjährige Lebensgefährtin, Bettina Flitner, geheiratet habe.

»Ich bin übrigens ganz und gar sicher, dass diese Gesellschaft homosexuellen Frauen und Männern nie das uneingeschränkte Eherecht zugestehen wird«, hatte ich damals geschrieben. Ich sollte mich täuschen. Es kam sogar recht plötzlich. Nur etwa zwanzig Jahre nach der Abschaffung der Strafbarkeit der männlichen Homosexualität (1969) begann eine breite öffentliche Debatte über die Akzeptanz. Und noch mal zwanzig Jahre später wurde das Recht auf die Homo-Ehe Gesetz. Für ein Menschenleben ist das lang, für die Menschheit kurz.

Ebenso ergeht es zurzeit einem einst als exotisches Nischenthema geltenden Phänomen: der Transsexualität. Ich hatte nach dem »Kleinen Unterschied« eigentlich ein Buch über Transsexualität geplant – aber dann kam die *EMMA* dazwischen. 1975 war mir der erste biologische Mann begegnet, der sich als Frau fühlte und um jeden Preis seinen Körper diesem Gefühl anpassen wollte (er/sie hat die damals in Deutschland noch illegale Operation dann in Casablanca durchführen lassen).

Bei dem Phänomen der Transsexualität berührte mich nicht nur der Schmerz der Betroffenen, sondern faszinierte mich auch, dass die Psyche stärker sein kann als der Körper. Die Transsexualität schien mir ein schlagendes Argument gegen den rollenzuweisenden Biologismus, der im Namen der »Natur« des Menschen argumentierte. Da konnte ich noch nicht ahnen, welch eigenartige Wendung die Akzeptanz der Transsexualität – für die auch ich war und bin! – nehmen würde. Unvorstellbar, dass manche Transsexuelle ein halbes Jahrhundert später in exakt die andere Richtung schlagen würden: indem sie die Geschlechterrollen mit ihrem Geschlechterwechsel verfestigen statt aufzuheben.

Doch der Reihe nach. Im Januar 1984 schrieb ich in *EMMA* einen »Brief an meine Schwester«, eine Feministin, die strikt gegen den Eintritt einer von Mann-zu-Frau-Transsexuellen ins Frauenzentrum war, wie viele Feministinnen in der Zeit. Ich plädierte für das Recht der Transsexuellen, da dieser Ex-Mann nun irreversibel eine Frau sei, trotz seiner Vergangenheit als Mann. Nach Schätzung von Experten gab es zu der Zeit nur wenige Tausend Transsexuelle in der Bundesrepublik, was in etwa 0,003 Prozent der Bevölkerung entsprach. Heute sind es 24 000 statistisch Erfasste, also 0,03 Prozent der Bevölkerung.

Doch bereits in den 1990er Jahren stieg die Zahl der statistisch erfassten Transsexuellen – vor allem die der biologischen Frauen, die Männer werden wollten. Waren sie früher in der Minderheit gewesen, waren sie jetzt fast ein Fall von zwei. Das Crossdressing genügte ihnen nicht mehr, die Befreiung von der Rolle, es musste ein BodyCross sein, der Wechsel in einen männlichen Körper. Doch gäbe es überhaupt Transsexuelle, wenn die Geschlechterrollen nicht so enge Käfige wären? Und wenn die moderne Medizin den Körperwechsel nicht anbieten würde?

1994 hatte ich geschrieben: »Aus vergangenen Jahrhunderten sind uns viele Fälle überliefert von Männern, die als Frauen gelebt haben; ebenso von Frauen, die als Männer gelebt haben. Die Gründe sind vielfältig. Frauen sind in Männerkleider geschlüpft, um den Gefahren des Frauseins zu entgehen; um Männerberufe auszuüben oder auf Abenteuerreisen zu gehen; oder einfach, um Frauen lieben oder sogar heiraten zu können – wie Bill Tipton vom berühmten Tipton-Trio, dessen wahres (weibliches) Geschlecht zur Fassungslosigkeit von Ehefrau und seinen drei (Adoptiv-)Söhnen erst bei seinem Tod 1988 entdeckt wurde. Und der, wie viele andere, den genitalen Kontakt mit seiner Frau unter dem Vorwand einer Krankheit gemieden hatte. Frauen schlüpfen aber auch in Männerkleider, weil sie sich einfach als Mann fühlen. Ist das schon der Beginn von Transsexualität? ... Prof. Goren, der in Holland einen Lehrstuhl für Transsexualität hat, ortet die ersten Anzeichen noch viel früher. Er sagt zum *Spiegel*: ›Wenn ein Mädchen seine Puppen verschenkt, mit Autos und technischen Baukästen spielt und Jungenbücher liest, sollten die Eltern beim Psychologen vorsprechen.‹ Ein solches Zitat macht schlagartig klar, wie groß die Gefahr ist, dass ein Rollenbruch schon für den Wunsch nach einem Geschlechtswechsel gehalten wird. Die ›richtige‹ Seele im ›richtigen‹ Körper. Und wenn was nicht passt, dann wird nicht der Seele Raum gegeben, sondern der Körper wird zurechtgestutzt. Ruckediguh, ruckediguh, Blut ist im Schuh.«[6]

Vor dieser Entwicklung habe ich 1994 gewarnt. Heute, ein Vierteljahrhundert später, ist diese Tendenz zum Geschlechterwechsel statt Rollen(aus)bruch sprunghaft gestiegen. In einem alarmierenden *EMMA*-Dossier berichtete *EMMA*-Redakteurin Chantal Louis im Januar 2020, dass sich die Zahl der Kinder (!) und Jugendlichen, die das biologische Geschlecht wechseln wollen, in den vergangenen zehn Jahren in Deutschland verfünfundzwanzigfacht habe. Inzwischen sind drei von vier Jugendlichen, die sich »im falschen Körper« fühlen, Mädchen. Und im darauffolgenden Heft enthüllte sie in einem Gespräch mit drei Frauen, die als Frauen geboren waren, zum Mannsein gewechselt hatten und nun wieder Frauen sein wollten, wie leichtfertig manche TherapeutInnen zu Geschlechtswechseln raten. Oft ohne nach den Ursachen des Gendertroubles auch nur zu fragen. Und manchmal nach nur einer einstündigen Besprechung. Was ist da los?

Ich habe in den vergangenen Jahrzehnten häufig mit Transsexuellen beiderlei Herkunft gesprochen. Immer waren es Fälle von innerlich höchster Dringlichkeit, auch wenn die Betroffenen für sich durchaus unterschiedliche Schlüsse daraus zogen: mal wechselten sie nur den Personenstand, mal beließen sie es bei Hormongaben (deren Auswirkungen bis heute weitgehend unerforscht sind), mal gingen sie den einschneidenden Schritt bis zur Operation. In allen Fällen schien es mir richtig, dass diese Transsexuellen die Freiheit zum Wechsel hatten. Ihr Seelenfrieden hing davon ab.

Jetzt aber stellt sich bei näherem Hinsehen heraus, dass schon eine Rollenabweichung – das Mädchen spielt Fußball oder verliebt sich in ein Mädchen – von Betroffenen wie manchen Therapeuten als »Transsexualität« interpretiert wird, oft fatal befeuert von einer Peergroup. Zögernde Eltern werden als rückschrittlich kritisiert. Dabei dürfte so eine schwerwiegende und gesundheitsschädigende Entscheidung wie die für eine Hormoneinnahme oder gar eine Operation selbstverständlich nur nach reiflicher Überlegung und Beratung gefällt werden. Doch Identitätspolitik und Transindustrie boomen, und es ist natürlich auch ein Riesengeschäft: für die Pharmaindustrie, für Therapeuten wie Ärzte. Fatalerweise haben auch viele Gutmeinende das bisher noch nicht durchschaut.

Feministisches Ziel war und bleibt es, dass biologische Frauen wie Männer – sowie die Minderheit derer, die rein körperlich »dazwischen« sind – sich vom Diktat der Rollenzuweisung im Namen der Biologie befreien. Individuen sollten sich »männlich« oder »weiblich« fühlen können, ohne ihre Körper an die jeweilige Rolle anpassen zu müssen. Sie sollten einfach Menschen sein können, die sich nicht länger in die Schemata der Geschlechterstereotypen pressen lassen.

Jetzt aber verstärkt dieser fatale Trans-Hype, der weit über den Kreis der ernsthaft Betroffenen hinausgeht, im Gegenteil eine erneute Fixierung auf die Geschlechterrollen. So manche Mann-zu-Frau-Transsexuelle – vor allem die öffentlich Agierenden, die Teil der organisierten Queer-Community sind – reproduzieren ein hart klischeehaftes Bild von »Weiblichkeit«. Aus Amerika kommt die Kunde, dass organisierte Mann-zu-Frau-Communitys Feministinnen sogar verbieten wollen, weiterhin im Namen der »Frauen« zu argumentieren – denn das diskriminiere sie, die Transfrauen. Auch die Lesben sollen nicht mehr im eigenen Namen reden dürfen, denn das diskriminiere sie, die Transfrauen. Und Feministinnen dürften nicht mehr den Venusspiegel ♀ benutzen, der seit Ende der 60er Jahre das Symbol der Frauenbewegung ist (manche haben ihn schon beflissen abgeschafft), denn das diskriminiere sie, die Transfrauen. Argument: Schließlich sei das Geschlecht relativ und es gäbe nicht nur zwei Geschlechter, sondern ganz viele.

Das ist nicht nur realitätsfern, sondern leugnet auch die real existierenden Verhältnisse. Hier wird das Kind mit dem Bade ausgeschüttet. Denn die Tatsache, dass die Abschaffung der Geschlechter*rollen* für Feministinnen von Anbeginn an das Ziel war, bedeutet ja noch lange nicht, dass diese Rollen heute nicht mehr existieren – mit allen bekannten psychosozialen, ökonomischen und machtpolitischen Konsequenzen.

So wie mit der Akzeptanz der Transsexualität geht es so manchen frühen feministischen Siegen: Sie werden zum Bumerang.

Heute gibt es zwar eine ideologische Strömung, verbreitet vor allem im universitären Milieu, die jede gesellschaftliche Geschlechterrollenzuschreibung per se über Bord zu werfen scheint. Für sie gibt es überhaupt kein Geschlecht mehr, sondern ganz viele Geschlechter-Identitäten, frei nach Wahl. Nicht nur Gender (die Geschlechterrolle), auch Sex (das biologische Geschlecht) steht zur Disposition. Je nachdem, wie der jeweilige Mensch sich gerade fühlt. Nicht mehr die gesellschaftliche Realität soll bestimmend sein, sondern das individuelle Bewusstsein. Will ich lieber eine Frau sein? Oder ein Mann? Oder irgendetwas dazwischen? Und morgen vielleicht das Gegenteil? Das entscheide ich, nicht meine Umwelt. Ich bin so frei.

Sind die Geschlechter nun von Natur aus irreversibel männlich oder weiblich – oder ist es eine Frage der Prägung, also kulturell? Ich schlage vor: Wir räumen erst mal den ganzen Müll der seit Jahrtausenden auf uns einhämmernden Sozialisation der Geschlechter ab – und dann sehen wir, was bleibt. Meine These lautet: Dann bleibt der

Mensch, dessen individuellen Unterschiede vermutlich größer sein werden als die geschlechtlichen (oder die nach Hautfarbe bzw. Ethnie etc.).

Über Jahrhunderte, ja Jahrtausende waren Frauen brutal entrechtet und unterdrückt worden. Sie waren Besitz ihrer Väter, Brüder oder Ehemänner (und sind das in den islamischen Ländern bis heute). Ihre Benachteiligung musste nicht begründet werden. Erst als die Parole »Alle Menschen sind gleich!« ausgegeben wurde, bedurfte es einer Rechtfertigung: Warum sind nicht auch die Frauen gleich? Die erste Blütezeit der Ideologie von der »Natur der Frau« war darum folgerichtig die Französische Revolution. Die hatte ja verkündet: Alle Menschen sind gleich! Doch den Frauen, die sich für Gleiche hielten, antworteten die Revolutionäre: Nein, ihr seid »anders«, »Gleichheit, Freiheit, Brüderlichkeit« gilt nicht für euch Frauen. Olympe de Gouges (1748–1793), die mutige Verfasserin der »Deklaration der Rechte der Frauen«, schickten die Revolutionäre aufs Schafott, und dem murrenden Weibervolk flüsterten sie die süße Kunde von der »Natur der Frau« und vom »Mutterinstinkt« ins Ohr.

Den Mutterinstinkt gibt es überhaupt erst seit der Französischen Revolution. So erklärte der Deputierte Amar am 30.10.1793 vor dem Konvent: »Die Sitten und die Natur haben den Frauen die Aufgaben zugesprochen, die Erziehung der Menschen zu beginnen, nach dem Sorgen um den Haushalt.« Im Namen der »Natur der Frau« verweigerten die Revolutionäre den Frauen, die an ihrer Seite gegen die Herrschenden gekämpft hatten, nun die Gleichheit. Unterstützt wurden sie von einer Flut von Schriften von Naturrechtsphilosophen, die die »Sanftmut des Weibes«, seine »Mütterlichkeit« und die »Wonnen des Stillens« preisen.

Die Frauen hielten seitdem etwa hundert Jahre still. Dann machte die historische, die erste Frauenbewegung weltweit Front gegen die Patriarchen. Und auch gegen die Mär vom großen Unterschied. In Deutschland erklärte Hedwig Dohm, die brillanteste Frauenrechtlerin ihrer Epoche: »Menschenrechte haben kein Geschlecht« (1873). Auch sie wurde prompt am schärfsten von Linken und Liberalen bekämpft.

Wieder hundert Jahre später, in der westlichen Welt nach 1968, das gleiche Spiel. Wieder wurde seitens der Linken die Forderung nach Gleichheit laut – und wieder waren damit nicht die Frauen gemeint. Reaktion: eine neue Frauenbewegung. Die war allerdings noch nicht ganz auf den Barrikaden, da kam schon der Rückschlag. Es ertönte erneut das Lied von der »Natur der Frau«, die ewige Begleitmusik zu der Abwertung von Frauen. Diesmal nicht in den Schriften eines Jean-Jacques Rousseau (Zurück zur Natur!) oder einem Pamphlet von Julius Möbius (über den »physiologischen Schwachsinn des Weibes«), sondern in Form der bereits erwähnten modernen »Trendstorys«.

Susan Faludi, die Autorin von »Backlash« (1985), bezeichnet solche Trendstorys in den Medien als »moderne Predigten«. Und genau das sind sie: Beschwörungen, die die Frauen einschüchtern und die Schäfchen bei der Stange halten wollen. Typisch für diese modernen Trendstorys war eine im Juni 1975 im *Spiegel* erschienene Coverstory mit dem Titel: »Frau '75. Zurück zur Weiblichkeit«.

Auf dem Höhepunkt des von der UN propagierten »Jahr der Frau« ging die *Spiegel*-Story über 14 Seiten, woran schon die Dringlichkeit der Thematik erkennbar ist. Tenor: Da sei was dran an der Benachteiligung der Frauen, aber die Feministinnen würden übertreiben. Es seien in der BRD doch nur 20 000 Aktivistinnen (immerhin!) in den Gruppen und Zentren, wenn auch, das sei eingeräumt, die »feministischen Parolen in den Köpfen vieler Nicht-Feministinnen rumoren«. Doch sei die Bewegung bereits im Niedergang, die ersten Anzeichen dafür kämen aus Amerika. Schließlich läge es einfach in der »Natur der Frau«, eine Frau zu sein und auch bleiben zu wollen.

Der Backlash wurde nicht nur von »den Männern« gesteuert, auch Frauen lieferten Munition. Sie propagierten selber ab 1974 erneut die Ideologie von der »Differenz der Geschlechter«, einer angeblich unüberbrückbaren Differenz, biologisch vorgegeben oder irreversibel geprägt. Zwei Hälften, die sich ergänzen. Frauen seien eben »anders«, und das »bessere Geschlecht«, friedlicher, fürsorglicher, emotionaler. Ein vergiftetes Lob.

Doch bleiben wir zunächst einmal bei den Männern. Es waren nicht die politisch konservativen oder rechten Männer, die als Erste zurückschlugen – die hatten zu dem Zeitpunkt das Ausmaß des Frauenaufstandes noch gar nicht gerafft –, es waren die fortschrittlichen, die liberalen und linken. Es waren unsere eigenen Männer. Wir hatten die Illusion gehabt, dass gerade sie an unserer Seite sein würden. Was naiv war. Denn gerade sie waren ja die ersten »Opfer« des Feminismus. Es waren ihre Frauen, die keinen Bock mehr auf Spülen hatten; ihre Frauen, die in den Beruf strebten; ihre Frauen, die nicht länger automatisch sexuell zur Verfügung standen. Und es waren *ihre* Frauen, die sich nun auch noch zu allem Überfluss manchmal in ihre beste Freundin verliebten.

Die Frontlinie des Geschlechterkampfes verlief in den 1970er Jahren also zunächst zwischen fortschrittlichen Frauen und fortschrittlichen Männern. Nur eine Minderheit dieser Männer wechselte in unser Lager. Wie hatte Rudolf Augstein mir in unserem Fernseh-Duell 1984 – auf meine Frage hin, warum er sich für alle Unterdrückten einsetze, aber nicht für die Frauen – so entwaffnend offen geantwortet? »Weil ich ein Mann bin.« Was mich an die Antwort Napoleons erinnerte, der von einem Schwarzen gefragt worden war, warum er, der Befreier der Völker, sich nicht für die Schwarzen einsetze. Da antwortete der Kaiser knapp: »Weil ich ein Weißer bin.«

Hätten die Fortschrittlichen des 20. Jahrhunderts auch die Diskriminierung von Schwarzen oder Juden im Namen der »Natur« der Menschen gerechtfertigt? Niemals! Das wäre ja Rassismus gewesen. Und die Frauen? Tja, das ist natürlich etwas anderes. Irgendwie, irgendwo sei es nun doch in den Genen – oder wo auch immer – verankert, dass Frauen »fürsorglicher« und »emotionaler«, kurzum einfühlsamer seien als Männer, ergo zuständig für die Kinder- und Hausarbeit, kurzum Menschenarbeit. Frauen, das fleißige Geschlecht.

Auch die »sozialistischen Feministinnen« kippten nun mehrheitlich in einen sanften Biologismus. Sie plädierten für eine »neue Weiblichkeit« und »neue Mütterlichkeit«. Die Berliner Frauenzeitschrift *Courage* propagierte 1977 »Stillen als Waffe!« oder forderte einen »Lohn für Hausarbeit«, inklusive der »Sexarbeit« von Ehefrauen (im Ernst!). Als wären Ehefrauen Prostituierte und jeder Sexualverkehr mit einem Mann Prostitution. Und sie forderten »mindestens ein Babyjahr« für Mütter, von Vätern war nicht mehr die Rede. »Ich setze auf Biologie. Gehe von unserem genetischen Programm aus«[7], schrieb eine *Courage*-Autorin.

Heute plädiert ein ähnliches linksfeministisches Milieu im Namen der »Differenz« und der »Freiheit des Individuums« für die »freiwillige« Prostitution und »das Recht auf das Kopftuch«, das selbstredend »freiwillig« getragen wird – und lässt so die Millionen von den Islamisten bedrohten und unterdrückten Musliminnen im Stich.

Wie erklärt sich diese scheinbar widersprüchliche Mischung von Sozialismus und Biologismus, mit der wir es konstant gerade bei vielen linken Feministinnen zu tun haben? Hatte der marxistische Materialismus ein Vakuum gelassen für Mystik und Esoterik? Wollten die Genossinnen die Genossen nicht verärgern? Oder waren diese Genossinnen dem Feminismus in Wahrheit nie wirklich auf den Grund gegangen? Denn sonst hätte ja auch für sie der erste Schritt zur Emanzipation die Kritik an der »Frau als Ware« und die Forderung nach Aufhebung der Arbeitsteilung zwischen Frauen und Männern sein müssen.

Doch diese »linken Feministinnen« forderten damals stattdessen eine Entlohnung für Sex und einen »Hausfrauenlohn«. Ein Hausfrauenlohn hätte die Frauen noch stärker an ihre Rolle gekettet. Nur wenn Frauen berufstätig sind, hoffte ich, könnten »die Frauen auf die ›Hilfe‹ des Mannes pfeifen, und eine sofortige Teilung der Hausarbeit erzwingen«.[8] Ich sollte mich irren. Die verstärkte Berufstätigkeit der Frauen führte in Deutschland keineswegs geradewegs zu einer gerechteren Teilung der Hausarbeit. Sie führte zu noch mehr Doppelbelastung. Was sich gerade jetzt, im Jahr 2020, dem Corona-Jahr, verstärkt zeigt: Im Homeoffice sind vorrangig berufstätige Mütter für die Kinder und die Arbeit im Haushalt zuständig. Das Schlagwort von der »Retraditionalisierung« der Geschlechterarbeit geht um.

# FRAUENARBEIT – MÄNNERARBEIT

Worum geht es im Beruf? Um einen maximalen Verdienst? Oder um Karriere? Ich finde: Weder noch! Es geht darum, etwas zu tun, was Sinn macht; etwas, was auch meinen Interessen und Begabungen entspricht, was ich kann. Und das unter Bedingungen zu tun, die nicht gar zu entfremdend sind, sondern auch ein Stück selbstbestimmt. Und selbstverständlich: einen Verdienst zu haben, der mich unabhängig macht.

Das alles ist schon viel. Es kann für eine Verkäuferin wie eine Krankenschwester zutreffen, für eine Journalistin wie eine Wissenschaftlerin oder Künstlerin. Ich selber kenne aus eigener Erfahrung beide Varianten: die entfremdete Arbeit und die selbstbestimmte. Ab dem 16. Lebensjahr habe ich »im Büro« gearbeitet. Ich habe es gehasst! Aufgelebt bin ich erst abends und am Wochenende, wenn ich mit meiner Mädchenclique loszog. Mit 21 habe ich den Schalter umgelegt. Nun wusste ich: Ich will Journalistin werden. Aber wie? Mein erster Schritt war der nach Paris, zur Erweiterung meines Horizonts und zum Studium einer Sprache. Um das zu finanzieren, habe ich geputzt, getippt und Kinder gehütet. Alles habe ich gern und immer mit Sorgfalt gemacht. Denn nun hatte ich ja eine Perspektive.

Sodann habe ich mir mit 23 das Volontariat bei den *Düsseldorfer Nachrichten* erkämpft. Unter acht Volontären war ich die einzige Frau und die einzige ohne Abitur und Studium (studiert habe ich erst später, neben meiner Tätigkeit als Korrespondentin in Paris). Vom ersten Tag Volontariat an war ich nicht zu bremsen. Bei Abendterminen verbrachte ich eher die restliche Nacht im Wartesaal (ich wohnte wieder in Wuppertal), als eine Veranstaltung früher zu verlassen.

Innerhalb der großen Redaktion entdeckte ich zwei Journalisten, die schreiben konnten (es gibt viele Journalisten, die nicht schreiben können; so wie es viele Friseure gibt, die nicht schneiden können). Deren Urteil und Kritik suchte ich. Es gibt seither keinen Text, den ich nicht vor Veröffentlichung durch Kritik kompetenter Dritter zu verbessern suche. Und bis heute schreibe ich jede Bildzeile in *EMMA* mit derselben Präzision wie einen Kommentar oder ein Buch.

Auf meinem Weg danach – denn ich sah mich nicht lebenslang bei den *Düsseldorfer Nachrichten* – habe ich nie nach der Höhe des Gehaltes oder des Honorars entschieden. Mein Kriterium war und ist immer inhaltlich gewesen: Was macht Sinn?! Mein Weg war nicht immer einfach und ist mir keineswegs geschenkt worden, aber ich bin weit damit gekommen.

Gleichzeitig habe ich mir immer den Luxus erlaubt, auf mein Privatleben Rücksicht zu nehmen. Ich habe versucht, Arbeit und Liebe zu vereinbaren. Selbstverständlich habe ich von meinen Beziehungen erwartet, dass sie meine Leidenschaft für meinen Beruf verstehen – sonst hätten sie nichts von mir verstanden. Mein damaliger Lebensgefährte Bruno verstand, dass ich in den Anfängen unserer Verliebtheit trotzdem von Paris zurückging nach Deutschland, um zu volontieren, um in meinem Traumberuf Journalistin zu starten (nach drei Jahren bin ich allerdings vor allem wegen ihm zurückgegangen nach Paris).

Wie die meisten Frauen meiner Generation habe auch ich damals gedacht, dass ich ein Kind haben würde. Aber ich habe – im Gegensatz zu vielen Frauen – schon lange *vorher* mit dem potenziellen Vater darüber nachgedacht, wie wir das denn dann machen würden als Eltern: Wer wann welche Aufgaben übernehmen würde. Auch für ihn war selbstverständlich, dass wir die Arbeit teilen. Zumindest theoretisch.

Es kam anders. Auch weil es in den frühen 70er Jahren schier unmöglich schien, eine verantwortungsvolle Mutterschaft mit einem Beruf aus Leidenschaft zu vereinbaren. Ich habe die Entscheidung nie bereut. Denn eines ist klar: *EMMA* würde es nicht geben, wenn ich Mutter geworden wäre.

Doch ich habe nicht zuletzt dank dieser eigenen Erfahrungen und lange, bevor ich eine bewusste Feministin wurde, für Mütter im Beruf und Väter in der Küche plädiert. »Die Hälfte der Welt für die Frauen – und die Hälfte des Hauses für die Männer!« – für diese Forderung treten wir feministischen Pionierinnen seit einem halben Jahrhundert mit Verve ein.

Es ist also kein Zufall, dass es, nach der Abtreibung im ersten Buch, in meinem zweiten um genau dieses Thema ging: »Frauenarbeit – Frauenbefreiung« lautete der 1973 zeitgemäß dramatische Titel[1].

Damals waren die Verhältnisse noch viel krasser, aber das Grundproblem ist geblieben. Inzwischen sind drei von vier erwerbsfähigen Frauen in Deutschland berufstätig, darunter jede zweite Mutter minderjähriger Kinder. Anfang der 70er Jahre war in der BRD nur jede zweite Frau berufstätig gewesen, in der DDR waren es allerdings 92 Prozent. Die Frauen in der Bundesrepublik waren abhängig vom Einverständnis ihres Ehemannes. Denn es galt der §1356 BGB, der besagte: »Die Frau ist berechtigt, berufstätig zu sein, soweit dies mit ihren Pflichten in Ehe und Familie vereinbar ist.« Ein Ehemann konnte mit dieser Begründung die Stelle seiner Frau kündigen, ohne sie auch nur zu fragen. Gleichzeitig *verpflichtete* der §1360 die Ehefrau zu Berufstätigkeit, »wenn die wirtschaftliche Lage der Familie es erfordert«. Ob sie das tat, entschied das »Familienoberhaupt«. Das Gesetz wurde 1976 im Zuge der Familienrechtsreform auf Druck der Frauen abgeschafft. Wenn ich heute diese Verhältnisse bei öffentlichen Vorträgen erwähne, seufzen die älteren Frauen und lachen die jüngeren.

1973 hatte ich für mein Buch 16 Frauen interviewt und ihnen eine Stimme gegeben: von der Kassiererin bis zur Fernsehansagerin, von der Friseurin bis zur Feinmechanikerin, von der Stripteasetänzerin bis zur Prokuristin. Und alle hatten ähnliche Probleme. Noch heute habe ich die Stimme einer Sekretärin im Ohr, die Teilzeit arbeitete und mir sagte: »Immer wenn ich im Büro die Sirene eines Krankenwagens höre, denke ich: Das ist mein Kind.« Das schlechte Gewissen der Mütter. Das ist in den heutigen Zeiten der Rundumbetreuung der Kinder nicht besser geworden.

Ich war damals die Erste, die die Stundenanzahl der Familienarbeit in der Bundesrepublik veröffentlichte. Das war nicht einfach. Gewerkschaften und Politiker hatten davon keine Ahnung bzw. daran kein Interesse. Erst bei der »Gesellschaft für Ernährung« wurde ich fündig: Es waren 50 Milliarden Gratis-Arbeitsstunden im Jahr, zu über 90 Prozent von Frauen geleistet. Daneben standen 52 Milliarden Erwerbsarbeitsstunden im Jahr. Also etwa gleich viel. Packt man die beiden Pakete zusammen, heißt das, dass Frauen zwei Drittel der gesamtgesellschaftlichen Arbeit leisteten, den Löwenanteil unbezahlt, den Rest unterbezahlt. Die Studie »Die Lage der Mütter in der BRD« errechnete zu der Zeit einen durchschnittlichen Mütter-Arbeitstag von 13,5 Stunden, bei einer Siebentagewoche.

Die Doppelbelastung machte die Sache nicht besser. Für eine Feministin wie mich ist die Berufstätigkeit von Frauen dennoch essenziell für die Emanzipation. Das heißt: Berufstätigkeit emanzipiert keineswegs automatisch, aber sie ist eine elementare Voraussetzung auf dem Weg dahin. Denn nur die Berufstätigkeit sichert Frauen ihr eigenes Geld, soziale Kontakte auch außerhalb ihrer vier Wände und Bestätigung jenseits der Familie. Das gilt für weniger qualifizierte Berufe ebenso wie für die sogenannten »Karrierefrauen« – ein Begriff, den es noch vor wenigen Jahrzehnten gar nicht gab. Und es ist durchaus bedenklich, dass heutzutage fast nur noch von diesen Karrierefrauen die Rede ist. Denn die Mehrheit der Frauen muss schon zufrieden sein, wenn sie einigermaßen annehmbare und korrekt entlohnte Berufe hat.

In Deutschland, dem Land, in dem berufstätige Frauen immer noch als »Rabenmütter« betrachtet werden (zumindest, was Westdeutschland angeht), sind inzwischen zwar 72 Prozent aller erwerbsfähigen Frauen berufstätig (Männer: 80 Prozent), aber knapp jede zweite in Teilzeit (Männer: jeder neunte). Im Osten ist die Zahl der Teilzeit-Mütter um 50 Prozent höher. In keinem anderen EU-Land ist der Anteil der teilzeitarbeitenden Frauen so hoch wie in Deutschland. Es ist die Teilzeitarbeit, die in Kombination mit den schlechter bezahlten sogenannten »Frauenberufen« die Hauptursache ist für den Gendergap beim Lohn von 21 Prozent.

Frauen steht die Hälfte der Welt zu? Aber ja! Doch Männern auch die Hälfte des Hauses! Weder das eine noch das andere ist heute der Fall. Männer übernehmen zwar mehr als früher, aber immer noch selbst im besten Fall nur ein Drittel der Familienarbeit. Und Frauen sind zu über 90 Prozent in typischen »Frauenberufen« (wie Verkäuferinnen, Friseurinnen, Arzthelferinnen etc.). Wie könnte sich das ändern? Durch familienfreundliche Maßnahmen? Im März 2020 schrieb Bärbel Boy, eine vielfach für ihre »Familienfreundlichkeit« ausgezeichnete Gründerin eines Beratungsunternehmens (und selber Mutter), in der ZEIT, es hätten sie in den vergangenen Jahren »immer mehr Zweifel befallen, ob wir den richtigen Weg gegangen sind. Inzwischen ärgere ich mich sogar über die ach so gepriesenen Maßnahmen zur vermeintlichen Frauenförderung.« Denn: »All die Teilzeitarbeitsmodelle, die langen Elternzeiten, die Home-Office-Angebote sind ein Köder und gleichzeitig eine Art Opium fürs Müttervolk. Sie gaukeln eine andere Frauenrolle nur vor. ›Familienfreundlichkeit‹ heißt ja oft nichts anderes als die Unterstützung eines alten Rollenbildes, das die Frau in der hauptsächlichen Verantwortung für Kinder, Haushalt und Pflege älterer Familienmitglieder sieht.«[2] Genau so ist es! Diese Art von »Familienfreundlichkeit« ist eine Falle. Eine Frauenfalle. Sie erleichtert nur die Doppelbelastung für Mütter – und entlastet die Väter.

Diese geschlechtsspezifische Arbeitsteilung fängt früh an. Sie beginnt schon bei der Berufswahl. Noch im Jahr 2019, drei Generationen nach Aufbruch der neuen Frauenbewegung, entschieden sich über 70 Prozent aller jungen Frauen für die berüchtigten zehn klassischen Frauenberufe. Denn die sind so schön vereinbar mit der Familie. Dabei schlägt gerade mal wieder die Stunde der Frauen. In den kommenden 15 Jahren werden in den Betrieben und Büros in Deutschland rund neun Millionen Arbeitskräfte fehlen (laut Studie des *Instituts der deutschen Wirtschaft*). Woher könnten die kommen? Zum Beispiel aus der »Reservearmee« Frau. Fast alle erwerbstätigen Väter von kleinen und schulpflichtigen Kindern arbeiten Vollzeit – zwei von drei erwerbstätigen Müttern arbeiten Teilzeit. Vor allem ab Mitte 30 rutschen sie in die Teilzeit – und finden oft nicht zurück.

»Die Mutter gehört zum Kind.« Dieses Gebot ist gerade in (West-)

Deutschland noch immer besonders tief verwurzelt, tiefer als in vergleichbaren Nachbarländern. Woran das liegt? Zweifellos auch an der Mutter-und-Kind-Ideologie der Nationalsozialisten. Es ist ja noch gar nicht so lange her, dass »die deutsche Frau« ihr Heil im Heim zu suchen hatte und ihre höchste Ehre das Mutterkreuz war. Es sind die Großmütter der heutigen Familienfrauen, die das noch erlebt haben. Nachdem sie in der Kriegs- und Nachkriegszeit »ihren Mann« stehen mussten, haben sie diese Prägung an ihre Töchter weitergegeben, als zwiespältige Botschaft: Sei ganz Frau – und stehe deinen Mann. Diese Töchter (und Söhne) der Ex-BDM-Mädchen wiederum sind die Mütter (und Väter) der jetzt mitten im Leben stehenden Frauen. Und Sitten ändern sich oft langsamer als Gesetze.

Doch so manche berufstätige Mutter flüchtet sich auch ins Haus, weil sie sich den Kopf an der gläsernen Decke wund gestoßen hat. Sie hofft, nach der »Kinderpause« wieder frisch gestärkt einsteigen zu können. In der Zwischenzeit rennt sie sich im Haus den Kopf an der gläsernen Wand ein – auf deren anderer Seite der eigene Mann steht. Sie ist nun noch zermürbter und entmutigter als zuvor. Hinzu kommt: Im Beruf hat sie längst den Anschluss verloren, ihr Platz ist nicht mehr frei. Und ihr Mann hat inzwischen Karriere gemacht. Studien haben ergeben: Verheiratete Männer machen den ersten Karrieresprung in der Elternzeit ihrer Frauen.

Kommt ein zweites Kind, wird die Sache fast ausweglos, zumindest für einige Jahre. Was zunächst nur ein Ausflug in die Frauenwelt werden sollte, wird leicht zum Abschied von der Berufswelt. Hat bei einem Kind noch jeder zehnte Mann die Arbeit »partnerschaftlich« geteilt, so tut es bei zwei Kindern nur noch jeder 14. Ab dem dritten müssen die meisten Frauen erst mal ganz passen. Mütter müssen sich also sehr genau überlegen, wie viele Kinder sie bekommen in einer Welt mit mangelnden Ganztagskrippen und Ganztagsschulen sowie mit Männern, die als Väter im Beruf Karriere machen und in der Familie abwesend sind.

Es gibt zwar auch Wonderwomen, die selbst das packen, manchmal sind es sogar gerade die Karrierefrauen. Die verdienen all unseren Respekt. Es dürfen nur die anderen Frauen nicht die Illusion haben, sie würden das gewiss auch schultern. Die Illusionen sind das Schlimmste. Sie führen die Frauen geradewegs in die Sackgasse.

Deswegen hat sich *EMMA* ab der ersten Ausgabe mit der Aufklärung und Ermutigung die Finger wundgeschrieben: Männer an den Kochtopf – und Frauen an die Werkbank! 1979 titelte *EMMA* erstmals mit einem Vater (mit Kind auf dem Arm), der auf das Recht auf »Mutterschaftsurlaub« klagte (so hieß das früher). Er verlor. Es sollte noch 28 Jahre dauern, bis Familienministerin von der Leyen die »Elternzeit für Väter« einführte. Lächerliche zwei Monate plus zur allgemeinen, in der Regel von den Müttern genommenen Elternzeit von einem Jahr, zwei Monate explizit für Väter. Aber was für ein Geschrei ging da los! Man hätte meinen können, das Abendland geht unter.

Dabei tut es Vätern wie Kindern gut, wenn Väter auch Mütter sind. Denn diese Väter entlasten nicht nur die Mütter, sie haben – wenn sie menschliche Väter sind und keine Missbraucher – auch einen guten Einfluss auf die Kinder: Für die Jungen sind sie positive Vorbilder und für die Mädchen setzen sie Maßstäbe in Bezug auf Männer. Vor allem aber unterbrechen mütterliche Väter die so gefährliche Weiblichkeitstradition, die Mütter an ihre Töchter weitergeben, auch ohne Worte. Hinzu kommt, dass die konkrete Versorgung der Kinder eine psychologische Inzestsperre aufbaut. Untersuchungen beweisen: Der sexuelle Missbrauch ist bei Vätern, die die reale Fürsorge für ihre Töchter übernommen haben, gleich null. Wer Pampers wechselt, hat keine sexuellen Fantasien.

Die so manches Mal sinnlos scheinenden Kämpfe um die Hausarbeit – sinnlos, weil die Streitereien oft viel nerven- und zeitaufreibender sind, als die Arbeit selbst es wäre – haben allerdings durchaus einen tieferen Sinn. Diese Arbeitsteilung im Haus weist den Geschlechtern ihren Platz in der Welt. Und der Platz der Frau ist in der Regel der der »Erbsenzählerin«, der kleinteiligere, die keine anderen Probleme hat als die Anzahl der gespülten Teller und die Häufigkeit der gemachten Betten. Der Platz des Mannes ist in der Regel der fürs »große Ganze«, des Darüberstehenden, der sich in solchen Niederungen gar nicht erst aufhält – mal abgesehen von diesen sympathischen 10 Prozent Männern, die sich mit ihren Frauen die Hausarbeit »echt partnerschaftlich« teilen und denen Artenschutz gewährt werden sollte.

Und dann ist da noch die Sache mit dem Stillen. In früheren Jahrhunderten hatten Mütter selten selber gestillt; weder die armen, die gar keine Zeit und Kraft dazu hatten, noch die reichen, die ihre Kinder zu Ammen gaben. In den auf die Erfindung des Mütterinstinktes im 18. Jahrhundert folgenden zwei Jahrhunderten schwankte der Wert des Stillens je nach Grad der Emanzipation. Das Stillen kam immer dann aus der Mode, wenn die Frauen aus dem Haus mussten bzw. durften (wie in Kriegszeiten oder auf den Höhepunkten der Frauenbewegung), und war prompt immer dann wieder angesagt, wenn sie ins Haus zurücksollten (wie in Nachkriegszeiten, wenn die Männer von der Front zurückkamen). Der Grad der Emanzipation von Frauen in der Geschichte lässt sich auch am Eifer des Stillens und der Mystifizierung der Mütterlichkeit ablesen.

Doch wie steht es eigentlich mit der Hausarbeit im Ost-West-Vergleich? Überraschend. Denn – die Ostmänner »helfen« noch etwas seltener als die Westmänner. Wer hätte das gedacht? Allerdings ist im Osten die Rabenmutter-Ideologie nicht so verankert wie im Westen. So arbeiten in Ostdeutschland 49 Prozent aller erwerbstätigen Mütter minderjähriger Kinder Teilzeit, im Westen 74 Prozent (gesamtdeutsch 69 Prozent). Und die Zahl der Mütter, die nach zwei Jahren Elternzeit wieder in den Beruf einsteigen wollen, ist im Osten dreimal so hoch wie im Westen.

Wir haben heute beides: die Frauen, die in die Welt gehen – aber gleichzeitig einen Mutterkult wie selten zuvor. Auch das Stillen ist wieder angesagt. Frauen dürfen berufstätig sein, aber sie sollten auch Mütter sein, echte Mütter, keine »Rabenmütter«. Und auch die Karrierefrau geht im Büro oder abends im Restaurant jederzeit ans Handy, wenn ein Kind anruft. Ihr chronisch schlechtes Gewissen treibt sie in die permanente Verfügbarkeit. Diese Rund-um-die-Uhr-Mutterschaft macht nicht nur die Frauen atemlos, sondern entmündigt und verblödet auch die Kinder. Die werden durch die »Übermutterung« zunehmend an eigenen Erfahrungen, also am lebendigen Lernen gehindert.

Und die »neuen Väter«, diese fortschrittliche Minderheit, die mit anfasst oder sich sogar phasenweise auf einen Rollentausch einlässt (4 Prozent)? Der Freundeskreis, so Studien, findet Väter in Elternzeit gut, vor allem die Freundinnen. Der stärkste Widerstand kommt von den Herkunftsfamilien der Väter (die wünschen sich für ihren Sohn »was Besseres«) sowie von Kollegen und Vorgesetzten. Das ist ein Problem, das nicht nur privat gelöst werden kann, sondern auch strukturell, gesellschaftlich angegangen werden muss: durch die Forderung eines Bewusstseinswandels, staatliche Unterstützung für die Kinder und Änderung der Berufsstrukturen.

Doch Vater Staat war bisher mindestens so unwillig wie Papa privat und kommt ebenfalls nur sehr langsam in Gang. Der löblichen Absicht mancher Politikerinnen, die Elternzeit in Zukunft so zu gestalten, dass sie zwingend von Müttern *und* Vätern genommen werden muss (weil sie sonst verfällt), wurde rasch die Spitze gebrochen. Wer Elternzeit nimmt, das ist weiterhin eine Frage des »gegenseitigen Einvernehmens«. Resultat bekannt.

Hinzu kommt der von allen Parteien unhinterfragte Skandal, dass dank des sogenannten »Steuersplittings« nicht etwa die Kinder, sondern die Ehemänner von Hausfrauen alljährlich mit rund 20 Milliarden Euro subventioniert werden. Seit den 80er Jahren rütteln Steuer- und Familienexpertinnen aller Couleur an diesem patriarchalen Privileg. Vergeblich. Es sitzen zu viele Abgeordnete im Parlament, denen Hausfrauen oder Teilzeitarbeitende den Rücken freihalten. Ein verheirateter Spitzenverdiener spart, egal ob Kinder in der Familie sind oder nicht, bei einem Jahresgehalt von zum Beispiel 120 000 Euro dank Steuersplitting jährlich 8964 Euro! Das sind Summen, die Familien mit Kindern, Eltern wie Alleinerziehende, bestens gebrauchen könnten.

Gerade ist Corona-Krise. Da kommt alles sonst so Weggemauschelte grell an den Tag. Die sogenannten »Frauenberufe« sind die wahren systemrelevanten Berufe, aber auch die bisher am wenigsten geachteten und schlechtesten bezahlten. Die Berufe, in denen es um Zahlen und Maschinen geht, haben gerade keine Hochsaison. Dafür die Berufe, in denen es um Menschen geht: um das Versorgen von

Kranken, die Betreuung von Kindern und Alten, die Versorgung mit Nahrungsmitteln etc. Endlich, endlich wird erkannt, dass diese Tätigkeiten, von der Kassiererin bis zur Krankenschwester, existenziell für die Menschen sind. Werden auch Gewerkschaften und Politik jetzt darauf drängen, dass die Wirtschaft dem endlich Rechnung trägt?

Und die Familienarbeit. Da häufen sich bei *EMMA*-online die Klagen. Es arbeiten jetzt so manches Mal beide Elternteile im »Homeoffice«, doch an wem bleibt die Versorgung der Kinder hängen? An den berufstätigen Müttern. Keine Überraschung. Aber es wird gerade in diesen Zeiten der Bedrängnis und des Stillstandes überdeutlich. Wenn sich das ändern soll, sind auch die Frauen selber gefordert. Sie müssen die Väter einklagen – und dürfen nicht länger Angst haben vor Liebesverlust.

Ideal wäre die Drei-Tage-Woche für Eltern von nicht schulpflichtigen Kindern, die sich so in der Betreuung abwechseln könnten. Doch wirklich gelöst wird das Problem für die Frauen wohl erst an dem Tag sein, an dem ein Arbeitgeber den männlichen Bewerber im Alter der Familienphase genauso nachdenklich anschaut, wie er es heute bei einer Bewerberin tut – und ihn fragt: Wollen Sie Kinder? Erst wenn Frauen und Männer durch eine (potenzielle) Elternschaft gleich belastet wären, hätten sie auch gleiche Chancen im Beruf.

# BEGEGNUNGEN MIT ANGELA MERKEL, 1991–2020

*13. März 2000.* Ich bin für acht Uhr mit Angela Merkel im Café Einstein Unter den Linden zum Frühstück verabredet. Wir setzen uns an den ersten Tisch hinten, der, auf den man zuläuft, um in den zweiten, abgeschirmten Teil zu gelangen, der gerne von PolitikerInnen und »Prominenten« frequentiert wird. Ich sitze mit dem Gesicht zum Gang, Merkel mit dem Rücken.

Der Kaffee ist kaum serviert, da geht es los. Der Erste, der auf uns zukommt, ist Günther Oettinger. Kurz darauf folgen Christian Wulff und Volker Bouvier, zuletzt taucht Peter Müller auf. Einer nach dem anderen nickt uns mit geweitetem Blick zu, murmelt »Guten Morgen«, biegt nach rechts ab und setzt sich drei Tische weiter. Der ganze Andenpakt! Ich sage: »Tut mir leid, Frau Merkel. Ihr Ruf ist jetzt ruiniert.« Sie antwortet: »Das ist er schon lange. Da können Sie nichts dafür.«

Zwei Jahre später wird dieser »Andenpakt«, ein in der CDU nach Macht strebender (damals noch) Jungmännerbund, es schaffen, zu verhindern, dass Merkel 2002 Kanzlerkandidatin wird. Stattdessen wird es Edmund Stoiber sein, der Gerhard Schröder um 6027 Stimmen bei der Bundestagswahl unterliegt. Die SPD bleibt an der Macht. Und Friedrich Merz? Der wird erst 2003 zum Andenpakt stoßen – und später ein weiterer Kandidat für Merkels sogenannten »Männerfriedhof« sein. Denn so richtig hat der Andenpakt keinem seiner Kumpane etwas gebracht, maximal einen Ministerpräsidentenposten.

Zu dem Zeitpunkt hatte die Frau aus dem Osten, die einst auf einer (informellen) Doppelquote ins Kabinett gekommen war – Ossi und Frau –, es als Einzige gewagt, den durch die Spenden-Affäre belasteten Kanzler Kohl öffentlich zu kritisieren (in der *FAZ*). Das war gerade mal zwölf Wochen her. In vier Wochen würde sie zur Parteivorsitzenden gewählt werden. Doch noch hatte sie ihre Bereitschaft, für den Posten zu kandidieren, nicht öffentlich gemacht. Wird sie – oder wird sie nicht? Das ist in Berlin die Frage der Stunde. Bei unserem Frühstück sagt sie zu mir: Ich werde. Ein überraschendes Zeichen des Vertrauens.

*26. September 1991.* Wir treffen uns zum Mittagessen bei Tullio, einem Italiener in Köln, am Rhein. Angela Merkel kommt aus Bonn, ich komme aus der zwei Kilometer entfernten *EMMA*-Redaktion. Selbstverständlich hatte ich ihr angeboten, nach Bonn zu kommen – doch sie schlug Köln vor (»Ich habe ja einen Dienstwagen«). Zu der Zeit ist »Kohls Mädchen« seit neun Monaten Frauenministerin. Und gerade macht sie sich kräftig unbeliebt. Die Häme in den Medien will gar nicht aufhören. Das hat mich aufhorchen lassen, denn für diesen gewissen Ton bin ich seit Langem sensibilisiert.

Für *EMMA* hatte eine Kollegin die öffentlich heftig vorgeführte Ministerin bereits interviewt. Der Auslöser war für uns ein Satz in *Bild am Sonntag* gewesen. »Würden Sie diese Frau einstellen?«, fragte das Boulevardblatt und stellte seitengroß ein Foto daneben. Es war gehässig gemeint, aber eigentlich sah Merkel da nett aus: Ein etwas sprödes Mädchen, mit Perlenkette und wadenlangem roten Reformkleid. Stein des Anstoßes war für die Medien das von der Ministerin geplante »Gleichstellungsgesetz«. Darin ging es um – die »sexuelle Belästigung am Arbeitsplatz«. Ja, doch, im Jahr 1991! Es sollte bis zu MeToo noch 26 Jahre dauern, aber das Problem war damals Gegenstand eines Gesetzesentwurfes (aus dem sehr lange nichts wurde). Die Emanzipation ist eben eine Schnecke.

Inzwischen hatte sich Angela Merkel, die lange unverheiratete Physikerin aus der DDR, die sich beim »Demokratischen Aufbruch« engagiert hatte und erst 1990 in die CDU eingetreten war, den West-Feminismus draufgeschaufelt. Sie hatte an der UN-Frauenkonferenz in New York teilgenommen und schnell gelernt. Mit dem »Gleichstellungsgesetz« wollte sie u. a. »Frauen im öffentlichen Dienst vor sexueller Belästigung schützen« und »den Frauenbeauftragten den Rücken stärken«. Im *EMMA*-Interview erklärte sie: »Das Wichtigste ist doch, dass Frauen mit dem Problem ernst genommen werden. Wir denken durchaus auch an Sanktionen, Versetzung, Abmahnung, bis hin zur Kündigung. Und dann gibt es ja auch noch das Strafrecht.«[1]

Na, da ging es aber rund! In den Medien wie in der Politik. Der Ton gegen die ursprünglich als »naiv« geltende Frau aus dem Osten verschärfte sich schlagartig. »Das ist schon wieder eine Ehre«, sagte Merkel im *EMMA*-Interview 1992. »Wenn Sonntagsreden gefragt sind, sind wir Frauen recht. Aber wenn es um unsere Rechte geht, schlägt die Stimmung um.«[2]

Und sodann schwärmte Merkel mir von einem neuen Buch vor, das sie gerade auf Englisch gelesen hatte: Susan Faludis »Backlash. Der Krieg ohne Kriegserklärung gegen amerikanische Frauen« (es erschien wenige Monate später auf Deutsch[3]). Ich hatte schon davon gehört und schlug der Ministerin vor, das Buch für *EMMA* zu besprechen.

Zur Erinnerung: Zu dem Zeitpunkt war in Deutschland die Vergewaltigung in der Ehe noch das Recht des Ehemannes. Erst über sechs Jahre später wurde sie strafbar – und das auch nur, weil Politikerinnen aller Parteien sich zusammengeschlossen hatten.

An diesem Tag 1991 haben wir rund zwei Stunden bei Tullio gesessen. Als ich in die Redaktion zurückfuhr (sie hat mich mit ihrem Dienstwagen absetzen lassen), hatte ich zwar nicht unbedingt das zwingende Gefühl, gerade mit der zukünftigen Kanzlerin gegessen zu haben. Aber ich hatte schon den Eindruck, dass diese Angela Merkel eine besonders intelligente, humorvolle und integre Person und Politikerin sei. Ich war gespannt, wie es wohl weitergehen würde mit ihr.

*Mai 1993.* In *EMMA* erscheint die Rezension des feministischen Klassikers: Merkel, 38, schreibt über Faludi, 33. »Die Töchter schlagen zurück!«, titeln wir. Merkel beginnt mit den Worten: »Susan Faludi beschreibt die 80er Jahre als eine Dekade der Stagnation in der Frauenpolitik und Reaktion der Männer auf den Feminismus. Sieht es in Deutschland anders aus?« Sie kommt zu dem Schluss: »Ich sehe das in Deutschland genauso.« Auch hierzulande hätten Frauen – »bis auf ein paar Alibifrauen« – keine gleichberechtigte Teilnahme an der Macht, wären Männer die Meinungsmacher und Trendsetter, die die Rollenbilder vorgeben.

Die Rezensentin Merkel warnt vor den Gefahren, auf die gerade die ahnungslosen Ostfrauen im wiedervereinigten Deutschland stoßen würden. Und sie durchschaut die Funktion des »schlechten Gewissens«, das man den Frauen macht, und die der »Trendstorys« der Medien, die die guten alten Verhältnisse beschwören und die Frauen vor den Folgen der Emanzipation warnen (nicht begehrt, keinen Mann, keine Kinder etc.). Merkel kommt zu dem Schluss: »Wir Frauen müssen weitergehen auf dem Marsch durch die Institutionen und teilhaben an der öffentlichen Macht.«[4] – Die junge Politikerin wird diese Erkenntnis selbst beherzigen und in den darauffolgenden Jahrzehnten einen unglaublichen Durchmarsch bis an die Spitze hinlegen. »Kohls Mädchen« wird die »mächtigste Frau der Welt« (*Time*) werden. Doch auf diesem Weg werden Angela Merkel irgendwann die Frauen verloren gehen.

In der Zwischenzeit halten wir Kontakt. Ich lade sie am 12. Februar 1993 in meine Talkshow im hessischen Fernsehen ein, »Zeil um Zehn«. Sie wird Umweltministerin. Sie wird Parteisekretärin. Wir begegnen uns zufällig im Flugzeug. Wir gehen mal wieder zusammen essen. In Jahresabständen.

*20. April 2000.* Angela Merkel wird mit 96 Prozent und großem Jubel zur CDU-Parteivorsitzenden gewählt. Die Frauen sind begeistert. Forsa meldet: 18 Prozent der traditionellen SPD-Wählerinnen würden bei einer Kanzlerwahl ihre Stimme jetzt der CDU-Kandidatin geben – und 100 Prozent der CDU-Wählerinnen sowieso. Es hatte sich nämlich eine gewisse Schröder-Ermattung breitgemacht. Die würde sich in den kommenden Jahren noch mächtig steigern. Die Zeit schien reif für eine Frau.

Die erste Frau auf dem Posten einer Parteivorsitzenden war ein echter Durchbruch. Doch was war der Preis? Auf ihrer 26-Seiten-Antrittsrede als Parteivorsitzende streift Merkel nur in drei Zeilen den Beginn des »Durchbruchs« auf Heiner Geißlers »Frauenparteitag 1985« (da lebte sie noch in der DDR). Und sie definiert ihre Sicht auf die Frauen in den dürftigen Worten: »Es stellt sich die Frage, ob die Gleichberechtigung der Frau wirklich nur über die Erwerbstätigkeit erreicht werden kann.«[5] Das sagt die Physikerin aus der DDR zehn Jahre, nachdem so viele Ostfrauen bei der Wiedervereinigung ihre oft qualifizierten Jobs verloren hatten! Und sie versäumt es auch nicht, den »Schutz des Lebens« zu betonen, der »mit dem Embryo beginnt«.

Nie aufgeklärte Genossin gewesen? Nie verhöhnte Frauenministerin? Nie über das Buch der Feministin Faludi gejubelt? Oh doch. Denn genau darum redet die aufsteigende Merkel den konservativen Männern jetzt nach dem Mund. Sie weiß nur zu genau, wie gefährlich es ist, das nicht zu tun. Sie hat ihre Lektion gelernt.

Nehme ich ihr das übel? Nun ja. Ich bin enttäuscht und schreibe das auch in einem Editorial von Mai 2000. Doch gleichzeitig verstehe ich ihr Problem. Es ist schon Provokation genug, dass »Kohls Mädchen« nun Kohls Erbin geworden ist. Nicht nur Friedrich Merz knirscht mit den Zähnen. Also will Merkel jetzt, auf halbem Wege, nicht auch noch die Frau raushängen lassen – so wenig wie den Ossi. Denn auch den hat Merkel auf ihrem Weg nach oben liegen lassen (und die Ossis nehmen ihr das bis heute übel). Ich verstehe dennoch – und bin gespannt, wie es weitergehen wird mit Angela Merkel. Wir bleiben in Kontakt.

*Sommer 2003.* Da haben wir uns bei *EMMA* so über Merkel geärgert, dass wir sie zum »Pascha des Monats« gemacht haben, diesen »zweihändig ballernden Cowboy«. Grund: Am 20. März 2003 hatte George Bush mit der Bombardierung von Bagdad den zweiten Irakkrieg eröffnet. Sein von Beginn an als Lüge durchschaubarer Vorwand lautete, Saddam Hussein horte »Massenvernichtungswaffen« (selbst Experten in den USA hatten dem entschieden widersprochen). Wohin dieser verbrecherische Krieg geführt hat – wie alle Interventionskriege des Westens in den vergangenen Jahrzehnten –, wissen wir inzwischen. Hinterlassen wurde verbrannte Erde, profitiert von dem Chaos in der vom Westen »befreiten« Region haben die islamistischen »Gotteskrieger«.

Der SPD-Kanzler Schröder hatte sich zu Recht geweigert, bei der bombigen »Koalition der Willigen« mitzumachen. Die CDU-Vorsitzende Merkel hingegen fuhr eilfertig nach Washington und schüttelte dem Kriegsherren Bush begeistert die Hände. Selbst so manche Konservative waren befremdet bis entsetzt. Wie war das zu erklären? Sah die Frau, die einst unter dem DDR-Regime gelitten hatte, Amerika durch eine zu rosa Brille? Im Deutschlandtrend fiel die Begeisterung für eine potenzielle Kanzlerin Merkel schlagartig von 51 auf 32 Prozent.

Sie selber hat ihren Fehler bald bereut, ja wohl begriffen. Ich jedenfalls habe 2007 in einem sehr kleinen Kreis gehört, wie sich die Kanzlerin extrem scharf über Bush äußerte. Elf Jahre nach ihrem eilfertigen Gang nach Washington hat sie die Scharte wieder ausgewetzt (soweit sich so etwas überhaupt »auswetzen« lässt). 2014 war Merkel im Westbündnis die Einzige, die sich (zusammen mit Außenminister Westerwelle) strikt geweigert hat, bei der von Frankreich und den USA angezettelten Intervention in Libyen mitzumachen. Zu Recht. Denn auch die verstieß gegen das Völkerrecht und hinterließ nichts als verbrannte Erde sowie Machtkämpfe zwischen Clans und Gotteskriegern, auf Kosten der Bevölkerung.

*September 2004.* Ich komme aus dem Urlaub zurück und Margitta Hösel, meine »rechte Hand«, empfängt mich mit gesträubten Haaren: »Alice, Gott sei Dank, dass du wieder da bist. Hier ist die Hölle los. Das Telefon steht nicht still!« Warum? »Wegen deines Kommentars in der aktuellen *EMMA*!« Wegen meines Kommentars? Ich kann kaum folgen. In der aktuellen *EMMA* hatte ich nämlich nur apropos des Coming-outs von Guido Westerwelle über die schwelende Homophobie in unserer Gesellschaft räsoniert und darauf hingewiesen, wie unzeitgemäß es sei, einen Menschen nach seinen sexuellen Präferenzen zu definieren. Eine solche Sichtweise sei nicht nur deterministisch, sondern auch biologistisch.

In diesem Zusammenhang wies ich auf die aufgeklärten Sexualwissenschaften und verwandten Disziplinen hin, die seit Langem belegen, dass sexuelle Prägungen vorrangig das Resultat kultureller Prägungen sind. Neuere Studien hatten ergeben, dass Männer eher in jüngeren Jahren, Frauen eher in älteren Jahren zur Homosexualität neigen. Deshalb lautete der letzte, ironische Absatz meines Textes: »Im Gegensatz dazu (zu der Lehrmeinung der katholischen Kirche) unterscheidet die moderne (Sexual-)Wissenschaft zwischen ›sex‹ (dem biologischen Geschlecht) und ›gender‹ (der Geschlechterrolle), und spricht von ›fluktuierenden‹ sexuellen Präferenzen. Fluktuierend auch nach Lebensalter. So beweisen Studien, dass Männer stärker in der Jugend zu homosexuellen Kontakten neigen – und Frauen stärker im Alter (dreimal dürfen wir raten, warum). Will sagen: Ende offen für Guido Westerwelle (41) und Angela Merkel (50).«[6]

Ein unernster Scherz am Ende eines durchaus ernsten Textes. Doch was nur hatte ich damit ausgelöst? Die Hoffnung, Merkel sei lesbisch – was das Ende ihrer Kanzlerkandidatur bedeutet hätte. Und den Glauben, ich wisse mehr.

Eines der vielen Medien, die mich in diesen Tagen bedrängten, war der *Spiegel*. Der erste Anruf kam von einer *Spiegel*-Kollegin. »Hallo Frau Schwarzer, wir sind uns schon mal im Kreis des von Ihnen und Sabine Christiansen veranstalteten Journalistinnentreffs begegnet.« Ja, hm. Ich erinnere mich nicht, aber ... »Also, was ich Sie fragen wollte: Sie haben da doch über Frau Merkel geschrieben ...« Der zweite Anruf kam von einem *Spiegel*-Kollegen: »Guten Tag, Frau Schwarzer. Wir haben doch noch jüngst nach der Sendung bei Illner ein Glas zusammen getrunken.« Ja, hm. Ich erinnere mich, aber ... »Also, was ich Sie fragen wollte ...«

Dritter Anruf: mein alter Weggefährte Stefan Aust. »Hallo Alice. Wie geht es dir?« Danke. Und dir? »Ich fasse mich kurz. Du hast da doch über die Merkel ...« Jetzt war das Maß voll! »Aber Stefan, hast du den Text denn nicht gelesen?« – »Ja, doch, doch, klar. Aber sag mal ...« Nun erkläre ich ihm, das alles sei völlig absurd. Das sei doch nur ein kleiner ironischer Schlenker gewesen. Merkel wäre vermutlich so lesbisch wie seine Frau. Ich jedenfalls hätte noch nie etwas in der Richtung gehört. Jetzt holt Stefan ganz tief Luft – er ist ein Journalist, der nicht leicht lockerlässt! – und sagt: »Hör mal, Alice, *mir* kannst du es doch sagen.«

Nachdem ich aufgelegt hatte, habe ich Merkel angerufen und ihr gesagt, wie sehr ich es bedauere, dass meine flapsige Bemerkung solche Reaktionen ausgelöst und ich es nicht so gemeint hätte. »Nein, ist doch klar«, antwortete sie. »Sie können nichts dafür. Das sind die Anderen.«

Klar war uns beiden spätestens jetzt eines: »Die Anderen« würden alles versuchen. Einfach alles! Diese »Übergangs-Vorsitzende« durfte auf gar keinen Fall nun auch noch Kanzlerkandidatin werden! Leichen im Keller? Korruption? Steuer? Liebhaber? Nichts zu holen bei der braven Frau Merkel. Aber lesbisch? Das wär's doch! Denn: Das wär's gewesen.

*6. Februar 2005.* Schröder kündigt Neuwahlen an. Er reagiert damit auf die Niederlage der SPD bei den NRW-Wahlen und die Kritik der GenossInnen auf seine *Agenda 2010*. Schröder scheint davon auszugehen, dass er nichts zu verlieren hat gegen eine Kandidatin Merkel – denn die ist nun, so kurzfristig, auch von ihren eigenen Leuten nicht mehr zu verhindern. Die hatten geglaubt, sie hätten noch Zeit bis Herbst 2006, um die ungeliebte Fremde vom Platz zu putzen. Jetzt aber ist klar: Es wird noch mal ganz schön hart werden für Merkel in den sechs Monaten bis zur Wahl. Dass es in Wahrheit erst nach der Wahl so richtig losgehen würde, das konnte man da noch nicht ahnen.

*22. November 2005.* Ein historischer Tag für alle Frauen. 87 Jahre nach der Erringung des Frauenwahlrechts – erkämpft von Frauenrechtlerinnen! – wird zum ersten Mal in Deutschland eine Frau Regierungschef. Da steht sie und hebt die rechte Hand zum Schwur: »So wahr mir Gott helfe.« Es ist vollbracht. Wir haben eine Bundeskanzlerin! Ich sitze oben auf dem Rang im Bundestag, eingeladen vom ZDF als Kommentatorin. Schräg vor mir Merkels Eltern und Geschwister. Ich gestehe: Mir werden in dem Moment die Augen feucht. Und ihre Familie? Die scheint ungerührt. Anschließend soll es Kartoffelsalat und Bier gegeben haben. Ich hätte die Champagnerkorken knallen lassen. Aber ich bin ja auch Rheinländerin.

Danach werde ich draußen in die Kamera des ZDF sagen: »Endlich können auch die kleinen Mädchen in Deutschland träumen! Werde ich nun Friseurin – oder doch Kanzlerin …?« Denn das ist ja klar: Diese Kanzlerin schreibt Geschichte, unabhängig von ihrer Parteizugehörigkeit und ihrer Politik, ganz einfach qua Geschlecht. Weil sie die Erste ist! Doch genau das hatten vor der Wahl weder Angela Merkel selber noch ihre Gegnerinnen begriffen.

Bis zur Wahl schien Merkel die Ungeheuerlichkeit ihres Unterfangens einfach selber nicht klar zu sein, genau gesagt: bis zur Wahlnacht. Diese Frau aus dem Osten, aufgewachsen in einem linken, regimekritischen Pfarrershaushalt und reüssiert als Physikerin, hatte offensichtlich allen Ernstes geglaubt, es käme nur auf ihre Leistung an, unabhängig vom Geschlecht. Dabei ist es keineswegs ein Zufall, dass die erste Kanzlerin aus dem Osten kommt. Einer Politikerin aus dem Westen, leidgeprüft im Geschlechterkampf, wären schon lange vorher die Knie weich geworden. Merkel hingegen war relativ unbefangen, den Schrecken vom Anfang der 1990er Jahre hatte sie anscheinend vergessen. Sie wagte den Ritt über den Bodensee – und erreichte das andere Ufer.

Ihre GegnerInnen in der Opposition wie auch innerhalb der eigenen Partei waren sich bis zuletzt sicher gewesen, dass sie es nicht schaffen würde. In vielen Medien war es vor der Wahl vor allem um Merkels Frisur (»Topfschnitt«) und um ihren Kleidungsstil (»Trampel aus dem Osten«) gegangen. Und in der Tat hatte Merkel selber in ihrem Wahlkampf zwei große Fehler gemacht. Erstens führte sie einen überraschend bürokratischen Wahlkampf mit einer kalten neoliberalen Wirtschaftspolitik, was sogar die Geißlers und Blüms in ihrer eigenen Partei entsetzte. Und zweitens mied sie das Wort »Frauen« wie der Teufel das Weihwasser.

Triumphierend schaltete die SPD eine doppelseitige Anzeige in der Ausgabe von *EMMA* vor der Wahl, Überschrift: »Angela Merkel macht keine gute Frauenpolitik – Gerhard Schröder und die SPD machen die bessere Frauenpolitik«. Auch ich fragte die Kandidatin im Interview vor der Wahl: »Warum sollten wir – die nicht-traditionellen CDU-Wählerinnen – Sie wählen, Frau Merkel?« Ihre Antwort war wenig überzeugend. Und im Gespräch für die Wahl-*EMMA* ärgerten sich auch die CDU/CSU-Politikerinnen Rita Süssmuth und Ursula Männle schwarz über Merkels »frauenfreies Programm«. Da gab es das »Girls-Camp« und Familienministerin Ursula von der Leyen noch nicht.

Es kam zum Schwur. Und Merkel siegte. Sie hatte 436 384 Stimmen mehr als Schröder. Das reichte zwar satt (Schröder hatte bei der Wahl 2002 ganze 6027 Stimmen mehr als Stoiber gehabt), aber es war doch weniger als erwartet. Den bei Umfragen vorausgesagten »Geschlechterbonus« von plus zehn Prozent für eine Kandidat*in* hatte Merkel mit ihrem offensiv frauenfreien Wahlkampf verschenkt (drei Jahre zuvor waren es sogar noch plus 20 Prozent gewesen). In Relation zu der Stoiber-Wahl verlor sie sogar ein Prozent der Wählerinnen (Gedöns-Schröder verlor allerdings sechs Prozent).

Worüber sich so manche zur Linken gehörende oder tendierende Frau offen freute. So erklärte eine Genderforscherin (Jahrgang 1957) im *Spiegel* die Tatsache, dass ich den Faktor »Geschlecht« im Wahlkampf thematisiert hatte, schlicht zu »einer Position der 70er Jahre« (ja, so lange geht das schon mit der Alt-Feministin). Aber dann kam die Wahlnacht. Und die machte alles wieder klar.

*18. September 2005.* Die »Elefantenrunde« am Wahlabend. Ich sehe mich noch auf dem Sofa sitzen, in Gesellschaft von drei Freundinnen mit unterschiedlichen Parteipräferenzen. Gefühlt habe ich über die ganzen 45 Minuten der Sendung nicht ein Mal Luft geholt, und wir haben auch kein Wort gewechselt. Wir haben nur gebannt auf den Bildschirm gestarrt. So etwas hatten wir noch nie gesehen – das hatte noch niemand je gesehen. Die Siegerin saß geknickt und bedrückt auf ihrem Stuhl, der Verlierer platzte vor Testosteron und grölte: »Niemand außer mir ist in der Lage, eine stabile Regierung zu stellen. Niemand außer mir!« Alle zogen den Schwanz ein. Nur Westerwelle schüttelte ab und an in stummem Entsetzen den Kopf.

Ich erwartete am Tag nach der Elefantenrunde peinlich berührte Kommentare allerseits und die Frage: Was hatte Schröder genommen? Alkohol? Drogen? Aber nein. Niemand erklärte den Abend zum Totalausfall eines einzelnen Mannes, sondern fast alle diskutierten wochenlang ernsthaft dessen halluzinanten Optionen. Die lauteten: 1. Ich, Schröder, komme mit meiner Dreistigkeit irgendwie durch, weil in einer Mediendemokratie Inszenierungen stärker sind als die Realität. 2. Ich, Schröder, werde mich schon noch einigen mit den echten Männern in der FDP (zu denen ich Westerwelle nicht zähle). 3. Ich,

Schröder, regiere erst mal zwei Jahre weiter – und dann kann ja die da (die dann aber sicherlich längst von der Bildfläche verschwunden ist) ...

Unwidersprochen kursierte auch folgender Vorschlag in den Medien: Die »beiden Kandidaten« (zur Erinnerung, wir reden vom Wahlverlierer und der Wahlgewinnerin) sollten es doch »untereinander austragen«. Und *Bild* steuerte flugs folgende nette Idee bei: »Beide ziehen sich zurück. Mit der Lösung könnte Schröder gesichtswahrend abtreten. Motto: Wenigstens habe ich Angela Merkel verhindert.« Hauptsache, die Männerehre wird gewahrt, nur wenige Jahre später werden wir über das Verständnis von »Männerehre« in der muslimischen Kultur klagen.

In den Tagen danach hielt es mich nicht mehr. Ich schrieb einen Kommentar für die FAS, Titel: »Ein Mann sieht rot!« Darin verglich ich den Auftritt des Cohiba-Kanzlers mit dem eines Familientyrannen. »Es gibt da nur einen kleinen Unterschied«, schrieb ich: »Beim privaten Familiendrama (auf Türkisch: Ehrenmord) bringt er sie um, weil sie geht. Bei diesem politischen Familiendrama will er sie umbringen, weil sie kommt.« Und weiter: »Also bedrängt der Tyrann den Sieger und grölt: Gebt sie raus!« Der machtbesoffene Ex-Kanzler hatte es einfach nicht fassen können, dass er nach sieben Jahren Männerbündelei den Stab an »die da« übergeben sollte.

In der *EMMA*-Redaktion kam ich in diesen drei Wochen nicht zum Arbeiten. Die internationalen Medien gaben sich die Klinke von einer Hand zur nächsten: *Le Monde, The Guardian, Repubblica, Time* ... alle, alle wollten von »der Feministin« wissen, was denn da los sei in Deutschland. Angela Merkel sei doch demokratisch gewählt worden. Wieso sie dann jetzt nicht Kanzlerin werden sollte?!

Genau das fragte ich mich auch. Dass so ein Spektakel überhaupt möglich war, konnte ich kaum fassen. Zum ersten Mal in meinem Leben zweifelte ich ernsthaft daran, dass Deutschland eine Demokratie sei. Ich rief Freundinnen an, auch in der SPD, darunter Ministerinnen, und sagte: »Das könnt ihr doch nicht durchgehen lassen. Ihr müsst das stoppen!« Doch die Parteiräson wog schwerer als die Vernunft. Verschärfend kam wohl hinzu, dass die von dem rot-grünen

Gespann Schröder/Fischer sieben Jahre lang hart gedemütigten Spitzenpolitikerinnen gar nicht mehr gewohnt waren, zu widersprechen. Der starke Mann machte über seinen Sturz hinaus das Gesetz. Und linksfeministische Intellektuelle applaudierten dazu. Dass die bisher so unbefangen scheinende Merkel nun endlich schwächelte, machte das Ganze nicht besser. Auch aus Feministinnenmund kursierte nun das Verdikt: »Die kann das nicht.«

In diesen Wochen habe ich zwei, dreimal mit Angela Merkel telefoniert. Sie war verzweifelt. Und ratlos. Auch sie schien alles für möglich zu halten, selbst die absurde Variante einer Teilung des Mandats in »zwei Jahre Schröder und zwei Jahre Merkel«. Als ich herzhaft darüber lachte, sagte sie: »Doch, doch, Frau Schwarzer, die meinen das ganz ernst.«

Eine Woche bevor die Entscheidung, dass die Gewählte auch Kanzlerin werden darf, endlich fiel, veröffentlichte ich einen empörten Kommentar im *Spiegel*. Ich kritisierte die »Verachtung der Demokratie« und schloss mit den Worten: »Doch es ist Zeit, dass auch wir Deutschen ankommen im 21. Jahrhundert und begreifen: Einer demokratisch gewählten Kanzlerin steht dieselbe Fairness und derselbe Respekt zu wie einem Kanzler. Über Inhalte kann dann immer noch gestritten werden. Aber jenseits von Geschlecht und Männlichkeitswahn.«[7] – Mir scheint, die SPD hat mir diese Kritik bis heute nicht verziehen. Was auch bedeutet: Sie hat ihr beschämendes Verhalten vom Herbst 2005 bis heute nicht aufgearbeitet.

Der *Stern* nannte mich damals »die Kanzlermacherin«. Zu viel der Ehre. Aber der Schulterschluss zwischen der Feministin und der ersten zum Kanzler gewählten Frau in Deutschland hat Merkel sicherlich nicht geschadet.

Doch das Gelästere in den Medien hörte nach der Wahl abrupt auf. Kaum einer interessierte sich nun noch für Merkels Frisur oder Outfit, jetzt ging es um Politik. Macht macht eben selbst Frauen zu Persönlichkeiten.

In den folgenden zehn Jahren herrschte eine gewisse Ruhe um Merkel, feministisch gesehen. Zwar beneideten die Frauen dieser Welt uns zunehmend um unsere Kanzlerin, aber aus der Nähe gesehen gerieten wir deutschen Frauen nicht so richtig ins Träumen. Sicher, da war die feministisch inspirierte Familienpolitik von Merkels Ministerin von der Leyen. Die setzte endlich das um, was bei der unter der Schröder-Arroganz leidenden Ministerin Renate Schmidt in der Schublade hatte verschimmeln müssen: eine familienorientierte Elternzeit, die auch die Väter in die Pflicht nimmt. Zumindest ein bisschen. Mit zwei Monaten Väterzeit, freiwillig. Aber das war in einem Land, in dem Mütter, die ihre Kinder in eine Kita gaben, eben als »Rabenmütter« galten, schon zu viel. Wir erinnern uns an das Theater, das bei der Einführung der zwei (!) freiwilligen (!) Vätermonate abging.

Es ist vor allem Merkels Stil, der überzeugt. Eine reine Wohltat nach den narzisstischen, breitbeinigen Macho-Exzessen der Cohiba-Paffer. Die Kanzlerin hingegen: bescheiden, sachorientiert, respektvoll. Und auf angenehme Weise unweiblich. »Sie spielt das Spiel einfach nicht mit, das von Frauen auf dieser Ebene erwartet wird«, schrieb die englische Kulturwissenschaftlerin Angela McRobbie. »Und sie ist sogar sehr resolut darin, nicht zu lächeln. Für mich verkörpert sie all das, wofür der Feminismus gekämpft hat.« Wohl wahr. Merkels Berufslook ist schlicht, ihr Freizeitlook sympathisch unisex. Im Urlaub in den Bergen trägt Angela dieselbe Schirmkappe wie ihr Mann, ähnliche Blousons, Hosen und feste Wanderschuhe sowie über Jahre die immergleiche rotweiß-karierte Bluse. Praktisch und bequem. Diese Frau hat keine Zeit zum Shoppen, sie muss regieren.

Im Umgang mit Männern ist die Wissenschaftlerin eher kameradschaftlich, ihr Charme ist eher mädchenhaft. Merkel ist weder eine Mutter der Nation (wie einst Golda Meir in Israel) noch eine Domina (wie Margaret Thatcher in Großbritannien) und auch keine im Feminismus-Verdacht stehende Emanze, die permanent die Frisur wechselt und demonstrativ Kuchen backt (wie Hillary Clinton in den USA, aber die war ja auch keine Präsidentin, sondern nur eine First Lady, wenn auch unter dem Wahlmotto: Zwei für einen!). Nur bei den Wagner-Festspielen in Bayreuth, die auch der sonst so zurückhaltende Prof. Sauer schätzt, greift seine Frau noch zum Taftkleid mit Stola, Ton in Ton.

*Anfang 2007.* Ich lade Angela Merkel in Berlin zu einem Essen ein. Anlass ist ein Fotobuch, das Bettina Flitner über »Frauen mit Visionen« gemacht hat und zu dem ich die Texte beigesteuert habe: 48 Europäerinnen, die den Kontinent geprägt haben. Kanzlerin Merkel ist eine von ihnen. Mit ihr zusammen laden wir noch mehrere der porträtierten Frauen aus den deutschsprachigen Ländern ein. Es gibt, klar, mehrere Gänge, und ich mache eine Lammkeule – zu Merkels großer Freude.

Wir platzieren die Physikerin und Kanzlerin neben die Biologin und Nobelpreisträgerin Christiane Nüsslein-Volhard. Das passt. Merkel nutzt die Gelegenheit, die *EMMA*-Cartoonistin Franziska Becker, die mit von der Partie ist, darauf hinzuweisen, dass ihre Jacketts vier Knöpfe haben und nicht drei – wie Becker fälschlicherweise in ihrem Cartoon »Drei Knöpfe gehen ihren Weg« suggeriert hatte. Angelangt beim Käse, fragt Merkel: »Woher kommt denn der?« Ich: »Von dem Franzosen in der Emserstraße.« Darauf sie: »Hm. Schmeckt man gleich. Westkäse!«

Auch die Sterne-Köchin Lea Linster ist eine »Frau mit Visionen«. Die Luxemburgerin hatte die gute Idee, zum Essen gleich eine ganze Kiste von ihrem Haus-Champagner mitzubringen. Wir bemühen uns alle nach Kräften ... Die Wogen schlagen hoch und höher. Und Merkel plaudert zu unser aller Vergnügen aus, wie sie manchmal diese lästigen Bodyguards austrickst. Feiern kann man mit ihr!

Aber man kann auch an ihr verzweifeln.

*2015/2016.* Wenn ich zum Beispiel bei meinen FreundInnen in Algerien bin, fragen die mich jedes Mal: Warum macht sie das? Hat sie einen Plan mit den Flüchtlingen? Braucht Deutschland Arbeitskräfte? Aber warum unterscheidet sie dann nicht zwischen Kriegsflüchtlingen und Wirtschaftsflüchtlingen? In Algerien zum Beispiel wird doch niemand mehr politisch verfolgt! Ich muss dann immer zugeben, dass ich auch nicht weiß, warum sie das macht. Was meine muslimischen FreundInnen, die alle Merkel lieben, traurig macht. Sie verstehen nicht, dass Merkel nicht gegen die Islamisten vorgeht, die in Algerien in den 1990er Jahren einen Bürgerkrieg mit über 200 000 Toten angezettelt haben. Sie fühlen sich von der deutschen Kanzlerin, die in Deutschland mit den orthodoxen bis islamistischen Verbänden »dialogisiert«, im Stich gelassen. Diese Mehrheit der friedlichen MusliminInnen, die die ersten Opfer der Islamisten sind.

Dabei begann das Problem nicht erst mit den Flüchtlingen. Schon vor der sogenannten Flüchtlingskrise hatte die Bundeskanzlerin die Trennlinie zwischen Islam und politisiertem Islam, zwischen Religion und Ideologie gezogen, zum Beispiel am 16. Januar 2015 in einem Interview in der *Frankfurter Allgemeine Zeitung* mit diesen Worten: »Der Islamismus findet statt, wo unter Berufung auf die Religion Gewalt angewendet wird oder zur Gewaltanwendung aufgerufen wird, um andere zu unterwerfen.«[8] Dabei ist es an diesem Punkt bereits zu spät. Viel zu spät. Denn die Gewalt ist nur die Spitze des Eisberges des politisierten Islam, des Islamismus. Es fängt an bei der Geschlechtertrennung schon im Kindergarten, bei der Kopftuch-Propaganda und u.a. bei der Bekämpfung der Trennung von Religion und Staat.

*7. Januar 2015.* In den Tagen nach den Attentaten in Paris auf das Satire-Magazin *Charlie Hebdo* mit zwölf Toten demonstrieren deutsche PolitikerInnen gemeinsam mit MusliminInnen gegen die islamistische Gewalt. Was im Prinzip eine gute Sache ist. Doch mit wem steht die Kanzlerin da Arm in Arm vor dem Brandenburger Tor? U. a. mit Aiman Mazyek, dem Vorsitzenden des »Zentralrates der Muslime in Deutschland«. Ausgerechnet. Weiß sie wirklich nicht, dass der »Zentralrat der Muslime in Deutschland« (dessen Namensgleichheit mit dem »Zentralrat der Juden« Kalkül ist) 1994 von einem bekennenden Islamisten, dem fundamentalistischen Konvertiten und deutschen Botschafter a. D., Wilfried Murad Hofmann, mitgegründet wurde? Und dass der Zentralrat eng verbandelt ist mit den ägyptischen Muslimbrüdern, die eine der historischen Keimzellen des internationalen Islamismus sind und lange vom Verfassungsschutz beobachtet wurden? Ist der Kanzlerin entgangen, dass die Stimme des gerne »beleidigten« Zentralrates *vor* den Anschlägen in Paris – und bis heute – kaum je zur Verteidigung der Pressefreiheit oder Ermutigung innerislamischer Reformen zu hören war? Dafür aber immer wieder, wenn es zum Beispiel um »das Recht« von Lehrerinnen auf das Kopftuch oder die »Befreiung« von Schülerinnen von Schwimmunterricht, Sexualkunde oder Ausflügen geht.

In der zitierten *FAZ* hatte die Kanzlerin auch erklärt, sie wolle »die übergroße Mehrheit der Muslime in Deutschland vor einem Generalverdacht schützen«. Das ist gut und nötig. Denn in der Tat verändert sich gerade die Stimmung. Aggressive Akte gegen Moscheen sind in Deutschland zum Glück noch selten, aber sie werden mehr. Fanden 2012 noch 52 Prozent aller Befragten, der Islam passe »nicht zu Deutschland«, sagten das 2015 schon 61 Prozent. Das war noch vor der »Flüchtlingskrise«. Was hoch alarmierend ist. Allerdings wird bei den Umfragen nicht gefragt, welcher Islam denn nicht zu Deutschland passe. Ich vermute, die meisten Menschen denken dabei eher an den militanten Islamismus statt an den Islam als Glauben.

*Sommer 2019.* Frankreichs Präsident Macron macht, genötigt von der ihn bedrohenden »Gelbwesten-Bewegung«, eine Reise durch das Land und hörte sich die Klagen seiner BürgerInnen an. Sehr oft geht es dabei um die Provokationen und Bedrohungen durch die Islamisten. Als er zurückkommt, erklärt der Präsident unumwunden: »Wir müssen dem politischen Islam den Kampf ansagen!« Diesem politischen Islam, der mit legalistischen Mitteln an der schleichenden Einführung der Scharia in unseren Demokratien arbeitet: von Kopftuch und Burka über die Geschlechtertrennung bis hin zum demonstrativen öffentlichen Beten etc.

Und die Kanzlerin, die ganz ähnliche Probleme hat wie Macron, denn dessen Gelbwesten sind ihre AfD? Die scheint bis heute das Problem nicht verstehen zu wollen. Im Zusammenhang mit den Folgen der Agitation des legalistisch auftretenden Islamismus spricht sie weiterhin ungerührt von »Religionsfreiheit«. Und ihre liebsten »Dialogpartner« sind die Repräsentanten der rückwärtsgewandten, schriftgläubigen Verbände. Dabei sind die oft der verlängerte Arm islamischer Staaten und tragen große Verantwortung für die in Deutschland nicht gelungene Integration sowie das Entstehen von Parallelgesellschaften mitten in Deutschland. Deren erste Opfer sind nicht wir, sondern die fortschrittlichen MuslimInnen, deren Reformwillen und Kritik sie zu verhindern suchen.

Im Sommer/Herbst 2015 verschärfte sich das Problem der versäumten Integration durch den Zuzug von Hunderttausenden von Flüchtlingen. Merkel geriet in ein hartes Wechselbad der Gefühle. Zunächst war sie die »Eiskönigin« (*Stern*), dann plötzlich die »Königin der Herzen« (*Spiegel*). War die hartherzige Kanzlerin zur Mutter Teresa mutiert?

*15. Juli 2015.* Auf ihrer Sommerreise vor der Wahl, auf der sie vor laufenden Kameras Gespräche mit BürgerInnen führt, wird die Kanzlerin von einer 14-jährigen Palästinenserin angesprochen. Die Schülerin klagt, sie und ihre Eltern hätten auch nach Jahren noch kein gesichertes Bleiberecht. Merkel antwortet nicht etwas Dauerlächelndes, Fernsehkompatibles, sondern geht zu dem Mädchen und erklärt ihm ernsthaft, dass leider in der Tat nicht alle Flüchtlinge in Deutschland bleiben könnten, sie sich aber um ihren Fall kümmern wolle. Kurz darauf wird die Szene von einschlägig Selbstgerechten manipulativ verkürzt ins Netz gestellt. Eine Welle der Empörung rauscht durch die Nation. Das arme Mädchen und die »Eiskönigin«!

Reem Sahwil, so heißt das Mädchen, war einige Monate später zu Besuch bei Merkel im Kanzleramt. Dem *Stern* erzählte sie jüngst, dass sie die Interpretation ihrer öffentlichen Begegnung mit der angeblich »kaltherzigen« Kanzlerin sehr bedauere und selber überhaupt nicht so empfunden habe. Sie lebt bis heute mit ihrer Familie in Rostock, wo sie aufs Gymnasium geht.

*3. September 2015.* Die Universität Bern verleiht Kanzlerin Merkel einen Ehrendoktor. Im anschließenden Bürgerdialog fragt eine Schweizerin die deutsche Kanzlerin, wie sie Europa vor einer »Islamisierung« und den »Islamisten« schützen wolle, die im Zuge der Flüchtlinge auch kämen. Merkels Reaktion ist mehr als irritierend, sie ist alarmierend.

Die Kanzlerin antwortet ausführlich. Zunächst weist sie darauf hin, dass viele der Terroristen leider auch aus Ländern der EU kämen, es wären also junge Menschen, »die in unseren Ländern aufgewachsen sind«. Wir seien ergo mitverantwortlich. Sodann macht sie darauf aufmerksam, man habe von »dem Islam« nichts zu befürchten. O-Ton Merkel: »Wenn ich etwas vermisse, dann ist das nicht, dass ich irgendjemandem vorwerfe, dass er sich zu seinem muslimischen Glauben bekennt. Sondern dann haben wir doch auch den Mut zu sagen, dass wir Christen sind, haben wir den Mut zu sagen, dass wir da in einen Dialog eintreten. Dann haben wir doch auch, bitte schön, die Tradition, mal wieder in den Gottesdienst zu gehen oder ein bisschen bibelfest zu sein und vielleicht auch mal ein Bild in der Kirche erklären zu können (...) Sich zu beklagen, dass Muslime sich im Koran besser auskennen, das finde ich irgendwie komisch. Vielleicht kann uns diese Debatte mal wieder dazu führen, dass wir uns mit unseren eigenen Wurzeln befassen und ein bisschen mehr Kenntnis darüber haben.«[9]

Merkel hat frei und spontan geredet – und wohl genau das gesagt, was sie fühlte und dachte. Gefragt nach der islamistischen Gefahr setzt sie »dem Islam« »die Christen« entgegen. Einmal abgesehen davon, dass sie damit der Mehrheit der Deutschen – allen Statistiken zum Trotz – unterstellt, Christen zu sein, setzt sie damit einen Glauben gleich mit einer Ideologie. Denn es sind ja nicht die Muslime, die von der Fragerin als Gefahr empfunden werden, sondern es sind die militanten fundamentalistischen Muslime, die Islamisten.

»Glockengeläut gegen Islamismus?«, kommentierte spöttisch ein deutscher Journalist. Bei einer solchen Haltung ist es keine Überraschung, dass die Öffnung der deutschen Grenzen für die Flüchtlinge unter der Verantwortung dieser Kanzlerin so gefährlich naiv vonstattenging – und dass die nicht ernst genommenen Mahner von Verfassungsschutz und BND bis heute mit den Zähnen knirschen.

5. September 2015. Auf Anordnung der Kanzlerin öffnet Deutschland seine Grenzen für die Flüchtlinge, die aus dem unwirtlichen Orban-Ungarn abgeschoben werden. Gefühlte 80 Prozent der Deutschen sind gerührt, ja begeistert. Deutschland mit seinem dunklen Erbe des Juden- und Fremdenhasses zeigt endlich ein »freundliches Gesicht«. Die »German Willkommenskultur« ist geboren. Die ganze Welt ist entzückt. Zunächst.

Aus der »Eiskönigin« war die »Königin der Herzen« geworden. Ich bin bis heute überzeugt, dass der Schock ihres Rufes als kaltherzig bei der protestantischen Pfarrerstochter in dieser Situation entscheidend beigetragen hat zu der Spontaneität, wenn nicht Unbesonnenheit, die Arme ganz weit zu öffnen für die Flüchtlinge.

Doch sehr schnell zeigen sich die Probleme. Denn es kommen überwiegend Menschen, denen nicht nur Demokratie und Gleichberechtigung der Geschlechter fremd sind, sondern die auch Opfer von oder Täter in (Bürger-)Kriegen sind, und so manches Mal beides. Schon in friedlichen Zeiten wäre es ein Problem gewesen, doch die Gewaltverhältnisse in einigen der Herkunftsländer haben alles noch mal zugespitzt und vor allem viele junge Männer brutalisiert. Die Entrechtung der Frauen ist in den Fluchtländern nicht nur Sitte, sondern auch Gesetz; Gewalt gegen Frauen und Kinder ist Herrenrecht. Die Strukturen in diesen Ländern sind extrem hierarchisch und autoritär, Freundlichkeit und Nachsicht wird leicht als Schwäche missverstanden und verachtet. Doch im Taumel der Willkommenskultur wurde all das lange ignoriert, ja geleugnet – und die Grenzen blieben lange, sehr lange bedingungslos offen.

*14. März 2018.* Gerade ist die »alternativlose« Merkel zum vierten Mal zur Bundeskanzlerin gewählt worden. Ich sitze vor dem Fernseher, irgendwie besorgt und gerührt zugleich. Und da sagt sie, gefragt nach der »Flüchtlingskrise«, diesen erstaunlichen Satz: »Ich würde alles wieder so machen.« Sie kann schon ganz schön hartleibig sein.

*12. November 2018.* Hundert Jahre Frauenwahlrecht. Es findet eine offizielle Feier im Lichthof des Deutschen Historischen Museums in Berlin statt. Rund 350 »Entscheiderinnen« aus allen gesellschaftlichen Bereichen, die sich um die Emanzipation verdient machen, sind eingeladen. Sekt, Schnittchen, Reden. Die Kanzlerin ist Ehrengast und sitzt in der ersten Reihe. Ich sitze direkt hinter ihr, neben einem ihrer Bodyguards. Sie dreht sich kurz um und schickt mir ein kleines Komplizenlächeln.

Dann geht die erste deutsche Kanzlerin nach vorne, schwarze Hose, lila Jackett, hinter ihr ein Transparent »100 Jahre Frauenwahlrecht«. Und jetzt, nach 13 Jahren im Amt, hält sie ihre erste durch und durch feministische Rede. Sie fordert »Parität« in der Politik, also weit über die Quote hinaus schlicht halbe-halbe. Sie deutet an, wie das gehen könnte: im Reißverschlussverfahren. Und sie wünscht sich, dass »Frauen und Männer Erwerbs-, Erziehungs- und Hausarbeit gleichberechtigt teilen und niemand aufgrund seines Geschlechts in eine bestimmte Rolle gedrängt wird«. Mehr geht nicht. Doch zu diesem Zeitpunkt sind nur noch 20 Prozent der CDU/CSU-Bundestagsabgeordneten weiblich, vor Merkel waren es 30 Prozent.

Am Tag darauf redet sie wieder. Diesmal nicht in Berlin, sondern in Straßburg über »Die Zukunft der EU«; doppelt so lange, sie kann also viel sagen. Vor ihr sitzen ein paar Hundert EU-Abgeordnete. Die deutsche Kanzlerin spricht von Jugendarbeitslosigkeit, Pressefreiheit und Solidarität. Alles wichtige Themen. Und die Frauen? Die erwähnt sie hier mit keinem Wort. Obwohl »die Frauen« mindestens so viele gruppenspezifische Probleme und eine ebenso große gesellschaftliche Relevanz haben wie »die Jugend«. Die Frauen sind eben doch ein Spartenthema für diese Kanzlerin. Dabei könnte sie es sich jetzt doch eigentlich leisten: Auch Frau sein. Auch Ossi sein. Wurzeln haben. Doch sie bleibt für die einen die Entwurzelte – und für die Anderen die Fremde.

*Ich denke an 2009.* Da hatte sie das Jubiläum 90 Jahre Frauenwahlrecht noch zur Kanzlerinnensache gemacht. Sie hatte meine Anregung aufgegriffen und zusammen mit der Frauenministerin von der Leyen und mir das Event im Kanzleramt geplant. Sekt, Schnittchen, Reden. Ich sitze in der ersten Reihe, zwischen Angela Merkel und Hildegard Hamm-Brücher, auf der anderen Seite von ihr sitzt von der Leyen. Das Foto geht durch die Medien – und prompt erklärte ein empörtes CDU-Mitglied seinen Austritt aus der Partei. Ein Mann. Warum? Weil die Merkel mit der Schwarzer ...

Merkel wird geliebt und gehasst. Friedrich Merz bezeichnete sie jüngst als den »vierten sozialdemokratischen Bundeskanzler« in der Geschichte der Bundesrepublik. Er meinte das wohl als Beleidigung. Versteht man. Der Mann aus dem Sauerland und der Hochfinanz ist ja Christdemokrat, bis auf die Knochen. Das ist in der Tat nicht wirklich die Welt dieser Pfarrerstochter, aufgewachsen in der DDR. Auch wenn sie es durchaus mal versucht hat, zu den Zeiten, als sie noch im Kanzleramt Geburtstagsfeiern für den Chef der Deutschen Bank, Josef Ackermann, ausrichten ließ. Doch inzwischen ist sie wohl auch in diesem Bereich ernüchtert. Die von den Playern der Finanzwelt ausgelöste weltweite Finanzkrise jedenfalls hat sie mit Anstand durchgestanden.

*Corona-Krise 2020.* Beim Abschluss dieses Buches ist noch kein Impfstoff gefunden und zittert die Welt weiterhin unter der Geißel der Pandemie. Und sie bewundert die deutsche Kanzlerin Angela Merkel! Einmal abgesehen von dem einen autokratischen Regierungsstil gewohnten Südkorea hat kein Land – bisher – die Krise so gut gemeistert wie Deutschland. Zum Beispiel Frankreich, ein ähnlich bevölkerungsreiches Land mit vergleichbaren Infektionszahlen, hat vier Mal so viele Tote wie Merkel-Land. Da werden mehrere Faktoren eine Rolle spielen, u. a. unser offensichtlich gutes Gesundheitssystem. Aber die besonnene Strategie der Naturwissenschaftlerin Merkel hat eine große, wenn nicht entscheidende Rolle gespielt.

War Merkel vor der Corona-Krise noch eine lame duck, eine Kanzlerin auf Abruf, über die getuschelt wurde, ob sie wohl vor den Wahlen 2021 gehen oder das etwa wirklich noch so lange aussitzen wolle – so wird im Sommer 2020 allen Ernstes, auch und gerade in ihrer eigenen Partei, über eine fünfte Amtszeit spekuliert. Merkel wird das wohl nicht tun. Sie wäre ja verrückt. Es reicht nach 16 Jahren Krisenmanagement. Sie sollte auch mal wieder ausschlafen und mit Joachim Sauer ohne fünf Bodyguards in den Bergen rumkraxeln können. Aber: Es sieht zurzeit ganz so aus, als würde sie nicht, wie alle Kanzler vor ihr, vom Platz gejagt, sondern hocherhobenen Hauptes davonschreiten können.

Würde ich heute gefragt, was ich nach 15 Jahren Kanzlerinnenschaft für Merkels größte politische Tat halte, würde ich antworten: Dass sie vielleicht einen Weltkrieg verhindert hat. Sie ganz alleine! Das war zwischen dem 8. und 12. Februar 2015. Da ist sie nach ihrem Trip zu Obama in Washington gleich am darauffolgenden Tag nach Minsk gejettet für einen 24-Stunden-Dialog ohne Pause mit Putin, und danach weiter nach Brüssel, um auch die EU einzuordnen auf Deeskalation und Diplomatie, auf Frieden. So hat Angela Merkel die bereits geplante Waffenlieferung Obamas an die Ukraine verhindert –

was eine direkte Konfrontation mit Russland bedeutet hätte. Aus dem von *EMMA* einst verspotteten »Cowboy« bei Bush war neun Jahre später eine strikte Gegnerin der so verheerenden und selbstgerechten Interventionskriege und Einmischungen des Westens geworden.

*17. Dezember 2005.* Wie über Jahrzehnte an jedem Samstag vor Weihnachten haben wir auch heute alle kleinen Kinder des Dorfes, in dem ich seit 1980 mein geliebtes altes Fachwerkhaus habe, für einen langen Tag eingeladen – zur Entlastung der Eltern und zur Freude der Kinder, die einen Tag lang (fast) alles machen dürfen ...

Wir haben Glück. Es schneit. »Wollt ihr nicht rausgehen und einen Schneemann bauen?«, schlage ich den etwa 25 kleinen Mädchen und Jungen zuckersüß vor – in der Hoffnung auf eine Verschnaufpause zwischen Kakao und Fritten. Doch die währt nicht lange. Da hämmert es schon aufgeregt an der Haustür. Davor steht ein Trupp aufgeregter kleiner Mädchen. »Alice, Alice, komm schnell! Die Jungen machen unsere Schnee-Merkel kaputt.«

Ob Angela Merkel nun will oder nicht: Sie entkommt dem Frausein nicht, weder für ihre Gegner noch für ihre Anhänger – für die Mädchen und Frauen dieser Welt ist sie eine Ikone.

# *EMMA:* SO FING ES AN!

Es ist ein Zufall, dass ich dieses Kapitel am 26. Januar beginne. Am 26. Januar 2020. Auf den Tag genau vor 43 Jahren erschien die erste *EMMA*. Was eine heute nur noch schwer nachvollziehbare Erregung auslöste. Die ersten 200 000 Exemplare waren innerhalb weniger Tage vergriffen, die nächsten 100 000 wurden nachgedruckt. Ich war 35 Jahre alt, hatte die Zeitschrift mit den 250 000 Mark gestartet, die noch vom »Kleinen Unterschied« auf meinem Konto lagen, und war noch nie Chefredakteurin, geschweige denn Verlegerin gewesen.

Die Viertelmillion hielten alle Experten für maximal ein Zehntel der zum Start eines Magazins notwendigen Summe (Gehälter, Mieten, Druck, Vertrieb, Werbung etc.). Allerdings: Ich hatte meinen Namen. Der war seit dem Disput mit Vilar und dem Erscheinen vom »Kleinen Unterschied« Gold wert. Was macht Schwarzer denn jetzt? Eine Zeitschrift? Ja, ist die denn total verrückt geworden!, tönten die einen; da bin ich aber sehr gespannt!, die anderen.

Ich sehe mich noch da sitzen an dem klobigen Schreibtisch aus dem Trödel, den ich mithilfe einer Freundin dunkelbraun lackiert hatte. Ich hatte gleich zwei Etagen gemietet, den dritten und vierten Stock mit jeweils 80 qm. Den Tipp hatte mir mein inzwischen verstorbener Kollege Hermann Gremliza gegeben, der Anfang der 70er Jahre *konkret* übernommen hatte: »Nimm bloß nicht zu kleine Räume. Da platzt du bald aus den Nähten.« Es war ein guter Rat. Der Platz hat bis zum Umzug von *EMMA* 1994 in die Alteburger Straße gereicht.

Von meinem Schreibtisch fiel mein Blick durch die halbhohen Fenster auf die Minoritenkirche und, wenn ich aufstand, auf die drei Fußminuten entfernten Domspitzen. Ich stand selten auf. Meist sah ich um Mitternacht noch das Licht am Dom ausgehen. Manchmal ging ich dann noch tanzen. Allein. In den Rockkeller am Heumarkt oder die Schwulendisco am Rudolfplatz. Da hatte ich meine Ruhe. In der Regel aber ging ich nur die halbe Treppe hoch in die 12-Quadratmeter-Kajüte auf dem Dach, wo ich im ersten Jahr wohnte, und morgens wieder runter. Es war eine harte Zeit. Und ich war verdammt einsam.

Heute arbeiten in der *EMMA* -Redaktion fünf Frauen, plus Verlagsleiterin. Die Grafikerinnen kommen, ganz wie früher, zum Redaktionsschluss für ein paar Tage dazu. Auch das ist eine kleine Truppe, doch es ist komfortabel im Vergleich zu den dramatischen Anfängen. Auch sind die heutigen *EMMA*s seit 38, 25, 22, 19, 8 bzw. einem Jahr dabei. Es gibt also eine große Kontinuität plus Erneuerung. Dieses Team ist nicht mehr so leicht zu erschüttern und trägt die *EMMA* verlässlich mit.

Das war am Anfang anders. Ich war quasi allein verantwortlich. Ein Höllenritt. Das Schlimmste aber war irgendwann der Druck von innen. Ich musste noch lernen, so ein Team zu führen, und habe ganz sicher auch Fehler gemacht. Vor allem aber war die voluntaristische, dem Zeitgeist entsprechende Behauptung vom »Kollektiv« eine Falle. Wir vier vom Cover der ersten *EMMA* waren in diesem ersten gemeinsamen Jahr nicht nur sehr unterschiedlich qualifiziert, wir gingen auch sehr unterschiedliche Risiken ein: von alles bis nichts. Nach einem Jahr zerbrach das Quartett – ich blieb alleine mit der neuen Sekretärin zurück.

Wir schreiben das Jahr 1977. Es naht der »Deutsche Herbst«, diese Eskalation zwischen selbstgerecht mordender RAF (Rote Armee Fraktion) und einem bedrohlich aufrüstenden Staat. Das ist die Zeit, in der man Frauen, die in Gruppen auftreten, nicht mehr »Lesben« hinterherzischt, sondern »Terroristinnen«. Als ich eine Wohnung in dem bürgerlichen Kölner Viertel Rodenkirchen mieten will, sagt der Makler mir am Tag nach seiner Zusage überraschend wieder ab. Nach dem Grund gefragt, gesteht er beschämt: »Der Besitzer hält Sie für eine Terroristin.« Da nutzt es mir wenig, dass ich eine der raren Stimmen im linken Spektrum bin, die sich von Anfang an kritisch vom »bewaffneten Kampf« distanziert hat.

Verschärfend kommt nun das Kapitel »Schwarzer und die Medien« hinzu. Das ging gleich wieder los nach Erscheinen der ersten *EMMA*. »Alice Schwarzer hat wieder zugeschlagen. Sie ist unter die Herausgeber gegangen. Die Verlags-Profis prophezeien bereits den baldigen Tod von *EMMA*«, fabulierte Henriette Hansen in den *Stuttgarter Nachrichten*. – »Der Feind, eine Art King Kong mit einem Penis wie das Empire State Building«, schrieb C. H. Meyer in der *Süddeutschen Zeitung*. – »*EMMA* ist nicht über Schülerzeitungsniveau hinausgekommen. *EMMA* kann sich den dominierend schlechten Journalismus der Alice Schwarzer nicht leisten«, spottete Elke Heidenreich in *Pardon* (wo ich sieben Jahre zuvor Reporterin gewesen war).

Aber auch: »*EMMA* ist konkret und direkt. Der manchmal aggressive, manchmal zärtliche Ton wirkt aufklärend, ja – auch agitierend«, befand Rosemarie Bölz in der *Deutschen Zeitung*. – »Das mausgraue Kleid und das fade gestaltete Innere trügen: Die erste deutsche ›Zeitschrift für Frauen von Frauen‹ sprüht Funken aus vielen Zeilen«, ermutigte Barbara Reinecke im *Kölner Stadt-Anzeiger*. – Und zu guter Letzt reflektiert ein E. H. in der *Frankfurter Allgemeinen Zeitung*: »Auf Dauer wird hier für die moderne Gesellschaft mehr Sprengstoff liegen als in den Traumtänzereien verworrener Systemveränderer.« Er sollte recht behalten.

Zu der redaktionellen Arbeit kam der Psycho-Druck von innen und außen hinzu. Die Wellen brandeten jetzt von allen Seiten über mich hinweg. Für die einen war ich »die Kapitalistin«, die »auf dem Rücken der Frauenbewegung« Karriere und Profit machte; für die anderen die Leuteschinderin, die sich »schlimmer aufführte als jeder Chef«. Mal war ich die »Lesbe«, die keine Ahnung hatte von den »normalen« Frauen; mal die Heterofrau, die die »Lesben verriet«. Je nachdem, aus welcher Richtung die Angriffe kamen. Und irgendeiner, genauer: irgendeine, war immer unzufrieden mit den Monat für Monat erscheinenden 64 Seiten, die allen alles recht machen sollten. Mal kamen die Mütter zu kurz, mal die Nicht-Mütter; mal die Akademikerinnen, mal die Hausfrauen; mal das neue Buch von X, mal die Aktion der Gruppe Y.

Es war nicht einfach.

*EMMA* war, das sehe ich rückblickend ganz klar, ein ganz und gar unmögliches Unterfangen. Sie saß zwischen allen Stühlen. Eine Zeitschrift von Journalistinnen in Zeiten, in denen nur Basis-Projekte erlaubt waren. Ein autonomes feministisches Blatt im Meer der männerbeherrschten Konzerne. Geführt von einer Verlegerin und Chefredakteurin, die im Lerning-by-doing-Modus war. Ausgesetzt einem maßlosen Druck von außen – und der zunehmenden Zerreißprobe von innen. Denn die Frauen, die im ersten Jahr dabei waren, waren zwar motivierte, aber keine erfahrenen Feministinnen. Den einem feministischen Magazin entgegenschlagenden Hass hatten sie nicht erwartet. Innerhalb eines Jahres ging das Quartett vom Cover der ersten *EMMA* hoch. Eine der vier, eigentlich links-antibürgerlich eingestellt, heiratete vor Schreck kurz nach Verlassen der Redaktion.

In den Jahren 1978/79 habe ich *EMMA* anderthalb Jahre lang redaktionell quasi allein gemacht, an meiner Seite nur eine Redaktionssekretärin und eine Verlagskauffrau. Im Rückblick ist es für mich selber unfassbar. Ich weiß, ehrlich gesagt, nicht, wie ich das durchgehalten habe. Aber ich spüre, wie beklommen es mich macht, daran zurückzudenken. Ich kann in keiner guten Verfassung gewesen sein.

Und gleichzeitig war da die überwältigende Zustimmung. Wäschekörbe von Briefen der Leserinnen. Nur drei von Abertausenden seien hier exemplarisch zitiert. So schrieb Gerda Scholz aus Limburg nach der ersten Ausgabe: »Bin 38 Jahre alt, verheiratet, katholisch, drei Kinder, bis vor zehn Jahren Verkäuferin und verschiedene Jobs, Volksschule, keine Zeit zur Weiterbildung, daher die Fehler in dem Brief. Für *EMMA* könnte ich euch die Füße küssen! Wäre sie zehn Jahre eher erschienen, wäre mein Leben anders verlaufen. Sofort nachdem ich einige Artikel gelesen hatte, wagte ich es, bei einem Streit mit meinem Mann meine Schnauze mal aufzureißen. Und das nur, weil ich das Gefühl hatte: Jemand steht hinter dir. *EMMA*.« Und Ly Keller aus Ortenburg: »Achtundsechzig Jahre habe ich auf Ihre Zeitschrift gewartet und bekomme nun trotz ›Alleinsein‹ wieder Auftrieb und Freude am Dasein. Als Krankenschwester im Krieg und Widerstandskämpferin und spätere Ehefrau haben mich alle Probleme, die Sie ansprechen, immer bedrückt.« Oder Pat Bathel aus Mühlheim: »Bin

17 Jahre alt und Tankwartlehrling. Ich finde auch, dass sich eine Frau nicht von ihrem Mann herumkommandieren lassen darf. Wir müssen etwas dagegen tun! Ich finde es klasse, dass Sie in Ihrer Zeitschrift kein Blatt vor den Mund nehmen und sagen, was Sie denken.«

Das ermutigte! Doch hätte mir damals jemand prophezeit, dass ich im Jahr 2020 – im Jahr was?! – noch immer die *EMMA* machen würde, ich hätte ungläubig den Kopf geschüttelt. Denn ich hatte ja schon 1977 keineswegs die Absicht, für den Rest meines Lebens nun Verlegerin und Chefredakteurin zu sein. Ich glaubte, es würde genügen, wenn ich die Zeitschrift drei, vier Jahre lang mache. Die von einem Notar entworfene Stiftungsurkunde für die Zeit danach lag vom ersten Tag *EMMA* an in meinem Tresor.

Meine Intention war, in dieser Flut männerdominierter Medien zu der Existenz einer unabhängigen feministischen Stimme beizutragen. Nach dem Start sollten andere die *EMMA* schultern – und dann wäre ich wieder eine freie Autorin, die, wenn die anderen Medien abblockten, auch bei *EMMA* veröffentlichen könnte. Doch es kam anders. Warum es so kam, darüber soll hier einmal ganz offen gesprochen werden.

Seit Jahrzehnten ist *EMMA* das letzte und weltweit einzige Publikumsmagazin am Kiosk in Feministinnenhand. Selbst die Pionierin, die 1972 von Gloria Steinem gegründete *Ms.*, gibt es seit Langem nur noch im Abo, und das nicht mehr als professionelles Publikumsmagazin, sondern als alternatives, Feminismus-internes Blatt. Die Journalistin Gloria Steinem war nach wenigen Jahren gegangen, zermürbt nicht nur von den Angriffen von außen, sondern vor allem von den Attacken innerhalb der Frauenbewegung. Ausgerechnet Feministinnen hatten absurderweise das Gerücht lanciert, Steinem sei eine »Agentin des CIA«. Steinem floh so weit weg wie möglich und heiratete irgendwann einen Diamantenschürfer in Südafrika. Nach seinem Tod lebt sie heute wieder in Amerika, hoch geehrt und dekoriert als feministische Pionierin.

Ganz so übel war es mir nicht ergangen, als BND-Agentin galt ich nun doch noch nie. Aber als fast alles andere. Ich erzähle den Vorlauf von *EMMA* im »Lebenslauf« detaillierter. Darum hier nur das

Wichtigste. Die Kreise um die zwischen Sozialismus und Esoterik oszillierende Berliner Zeitschrift *Courage* – die zunächst eine Berliner Stadtzeitung gewesen war, um dann gleichzeitig mit *EMMA* auf überregionalen Vertrieb zu gehen – hatten schon *vor* Erscheinen der ersten *EMMA* einen Boykottaufruf lanciert. Was etliche Frauen(gruppen) öffentlich kritisierten, andere jedoch bedenkenlos mitmachten.

Was wurde mir vorgeworfen? So einiges, darunter: *EMMA* sei kein »kollektives Basisprojekt«, sie sei »kommerziell und antifeministisch«, ja wolle sogar Gehälter zahlen und residiere mit der Redaktion in einer »Eins-a-Villa« (das Haus hatte die Nummer 1a). Im Rückblick frage ich mich, ob ich nicht doch eher hätte darüber lachen sollen, statt zu weinen. Aber damals war das alles blutig ernst und die Medien sprangen mit Helau auf den »Schwesternzwist« (Der *Spiegel*: »Alice mit der Dornenkrone«). Insgeheim haben die Jungs sich vermutlich kaputtgelacht über die blöden Weiber.

Unvergessen der Abend im Kölner Frauenzentrum, Eifelstraße, im Februar 1977. Die erste *EMMA* war gerade erschienen, das Frauenzentrum orderte zum Rapport. Ich war so naiv hinzugehen, obwohl ich es doch hätte wissen können. Die anderen drei waren ahnungslos. Der Raum war gestopft voll, aber es sprachen nur zwei, drei, allen voran eine gewisse Anke. Ich staunte, denn genau die war mir schon im Berliner Frauenzentrum als besonders rigide und dogmatisch aufgefallen, immer im Namen »der Basis« argumentierend. Was machte die denn nun plötzlich in Köln?

Im Frauenzentrum ging es gleich scharf zur Sache. Wir wurden nach unserem »Programm« gefragt. Ich sagte: »Was für ein Programm sollen wir denn haben? Wir sind doch keine Partei. Da könnten wir euch ja auch vieles erzählen ... Vor euch liegt das Heft. Lass uns doch darüber reden.« Es folgte eine Abrechnung. Am schärfsten kritisiert wurde mein Text über Romy Schneider (der, der 40 Jahre später zum Auslöser für den anrührenden und hochpolitischen Dokumentarfilm über Romy werden sollte: »Ein Abend mit Romy«). Die »Frauen an der Basis« hätten mit solchen Stars nichts gemein, hieß es, die Funktion von Idolen wurde noch nicht reflektiert. *EMMA* solle lieber über Fabrikarbeiterinnen schreiben statt über Stars, erklärte

Anke. Aus dem Mund dieser sehr bürgerlichen Studentin mit den langen blonden Haaren war das nicht ohne Komik. Schließlich hatte ich in meinem Leben vermutlich schon mit mehr Arbeiterinnen, Hausfrauen und Prostituierten gesprochen als alle Frauen in dem Raum zusammen. Und genau das spiegelte sich auch in der ersten Ausgabe der *EMMA* (in der u. a. Arbeiterinnen auf Tabakfeldern Thema waren, arbeitslose Männer, langzeitmisshandelte Gattenmörderinnen und kämpferische Vietnamesinnen). Der Ton wurde schnell so gehässig, dass eine von uns in Ohnmacht fiel und aus dem Raum getragen werden musste. Und auch die anderen zwei *EMMA*-Frauen haben vermutlich nie mehr ein Frauenzentrum betreten.

Jahre, ja Jahrzehnte danach begegneten mir in Köln immer wieder mal Frauen, die sagten: Du, Alice, das tat mir unheimlich leid damals, ist echt schlimm gelaufen. Und wenn ich fragte: Und warum hast du nichts gesagt?, erhielt ich die Antwort: Das habe ich mich nicht getraut. Der Gruppendruck war scheinbar sehr stark damals. Und das ist heute in manchen Communitys wieder ähnlich, gerade auch in neofeministischen.

Anke, die große Blonde, die später beim WDR arbeitete, sollte ein paar Monate später noch mal zur vollen Form auflaufen. Das war auf einem Frauenfest an der Kölner Uni. Ich war auch da. Da griff sie zum Mikro und verwies mich des Saales: »Eine Frau wie Alice Schwarzer hat auf einem feministischen Fest nichts zu suchen.« Ich blieb noch eine bedrückte Viertelstunde lang, um das Gesicht zu wahren. Dann ging ich.

Ich begann mich zu fragen: So eine Anke – woher kam deren Hass auf mich? Handelte sie auf eigene Rechnung oder etwa im Auftrag? Aber von wem? Die Welt draußen hatte natürlich keine Ahnung von diesen Feminismus-internen Massakern. Sie erklärte mich fröhlich und tut das bis heute zur »prominentesten Vertreterin der Frauenbewegung«.

Die schärfsten Angriffe kamen und kommen bis heute immer wieder aus dem links-feministischen Milieu. Heute sind das Frauen aus der linken Szene und (halb)linken Parteien. Damals kamen noch die DKP und der DDR Nahestehende hinzu, die in der Zeit – verdeckt! –

in manchen Medien und Parteien wie auch in den Gewerkschaften sehr präsent waren. Ihnen ist eine autonome Feministin wie ich, die nicht nur Rechte und Konservative, sondern auch Linke kritisiert, ein besonderer Dorn im Auge.

War es also ein Zufall, als eine der Gewerkschaft nahestehende freie Mitarbeiterin Anfang 1980 ein besonders groteskes Spektakel mit mir veranstaltet hat? Sie hatte *EMMA* eine nicht bestellte Glosse geschickt. Humor war nicht ihre Stärke, und so haben wir den Text also nicht veröffentlicht und auch nicht honoriert. Daraufhin verklagte die Autorin *EMMA* auf ein paar Hundert Mark Honorar. Die Klage wurde tatsächlich vom Gericht angenommen und ich persönlich zur Verhandlung beordert. Als ich morgens um 9 Uhr im Amtsgericht ankam, habe ich nicht schlecht gestaunt: mehrere Kamerateams und etwa zwei Dutzend Journalisten erwarteten mich im Gang vor dem Verhandlungssaal. Schwarzer vor Gericht!

Es folgte die Verhandlung, der in ihrer Absurdität irgendwann auch die kopfschüttelnde Richterin nicht mehr folgen konnte. Sie bat die – ganz linke! – Anwältin der Klägerin, sich doch in der folgenden Pause mit meinem Anwalt kurzzuschließen, denn diese Angelegenheit müsste doch eigentlich außergerichtlich zu regeln sein. Ich weiß ehrlich gesagt nicht mehr, wie es ausgegangen ist – aber ich erinnere mich sehr genau an mein Gefühl der Beklemmung und des Ausgeliefertseins.

Dieses Gefühl hatte ich auch 2014. Aber da war ich die Angriffe selber schuld. Ich hatte einen Fehler gemacht, hatte Zinsen von einem Konto in der Schweiz nicht versteuert. Die Kritik war harsch. Klar, ein Mensch, der so an der politischen Front steht und so in alle Richtungen attackiert wie ich, kann sich einfach kein Fehlverhalten erlauben. Ich habe daraus gelernt.

Dass es *EMMA* letztendlich nicht so ergangen ist wie *Ms.*, war wohl meinem schon als Kind trainierten Durchhaltevermögen sowie ihrer ökonomischen Unabhängigkeit zu verdanken – unabhängig von Parteien, Konzernen, Werbung, ja sogar von »der« Frauenbewegung. Als Verlegerin hatte ich von Anbeginn an das Konzept, dass *EMMA* sich durch seine Leserinnen finanzieren müsse. Denn mir war klar, dass eine echte feministische Publikation nach allen Seiten kritisch sein muss, also ganz und gar unabhängig. Das ist gelungen. Bis heute kommen 90 Prozent der Einnahmen von *EMMA* aus dem Verkauf des Heftes, vor allem des Abonnements. Ein Konzept, das, nach dem Wegfall der fetten Werbeeinnahmen (die wir nie hatten), heute der Zukunftstraum aller Zeitschriften ist.

Sicher, wie alle Printmedien kämpfen auch wir gegen das Bröckeln der Auflage. *EMMAs* spektakuläre Startauflage pendelte sich bald auf eine Druckauflage von etwa 100 000 ein und liegt heute unter der Hälfte. Davon gehen etwa 20 000 Exemplare an die AbonnentInnen und der Rest in Deutschland, der Schweiz und Österreich an die Kioske und in den Bahnhofsbuchhandel.

1977 hatte so mancher geunkt, *EMMA* würde die dritte Ausgabe kaum überleben. Das hat sich widerlegt. Doch seit einigen Jahren nun beschwören nicht mehr Alt-Machos, sondern sogenannte »Jungfeministinnen« *EMMAs* Ende. Eine von ihnen ist Margarete Stokowski, die den prestigeträchtigen Posten einer Kolumnistin bei *SpiegelOnline* hat. Sie nimmt sich seit Jahren die Freiheit, mich öffentlich als »Rassistin« zu bezeichnen, und erklärte 2019 in der strammlinken *konkret*, *EMMA* sei »rassistisch«, doch keine Sorge: »*EMMA* ist kein so riesiges Problem – weil kaum jemand sie noch liest.«[1] Was vielleicht in Stokowskis Berlin-Mitte-Blase tatsächlich der Fall ist. Aber selbst wenn es so sein sollte: Könnte eine Feministin sich darüber freuen, wenn ein seit Jahrzehnten unabhängiges feministisches Blatt nicht gelesen würde?

Stokowski gehört zu der Handvoll von den Medien gefeaturten »intersektionellen Feministinnen«, die sich scharf von »Alt-Feministinnen« wie mir abgrenzen. Sie sind Kulturrelativistinnen, also das Gegenteil von Universalistinnen, und verstehen sich als »Anti-Rassistinnen«, womit sie u. a. meinen: pro Kopftuch. Und sie verstehen sich als »sex-positiv«, womit sie u. a. meinen: Prostitution sei »ein Beruf wie jeder andere«. Sie argumentieren neoliberal mit der »Freiwilligkeit« der Frauen – in der Prostitution wie im Islam, ohne den Kontext und die Machtverhältnisse zu benennen. Da können Differenzen mit *EMMA* in der Tat nicht ausbleiben.

Wir reden hier allerdings nicht von »den« jungen Feministinnen, von denen viele auch *EMMA* lesen. *EMMA* hat laut Leserinnen-Analyse die jüngsten Leserinnen aller Frauenzeitschriften: Knapp jede vierte ist unter 30. Wir reden von einer Handvoll Medien- und Parteien-Lieblingen. Deren Distanzierung von den »Alt-Feministinnen« ist weniger eine Generationenfrage, sondern eine ideologische Differenz. Und es läuft auf das bei Feministinnen immer wiederkehrende Spaltungsmanöver der Generationen hinaus. Das begann in den 1990er Jahren mit den »Girlies«, setzte sich fort mit den »Alphamädchen« und den »Netzfeministinnen«; jetzt sind es die sogenannten »Intersektionellen«. All diese »Jungfeministinnen« haben immer einen kurzen Atem – bis zur nächsten Welle mit einem neuen Label.

*EMMA* können solche Töne schon lange nicht mehr erschüttern. Nicht zuletzt in der Gewissheit, dass wir so ganz anders sind als das Klischee. Das aber ist leider oft hartnäckiger als die Realität. Darum ist es seit der ersten Ausgabe so: Jede und jeder, der die *EMMA* zum ersten Mal in die Hand nimmt, ist überrascht: Ach, sooo ist die *EMMA*, die hatte ich mir ja ganz anders vorgestellt ... Zuletzt erging es den Kreativen von der Werbeagentur Scholz & Friends so, die 2019 bei einem Relaunch für *EMMA* geholfen haben. Seither sind sie *EMMA*-LeserInnen.

Doch immerhin erkennen erfahrene Kollegen *EMMA* an. Selten, aber manchmal sagen sie es sogar öffentlich. Als *EMMA* 30 wurde, schrieb zum Beispiel Giovanni di Lorenzo, Chefredakteur der *Zeit* (der nicht zuletzt dank der »Feminisierung« seines Blattes und dem zunehmenden Interesse von Frauen an Politik so erfolgreich ist): »Was haben wir nicht alles von *EMMA* gelernt. Wer ihre Themen nicht aufgreift, dem laufen die Frauen davon – und zwar völlig zu Recht.« Stefan Aust, mein Zeitgenosse (und Ex-Kollege bei *Panorama*), damals noch Chefredakteur des *Spiegel*, attestierte 2007: »*EMMA* ist eine publizistische Erfolgsgeschichte, ohne die, das wird man jetzt ganz im Ernst sagen können, unser Land anders aussähe.« Und *Welt*-Chefredakteur Ulf Poschardt faxte 2019: »Gratuliere zum Relaunch. Die neue *EMMA* ist wirklich fantastisch geworden.«

Bis Ende 2020 werden 353 *EMMA*-Ausgaben mit 31736 Seiten erschienen sein. Und ein Ende ist nicht abzusehen. Was nicht nur feministisch, sondern auch journalistisch und verlegerisch ein kleines Wunder ist. *EMMA* ist im Nachkriegsdeutschland die einzige politische Zeitschrift, die von Journalisten aus dem Nichts gegründet wurde und auch Jahrzehnte später noch Bestand hat.

Dennoch wird in den letzten Jahren von manchen immer lauter geraunt: Ja, will denn Schwarzer sich nicht endlich zur Ruhe setzen? Sollte sie das Heft nicht Jüngeren überlassen? Machen diese Leute sich Sorgen um meine Gesundheit? Mitnichten. Sie wollen einfach endlich diese lästige Schwarzer los sein. Aber da ich weder angestellt noch gewählt bin, gibt es für mich wenig Grund, meiner eigenen Zeitschrift den Rücken zu kehren.

Das Raunen begann im Jahr 2008, als eine Journalistin, in die wir *EMMAs* – wieder einmal – Hoffnung gesetzt hatten, und die von mir sechs Monate lang in den komplexen Posten einer Chefredakteurin eingearbeitet werden sollte, das Haus nach nur acht Wochen mit einem von ihr lancierten Medieneklat verließ. Wir hatten uns von der Journalistin aus fachlichen Gründen trennen müssen (ihr jedoch gleichzeitig einen bestdotierten Posten als feste freie Mitarbeiterin angeboten). Meine Kolleginnen hatten nach den ersten Probewochen kategorisch erklärt: »Alice, entweder sie geht – oder wir kündigen.« Es kann eben passieren, dass man sich irrt bei der Wahl einer Kandidatin für die Redaktionsleitung. Frau kann eine gute Autorin sein oder Moderatorin, aber deswegen muss sie noch lange nicht Chefredakteurin können.

Wir sehen das ja seit Jahren auch beim *Spiegel* oder *Stern*. Dort wechselt man die Chefredakteure wie die Hemden – und trotzdem redet niemand darüber. Warum also sollte ich in so schwierigen Zeiten, in denen alle gegen sinkende Auflagen kämpfen, *EMMA* im Stich lassen? Weil ich 77 Jahre alt bin und nicht 47? Weil ich zwar das Alter von Präsidentschaftskandidaten und Nobelpreisträgern habe, aber keine Chefredakteurin mehr sein soll? Das wäre ja Altersdiskriminierung, in Amerika fiele das unter »Agismus«, eine Unterkategorie von »Rassismus«: nämlich eine Diskriminierung aufgrund unveränderbarer äußerlicher Merkmale.

Aber braucht *EMMA* denn nicht neue Impulse? Auf jeden Fall! Aber die so reden, ignorieren nicht nur ganz einfach das Blatt (das von Ausgabe zu Ausgabe voller innovativer Themen ist), sondern gehen anscheinend auch davon aus, dass Menschen ab, sagen wir, 60 automatisch stagnieren. Und sie ignorieren vor allem, dass eine Zeitschrift Teamwork ist. Ein Buch kann man alleine schreiben, aber eine Zeitschrift machen viele. Und da ist das engagierte und bewährte heutige *EMMA*-Team nicht nur von Lebenslage und Temperament her sehr vielfältig, sondern auch vom Alter. Die *EMMAs* sind zwischen 21 und 58; eine Redakteurin ist seit 25 Jahren an Bord, eine andere seit einem Jahr. Ganz zu schweigen von den *EMMA*-AutorInnen, deren Vielfalt von Ausgabe zu Ausgabe auf Seite fünf des Heftes betrachtet werden kann (da werden regelmäßig die Autorinnen und Autoren der jeweiligen Ausgabe vorgestellt). Es mangelt der *EMMA* also nicht an neuen Impulsen.

Doch es mangelt an Frauen, die qualifiziert *und* interessiert genug sind, den Stress-Posten einer Chefredakteurin zu übernehmen. Das gilt für die ganze Medienlandschaft, wo es zwar viele Moderatorinnen gibt, aber bisher kaum Chefredakteurinnen (das scheint sich gerade zu ändern). Und dann ist da auch noch die Work-Life-Balance und die so viel beschworene »Vereinbarkeit von Familie und Beruf«. Selbst unter den *EMMA*-Redakteurinnen wollte in all den Jahrzehnten bisher tatsächlich noch keine den so manches Mal von mir angetragenen Job einer Chefredakteurin übernehmen – sehen die Kolleginnen doch ganz aus der Nähe, was für eine Knochenarbeit das ist.

Auch die über die Jahre immer mal wieder angefragten Kolleginnen außerhalb haben sich letztendlich ausnahmslos anders entschieden, manchmal im letzten Augenblick. Denn eine, die bei *EMMA* Chefredakteurin sein könnte, macht allemal auch in den etablierten Medien Karriere. Bei *EMMA* jedoch hat sie nicht nur die Verantwortung und die Ehre, sondern auch den Ärger. So geht es ja schon den *EMMA*-Redakteurinnen. Waren sie vor *EMMA* noch ganz unterschiedliche Individuen, so sind sie ab *EMMA* »eine von denen«. Was zwar manchmal von Vorteil ist (so bei der jüngsten Redakteurin, die das idyllische Haus mit Garten am Stadtrand für sich und ihre

Familie nur gekriegt hat, weil die Schwester des Besitzers *EMMA*-Abonnentin ist). Aber es kann auch anstrengend sein. Denn in ihrem privaten Umfeld wird eine *EMMA* von nun an nicht nur gerne gefragt, wie denn »die Schwarzer wirklich so ist«, sondern sie ist auch für alles, was im Namen des Feminismus in der Welt so geschieht, verantwortlich. Das kann ermüdend sein.

Und dann kommt noch etwas verschärfend hinzu: *EMMAs* Ruf, genauer: mein Ruf. Als Leuteschinderin. Als herrische Chefredakteurin. Als »meistgehasste Journalistin Deutschlands« (Kölner *Express* 1980). 1980? Ja, so lange geht das schon so – und ist noch längst nicht vorbei.

Angefangen hat es im Frühling 1980 mit der Veröffentlichung des *EMMA*-Sonderbandes »Wahlboykott?«. Mit Fragezeichen. In NRW standen am 11. Mai Landtagswahlen und am 5. Oktober bundesweit Wahlen an. Spitzenkandidaten: Helmut Schmidt und Franz Josef Strauß. Für uns fortschrittliche Wählerinnen schien nur das vielbeschworene »kleinere Übel« zu bleiben. Denn keine der zur Wahl stehenden Parteien vertrat unsere Interessen.

In den Wahlprogrammen waren Frauen bestenfalls ein Unterpunkt. Nur 7,5 Prozent der Abgeordneten in Bonn waren weiblich (selbst 1952 waren es noch 10,7 Prozent), und die SPD lag mit 6,6 Prozent sogar noch unter dem Durchschnitt. Dabei waren die Sozialdemokraten laut offizieller Wahlanalyse 1972 nur dank der neuen »progressiven Frauen« an die Macht gekommen. Auf sie vor allem richtete sich also die Hoffnung auf eine moderne Frauenpolitik: 47 Prozent aller *EMMA*-Leserinnen hatten 1976 laut einer Infratest-Leserinnenanalyse die SPD gewählt (8 Prozent die CDU/CSU). Jede 10. *EMMA*-Leserin war SPD-Parteimitglied, jede weitere zehnte aktiv in der Frauenbewegung.

Doch die Schmidt-Partei brüskierte die Frauen hart. 1977 hatte der Kanzler zum letzten Mal vor der »Arbeitsgemeinschaft sozialdemokratischer Frauen« (AsF) gesprochen und ausgerechnet dort für die sogenannte »Wahlfreiheit« zwischen Familie und Beruf plädiert – die bis dahin ein Slogan der Konservativen gewesen war – und das Glück des Hausfrauenlebens gepriesen. Seinen Genossinnen bestätigte

Schmidt-Schnauze Realitätsfernheit und einen »Hang zur Mäkelei«. Entsprechend sah sein Wahlprogramm aus.

Das Problem war (und ist es bis heute): Der Druck, den die frühe Frauenbewegung von außen auf die Parteien ausgeübt hatte (Stichwort § 218), existierte nicht mehr. Wir Frauen waren keine eigene Interessengruppe und hatten – und haben – keine Lobby. Die Parteien gingen also ungerührt wieder zur gewohnten Macho-Kultur über.

Jede zweite *EMMA*-Leserin fand die Idee des Wahlboykotts unter diesen Umständen gut bzw. erwägte ihn »vielleicht«. Damit standen die *EMMA*-Leserinnen exemplarisch für die Stimmung unter den emanzipierten Frauen in dieser Zeit. Was natürlich eine Bedrohung war, vor allem für die SPD.

Zum ersten Mal traten zu den Wahlen 1980 auch die Grünen an, ebenfalls von *EMMA* kritisch analysiert. In unserer Infratest-Analyse erklärten 37 Prozent der Frauen, die wählen wollten, sie würden wieder die SPD wählen – doch schon 36 Prozent entschieden sich für die Grünen.

Kurz nach Erscheinen des »Wahlboykott?«-Heftes erschien am 27. März in dem SPD-Blatt *Frankfurter Rundschau* unter der Kategorie »Im Wortlaut« ein »offener Brief« an mich. In der langen Reihe persönlicher Angriffe war dieser einer der perfidesten. 32 angebliche Ex-Mitarbeiterinnen behaupteten da namentlich, die Arbeitsbedingungen bei *EMMA* seien »unerträglicher gewesen als alles, was die Frauen bisher erlebt hatten«, und es habe »ein allgemeines redaktionelles Chaos« geherrscht. Darunter die drei Mitarbeiterinnen der ersten Stunde. Die Medien feixten, vor allem die SPD-nahen.

In meiner Antwort an die FR machte ich darauf aufmerksam, dass nur 19 der 32 Unterzeichnerinnen überhaupt Journalistinnen seien, ich mit 12 von ihnen noch nie zu tun gehabt hätte und nur 5 überhaupt *EMMA*-Mitarbeiterinnen gewesen seien. In den darauffolgenden Wochen und Monaten schlug der Wirbel um Schwarzer weiter hohe Wellen. Nicht etwa in Bezug auf die Inhalte von *EMMA*, sondern ausschließlich in Bezug auf den Charakter ihrer Chefredakteurin. Nicht nur, aber vorwiegend in SPD- und Gewerkschaftsblättern war in schöner Regelmäßigkeit zu lesen, wie bösartig ich als Arbeitgeberin sei. Jede Hilfskraft, die mal bei *EMMA* Päckchen gepackt hatte (ohne mich dabei je zu Gesicht zu bekommen), konnte in dieser Zeit davon ausgehen, dass ihr Anruf in einer Redaktion in Sachen »Wahrheit über Alice Schwarzer« zur Schlagzeile würde. Ich muss zugeben: Es ging mir in der Zeit schlecht. Sehr schlecht. Ich traute mich kaum noch an die Öffentlichkeit. Ich hätte sehr gut auch in der Psychiatrie landen können.

Doch schließlich, am 10. September, knapp vier Wochen vor der Wahl, platzte die Bombe. In dem SPD-Pressedienst ppp war eine dreiseitige Abrechnung mit dem »Kommerz-Journalismus von *EMMA*« erschienen, Titel: »Alice Schwarzer, die Ziege als Gärtnerin« (im Wortlaut in der *EMMA*-Ausgabe 10/1980 veröffentlicht). Und in dem Ton ging es weiter: Ich hätte den Protest gegen den § 218 »auf das Niveau eines Rührstücks heruntergedrückt«, »das Lesben-Elend« im »Kleinen Unterschied« ausgebeutet und würde politische Fragen wie den Wahlboykott wie »Hexen-Sex«[2] behandeln.

Es reichte! Mit einer Pressekonferenz ging ich im September an die Öffentlichkeit und in die Offensive. Ich machte den Zusammenhang zwischen der für gewisse Kräfte unbequemen kritischen Wahlberichterstattung von *EMMA* und diesen persönlichen Angriffen auf mich deutlich. Die Medien berichteten breit.

Der Text in ppp war nicht gezeichnet gewesen, doch es war bekannt, wer dafür verantwortlich war, und sie gab es dann auch zu: die Chefredakteurin des Blattes und Vorsitzende der »Arbeitsgemeinschaft sozialdemokratischer Frauen«, Karin Hempel-Soos. Sie war zu weit gegangen – und musste zurücktreten, der Skandal war zu offensichtlich. Doch sie fiel weich: Sie wurde die »Frauenbeauftragte« des SPD-Parteivorstandes. Ihre Nachfolgerin als AsF-Vorsitzende (und spätere SPD-Schatzmeisterin), Inge Wettig-Danielmeier, war eine engagierte Feministin. Sie ist *EMMA* bis heute verbunden (und ihre Tochter ist *EMMA*-Autorin). Doch die Vorwürfe gegen mich als Arbeitgeberin sind seither nie aus der Welt gekommen – ohne jemals belegt worden zu sein.

Der offene Brief der 32 war im April 1980 erschienen, in der Mai-Ausgabe 1980 antworteten neun Frauen darauf, aktuelle Angestellte und Mitarbeiterinnen von *EMMA*. Eigentlich würde ich, ehrlich gesagt, am liebsten über all das schweigen. Da der »offene Brief« der 32 jedoch der Beginn einer Diffamationsstrategie war, die sich scheinbar gegen meine Person, in Wahrheit aber gegen die ganze *EMMA* richtet – und die bis heute *EMMA* für viele suspekt, ja zur Unberührbaren macht –, sei hier das Nötigste ein letztes Mal richtiggestellt durch Frauen, die dabei waren.

Adele Meyer, die neue Verlagskauffrau, schrieb: »Aus bitterer eigener Erfahrung kann ich das ›allgemeine redaktionelle Chaos‹ bei *EMMA* nur bestätigen. Vor genau zwei Jahren nämlich habe ich die Hinterlassenschaften einer der Mitunterzeichnerinnen übernommen. Im Einzelnen sah das so aus: seit Monaten (!) unbeantwortete Post in tiefen Schreibtischschubladen; seit Monaten (!) unbearbeitete vertriebstechnische, und für *EMMA* existenziell wichtige, Unterlagen; ein Berg unerledigter Briefe mit Honorarforderungen und Fotorückforderungen etc., etc., alle natürlich an die Adresse von Alice Schwarzer. Zum Glück hatte die Mitarbeiterin neben ihrem gefüllten Schreibtisch auch ihren ungeleerten Papierkorb zurückgelassen. So konnte ich an meinem ersten Arbeitstag die zwei für *EMMA* bestimmten Schecks daraus fischen.« Und sie fuhr fort: »Wenn die Redaktion heute frei vom ›redaktionellen Chaos‹ ist, so war das eben nur möglich durch den engagierten, abend- und wochenendraubenden Einsatz von uns paar Wenigen danach. Was wir in der Nachfolge jedoch nicht geschafft haben: die unzähligen Verärgerungen und Enttäuschungen aus der besagten *EMMA*-Zeit vollständig aufzufangen. Noch heute gibt es Fotografinnen, die ihre Fotos aus dem Jahre 1977 vermissen, selbstverständlich immer angemahnt bei: Alice Schwarzer. Nun liegt er endlich vor uns, der Haufen schmutziger Wäsche ... Und dass dies nun doch noch nötig war, ist bitterer als die zwei Jahre Arbeit.«[3]

Und die Psychoanalytikerin Margarete Mitscherlich kommentierte die Vorwürfe: »Es ist mir schwer einfühlbar, dass in der exponierten Situation, in der sich die deutsche Frauenbewegung befindet, Frauen unfähig sind, ihre persönlichen Schwierigkeiten untereinander auszutragen, sondern damit an die Öffentlichkeit gehen müssen. Einen solchen, von vielen Frauen initiierten, rufzerstörenden offenen Brief zu schreiben, ohne gleichzeitig derjenigen, der er gilt, Verteidigung zu ermöglichen, scheint mir ein Zeichen der Schwäche und, was die Sache der Frauen betrifft, der politischen Kurzsichtigkeit zu sein.«[4]

Selbstverständlich wurde keine dieser Mitarbeiterinnen je in den Medien zitiert. Und auch die anderen nicht. Wie in den letzten 40 Jahren überhaupt noch nie eine meiner aktuellen Kolleginnen von einem Journalisten auch nur gefragt wurde, wie es denn wirklich so sei bei *EMMA* – stattdessen jedoch immer wieder darüber spekuliert wird. Am meisten ärgern meine Kolleginnen sich darüber. Über den angesehenen Autor einer renommierten Zeitung zum Beispiel. Der war angereist, um mich zu porträtieren – und hatte auch weit über eine Stunde mit allen *EMMAs* geredet (ohne mich). Das Porträt erschien – ohne auch nur ein einziges Wort über das *EMMA*-Team.

Übrigens: Nur eine der 32 von 1980 hat sich jemals bei mir entschuldigt. Sie hat mir Jahre danach einen langen Brief geschrieben. Es tue ihr im Nachhinein leid – aber der Gruppendruck sei so groß gewesen.

Doch trotz all dieser Widernisse: Das Ziel, das ich mir mit *EMMA* gesetzt hatte, habe ich erreicht: *EMMA* ist kein alternatives Blatt oder ein Fachjournal für Feministinnen geworden. *EMMA* ist ein professionelles Magazin, das von Anfang an von *allen* Frauen gelesen wurde. Alle sieben LeserInnen-Analysen seit 1980 belegen: *EMMA*-Leserinnen sind jung oder alt, sie sind Professorinnen oder Krankenschwestern, Studentinnen oder Hausfrauen, eingefleischte Feministinnen oder frisch Erweckte, sie sind Mütter oder kinderlos, sie lieben Männer (vier von fünf) und Frauen (eine von fünf) oder beide (jede 20.). Sie wollen die Welt auf den Kopf stellen – oder nur ein bisschen besser machen.

*EMMA* war und ist seit nun 43 Jahren Zeitschrift, nationales Frauenbüro und Symbol zugleich. Und eine Herausforderung auch für ihre Leserinnen: Schon wenige Monate nach Erscheinen der ersten Ausgabe wurden Mädchen in der Schule »Emma« oder »Alice« genannt, was mal als Kompliment, mal als Beleidigung gemeint war. Und bis heute gibt es Frauen, die sich scheuen, *EMMA* am Kiosk zu kaufen, aus Angst vor dem Satz: »Was, *Sie* lesen *EMMA*?!« *EMMA* ist anders als alle anderen. Die Erregung um *EMMA* hat nie aufgehört. Was eigentlich ein gutes Zeichen ist.

## ALLTAG IN *EMMA*

Mittags geht es bei uns zu wie im Silicon Valley. In einem zehn Fußminuten entfernten Bistro wird immer frisch gekochtes Essen geholt, vom Linsen- oder Rote-Beete-Salat bis zur marokkanischen Fischpfanne, bio mit arabischem Einschlag. Auf Betriebskosten. Meistens holt die jeweilige Praktikantin das Essen. Mit den Praktikantinnen haben wir in der Regel großes Glück. Sie sind meist nicht nur schlau, engagiert und feministisch, sie sind oft auch auffallend attraktiv und modebewusst. Inzwischen habe ich eine Theorie dazu. Nämlich die, dass nur junge Frauen, denen man beim besten Willen keine »Verbiesterung« oder »Frustration« unterstellen kann, es wagen, bei *EMMA* anzuheuern.

Apropos Mode: Die ist ein großes Thema bei *EMMA*, wenn auch leider viel zu selten im Heft. Denn nichts ist schwerer, als die klassischen Frauenthemen feministisch und unterhaltsam aufzubereiten. Bei *EMMA* gibt es zwei Sorten: die Modeinteressierten und die Modemuffel. Zur ersten Sorte gehöre ich, schließlich bin ich bei meiner Großmutter aufgewachsen, einer genialen Schneiderin, die mir die Minikleider immer noch kürzer gemacht hat. Doch die Queen im Diverslook ist Angelika Mallmann: Hosen, Röcke, Tücher (auch gerne mal um den Kopf gewickelt), unsereins sähe schwer gemustert aus, aber bei ihr wirkt das, als hätte Coco Chanel es kombiniert.

Doch auch die Modemuffel, wie Margitta Hösel oder Annika Ross, können sich dem Sog der Modefront kaum entziehen. Das liegt an unserer Strategie: unsere Tipps sind konstruktiv verstärkend, Stil: »Dieses gestreifte Bretonen-Shirt steht dir wirklich besonders gut! Das trägt ja auch der Gauthier seit gefühlten hundert Jahren.«

Beim Essen reden wir selbstverständlich auch über politische Aktualitäten und die täglichen News für Online; aber ehrlich gesagt am liebsten über Klatsch. Wer-mit-wem? Wie-sah-die-denn-gestern-im-Fernsehen-aus! Oder Ich-habe-eine-ganz-tolle-Frau-für-»Menschen«-entdeckt (unsere Kategorie für die Kurzporträts im Heft). Frauentratsch eben. Erholsam.

Ansonsten haben wir reichlich zu tun: Konferenzen, Planen, Recherchieren, Redigieren, Schreiben, Termine. In meiner Funktion als Chefredakteurin und Textchefin landet dann zu guter Letzt noch mal alles auf meinem Schreibtisch: sowohl die von den Redakteurinnen geschriebenen wie auch die von ihnen betreuten Texte. Und Tag für Tag in Atem hält uns natürlich *EMMA-online*, wo wir tagesaktuell sind; täglich das Neueste aus Feministinnensicht.

Trotzdem gestatte ich mir seit einigen Jahren, »nur« zur Hälfte der Zeit in der Redaktion anwesend zu sein; in der anderen Hälfte bin ich auf dem Land (wo ich auch alle meine Bücher schreibe, auch dieses), auf Reisen oder in meiner »Heimatstadt« Paris. Meine Dauerbegleiterin ist die große schwarze Tasche: vollgepackt mit Zeitschriften und Büchern, die ich noch »in Ruhe lesen« muss, plus zu redigierende Manuskripte. Das gehört zu meinem Beruf.

Immer alle zusammen sind wir in den letzten zwei Wochen der Produktion des Zwei-Monats-Heftes. Dann werden noch mal die letzten Texte für die nächste Ausgabe durchgegangen, und es wird gemeinsam überlegt: Wie gestalten wir die Artikel im Heft? Mit Fotos, Kunst oder grafisch? Für die Beschaffung der Fotos, die von FotografInnen und Fotoagenturen in der ganzen Welt kommen, ist die »Chefin vom Dienst« Angelika zuständig. Für die Kunst Margitta. Und ich denke bei allem mit.

Meine besondere Zuständigkeit ist die konzeptionelle Arbeit mit den Grafikerinnen. Die kommen zum Finale in den Turm. Eine intensive Woche lang wird das Heft gestaltet, werden letzte Aktualitäten geschrieben und grafische Schriften gemacht. Die Grafikerinnen entwerfen an ihren Macs die Seiten.

*EMMA* hat in ihren 43 Jahren die ganze revolutionäre Entwicklung im Druckbereich mitgemacht. In den ersten 17 Jahren haben wir noch selber die Seiten für die Druckerei montiert: die von der Setzerin gelieferten Satzstreifen aufgeklebt und die Fotos maßstabgerecht eingespiegelt. Erst mit dem ersten Umzug (in die Alteburger Straße) sind wir, spät, 1994, auf Computer umgestiegen. In Relation zu den Anfängen scheint mir das Layouten heute ein Spaziergang.

Damals gingen die Redaktionsschlüsse im Layout oft bis nach Mitternacht. Und ich hatte die Angewohnheit, irgendwann anzufangen, im Layout zu kehren. Dann war der Boden nämlich übersät mit den Schnipseln, die aus den Textstreifen rausgekürzt worden waren. Mit dem Resultat, dass Layouterin Anne anfing zu schimpfen: »Alice, jetzt habe ich wieder kein ›und‹ mehr, und mir fehlt auch ein großes ›D‹ – nur weil du immer alles wegkehrst.« Unvergessen auch der Durchbruch, den wir vom Layout in den danebenliegenden Raum gemacht hatten, eine Art Essensdurchreiche: für den neugeborenen Sohn der Grafikerin Geli, den sie noch stillte.

Die Mehrheit der *EMMA*-Mitarbeiterinnen war und ist kinderlos, und wenn, sind es am häufigsten die Grafikerinnen, die Kinder haben. Das hat den ganz einfachen Grund, dass sie Freiberuflerinnen sind und Beruf und Kinder leichter vereinbaren können. Wenn auch nicht immer leicht. Funktioniert der Kindergarten mal nicht oder die Ganztagsschule, kommen die Kinder gerne mit zu *EMMA*. Da ist ja immer was los. Levi, den Sohn von Irina, haben wir groß werden sehen und gestaunt, wie eigenwillig er schon als Vierjähriger malte. Wir tippten auf eine Zukunft als Künstler. Bei den beiden Kleinen von Redakteurin Annika lässt sich noch nichts sagen; nur, dass die dreijährige Henriette es faustdick hinter den Ohren hat und der sechsjährige Ben auch mal gerne einen Rock trägt. Die beiden Mütter bleiben gelassen.

Doch noch mal zurück in die Grafik von *EMMA* heute. Am meisten gestalterisch diskutiert wird von Ausgabe zu Ausgabe über den Titel. Wir machen zwar das ganze Heft so, wie wir es richtig finden – aber beim Titel spekulieren wir: Spricht das Foto auch wirklich unsere potenziellen Käuferinnen an? Sollen wir in Farbe oder Schwarz-Weiß titeln? Welche Themen nehmen wir aufs Titelblatt? Ich bin seit Langem berüchtigt für meine eher boulevardesken Titelzeilen. So wie in der Ausgabe 8/1989, in der wir mit dem Europameisterschaftssieg der deutschen Fußballerinnen titelten. Das Siegestor hatte Uschi Lohn geschossen. Ihr Schuss war das Titelbild, dem ich die Zeile verpasste: »Uschi, der Schuss in alle Frauenherzen!« – was von den Kolleginnen bis heute freundlich belächelt wird ...

Was man leicht vergisst, ist, dass *EMMA* nicht nur eine Redaktion, sondern auch ein Verlag ist. Früher haben wir auch Bücher verlegt, wie die Cartoon-Bücher von Franziska Becker oder feministische Specials (wie »Pornografie« von Andrea Dworkin). Das ist uns inzwischen zu viel Arbeit. Anett Keller, die für das Verlagswesen zuständig ist, genügt es schon, für das Heft mit Anzeigen-Gebern, Druckerei und Vertrieb zu kommunizieren. Plus den vielen Leserinnen, die ein Buch und eine verpasste *EMMA* bestellen, ihr Abo vermissen oder ihre Meinung zur letzten *EMMA* kundtun wollen. Oder die auch gerade Psycho haben. Anett: »Oje, schon wieder Vollmond!« Oder: »Kann mal jemand anders rangehen? Das ist wieder die Frau aus Bielefeld, die immer den Weltuntergang voraussagt.« Manchmal gibt Anett auch die Telefonnummer der *taz* oder *FAZ* und sagt besonders anstrengenden AnruferInnen: Rufen Sie da mal an. Das interessiert die sehr! Unsere Druckerei ist eine Autostunde entfernt am Niederrhein, zuständig für die Belieferung von Kiosken und Bahnhofsbuchhandlungen ist der Vertrieb, er sitzt in Stuttgart und ist uns seit Langem ein engagierter Partner. Mit unseren Dienstleistern haben wir echt Glück.

Wir, die *EMMAs*, arbeiten seit 2004 in dem historischen Bayenturm am Rhein, dem ehemals bedeutendsten Wehrturm von Köln. Der ist heute der stolze Sitz des von mir 1984 gegründeten feministischen Archivs FrauenMediaTurm, FMT. Den nach der Zerstörung im 2. Weltkrieg wieder aufgebauten, mächtigen mittelalterlichen Turm hat der FMT innen klassisch-modern ausbauen lassen, mit Stahl, Glas und Holz; was sich als so funktional wie gemütlich bewährt hat. *EMMA* hat eine Etage gemietet, ein Großraumbüro, in dem jede Mitarbeiterin ihre abgeschirmte intime Nische am Fenster hat, mit Blick auf den Rhein und die Schiffe.

Wenn ich mich stelle, kann ich wieder die Domspitzen sehen – was in Köln als großes Privileg gilt. Wir müssen zugeben: Wir haben traumhaft schöne Arbeitsplätze. Mit der Erfahrung von Corona machen wir jetzt montags Homeoffice, redaktionelle Präsenz von Dienstag bis Freitag. Wir fangen gerade an, es zu genießen. Denn es gibt für die EMMAs ja auch noch ein Leben neben EMMA. Dieses Leben ist innerhalb unseres kleinen Teams sehr divers: Manche leben mit einem Mann zusammen, manche mit einer Frau, andere allein; zwei haben Kinder. Margitta und Silvie haben zwei Katzen. Zwei Hunde gibt es auch noch. Die werden gerne mal mitgebracht und verbellen dann den Besuch. Ich selber lebe seit meinem vierten Lebensjahr mit Katzen. Die erste, Mucki, habe ich mir in der Scheune des Bauern geholt, bei dem wir während des Kriegs evakuiert waren. Die letzte, Frizzi, ist 2019 mit 18 Jahren gestorben. Sie fehlt mir sehr. Wir sind uns alle einig: Wir sind nicht nur tierlieb, wir sind Tierrechtlerinnen, bei EMMA war schon 1993, zu Zeiten, in denen Tiere noch kein Thema waren, eine »Rächerkatze« auf dem Titel.

Da höre ich schon Greta fragen: Esst ihr denn auch alle vegetarisch? Ehrlich gesagt nicht alle und nicht immer. Aber immer öfter.

Die Stimmung in EMMA war in unserer bewegten Geschichte nicht immer so heiter. Es gab auch ganz andere Zeiten, aber das ist zum Glück lange, lange her. Seit vielen Jahren ist das EMMA-Team ein echtes Team. Alle sind gelassen und wissen, was sie können (und nicht können). Jede ist erleichtert, dass Kolleginnen die EMMA mittragen. Es gibt also keine Konkurrenz und auch keine Intrigen. Darauf bin ich stolz.

Habe ich schon von den Betriebsausflügen gesprochen? Die gehen mal nach Düsseldorf, erst ins Museum und dann zum Griechen, der mit den leckeren Babycalamaris. Oder sie gehen auch mal nach Paris, zum Shoppen und in die *Coupole* am Montparnasse. In dem Kultrestaurant aus den 1920er Jahren werden dann gewaltige *Plateux des Fruits de Mer* geordert. Denn darin sind wir uns alle einig: Wer journalistisch und politisch so hart kämpft wie wir, der muss gleichzeitig das Leben auch genießen!

Der Höhepunkt in jedem Jahr ist das Weihnachtsessen. Schon lange nicht mehr im Restaurant, da ist es uns zu laut und nicht gut genug. Wir kochen reihum und (fast) alle gut. Dazu gibt es reichlich Wein und die ärgerlichsten, aber auch die erfreulichsten Ereignisse des Jahres werden noch mal durchgehechelt. Es folgt das Event des Abends: die besten, frechsten, blödesten Sprüche des Jahres von *EMMA*-Mitarbeiterinnen werden von Chantal gesammelt und verlesen – und die Siegerin wird gekürt. Die Sprüche verrate ich lieber nicht. Wir haben nämlich alle einen ziemlich schwarzen Humor.

## MÄNNER IN *EMMA*

Männer in *EMMA*. Ein Aufregerthema. Die Kampfansage lautete ja: Das Magazin von Frauen für Frauen! Da sind Männer naturgemäß erst mal Nebensache – und das sind sie so gar nicht gewöhnt. Doch wird ja selten etwas so heiß gegessen, wie es gekocht wird. Sympathisierende Männer waren immer willkommen: als Autoren, Leser, Unterstützer. Nur die *EMMA*-Redaktion, die ist seit 43 Jahren rein weiblich.

Es fing an mit den Männern, bei denen ich mir vor Erscheinen der ersten *EMMA* Rat holte. Denn das Wissen, wie eine Zeitschrift gemacht und verlegt wird, das war damals noch reine Männersache. Ich wandte mich also an den erfahrenen Chefredakteur Hans Huffzky, der in den 50er Jahren die relativ emanzipierte Frauenzeitschrift *Constanze* gemacht hatte; an meinen linken Kollegen Hermann Gremliza, der in den 70er Jahren *konkret* gekauft hatte; und an Franz Greno, der beim Fischer Verlag schon meinen »Kleinen Unterschied« hergestellt hatte. Sie alle haben mich großzügig beraten.

Franz Greno hat im ersten Jahr die *EMMA*-Druckvorlagen persönlich in die Druckerei getragen. Ich sehe ihn noch bei der allerersten Ausgabe bis nachts um vier Uhr in der Redaktion sitzen, halb eingeschlafen – und dann losfahren, mit unseren 64 geklebten Seiten unterm Arm, in die Druckerei im bayerischen Kulmbach, die wohl das günstigste Angebot gemacht hatte.

Im Sommer 1978 habe ich eine Idee: Ich möchte eine Ausgabe machen, in der nur Männer schreiben! Das liegt in der Luft. Denn es mangelt nicht an Männern, die nur zu gerne in EMMA veröffentlichen würden, das Verbotene reizt bekanntlich immer. Ein Verleger in Zürich hatte schon eine Wette mit einer seiner Lektorinnen geschlossen: Ich schaffe das! Ein deutscher Philosoph in Kalifornien hatte Lyrisches angeboten (»Könnt ihr ja anonym veröffentlichen, wenn ihr partout keine Männer wollt«). Und ein Herr Klein aus München hatte schlicht sein Manuskript geschickt mit dem PS: »Bitte überweisen Sie das Honorar auf mein Konto ...« Warum also nicht mal die Probe aufs Exempel machen?

»Männer, schreibt für EMMA!«, riefen wir in der Juli-Ausgabe auf: »Sie müssen kein bedingungsloser EMMA-Sympathisant sein und auch kein hundertprozentiger Feminist. Doch Sie sollten ein mit dem feministischen Kampf sympathisierender Mann sein und gleichzeitig Ihre Ängste, Zweifel, ja auch Ihre Rückfälle eingestehen. Schreiben Sie uns, wenn Sie zu den Nachdenklichen gehören, zu denen, die einmal nicht über Gott und die Welt dozieren, sondern von sich selbst ausgehen.« Abgabeschluss: 10. August 1978.

Die Männer ließen sich nicht lange bitten. Schnell füllt sich mein »Männer«-Korb auf dem Schreibtisch. Auch der Text von Heinrich Böll, der ja quasi bei uns um die Ecke wohnte, lag schon drin. Rudolf Augstein hatte seinen Text aus New York telegrafiert. Im September sollte das Männer-Heft erscheinen. Und was passierte – nichts. Und sooft ich heute auch in den August-, September- und Oktober-Ausgaben 1978 blättere, ich finde kein einziges Wort zu der versenkten Männer-Ausgabe. Aber ich erinnere mich: Es gab massive Proteste von Feministinnen. Und ich habe mich in dieser für mich so schwierigen Zeit wohl einschüchtern lassen. Eigentlich schade.

Vermutlich spielte auch eine Rolle, dass ich nach all den Stürmen nun doch schwächelte. Außerdem hatte ich zur gleichen Zeit noch mehrere andere Fässer aufgemacht: Zu meinem Editorial »Frauen ins Militär« gab es nur Proteste (siehe Seite 343). EMMA veröffentlicht in der Ausgabe darauf vier Seiten Gegenstimmen. Ich blieb trotzdem dran. Und in den Juli-/August-Ausgaben starteten wir die

*Stern*-Klage wegen sexistischer Titelbilder. Dennoch, ich bedauere bis heute, die Männer-Ausgabe nicht gemacht zu haben.

Zehn Jahre später kommt dann doch noch eine Männer-*EMMA* zustande, zumindest eine halbe. Ich bin bei Thomas Gottschalks »Wetten, dass..?«-Sendung und wette, dass, wenn ich verliere, sieben Kollegen in die *EMMA*-Redaktion kommen und das halbe Heft machen können. Beinahe gewinne ich versehentlich, obwohl es um Minigolf geht, wovon ich nun wirklich gar keine Ahnung habe. Aber es klappt dann doch noch knapp mit dem Verlieren. Die Wette steht.

Am nächsten Tag geht es rund am Telefon. Einer der Ersten, der anruft, ist Axel Thorer, der Reporter vom *Playboy*. Aber wir müssen ihm »leider« sagen, dass er zu spät dran ist ... Mit Bedacht suchen wir die sieben aus: einen Mann vom Funk, SWF3, mehrere von Tageszeitungen, plus Niklas Frank vom *Stern* und Holger Fuß von dem Zeitgeist-Magazin *Wiener*. Die beiden Letzten habe ich im Verdacht, die Männer fürs Unerbittliche zu sein (Frank) und fürs Grobe (Fuß). Alle rücken am 30. Mai an. Pünktlich.

Am Vortag rede ich mit den Kolleginnen. Ist ja klar, dass alle Kollegen eine Rollenreportage machen werden. Ich sage also: Hütet eure Zungen! Und keine Verbrüderung! Nicht duzen, nicht abends einen trinken gehen! Am zweiten Tag duzen sich alle und Conni und Susanne haben schon am ersten Abend mit einigen der Jungs bis nach Mitternacht an der Theke nebenan abgegangen. Na gut.

Die Jungs können loslegen. Rund hundert Männer haben schon Beiträge geschickt für die *EMMA*-Männerredaktion. Die wollen gesichtet und bearbeitet werden. Und selber schreiben wollen sie auch noch was. Es kommt der Abend des dritten Tages – es steht noch keine Zeile. Dabei sind es nur insgesamt vier Tage. Am nächsten Morgen schminke ich mir die Lippen, ziehe meine Ray-Ban-Sonnenbrille auf, meine am tiefsten ausgeschnittene Bluse an und baue mich morgens vor den Jungs auf: Also, meine Herren, keiner verlässt heute das Haus, auch nicht zum Mittagessen! (Fuß sollte über diese Szene später in seiner Rollenreportage schreiben: »Sie hat sich heute auf Fruchtbarkeitsgöttin gestylt«, und mich einen »Brummkreisel« nennen.)

Am Abend stehen 27 Seiten. Zugegeben, manche ein bisschen ausgewalzt; aber viele witzig – wie die »Machas« und die fotografierten Sprüche auf den Damenklos – und einige ernst, wie der Beitrag von Niklas Frank über »Die schuldigen Mütter« in der Nazizeit. Jeder der »glorreichen Sieben« hat auch noch ein »ganz persönliches Resümee« geschrieben. So *Stern*-Reporter Frank:

»Wir kamen als Softies und gehen als Kerls. War's so gedacht? Ich erlebte hier eine vom Manne losgelöste heitere Weiblichkeit, die mich staunen machte und flüchten ließ in männerbündische Verbalferkelorgien. Seit Juniortagen hab ich nicht mehr so viel geschweinigelt wie in diesen vier Tagen zwischen *EMMA*s, die lächelnd an unserem gemeinsamen Redaktionstisch vorbeigingen und Unmassen von belegten Brötchen vertilgten. Das Lächeln war spöttisch, selbstsicher und schnitt in die Seele. Es machte mich verdammt unsicher. Wir flohen zu ausführlichen Mittag- und Abendessen in männeranheimelnde Kölsch-Kneipen, versuchten ernsthaft zu sein und landeten doch immer im Müllkübel sexistischer Macho-Gaudi: ›Sie werden gerade vergewaltigt, a) Flehen Sie um Gnade, b) ziehen Sie sich zurück, c) feuern Sie ihn an‹ – aus einem selbst gestrickten Psychotest. Scheiße das. Wie viel Mist in einem drinnen steckt. Ich war sechs, als ich die erste Freundin in der Schlierseer Volksschule hatte. Annemirl hieß sie, und ich nahm sie mit zu meiner Mutter nach Hause. Dort wusch sie statt meiner das Geschirr ab. Guter Anfang für einen Vollmann. Nach 40 Jahren bin ich kaum näher rangekommen an die Frauen. Vielleicht bis zum Abtrocknen dessen, was die Annemirls abwaschen. Erkenntnis bei *EMMA*. Ich dachte, ich sei viel weiter, sah mich als Freund und Helfer der Frauenbewegung. Jetzt weiß ich, dass Unterstützung von ferne die geschickteste Form unauffälliger Distanzierung ist. Ich weiß, dass ich dieser Erkenntnis keine Taten folgen lasse, es macht mich zu verlegen.«[1]

Und Holger Fuß, unser Dreitagebart? Der, den wir von Anfang an im Verdacht hatten, dass er für den *Spiegel* schreiben würde? Er plauderte in *EMMA* los:

»Ich dachte, ich komme in den Pfuhl. Atmosphäre wie im Kroko-Bassin. Lauernde Frauenblicke. Hämische Sprüche. Totale Kontrolle.

Verspannte Tanten. Und über den Wassern Alice, die allgegenwärtige Domina. Doch was geschah? Das Lächeln des Feminismus hat mich besiegt. Nicht dass sie mich auf ihre Pritsche gezogen hätten; an ihrer Sache ist einiges ein ziemlicher Seich. Doch die haben ihr Ding, und es tut ihnen gut. Diese höchst produktive Bunkermentalität verblüffte mich, reizte mich. Eine überaus erotische Angelegenheit. Jede Frau ist besiegbar? Die hier nicht. Und diese Stärke macht mich an.«

Ich gestehe: Ich mochte alle sieben. Aber dieser sarkastisch-sensible Fuß wurde mein Liebling. Später stellte sich raus: Er hat tatsächlich für den *Spiegel* geschrieben – aber der hat den Text nicht genommen. Zu positiv. Er kam dann in dem zeitgeistigen und gut antifeministischen *Wiener*[2]. Immerhin.

Am Morgen des fünften Tages ist Himmelfahrt. Ich fahre in Urlaub, springe aber vor Abfahrt zum Abschied noch mal kurz die vier Etagen zu *EMMA* hoch, wo die Kolleginnen letzte Hand anlegen. Und wer sitzt da in der *EMMA*-Küche? Die Hälfte der Männer-Redaktion! Ich kann es nicht fassen. »Wollt ihr nicht langsam wieder nach Hause?«, frage ich. »Och nö«, sagt Niklas Frank. »Bei euch ist es viel netter als im *Stern*.« Auch recht. Und Fuß, der Schuft vom Dienst? Der guckt mich gerührt an – ich gucke gerührt zurück.

Ist eigentlich verdammt lange her, diese Männer-*EMMA*. Sollten wir bald mal wiederholen.

Immer wieder mal hat *EMMA* auch Männer aufs Cover gehoben. Mal einen Vater (plus Baby), der auf Vaterschaftsurlaub geklagt hatte (das war 1979). Oder auch einen Mann, der sich in einer Anti-Prostitutionsgruppe engagiert hatte (das war 2014). Im Januar 1998 sogar gleich acht Männer, die alle für *EMMA* posiert hatten (»Männer lieben *EMMA*!«), darunter Thomas Gottschalk und Götz George, Til Schweiger und Udo Lindenberg.

Uns hat's gefallen mit den Männern auf dem Titel. Aber unserer Auflage ist das ganz ehrlich gesagt nie so richtig bekommen. Sie ist jedes Mal in den Keller gesackt. Warum? Die Leserinnen sind doch tatsächlich sauer, wenn jetzt auch noch auf *EMMA* ein Mann auftaucht. Vor allem die Frauen, die mit Männern zusammenleben. Da kommen Sprüche wie: »Ich sehe schon jeden Tag einen Mann zu

Hause. Da will ich wenigstens eine männerfreie *EMMA* haben!« Das Weib in seinem Widerspruch ...

Ein Männertitel allerdings war ein voller Erfolg: Der mit den drei nackten Männern im September 1993. Es posierten: Bodyguard Ako Hintzen (mit seinem gebräunten Astralkörper), der Schauspieler Martin Armknecht (»Lindenstraße«) – und Smudo von den *Fantastischen Vier*. Der Titel war eine Parodie auf ein scheinheiliges *Stern*-Cover mit dem Titel: »Stress mit der Schönheit – Frauen reden über ihren Körper« – dazu drei nackte Frauen.

Zum Fototermin im Atelier von Bettina Flitner kam Smudos Mutter mit, ein *EMMA*-Fan. Und Smudo erzählte feixend, dass »die anderen drei ganz schön neidisch« seien. Bei *der* Titelproduktion war ich auch dabei, klar. Wir haben uns alle ganz schön amüsiert. Und im Nachhinein fiel mir auf, dass ein Satz besonders oft gefallen war: »Also hier ist er echt geschrumpft. Normalerweise isser nicht so klein. Das ist der feministische Effekt ...«

## HUMOR UND FESTE IN *EMMA*

In der zweiten Hälfte der 90er Jahre und weit darüber hinaus konnte ich kein Interview geben, in keine Talkshow gehen, ohne nicht streng einvernommen zu werden wegen der »ja nun wirklich geschmacklosen, sexistischen Männerwitze in *EMMA*, Frau Schwarzer«. Stimmt, die waren arg sexistisch. Aber sie waren eine Parodie auf die nicht minder sexistischen »Blondinenwitze«, die in diesen Jahren grassierten.

Selbst bei den *EMMA*s machten die Blondinenwitze die Runde, denn die sind für einen frauenfeindlichen Scherz immer zu haben (zum Ausgleich für den einfühlsamen Dauerfeminismus). Und auch ich neige stark zu Ironie und Sarkasmus (was gerne missverstanden wird in Deutschland). Doch irgendwann wurde es sogar mir mit den Blondinenwitzen zu viel.

Im Januar 1995 riefen wir unsere Leserinnen auf, uns Männerwitze zu schicken. Die beballerten uns mit einer solchen Fülle von schlechten Scherzen auf Kosten von Männern, dass wir schon nur mit den besten eine vier Jahre währende Serie starten konnten: »Der Männerwitz in *EMMA*«. Kostprobe: »Was macht eine Frau, wenn ihr Mann beim Kartoffelholen die Kellertreppe runterfällt und sich das Genick bricht? – Nudeln.« Ich kenne keinen Mann, der sich je über die Blondinenwitze aufgeregt hätte. Aber ich kenne ziemlich viele Männer, die sich anhaltend über die Männerwitze erregt haben.

So richtig Spaß gemacht hat auch das Pimmel-Cover der Januar-Ausgabe 1984. Genauer gesagt: Es war die Rückseite, auf der 20 Penisse abgebildet waren, 19 aus Fleisch und Blut und einer aus Marmor. Titelzeile: »Männer sprechen über ihr Glied«. Wer das Heft von hinten aufschlug, konnte sodann die besten Stücke bestimmten Herren zuordnen, deren Nachnamen wir taktvoll abgekürzt hatten, zum Beispiel: Udo L., Rocksänger; Franz Joseph St., Ministerpräsident; Helmut K., Kanzler; und natürlich auch Henri N., Chefredakteur.

Das Ganze war eine Parodie auf einen *Stern*-Titel, der 26 entblößte Frauenbrüste gezeigt hatte. Schlagzeile: »Frauen sprechen über ihre Brüste«. Die Story war in Kooperation mit der feministischen *Courage* entstanden, die dem *Stern* das Vorabdrucksrecht für ein Buch über Brüste verkauft hatte und auch selber gleichzeitig mit bloßen Busen titelte, allerdings nur mit 14. Also Doppelmoral allerorten.

Ich erinnere mich noch genau: Ich war zu meinem Geburtstag auf dem Weg nach Venedig. Beim Umsteigen in München fiel mir der *Stern* mit dem Busen-Cover in die Hand. Zum Glück hatte ich noch ein wenig Zeit bis zum Weiterflug. Also habe ich mich ans Telefon gehängt (in einer Kabine, Handys gab es noch nicht) und die Kolleginnen in Köln angerufen. Die lagen gerade in den letzten Zügen mit der Januarausgabe – und handelten rasch.

Wunderbarerweise platzte diese Ausgabe mitten in das traditionell themenarme Weihnachtsloch. Die Medien griffen unsere Satire mit Freude auf! *Bild* titelte gleich an zwei Tagen auf Seite 1. Einmal mit: »Alice Schwarzer zeigt Kohl und Strauß nackt!« Und dann: »Frauenrevolte gegen Brust-Titel im *Stern*.« Die *Münchner Abendzeitung* spottete: »*EMMA* schaut den Männern in die Hose.« Und die *Zeit* forderte ironisch einen *Stern*-Titel zu dem Thema »Männer sprechen über ihren Penis«.

Auch die *EMMA*-Leserinnen hielten kräftig mit. Mehrere schickten uns Montagen des *Stern*-Covers mit Penissen. Und drei Anwältinnen in Hamburg war die *EMMA*-Version zu brav. Bei ihnen hieß es drastisch: »Männer sprechen über ihre Schwänze«, und sie zeigten unter ihren 26 Penissen auch mal eine Banane und mehrere halb runtergelassene Unterhosen. Es sind eben die Umdrehungen, die die Augen öffnen und Spaß machen.

So richtig Spaß gemacht hat auch »die *EMMA*-Donner-Diät« in der September-Ausgabe 1979, hart nachempfunden der *Brigitte*-Diät, nur umgedreht. Die begann mit den Worten:

»Wer kennt nach dem Urlaub nicht den entsetzten Blick auf die Waage: schon wieder ein paar kostbare Pfunde verloren. Sie hätten eben doch keinen Abenteuerurlaub machen und auch entschiedener das Schwimmen meiden sollen – das zehrt. Doch sie sind nicht allein, jede Zweite ringt um ihre Fettleibigkeit. 127 Prozent aller Todesfälle sind indirekt auf Schlankheit zurückzuführen. Es ist erschütternd, wie wenig wir über die Notwendigkeit des Fettseins wissen. Noch heute füttern manche Mütter ihre Babys nach der alten Methode und geben ihnen nur so viel, wie sie schlucken können – statt endlich zu begreifen, wie nachahmenswert die neuesten Erkenntnisse der Gänsestopfindustrie sind.

Fett schwimmt oben. Fett schont die Nerven. Fett kann das Leben retten. Noch streiten sich die Wissenschaftler über den Ursprung der Schlankheit. Eines aber scheint festzustehen: krankhafter Geiz. Und gerade deckte ein feministisches Wissenschaftlerinnen-Kollektiv in Neuseeland auf: die Schlankheitsmode, die zum Glück ja längst passé ist, war ein Komplott des Patriarchats! So erreichte es die Männergesellschaft, dass Tausende von uns durch den Gulli rutschten und – nie mehr gesehen wurden. Das muss nicht sein. Die neue EMMA-Donner-Diät verhilft Ihnen in relativ kurzer Zeit zu Ihrer Traumfigur: die Körpergröße in Zentimetern, dividiert durch zwei, gleich Anzahl der Kilo, die Sie wiegen. Egal, ob Sie noch zwei, zwanzig oder hundertzwanzig Pfund zunehmen müssen: die neue EMMA-Donner-

Diät macht es möglich. Endlich ist auch Schluss mit der Angst vorm Altern und den teuren Fettcremes, nach dieser Diät spannt sich Ihre Gesichtshaut von selbst.

Trotzdem: erwarten Sie keine Wunder. Und verzweifeln Sie nicht, wenn Sie noch ein gutes Stück von Ihrem Traumgewicht entfernt sind: Die Konfektion fertigt heute auch schon hübsche Modelle in Größe 38. Für den Übergang bis zu Ihrer Traumgröße 50 bis 54 sollten Sie dann allerdings viel Quergestreiftes und Großkariertes tragen. Das Kleinkarierte überlassen Sie den Unverbesserlichen.«

Es folgen Tipps im Stil von: »Kaufen Sie in der Übergangszeit keinen Schmuck: Sie bekommen sonst die Ringe nicht mehr vom Finger.« Oder: »Immer beachten: unsere Haupteinheit ist nicht die Messerspitze, sondern der Schöpflöffel.« Und: »Planen Sie zwischendurch ein verlängertes Mast-Wochenende im Schwabenland ein, da gibt es jetzt schon sehr günstige Bauernhof-Angebote.«

Folgt der ideale *EMMA*-Diät-Tagesablauf. Der beginnt um 6 Uhr morgens. Frau stellt sich den Wecker und tastet nach der neben dem Bett stehenden Thermosflasche mit Kakao. Dazu zwei, drei bereits vorbereitete Brötchen mit Butter und Nutella. Zum Mittagessen vier Gänge und Mozartkugeln. Zum Abendessen »gehen Sie häufig ins Restaurant, vor allem, wenn Sie nicht selber zahlen müssen. Unter fünf Gängen sollten Sie es nie tun. Und vergessen Sie den Nachschlag nicht.« Von den diversen Zwischenmahlzeiten ganz zu schweigen. Vor allem: »Vergessen Sie nie Ihre Kühltasche, da gibt es im Kaufhaus jetzt schon sehr flotte Modelle, die auch zur neuen Mode passen.« Und so geht es munter weiter bis zum Betthupferl: Dafür empfehlen wir einen »Zweiteisschrank neben dem Bett« und für »Nicht-Süße« Bücklinge oder Sprotten.

Ich gestehe, ich habe die Parodie während einer *Brigitte*-Diät in die Schreibmaschine gehauen. Die machte ich – zu meinem Ärger über mich selber – gerade mal wieder (damals wog ich wohl satt 10 Kilo weniger als heute).

Meine Lieblingsgeschichte aber ist immer noch die Titelgeschichte »*EMMA* enthüllt – die Tagebücher von Eva Braun«. Ist lange her, September 1992, aber unvergessen. Innentitel: »Der stille Widerstand der Eva Braun«. Es war eine dreifache Satire: erstens auf die (echten) Tagebücher von Joseph Goebbels im *Spiegel* und die (falschen) Tagebücher von Hitler im *Stern*; zweitens auf unseren eigenen blutigen Ernst, mit dem wir so manches Mal die »Männermedien« kritisierten; und drittens auf den Frauenbewegungskitsch, der noch in jeder Frau ein Opfer aufspürt.

Unsere Story basierte auf der historisch bewiesenen Existenz von 21 Tagebüchern von Eva Braun, von denen allerdings 18 verschollen sind. Die 18 verlorenen Tagebücher – die einst wirklich geschrieben wurden! – seien bei ihrer Entdeckung den »Herrenjournalen in Hamburg« angeboten worden, schrieben wir. Aber die hätten natürlich kein Interesse gehabt, an den sensationellen Dokumenten, »sie sind ja nur von einer Frau«. Die insgesamt 21 unscheinbaren hellblauen Bändchen seien nach Eva Brauns Selbstmord in die Hände der Reichsfrauenführerin Gertrud Scholz-Kling geraten und sodann über die berüchtigte »Rattenlinie« nach Südamerika gelangt. Dort seien drei im US-Nationalarchiv in Washington gelandet (was stimmt) und die verschwundenen 18 jetzt von einer Kubanerin entdeckt und via CIA-Agentin den »Herrenjournalen in Hamburg« angeboten worden. Als die abwinkten, informierte uns die Ehefrau eines der Korrespondenten, eine *EMMA*-Leserin. Wir hätten zugegriffen.

Eine Sommerwoche lang hatte Bettina Flitner in der Staatsbibliothek in Berlin zu Eva Braun recherchiert und die echten Tagebücher in Washington kopiert – sodann habe ich in einfühlsamem Eva-Ton die jetzt angeblich wiederentdeckten Eintragungen an »das liebe Hertalein« (so nannte Braun ihr Tagebuch) vom 1. Mai 1936 bis 29. April 1945, einen Tag vor ihrem Tod, formuliert. In *EMMA* präsentierten wir Auszüge aus Evas Tagebüchern auf einer Doppelseite. Gleichzeitig bildeten wir eine Original-Tagebucheintragung vom 22. April 1945 im Faksimile ab.

Der Schluss unseres Einführungstextes zu den Tagebuch-Auszügen lautete: »In der nächsten Folge: Warum Eva Braun sich von Hitler ein Kind wünschte. Was Hitler ihr bei der Machtübernahme ins Ohr flüsterte. Und wie Eva beinah eine Jüdin gerettet hätte.« – Wir selber kamen aus dem Lachen nicht mehr raus.

Am Tag nach Erscheinen der Ausgabe rief ein Redakteur von *Bild* an. »Dolle Sache«, sagte er zu Margitta Hösel. »Wie viele Tagebücher habt ihr denn noch?« Gemurmel unsererseits. »Hört mal, ihr könnt gerne so viel drucken, wie ihr wollt. Wir drucken nach. Was wollt ihr denn dafür haben?« Uns wurde langsam mulmig. Denn gleichzeitig rasten manche Leserinnen. Beschimpfungen als »Nazissen« und Abo-Kündigungen. Gerda Lerner, die aus Österreich in die USA emigrierte große Historikerin, protestierte empört aus den USA (wir wurden später Freundinnen). – Unsere Satire war einfach zu echt.

Doch dann platzte die Sache. Denn der wahre Einband der realen Tagebücher war nicht hellblau, wie wir geschrieben hatten, sondern rosa gewesen (hätten wir uns doch denken können!). Aber bis dahin war niemand über die Parodie gestolpert, noch nicht einmal über unsere Passage vom 25. März 1943, in der Eva Braun angeblich geschrieben hatte: »Neulich waren Gs da. Der Dr. Goebbels hat sich so komisch benommen. Beim Kaffee hat er mich dreimal gefragt: Wollen Sie den totalen Kuchen? Erst als ich am 18. Februar seine Rede im Sportpalast hörte (wollt ihr den totalen Krieg?!), habe ich mich gefragt: Ob er wohl mit mir am Obersalzberg geübt hat?« Niemand ist drüber gestolpert.

In der darauf folgenden Ausgabe – in der wir mit Woody Allen und seiner Adoptivtochter Dylan titelten (ja, so lange geht das alles schon!) – enthüllten wir die Tagebücher als Fälschung. Dazu schickten wir zum Fälschen Hella von Sinnen à la Kujau als »Karin Kabeljau« in einen feuchten Keller und blitzten sie ab. Hat Spaß gemacht und ist alles im Original nachzulesen im *EMMA*-Lesesaal, emma.de/emma-archiv.

Das Wichtigste in Sachen »Humor in *EMMA*« aber ist natürlich Franziska Becker. Ich hatte die damalige Kunststudentin vor Erscheinen der ersten Ausgabe entdeckt, als sie noch in Karlsruhe studierte, unter anderem bei Markus Lüpertz, über dessen »Patriarchen-Allüren« sie sich bis heute aufregt.

Franziska veröffentlichte fast vierzig Jahre lang Monat für Monat einen Cartoon in *EMMA*. Die ersten im Strich noch etwas unbeholfen, aber inhaltlich schon auf den Punkt. Gleich zum Einstieg hatte sie sich *Brigitte* vorgeknöpft (»Frigitte«, wie Franziska immer penetrant schrieb) mit der Serie »Vorher – Nachher«: Frau Knöbel versucht mühsam, das »Beste aus ihrem Typ« zu machen – und serviert im letzten Bild ihrem Mann, der in Jogginghosen und Pantoffeln Fußball guckt, das gekühlte Bier. Sie: frisch gestylt und onduliert; er: guckt noch nicht mal hoch.

Die Cartoonistin Becker wurde sehr bald für mich auch eine gute Freundin. Und da sie in *EMMA* die »Titelqueen« genannt wird (wegen der originellen Titel für ihre Cartoons), frage ich sie manchmal auch für meine Bücher. Und in der Tat, sowohl der »Lebenslauf« wie auch das »Lebenswerk« sind von ihr.

Franziska Becker wurde weit über *EMMA* hinaus auch eine Chronistin ihrer Zeit. Über Jahrzehnte verspottet sie den jeweils wechselnden Zeitgeist und auch die Feministinnen-Szene. Und schon 1991 nahm sie sich einen neuen Trend in ihren fortschrittlichen Kreisen vor: die Liebe zum Kopftuch und das ach so tolerante Verständnis für die Burka. Becker spitzte die Kopftuch-Sympathie ihrer einstigen Mistreiterinnen satirisch zu. Wir fanden das alle komisch. Unsere Leserinnen auch. Damals.

28 Jahre später, 2019, kam dasselbe ganz anders an. Pünktlich zu ihrem 70. Geburtstag erhielt die schon oft geehrte Franziska Becker vom Journalistinnenbund den »Hedwig-Dohm-Preis« für ihr Lebenswerk. Und was passiert? Becker wird im Netz als »Rassistin« beschimpft, die so einen Preis nicht verdient habe. Grund: ihre jahrzehntealten Cartoons über die linken und feministischen Islamisten-Freundinnen und deren Sympathie für die Burka-Mode – heute aktueller denn je. Diesmal kam der Protest allerdings nicht, wie so häufig, nur aus dem Milieu der quasi professionellen »Anti-RassistInnen«, sondern auch von bekannten linken AutorInnen, wie Jakob Augstein und Carolin Emcke.

Doch waren die Anwürfe so durchsichtig, dass nicht nur die FAZ ganz en passant spottete über diese »Kritik, die aufklärerischen Spott mit Rassismus verwechselt«. Der »deutsche Karikaturenstreit« schlug Wellen bis ins Ausland. Auch das französische Wochenmagazin *Le Point* berichtete ausführlich. Und der Chefredakteur der Satire-Zeitschrift *Charlie Hebdo* – die 2015 Opfer eines Massakers mit zehn Toten durch islamistisch motivierte Terroristen geworden war – nahm die Sache sehr ernst. Für ihn waren in dem deutschen Satire-Streit über Becker ganz einfach »Moral-Kapos« am Werk.

Es scheint heutzutage gar nicht mehr so einfach, politische Kritik mit Humor zu üben. Gelacht werden darf anscheinend nur noch »politisch korrekt«.

Und dann sind da noch die Feste. Gefeiert haben wir schon immer gerne, am liebsten mit unseren Leserinnen. Gleich im zweiten Jahr, im Juli 1978, luden wir zu unserem ersten »Dachfest« am Kolpingplatz 1a. Die *EMMA*-Büros lagen damals im dritten und vierten Stock des Eckhauses, darüber eine riesige Dachterrasse mit Blick auf den Dom. Schon beim ersten Mal kamen über hundert Frauen (im Jahr danach weit über 200). Sie waren zwischen 19 und 63 Jahre alt, mit Kind und ohne, aus Köln und Umgebung, aber auch angereist von Ostfriesland oder München.

Das hatte Gründe. Gerda aus München erzählte: »Wenn du da ins Münchner Frauenzentrum reinkommst, dann mustern die dich erst mal so von oben bis unten, dass dir vor Schreck das Blut in den Adern gerinnt. Ich bin nämlich ein bisschen anders angezogen als die meisten da, trag' keine Jeans, mach' mich gern fein nach der Arbeit – und das können die nicht verstehen. Da bist du für die gleich eine bürgerliche Kuh.«

Ein absoluter Höhepunkt war DAS FEST am 12. Juni 1987. Zum Feiern von zehn Jahren *EMMA* luden wir zu einem Frauenfest in die Kölner Flora, ein prächtiger Jahrhundertwende-Bau mitten im Botanischen Garten. Wir hatten mit wohl 2000 Frauen gerechnet – es kamen 6000. Die Kulisse war fabulös, das Wetter strahlend, das Programm fulminant. Neben Mathilde Santing und Tana Schanzara waren auch Romy Haag und Dirk Bach mit von der Partie, Letzterer in seiner Starrolle als Trude Herr (»Ich will keine Schokolade, ich will lieber einen Mann!«). Auch Ina Deter und Nina Hagen waren angekündigt. Erstere wurde krank. Und Nina rief noch am Mittag des Tages fröhlich an: »Ich sitze schon im Auto. Bin gleich da!« – aber tauchte niemals auf. Was schade war, aber unsere Laune nicht trüben konnte. Hella von Sinnen, damals noch Kölner Lokal-Promi, machte die Moderation. Um Mitternacht gab's Feuerwerk und getanzt wurde bis zum frühen Morgen. Und der WDR drehte eine 45-Minuten-Dokumentation über das Event: für die Ewigkeit.

Seit wir im Bayenturm am Rhein sind, seit 2004, haben wir noch nicht ganz so viel gefeiert. 2007 allerdings hatten wir spontan alle Frauenbeauftragten, die einen Bundeskongress in Köln hatten, »auf ein Glas Wein« eingeladen. Da kam mal wieder das gute alte Gefühl auf: »Frauen gemeinsam sind stark.«

Und ja: alle EMMA-Ausgaben von 1977 bis 2018 stehen online im *EMMA*-Lesesaal (www.emma.de/emma-archiv). Die tagesaktuelle *EMMA-online* auf: www.emma.de.

## DIE *EMMA*-KAMPAGNEN

Ich weiß nicht so recht: Soll ich mich darüber freuen – oder sollte ich erschüttert sein? Schon wenn ich in meinen ersten drei Büchern blättere, von 1971 bis 1975, und in den ersten vier Jahresbänden von *EMMA*, von 1977 bis 1980, finden sich darin (fast) ausschließlich Themen, die uns bis heute bewegen. Sicher, wir haben viel erreicht, überwältigend viel. Aber so manches Mal ist die Gesellschaft nicht weit über den damaligen Stand hinausgekommen. Sicher, häufig greifen andere Medien die Themen von *EMMA* auf (leider fast immer, ohne darauf auch nur hinzuweisen). Aber oft vergehen Jahre, ja Jahrzehnte, bis die *EMMA*-Themen auf die Tagesordnung kommen. Zum Beispiel bei dem sexuellen Missbrauch von Kindern.

Und da ist noch nicht die Rede von der Wiederentdeckung unserer historischen Vorgängerinnen (in der Reihe: »Unsere Schwestern von gestern«), von Louise Otto-Peters bis Hedwig Dohm. Und auch nicht von den großen Künstlerinnen und Schriftstellerinnen, wie zum Beispiel Virginia Woolf (1882–1941). So gab es zum Beispiel 1977 kein einziges Buch mehr auf dem deutschsprachigen Markt von dieser Autorin, die eine der größten Schriftstellerinnen und kühnsten feministischen Denkerinnen des 20. Jahrhunderts war. Nach Veröffentlichung unseres Artikels (»Oh, Virginia«) in der ersten, der Februarausgabe 1977 von EMMA rief der zuständige Lektor des Fischer Verlages an und sagte: »Wir sind bereit, Woolf wieder zu verlegen – wenn Sie uns dabei publizistisch unterstützen.« Was wir getan haben.

Zu den frühen EMMA-Autorinnen gehörte ebenso die DDR-Schriftstellerin Irmtraud Morgner (»Leben und Abenteuer der Trobadora Beatriz«) wie Margarete Mitscherlich. Die rebellische Psychoanalytikerin ergriff gleich in ihrer ersten Kolumne die Gelegenheit zu erklären: »Ich bin Feministin!« – was ein handfester Skandal war in ihrer psychoanalytischen Welt. Denn sie war weltweit die erste Freudianerin, die das öffentlich sagte.

Mir persönlich blieb beim EMMA-Machen über Jahrzehnte wenig Zeit zum Schreiben. In der Regel langt es gerade noch zu den editorials, für die ich den Schreibtisch nicht verlassen muss. Nur selten schaffte ich ein Interview oder gar eine Reportage. Manchmal reichte die Zeit noch nicht einmal für das Editorial. Es ist also kein Zufall, dass ich das erste originäre Buch nach dem »Kleinen Unterschied« erst wieder schrieb, nachdem ich die EMMA von monatlich auf zweimonatlich umgestellt hatte: 1993 erscheint das Doppelporträt von Petra Kelly und Gert Bastian über deren »Tödliche Liebe«. Wie viele meiner Bücher wird auch dieses prompt zum Skandal.

Zwischen den Jahren 2002 und 2017 veröffentliche ich über die kontinuierliche Berichterstattung in EMMA hinaus drei Anthologien und eine große Reportage über das eskalierende Problem des politischen Islam. Über Jahrzehnte werden EMMA und meine Bücher tatsächlich die quasi einzige Stimme im deutschsprachigen Raum bleiben, die über den internationalen Siegeszug der Islamisten berichten, bis mitten ins Herz der westlichen Metropolen – und die vor dieser neuen Variante eines Faschismus warnt.

Und da sind die Kampagnen. Mal Kampagnen von mir und EMMA gegen gewisse Missstände – wie 1988 die Kampagne gegen Pornografie, PorNO – mal Kampagnen gegen mich und EMMA. Was ist eine *EMMA*-Kampagne? Die geht über die reine Berichterstattung hinaus. Wir setzen uns ein gesellschaftspolitisches bzw. gesetzgeberisches Ziel und versuchen, die Kräfte, die daran ebenso interessiert sind, einzubinden.

Die Kampagnen von *EMMA* betreffen nie Personen, sondern immer gesellschaftliche Missstände. Ich will das an vier Beispielen von vielen möglichen aufzeigen: 1. Die Kampagne gegen Essstörungen – sie machte ein bis dahin ignoriertes Thema folgenreich öffentlich. 2. Die Kampagne gegen Brustkrebs – sie löste eine verstärkte Forschung, Prävention und Behandlung bei Brustkrebs aus. 3. Die Kampagne für den »Töchter-Tag«, der dann tatsächlich eingeführt wurde. 4. Die für »Die Hälfte vom Ball für die Frauen«, ebenfalls eine Erfolgsgeschichte. Unsere wohl berühmtesten Kampagnen, die gegen Prostitution und Pornografie, PorNO, behandele ich ausführlich später.

*Oktober 1984: Essstörungen.* Ehrlich gesagt sind wir zufällig auf das Thema gekommen. Eine *EMMA*-Mitarbeiterin gestand: »Ich bin fress- und kotzsüchtig. Ist das nicht auch ein Thema für *EMMA*?« Wir fingen an zu recherchieren – und in der Tat: Es war ein gewaltiges Thema! Es lag auch schon in der Luft. Gerade war in dem feministischen Verlag *Frauenoffensive* das »Anti-Diät-Buch« der britischen Psychoanalytikerin Susie Orbach erschienen. Ihre Publikationen zu dem Thema sind bis heute führend. Orbach wurde später bekannt als Therapeutin von Lady Di, deren Bulimie sie behandelte.

Selten hat ein Thema *alle EMMAs* so beschäftigt. Sicher, nur eine von uns war wirklich essgestört, aber wir kannten uns alle aus beim Thema Diäten. Und vom Diäten zur Essstörung ist es manchmal nur ein kleiner Schritt. Wir durchforsteten also die Fachliteratur und *Brigitte* (eine der für den Diätwahn mitverantwortlichen Frauenzeitschriften), recherchierten Expertinnen und appellierten an unsere Leserinnen: Schreibt uns! Heraus kam ein praller Sonderband: »Durch dick und dünn«.

Damals schrieb ich: »Männer streben nach Profil, Frauen nach Linie. Männer machen Karriere, Frauen Diäten. Wir Frauen sollten uns dünne machen, in jeder Beziehung.« Und Susie Orbach erklärte: »Ich halte es für keinen Zufall, dass die Mädchen und Frauen ausgerechnet in einer Zeit, in der ihnen die Welt nahezu uneingeschränkt offensteht, zurückfallen in solche innere Zwänge, die ihre Lebenslust und ihre Gesundheit zerstören.«

1984 wurde die Zahl der Erkrankten allein in der Bundesrepublik auf 300–400 000 geschätzt. 2020 sind es in Deutschland doppelt so viele: über 700 000. Damals bekam die *Brigitte*-Redaktion nach eigenen Angaben 1500 Leserinnenbriefe zu Diäten. Am Tag. Man stelle sich vor: 1500 Briefe von Frauen am Tag für das Recht auf Ganztagskitas zum Beispiel an die Bildungsministerin oder an die Justizministerin gegen Frauenhass im Internet.

Der *EMMA*-Sonderband schlug ein wie eine Bombe. Selbsthilfegruppen gründeten sich, erste Kliniken spezialisierten sich. Heute überziehen sie das ganze Land. Denn die Sucht war nicht aufzuhalten. Sie nahm weltweit epidemische Ausmaße an. Tödliche Ausmaße: Jede zehnte an einer Essstörung erkrankte Frau stirbt. Wir müssen uns das mal vorstellen: In Gesellschaften des Überflusses hungern Mädchen und Frauen sich zu Tode.

Und die Sucht erreichte sogar die Entwicklungsländer. Schon 2001 schrieb Susie Orbach in *EMMA* über diese aus dem Westen kommende und global grassierende Sucht: »Es kommt fast einer Initiation gleich. Diäten sind das Merkmal für die Zugehörigkeit von Frauen zur westlichen Kultur.« Sie klagte die Medien der Mitschuld an, deren Frauenbild »die Körper der Frauen kolonialisieren und kontrollieren«. Schlachtfeld Frauenkörper.

Bei den aberwitzigen Körpernormen machte nicht nur die Mode und Werbung mit, auch die »nationale Verbraucherstudie« wusste Befremdliches zu vermelden: In Deutschland sei »jede zweite Frau übergewichtig«. Wie es zu der Zahl kam? Eine Frau von 1,70 Meter gilt ab einem Gewicht von 72 Kilo schon als »übergewichtig«. Das Robert-Koch-Institut warnte: Jedes dritte Mädchen ist heute essgestört! Und Sigrid Börse vom »Frankfurter Zentrum für Essgestörte« erklärte: »Die Betroffenen werden immer jünger. Wir haben inzwischen Siebenjährige mit Diäterfahrungen.«

Für *EMMA* wurden Diäten und Hungersucht ein Dauerthema. 2007, 23 Jahre nach Start unserer Kampagne, ergriff endlich auch die

Politik Maßnahmen gegen die Frauensucht Nr. 1. Die Ministerinnen Ulla Schmidt, Gesundheit (SPD) und Ursula von der Leyen, Frauen (CDU) organisierten mit *EMMA* zusammen einen runden Tisch: »Leben hat Gewicht – gemeinsam gegen den Schlankheitswahn«.

Wir blieben dran und geben auch immer wieder den Frauen selbst eine Stimme. Denn das Thema Schlankheitswahn hat in erster Linie mit dem subjektiven Empfinden zu tun. Es kann Frauen das Leben kosten. Die Lebensfreude sowieso.

*Sommer 1996. Brustkrebs.* Ich sitze im Speisewagen eines Zuges nach Hamburg. Da taucht ein sehr seriös aussehender Herr auf. »Entschuldigen Sie, Frau Schwarzer, dass ich Sie so einfach anspreche. Aber ich bin Mediziner und in der Brustkrebsforschung. Jetzt nutze ich die Gelegenheit, Sie auf etwas aufmerksam zu machen: Die Brustkrebs-Forschung in Deutschland ist ein einziger Skandal! Es gibt quasi keine Prävention und nur stark veraltete Behandlungsmethoden. Die Frauen sterben wie die Fliegen. Das ist ein wahrer Genozid.«

Ich kann es kaum fassen. Denn gerade bereitet *EMMA* ein Dossier über ebendiesen Skandal vor! Eine *EMMA*-Redakteurin hatte aus Amerika die Informationen mitgebracht: Dort waren im Oktober 1993 Tausende Frauen nach Washington marschiert und hatten 2,8 Millionen Protestbriefe vor dem Weißen Haus abgeladen. Folge: Die Politik bewilligte 400 Millionen Dollar zum Kampf gegen den Brustkrebs.

Und in Deutschland? Tödliches Schweigen. Dabei erkrankte inzwischen jede zehnte Frau an Brustkrebs (noch Mitte der 70er Jahre war es nur jede 18. gewesen). Bei 42000 Frauen wurde alljährlich neu Brustkrebs diagnostiziert – 18000 von ihnen starben. Und was wurde dagegen getan? Fast nichts.

*EMMA* titelte in der Ausgabe 5/1996 mit einem Selbstporträt der Künstlerin Matuschka, der die rechte Brust abgenommen worden war. Sie hatte sich mit bloßen Brüsten fotografiert, wie eine Amazone. In dem 17-Seiten-Dossier fächerten wir die ganze Palette der Aktivitäten in Amerika auf: die Präventionsmaßnahmen, die Kritik an den Silikonbrüsten, den offensiven Kampf der Sisters gegen das bisher so »schmutzige Geheimnis«. Wir ermutigten Betroffene, sich zusammenzutun zu Selbsthilfegruppen und Forderungen an die Politik zu stellen: zum Beispiel die Teilnahme an dem EU-Modellversuch für ein Mammografie-Screening.

Die Zeit war reif. In ganz Deutschland schließen sich nun Betroffene zu Selbsthilfegruppen zusammen. Sie geben sich gegenseitig Kraft, informieren sich und gehen mit ihrem Protest gegen den »Frauen-Genozid« auf die Straße. Im Oktober 1999, dem Protestmonat gegen Brustkrebs, reichen die Frauen der Gesundheitsministerin (damals die Grüne Andrea Fischer) einen Forderungskatalog mit 28 000 Unterschriften ein. Im darauffolgenden Oktober, dem Aktions-Monat gegen den Brustkrebs, demonstrieren sie medienwirksam vor dem Brandenburger Tor. *EMMA* begleitet die Proteste mit einer kontinuierlichen Berichterstattung.

1999 erschien die zweite Titelgeschichte. Titelbild: Die rosa Schleife, Titelzeile: »Die Kampagne. Kampf gegen Brustkrebs. Jede 4. könnte leben!« Wir schreiben: »Nach dem erfolgreichen Kampf der Amerikanerinnen gegen die Frauenseuche Nr. 1 fangen jetzt auch in Deutschland Patientinnen und Ärztinnen an, Druck zu machen.« *EMMA* informiert über die höheren medizinischen Standards im Ausland und spricht mit Ärztinnen, Gesundheitspolitikerinnen und Krankenkassen.

Fünf Jahre nach Start der Kampagne, im Januar 2001, wird Gesundheitsministerin Ulla Schmidt (SPD) aktiv. Sie ruft in der *EMMA*-Redaktion an und fragt: »Ihr habt doch so viel über Brustkrebs gemacht. Könnt ihr mir mal die Hefte schicken?« Können wir. Im März 2003 beschließt der »Bundesausschuss Ärzte und Krankenkassen« das Mammografie-Screening. Von nun an werden Prävention und Behandlung auch in Deutschland Schritt für Schritt auf die internationalen Standards gehoben. *EMMA* schreibt: »Das ist ein gesundheits- und frauenpolitischer Erfolg erster Rangordnung. Ein historischer Erfolg!«

Brustkrebs ist heute auch in Deutschland kein Genozid mehr, sondern eine mit allen zur Verfügung stehenden Mitteln bekämpfte Krankheit. Der Kampf gegen Brustkrebs ist eine der erfolgreichsten Kampagnen von *EMMA*.

Und dann gibt es noch die kleineren, weniger dramatischen, aber nicht minder relevanten Kampagnen von EMMA. Zum Beispiel die für den Frauenfußball oder auch die für den »TöchterTag«.

August 1989. EMMA präsentierte erstmals Frauenfußball auf der Titelseite (hatte aber schon ab 1978 darüber berichtet). Die deutschen Fußballerinnen waren Europameisterinnen geworden und Uschi Lohn hatte das Siegestor geschossen (dazu hatte ich meine bereits zitierte, berüchtigte Titelzeile gedichtet: »Uschi – der Schuss in alle Frauenherzen!«). Damals bekamen Europa- oder Weltmeisterinnen im Fußball noch gnädig ein Kaffeeservice als Prämie geschenkt. Zehn Jahre später, 1999, starten wir eine dreiteilige Serie für den Frauenfußball: »Die Hälfte vom Ball für die Frauen!« Die Forderungen hatten wir zusammen mit Spielerinnen, Funktionärinnen, Sportjournalistinnen und Wissenschaftlerinnen ausgekaspert. Wir forderten in einer detaillierten Liste bessere Bedingungen und die Förderung des Mädchen- und Frauenfußballs. 2003 und 2007 wurden die deutschen Fußballerinnen Weltmeisterinnen – unter dem immer hörbareren Jubel der gesamten Nation. Gerade schwächelt der Frauenfußball ein wenig, aber längst ist es selbstverständlich, dass er ernst genommen wird und auch angemessen in den Medien präsent ist.

Die Idee für den TöchterTag hatten wir 1999 aus Amerika importiert. Da nahmen immer am letzten Donnerstag im April, dem DaughtersDay, Väter und Mütter ihre Töchter mit an den Arbeitsplatz, damit die Mädchen sehen konnten, was auch eine Frau so alles werden kann. Zwei Jahre lang trug EMMA die Idee an PädagogInnen, PolitikerInnen und GewerkschafterInnen ran. Als Erste biss die Stadt Hamburg an. Sie startete am 26. April 2001 den ersten GirlsDay, rund 5000 Mädchen machten mit.

Die Sache nahm Fahrt auf. Heute sind an jedem letzten Donnerstag im April über 10 000 Unternehmen und zwei Millionen Mädchen (und auch etliche Jungen) dabei. Und die Mädchen können sehen: Ich kann, aber muss nicht Friseurin oder Arzthelferin werden – ich könnte auch Virologin werden, wie Prof. Karin Mölling, oder Astronautin, wie Insa Thiele-Eich, selber Tochter eines Astronauten.

# RECHT IST NICHT
# GLEICH GERECHTIGKEIT

Ich habe mich so manches Mal gefragt, wieso gerade ich so sensibilisiert bin für das Problem der sexuellen Gewalt. Schließlich habe ich das ungeheure Glück, noch nie in meinem Leben Opfer gewesen zu sein (die drei Vergewaltigungsversuche in jungen Jahren konnte ich erfolgreich abwehren). Aber vielleicht ist es gerade das: Dass Nicht-Betroffene es besser aushalten, genauer hinzusehen. Oder geben uns unsere Mütter und Großmütter ihr Erlittenes weiter, ohne Worte?

Es ist auf jeden Fall für eine Feministin unumgänglich, die Funktion der sexuellen Gewalt im Machtverhältnis der Geschlechter zu begreifen. Gewalt ist immer der dunkle Kern von Herrschaft. Das ist zwischen Völkern, Klassen oder Ethnien so und auch zwischen den Geschlechtern. Ohne Ausübung oder Androhung von Gewalt funktioniert kein Machtverhältnis. Im Verhältnis der Geschlechter ist es die (Sexual-)Gewalt. Dabei geht es weniger um Sex, sondern um Macht.

Recht und Rechtsprechung prägen und spiegeln die Moralvorstellungen einer Gesellschaft. Da ist es nicht verwunderlich, dass die (Sexual-)Gewalt gegen Kinder und Frauen bis vor gar nicht so langer Zeit auch rechtlich nicht sanktioniert war. Gewalt gegen die »eigenen« Kinder und Frauen war das Recht des Patriarchen. Erst seit 1997 ist die Vergewaltigung in der Ehe nicht das Recht des Ehemannes, sondern ein Verbrechen. Und erst seit 2000 dürfen Eltern in Deutschland ihre Kinder nicht mehr schlagen. Bisher mussten sich die Opfer schämen, nicht die Täter. Das ändert sich nur allmählich unter dem Druck der Feministinnen.

Die Amerikanerinnen haben einen Begriff für das Problem geprägt: Sexualpolitik. Politik mit dem Mittel der Sexualität, genauer: Ausübung von Macht durch sexuelle oder sexualisierte Gewalt. Das geht von der Vergewaltigung bis zum Frauenmord, von der Pornografie bis zu Pädophilie und Prostitution.

In allen fünf Bereichen haben wir es mit drei Problemkreisen zu tun: 1. die Täter, 2. die Medien, 3. die Justiz. Die sexuelle Gewalt gegen Kinder und Frauen ist ja kein individueller Ausrutscher, sondern strukturell und das dunkle Fundament der Macht von Männern über Frauen. Wir müssen darum davon ausgehen, dass auch in Medien und Justiz Täter sitzen, die mit den Tätern sympathisieren. Wir dürfen allerdings hoffen, dass diese Täter nur eine Minderheit sind. Es muss also darum gehen, die Mehrheit der Journalisten und Juristen aufzuklären, damit die zukünftig in ihrer Berichterstattung bzw. Prozessführung auch den Opfern gerechter werden.

Wir schreiben das Jahr 2020. Eben ist Harvey Weinstein wegen Vergewaltigung in zwei justiziablen Fällen (von 80 öffentlich gemachten) zu 28 Jahren Gefängnis verurteilt worden. Die Enthüllungen über seine »raubtierhaften seriellen sexuellen Überfälle« auf beruflich von ihm abhängige Frauen hatten 2017 die MeToo-Bewegung ausgelöst. Das Urteil von New York ist mehr als ein Anfang: Es ist eine Kulturwende. Endlich werden Opfer auch von der Justiz ernst genommen, werden die fatalen Mechanismen bei der intimen sexuellen Gewalt erkannt. Von einer so differenzierten Betrachtung des Opfer/Täter-Verhältnisses sind wir in Europa allerdings noch weit entfernt, sehr weit.

In Deutschland gab es seit 1990 statistisch 182 Tote, die Opfer rechtsextremer Gewalt wurden. Im gleichen Zeitraum wurden laut Statistiken rund 3900 Frauen Opfer tödlicher Beziehungsgewalt (wobei die Dunkelziffer, »Haushaltsunfälle« etc., noch nicht mitgezählt ist).

In den USA werden jährlich 125 000 Vergewaltigungen angezeigt. Doch bei den Fällen, bei denen es überhaupt zum Prozess kommt, werden immer noch von 50 Angeklagten 49 freigesprochen. Wer jemals einen Vergewaltigungsprozess erlebt hat, wundert sich keine Sekunde mehr, dass auch in Deutschland nur jede 12. (mutmaßliche) Vergewaltigung angezeigt wird – laut einer Studie des Frauenministeriums. Drei von vier dieser Anzeigen werden eingestellt, die Hälfte davon nach Aktenlage und ohne Anhörung der Opfer. Von der Minderheit der Anzeigen, die überhaupt noch vor dem Richter landen, werden viele Beschuldigte freigesprochen. Letztendlich wird in Deutschland nur jeder 100. (mutmaßliche) Vergewaltiger verurteilt. Vergewaltigung ist also ein quasi strafloses Verbrechen.

Nach deutschem Gesetz hat der Angeklagte das Recht zu schweigen, er muss sich nicht selbst belasten. In der Regel sitzt er stumm da, neben seinem Anwalt, gerne auch seiner Anwältin. Das Opfer muss aussagen, und das nicht nur zur Tat. Vor ihr der Richter, links Staatsanwalt und gegebenenfalls ihr Anwalt als Nebenkläger, hinter ihr die Gutachter. Sie hatte sich schon im Vorlauf einem psychologischen Gutachten zu stellen. Das geht weit und tief, beginnt mit ihrer ersten Periode und ihrem ersten Geschlechtsverkehr und führt dann über viele, viele Intimitäten bis hin zur mutmaßlichen Tat. Diese Prozedur wiederholt sich vor Gericht, so der Täter nicht gesteht. Das Opfer wird noch einmal entblößt – man könnte auch sagen: noch einmal vergewaltigt. Der Anwalt des Angeklagten muss versuchen, das (mutmaßliche) Opfer auseinanderzunehmen und es der Lüge zu bezichtigen. Denn bei Sexualdelikten, bei denen es in der Regel keine Zeugen gibt und die auf »Sie sagt – er sagt« beruhen, funktioniert die Reinwaschung des Täters ausschließlich durch Belastung des Opfers.

Ein Harvey Weinstein wäre vor einem deutschen bzw. europäischen Gericht mit an Sicherheit grenzender Wahrscheinlichkeit nicht verurteilt worden. Denn unsere Rechtsprechenden haben bisher weder das kritische Wissen über den gesellschaftlichen Kontext noch die fachliche Kenntnis, um so einen Fall angemessen zu beurteilen. Wir benötigen darum dringend Schulungen für die Justiz, so wie es sie für die Polizei ansatzweise bereits gibt. In Amerika ist die Schulung von StaatsanwältInnen und RichterInnen gerade im Bereich der Sexualverbrechen schon lange Praxis. Und auch die Kritik an der Pornografie ist präsenter.

Unter Pornografie verstehen Feministinnen wie ich die Verknüpfung von sexueller Lust mit Lust an Erniedrigung und Gewalt – alles andere ist keine Pornografie, sondern eine mehr oder weniger gelungene erotische Darstellung in Bild oder Text. Pornografie ist die Propagierung sexueller Gewalt. Im Bereich der rassistischen und antisemitischen Gewalt wird es inzwischen zugegeben: »Auf Worte folgen Taten« (Bundespräsident Steinmeier nach Halle). Im Bereich der sexistischen Gewalt ist das nicht anders: Auf Worte folgen Taten.

Verschärfend hinzu kommt gerade in Deutschland, dass wir strukturell in besonderem Maße eine Täterjustiz haben, die Täter schützt und Opfer ausliefert. Was im Sexualstrafrecht, wo in der Regel Aussage gegen Aussage steht, besonders zum Tragen kommt. Das war nicht immer so. In der jungen Bundesrepublik herrschte zunächst durchaus noch die Mentalität der Nazizeit – es waren häufig ja auch noch dieselben Juristen in Amt und Würden. Das bedeutete: Ambivalenzen wurden verdrängt, es gab nur Gut und Böse; die Täter waren keine Menschen, sondern »Bestien«. Und so mancher war rasch wieder dabei mit den alten Kopf-ab-Parolen.

Das änderte sich 1967 mit dem Prozess gegen Jürgen Bartsch. Der damals 20-Jährige hatte vier kleine Jungen aus sexueller Lust gefoltert und ermordet. Die Wogen schlugen hoch. Viele wollten den Kopf der »Bestie« rollen sehen. Dagegen stellte sich erstmals eine Berichterstattung, die aufklärte: Auch Täter sind Menschen. Und die Frage stellte: Wie werden Menschen eigentlich zu Tätern?

Ich selber war damals als junge Journalistin mehrfach im Bartsch-Prozess in Wuppertal, nicht als Berichterstatterin, sondern als Beobachterin aus persönlichem Interesse. Und in der Tat: Es war schwer vorstellbar, wie dieser so sanft aussehende junge Mann zu einem so gefühllosen, sadistischen Täter hatte werden können. – Bartsch starb tragischerweise zehn Jahre später an einer auch von ihm selbst gewünschten Kastration. Es hatte ihm offensichtlich niemand gesagt, dass seine mörderische Lust sich nicht in seinen Genitalien, sondern im Kopf abspielte.

Der Bartsch-Prozess war der Turning Point im Kapitel »Sexualgewalt und Strafrecht«. Von nun an beschäftigten sich die als aufgeklärt und fortschrittlich geltenden JournalistInnen einfühlsam mit den Tätern. Was nicht falsch war. Aber: Gleichzeitig gerieten die Opfer aus dem Blick. Führend bei dieser Pro-Täter-Gerichtsberichterstattung war zunächst Uwe Nettelbeck von der *Zeit* und sodann Gerhard Mauz vom *Spiegel*, später kam Gisela Friedrichsen dazu. Von diesen

JournalistInnen wurden Täter »verstanden«, aber fatalerweise die Opfer vernachlässigt (»Kaltherzige Mutter« etc.).

*EMMA* hat von Anfang an dagegengehalten. Unsere Kritik an einer die Opfer ignorierenden Berichterstattung und Rechtsprechung zieht sich wie ein roter Faden durch die Jahrzehnte: von dem Prostituiertenmörder Fritz Honka 1977 über Monika Lundi, 1980 Opfer des Aggressors Burkhard Driest; von Bubi Scholz, der 1984 seine Frau erschoss, bis zu den Kindern, die der bekennende pädophile Pädagoge Helmut Kentler als Gutachter vor Gericht zur »Resozialisation« bei Pädophilen empfahl. Wir haben die Opfer immer ernst genommen und ihnen eine Stimme und ein Gesicht gegeben.

In unserer Gesellschaft wird bis heute bei jedem Angeklagten von der »Unschuldsvermutung« ausgegangen, zu Recht – der Mehrheit der Opfer im Bereich der Sexualgewalt wird dieses Recht jedoch nicht zugestanden. Im Gegenteil: Bei missbrauchten Kindern wie vergewaltigten Frauen wird zunächst von einer »Schuld*vermutung*« ausgegangen, nämlich: Sie lügen! Ist die Schuld der Täter ganz und gar eindeutig, werden Entschuldigungen für ihn gesucht – auf Kosten des Opfers.

Nicht zufällig habe ich 1977 in der ersten *EMMA* einen Essay mit dem Titel »Männerjustiz« veröffentlicht, parallel zu dem Begriff Klassenjustiz. Nur dass über die Klassenjustiz damals alle redeten, die Männerjustiz jedoch noch nicht einmal ein Begriff war – und bis heute nicht ist. Dabei war sie allgegenwärtig: So wurde zum Beispiel die Minderheit der Gattenmörderinnen doppelt so häufig zu lebenslänglich verurteilt wie die Mehrheit der Gattenmörder (neun von zehn). Die »gekränkte Männerehre« bzw. die angebliche »Dominanz« des weiblichen Opfers galt als ein Milderungsgrund bei Prozessen, bis hin zum Freispruch – und das lange bevor von muslimischen Ehrenmorden die Rede war.

In der ersten *EMMA*-Ausgabe analysierte ich 1977 den Prozess gegen den Prostituiertenmörder Fritz Honka, ein Jahr nach dem »Jahr der Frau«. Honka hatte vier ältere Prostituierte vergewaltigt, gefoltert, erdrosselt und verstümmelt. Alle vier waren nach ihrem Tod von niemandem vermisst worden, eine war eine KZ-Überlebende gewesen.

Die Taten wurden nur zufällig entdeckt, weil die von Honka in einer Dachkammer versteckten Leichenteile so stanken. Für seine bestialische Tötung der Allerschwächsten bekam der Serienmörder nicht etwa lebenslänglich und Sicherheitsverwahrung, sondern 15 Jahre und eine Einweisung in die Psychiatrie.

Der Richter wies in seiner Urteilsbegründung darauf hin, dass Honka »der Ansicht war, da es sich schließlich um Prostituierte handelte, dass sie ihm zu Willen sein müssten«. Und er übernahm teilweise wörtlich die Formulierungen aus der Berichterstattung des *Spiegel*-Reporters Mauz. Der hatte geschrieben, Honka sei »ein Moralist«, für den »Sauberkeit und Ordnung hohe Werte« gewesen seien. Mauz weiter über den Prostituiertenmörder: »Die niederdrückende Last seiner Erfahrungen mit Frauen hat ihn flachgemacht, was sein Verhältnis zu Frauen angeht. Er sucht die Partnerin, das Gespräch, den Austausch, jene Hilfe, die allein das Gespräch zwischen den Geschlechtern geben kann.«[1]

Und Gisela Friedrichsen, die spätere Nachfolgerin von Mauz beim *Spiegel*, zitierte kommentarlos den Täter in der *FAZ*: »Die – von Honka wochenlang in seiner Wohnung gefangen gehaltenen – Frauen seien ›alle schmutzig gewesen‹ und hätten ›gestunken und seinen Haushalt nicht so geführt‹, wie Honka es sich erhofft hatte.«

Honka wurde 1993 entlassen und zog – anonymisiert – in ein gemischtgeschlechtliches Altersheim. Man kann nur hoffen, dass ihm da keine »schlampigen« Frauen begegnet sind. Und noch über 40 Jahre danach erschienen ein Roman und ein Film, die die Taten des Frauenmörders erneut verharmlosten.

Einer Umfrage der Medienwissenschaftler an der Universität Mainz aus dem Jahr 2010 zufolge gaben 42 Prozent der Staatsanwälte und 58 Prozent der Richter zu, dass die Medienberichterstattung ihr Verhalten sowie das Strafmaß beeinflusst. Das ist schon erschreckend genug. Die wirkliche Zahl dürfte höher liegen, da den sich für unabhängig haltenden Richtern ein solches Geständnis schwergefallen sein muss. Die öffentliche Meinung fällt nicht vom Himmel, sie ist weitgehend die veröffentlichte Meinung. Selbstverständlich spielt immer auch der Zeitgeist eine Rolle.

Zunehmend fatal ist nicht nur der Einfluss von Journalisten, sondern auch der Gutachter. Schon vor 20 Jahren hatte das Max-Planck-Institut für Strafrecht gewarnt: Jedes dritte Gerichtsgutachten enthalte »wissenschaftlich völlig unbegründete, subjektive Wertungen, Unterstellungen, Spekulationen, Pseudo-Theorien und Vorurteile«. Jedes dritte! Das dürfte seither eher mehr geworden sein. Denn die Entrechtlichung der Gerichtsbarkeit durch die Gutachter-Gläubigkeit der Richter schreitet voran. Nicht nur bei rechtspsychologischen Gutachten, auch bei rechtsmedizinischen. Selbst Verletzungen mutmaßlicher Opfer sind ja unterschiedlich interpretierbar.

Die große Rechtspsychologin Prof. Elisabeth Müller-Luckmann beklagte schon 1997 in *EMMA* die fatale Arbeitsteilung zwischen angeblich »unwissenden Richtern« und »wissenden Gutachtern«. Sie riet den Richtern, »stärker auf ihre Menschenkenntnis zu vertrauen«. Die Entwicklung verläuft in die andere, die falsche Richtung. Inzwischen fördert sogar der Bundesgerichtshof die Entmündigung der Richter. So kann die Nichthinzuziehung eines »Sachverständigen« – der so manches Mal kaum sachverständiger ist als der Richter – einem Gericht bei Berufungsverfahren als »Fehler« angelastet werden.

Das Ganze hat sich in den letzten zehn Jahren noch zugespitzt durch die Einführung der sogenannten »Litigation PR«. Diese Verteidigungsstrategie kommt aus Amerika. Dabei arbeiten Anwälte, Gutachter und manche Journalisten zusammen. Das ist natürlich teuer. Und Opfer haben selten Geld. In Deutschland wurde die Strategie der Litigation PR erstmals im Fall Kachelmann sichtbar.

Hinzu kommt, dass der Ermessensspielraum der zunehmend verunsicherten Richter groß ist. Selbst scheinbar unumstößliche Fakten können so oder so interpretiert werden. Alles Ermessensfragen. Sogar ein Toter kann mal als Opfer eines »Mordes« oder nur eines »Totschlags« oder gar »Unfalls« klassifiziert werden, auf der Grundlage ein und derselben Fakten. Gar nicht zu reden von Vergewaltigung: War das nun gegen ihren Willen geschehen – oder »einvernehmlicher Sex«? Im Zweifelsfall »einvernehmlich«. Darauf hatte auch die Verteidigerin von Harvey Weinstein im Februar 2020 im Prozess plädiert. In dem Fall glaubten ihr die Geschworenen nicht.

Denn es ist trotz alledem einiges in Bewegung gekommen in den vergangenen Jahren und Jahrzehnten. Mit Mord wegen Verletzung der »Männerehre« kommen die Täter heutzutage nicht mehr so ganz leicht durch, egal ob sie einen christlichen oder einen muslimischen Hintergrund haben. Und bei Vergewaltigung muss eine Frau nicht länger beweisen, dass sie sich physisch gewehrt hat – ein Nein genügt: »Nein heißt Nein«. Zumindest theoretisch, nach den Buchstaben des heute geltenden Gesetzes. In der Praxis sieht das alles in der Justiz noch mal ganz anders aus.

Ich werde nie vergessen, wie im August 2010 ein erfahrener Generalstaatsanwalt im Ruhestand in einer Talkshow tief resigniert zu mir sagte: Ich würde meiner Tochter, wenn sie vergewaltigt worden wäre, von einer Anzeige abraten. Denn sie hätte keine Chance. Das war bei Anne Will, einen Monat vor Beginn des Prozesses gegen Jörg Kachelmann.

# ABTREIBUNG UND KEIN ENDE

Hätte mir 1971, als ich die Selbstbekenntnis der 374 Frauen im *Stern* initiierte, jemand prophezeit, dass ich fast fünfzig Jahre später noch immer gegen den § 218 angehen muss, ich hätte es für unvorstellbar gehalten.

Noch unglaublicher hätte ich gefunden, dass diese häufigste medizinische Intervention bei weiblichen Menschen in Deutschland noch nicht einmal im Medizinstudium gelehrt wird (ganz wie in Amerika) und interessierte Medizinerinnen sich den Eingriff selber beibringen müssen. Und schon gar nicht vorstellbar wäre es für mich gewesen, dass noch im 21. Jahrhundert Ärztinnen, die fachgerechte Schwangerschaftsabbrüche vornehmen und darüber informieren, deswegen strafrechtlich verfolgt und mit Geld- oder gar Gefängnisstrafen bedroht werden. Doch all das ist Realität im Jahr 2020.

Es geht bei dem Abtreibungsverbot nicht darum, *ob* Frauen abtreiben – sondern nur darum, *wie* sie abtreiben. Werden ungewollt Schwangere bald wieder ihr Leben riskieren müssen? Will man so »ungeborenes Leben« schützen? Dadurch, dass man Frauen ihr elementarstes Menschenrecht verweigert: eine selbstbestimmte Mutterschaft. Ganz wie allen voran die katholische Kirche es wünscht. Die Stimme des Vatikans wiegt bei deutschen Politikern schwerer als die Lebensrealität von Millionen Frauen. Denn eine Frau, die ungewollt schwanger ist, treibt ab. Selbst unter Androhung der Todesstrafe (wie bei den Nazis).

Reden wir also noch einmal darüber. Zum hundertsten Mal. Es ging immer nur darum, *wie* eine Frau abtreibt. Illegal, also mit schlechtem Gewissen, unter Gefährdung ihrer Gesundheit und sogar ihres Lebens – oder legal mit medizinischem Beistand bei einem ambulanten

Eingriff von wenigen Minuten. Die ungewollt Schwangere treibt ab, weil sie um die Konsequenzen einer Mutterschaft weiß: Knapp zwei von drei der abtreibenden Frauen in Deutschland sind bereits Mütter. Sie treiben ab in einer Gesellschaft, in der noch längst nicht alle Väter die elterliche Verantwortung mittragen und Vater Staat nur sehr langsam in die Gänge kommt mit den Ganztags-Kindergärten und -schulen. Und sie treiben ab, weil es ihr Körper und ihr Leben ist. Übrigens: 96 Prozent aller Frauen in Deutschland treiben auch nach der Zwangsberatung (»Pro werdendes Leben«) ab.

Nicht zufällig wurde Anfang der 1970er Jahre der Kampf gegen das Abtreibungsverbot zur Initialzündung für die neue Frauenbewegung. Denn das Elend der Frauen war unermesslich. Der §218 überschattete nicht nur ihre gesamte Sexualität, sondern ihr ganzes Leben. Seither gilt bei Deutschlands westlichen Nachbarn und selbst in katholischen Ländern wie Italien oder Frankreich die Fristenlösung – also das Recht der Frauen, eine ungewollte Schwangerschaft in den ersten drei Monaten zu beenden.

In Deutschland sieht das anders aus, ganz anders. Zwar führte die DDR 1972 mit scheelem Blick auf die protestierende Frauenbewegung im Westen die Fristenlösung ein. Denn eine hauseigene Frauenbewegung wollten die Genossen nicht riskieren. Doch in der BRD – in der in den 1970er Jahren eine überwältigende Mehrheit der Frauen und auch Männer pro Fristenlösung war – wurde die Fristenlösung 1974 zwar mit Ach und Krach im Bundestag von SPD und FDP verabschiedet – aber gleich wieder via Verfassungsklage der CSU gestürzt.

Von da an arrangierten sich alle mit faulen Kompromissen, nicht nur die Konservativen, auch die Sozialdemokraten. 1974 war dies die »Indikationslösung«, nach der Abtreibung nur aus medizinischen oder sozialen Gründen erlaubt war. Seit 1995 ist Abtreibung nach deutschem Recht zwar »rechtswidrig, aber nicht strafbar«. Die totale Schizophrenie, um es allen recht zu machen: dem Vatikan und den Frauen. Bei der Wiedervereinigung ist der Kompromiss gesamtdeutsch geworden. Noch ehe die Ex-DDR-Bürgerinnen sich versahen, war ihr Recht auf Abtreibung dahin.

Der Kompromiss sieht so aus: Auch nach 1995 blieb Abtreibung in Deutschland eine Straftat und ist die Schwangere zum Austragen *verpflichtet*. Das Bundesverfassungsgericht formulierte es so: »Rechtlicher Schutz gebührt dem Ungeborenen auch gegenüber seiner Mutter. Das grundsätzliche Verbot des Schwangerschaftsabbruches und die grundsätzliche Pflicht zum Austragen des Kindes sind zwei untrennbar verbundene Elemente.«

Das klingt wie abgeschrieben aus einem Programm der »Lebensschützer«, die christliche Fundamentalisten sind oder aber im Vatikan sitzen; neuerdings verstärkt von den Damen und Herren der AfD. Der Körper der Frau als Gebärmaschine.

Abtreibungen sind in Deutschland also *verboten* und *strafbar*. Eigentlich. Denn das mit der Strafe haben sie bei den Frauen diesmal weggelassen. Weil es einfach noch nie funktioniert hat. So sind schon im Jahr 1969 von – laut Schätzungen – einer Million, die abgetrieben hat, nur 276 Frauen vor Gericht gelandet. Quasi versehentlich. Denn der 1872 im Kaiserreich eingeführte § 218 entsprach nicht mehr dem Rechtsempfinden der Menschen und schon gar nicht der Realität. Man wollte den Frauen drohen und sie einschüchtern – aber man konnte sie nicht ins Gefängnis stecken. Denn wer hätte dann die Arbeit machen sollen, wenn Millionen Frauen im Gefängnis sitzen, die unbezahlte Arbeit in der Familie wie die unterbezahlte im Beruf?

Also musste ein Kompromiss her, bei dem der Kern erhalten blieb: die Bevormundung, Einschüchterung und Entmündigung von Frauen. In Deutschland müssen Frauen, die abtreiben wollen, sich heute durch eine Zwangsberatung bestätigen lassen, dass sie dürfen. Frauen haben bis heute nicht das *Recht* abzutreiben, man gewährt ihnen lediglich die *Gnade*. Den wenigsten unter den jüngeren dürfte das bewusst sein.

Schon bei der Verabschiedung dieses Gesetzes war klar, dass es ein Einfallstor für ein erneutes Verbot der Abtreibung sein würde. Nicht nur die fanatischen Lebensschützer, auch der Vatikan und so manche Konservative arbeiten weiterhin unermüdlich auf das totale Abtreibungsverbot hin, im Namen des »Schutzes des ungeborenen Lebens«.

2017 kam es erneut zum Eklat in Sachen Abtreibungsverbot. Lebensrechtler, die seit Jahrzehnten auch in Deutschland abtreibende ÄrztInnen bedrängen und diffamieren, hatten Ärztinnen wegen angeblicher »Werbung« für Abtreibung angezeigt. Das basiert auf einer wachsweichen Formulierung im § 219a, nach der »Werbung für den Abbruch der Schwangerschaft« verboten ist. Auslöser war, dass diese Ärztinnen auf ihren Webseiten ganz einfach darüber informiert hatten, dass sie Abtreibungen durchführen und welche Methoden sie anwenden.

Mehrere Ärztinnen wurden vor Gericht gezerrt und tatsächlich verurteilt. Das löste eine Welle der Empörung aus. Der Paragraf sollte reformiert werden – doch dann machte die SPD mal wieder einen ihrer faulen Kompromisse. Die strafrechtliche Repression gegen die Ärztinnen besteht weiter. Einige der bedrohten Ärztinnen gehen jetzt bis zum Bundesverfassungsgericht. Ende offen.

Hintergrund dieses Manövers ist, dass eine selbstbestimmte Mutterschaft – und damit eben auch die Möglichkeit zum Abbruch einer ungewollten Schwangerschaft – den Frauen im 21. Jahrhundert einfach nicht mehr zu verbieten ist. Also setzt man die ÄrztInnen unter Druck, ohne die Frauen ja bei der Abtreibung ihr Leben riskieren. Mit Erfolg. Entweder auf legalem Wege, via Gesetz, oder illegal: in den USA wurden in der Vergangenheit ein knappes Dutzend Ärzte ermordet, nur weil sie ungewollt Schwangeren zur Seite standen. Und auch so mancher Arzt und so manche Ärztin in Deutschland wagt kaum noch abzutreiben. Denn vor ihren Türen stehen krawallend sogenannte »Lebensschützer«, die sie und ihre Klientinnen als »Babymörder« beschimpfen. Vor allem aber: Dieser häufigste medizinische Eingriff bei Frauen wird in der Arzt-Ausbildung noch nicht einmal gelehrt! Darum haben in Berlin zum Beispiel Medizinstudentinnen inzwischen diesen Teil ihrer Ausbildung selber in die Hand genommen.

Und die Frauen?

Zurzeit »dürfen« ungewollt Schwangere noch abtreiben, solange sie schön Bittebitte machen. Und was passiert? 98,5 Prozent der Beratenen treiben trotzdem ab. Aber in der Tat: Insgesamt treiben immer weniger Frauen ab. Seit der statistischen Erfassung der Zahlen 1996 sank die Zahl der Abtreibungen unaufhaltsam, um ein Viertel innerhalb von 20 Jahren auf 98721 im Jahr 2016. Warum? Ganz einfach: Weil Frauen zunehmend aufgeklärt und emanzipiert sind – ergo die Gefahr, ungewollt schwanger zu werden, sinkt. Niemand hat darum mehr zur Verhinderung von Abtreibungen beigetragen als die Frauenbewegung. Darauf können wir stolz sein!

Denn auch wir Feministinnen finden Abtreibung keinesfalls wünschenswert. Wissen wir doch nur zu gut, dass es auch eine individuelle Gewissensentscheidung ist, die nicht jeder Frau leichtfällt. Aber im Gegensatz zu gewissen Konservativen und Rechten sind wir nicht der Auffassung, dass Abtreibung ein Verbrechen ist. Für uns gehört der Körper einer Frau ihr selbst und nicht der Gesellschaft.

Solange der Schritt vom Fötus zum Kind noch nicht getan ist, also das »werdende Leben« den Körper der Frau noch nicht verlassen hat, muss es das Recht jeder Frau sein, über ihren Körper und ihr Leben frei zu verfügen. Bei Aufklärung und freier Entscheidung wird jede ungewollt Schwangere selbstverständlich so früh wie möglich abtreiben.

Doch die Abtreibungsgegner haben es in den vergangenen Jahren geschafft, die Menschen einzulullen. Ihr demagogisches Vokabular – »Kind« bzw. »werdendes Leben« statt »Fötus« etc. – ist längst in der Mitte der Gesellschaft angekommen. Der Druck auf die Frauen und ÄrztInnen hat sich wieder verstärkt. Immer mehr Frauen scheinen auch wieder von einem »schlechten Gewissen« zu reden – so wir den Medien glauben können.

Dieser Druck auf die Frauen wird flankiert von der Repression gegen die Ärzte. Seit Jahren gibt es katholisch dominierte Städte, ja ganze Regionen wie Bayern, in denen Hilfesuchende keinen einzigen Arzt mehr finden, der bereit ist, medizinischen Beistand zu leisten. Diese ÄrztInnen verweigern sich im Namen ihres »Gewissens« oder aus Angst vor ihrem (häufig katholischen) Arbeitgeber. ÄrztInnen, die offen sagen, dass sie bereit sind, Abtreibungen vorzunehmen, müssen sich auf den Terror der Lebensschützer sowie Geld- bzw. Gefängnisstrafen gefasst machen.

Fängt also alles wieder von vorne an? Es sieht ganz so aus. An den Folgen illegaler Abtreibungen sterben laut Weltgesundheitsorganisation (WHO) alljährlich weltweit 47 000 Frauen. Und fünf Millionen Frauen landen im Krankenhaus wegen verpfuschter Abtreibungen. Viele dieser Frauen werden nie mehr ein Kind bekommen können. Die selbst ernannten Lebensschützer sind also in Wahrheit Lebensvernichter: für die abtreibenden Frauen wie für die nie geborenen Kinder.

# VON DER *STERN*-KLAGE BIS ZU PorNo

Juni 1978. Wir drei hocken auf den großen bunten Kissen, die vor der Anschaffung eines Konferenztisches mit Stühlen die allgemeine Sitzgelegenheit in meinem Büro sind. Dabei sind wir alle drei nicht mehr im Hippiealter: die Richterin Dr. Lore Marie Peschel-Gutzeit, die Anwältin Dr. Gisela Wild und ich. Die beiden Juristinnen kommen gerade aus Bonn, vom Jahrestreffen des Juristinnenbundes, dessen Vorsitzende Peschel-Gutzeit ist. Was wir in diesen Stunden aushecken, sollte über Monate die Nation bewegen und bis heute nachhallen: die Klage gegen den *Stern* wegen seiner »erniedrigenden Titelbilder von Frauen«, genauer wegen Verstoßes gegen Artikel 1 des Grundgesetzes: »Die Würde des Menschen ist unantastbar«. Die erste Sexismus-Klage.

Auslöser war nach einer Serie der üblichen »Arsch-und-Titten«-Cover die nackte Grace Jones, die ihren Hintern dem Betrachter entgegenstreckte und schwere Eisenketten um die Fußfesseln trug. Die Assoziation zur Sklavin war eindeutig. Pointe: Das Foto hatte Helmut Newton gemacht, was mir damals nicht bewusst war und dessen Fotos ich 15 Jahre später in einem viel diskutierten Text als »sexistisch und rassistisch« analysieren würde (siehe Seite 391) – und für den die Stadt Berlin 2003 ein Millionen-Museum einrichtete und es seither betreibt.

Doch noch herrscht Ruhe vor dem Sturm. Wenige Wochen nach unserem Treffen reichen wir die ausgefeilte Klage ein, in der unsere Anwältin argumentiert: »Die Beklagten (der *Stern*) verletzten fortgesetzt und sogar zunehmend die Menschenrechte von mehr als der Hälfte der Bevölkerung, der Frauen. In eklatanter Weise verstoßen sie gegen deren Recht auf Menschenwürde und auf Gleichbehandlung, was zugleich das Recht auf Freiheit vor Diskriminierung beinhaltet. Durch derartige Abbildungen werden Frauen nicht nur als Objekt männlicher Lust dargeboten, sondern darüber hinaus als Mensch erniedrigt.«

Jetzt geht es los! Henri Nannen, der Chefredakteur des *Stern*, nimmt es so gar nicht sportlich. Noch vor dem Prozess nannte er uns in einer flammenden Kolumne »freudlose Grauröcke« mit einem »jämmerlichen Selbstbewusstsein« und einer »Zwangsfixierung aufs Objektsein«. Und der von mir als junger Journalistin doch so bewunderte Rudolf Augstein fügte hinzu, wir hätten ein »mangelndes Selbstwertgefühl« und »ärgerliches Selbstmitleid« und strebten eine »Meinungs- und Geschmacksdiktatur« an: »Aus blinder Wut wollen sie die politische Rechtsordnung zerstören.« – Wir hatten offensichtlich ins Schwarze getroffen.

Es naht der Tag des Prozesses, der 14. Juni 1978. Ich habe schon viel erlebt, aber so was noch nie: Das Gericht musste mehrfach den Raum wechseln, aber selbst im größten stapelten sich die Menschen, vor allem JournalistInnen, noch bis zur Decke und standen bis in die Gänge. Nannen kam mit seinem Staranwalt Heinrich Senfft, und der hatte eine Strategie. Als Erstes jedoch küsste Nannen vor klickenden Kameras Inge Meysel die Hand. Sie war, zusammen mit u. a. Margarethe von Trotta und Erika Pluhar, eine der neun Mitklägerinnen.

Nannens Anwalt saß nur ein, zwei Meter von mir entfernt am Tisch vor dem Richter und hatte uns eine Minute vor seinem Vortrag seine Klageerwiderung in die Hand gedrückt. Darin hieß es u. a.: »Allein der Blick auf die Thematik und den Anzeigenteil der Zeitschrift *EMMA*, um die sich die Klägerinnen gruppieren, wird das Gericht überzeugen, dass wir es hier mit einer ganz bestimmten Gruppe von Frauen zu tun haben, die in ihrem Verhältnis zum Mann anders reagieren als die überwältigende Mehrzahl der übrigen Frauen. Da es zu den journalistischen Grundsätzen der Beklagten gehört, das Recht der Minderheiten zu wahren, darf dieser Hinweis in keiner Weise diffamierend verstanden werden – er dient ausschließlich der notwendigen Abgrenzung der Klägerin von der Gesamtheit aller Frauen, für die zu sprechen sie vorgeben. (...) Mehr als ein Publizitätsrummel wird diese Klage den Klägerinnen und *EMMA* also nicht bringen – aber wenn dieser Rummel die Auflage von *EMMA* fördert, so soll es den Beklagten und allen Frauen recht sein, die nicht beleidigt sind, wenn es Männer sind, die sie begehren.«[1]

Noch während Senfft sprach, beugte ich mich zu unserer Anwältin und flüsterte: »Ich möchte gerne selber etwas erwidern. Sind Sie einverstanden?« Gisela Wild nickte. Also erhob ich mich und sagte: »Hohes Gericht, wes Geistes Kind die Beklagten sind, haben wir eben gehört. Aber für den Fall, dass Ihnen dieses oder jenes Wort entgangen sein sollte, möchte ich die Erwiderung von Herrn Senfft noch einmal vorlesen.« Und dann begann ich mit sehr ruhiger Stimme den ganzen schmierigen, anzüglichen Text noch mal vorzutragen. Nicht nur das Gesicht des Richters wurde immer länger. Am Ende war klar: Diesen Prozess hat der *Stern* verloren. Zumindest moralisch.

Juristisch war der Prozess nicht zu gewinnen. Das war uns dreien von Anbeginn an klar gewesen. Denn: Es gab noch gar kein Gesetz gegen das, was wir beklagten. Der – bis heute – existierende § 184 des Strafgesetzbuches definiert Pornografie nicht eindeutig. Laut der »Freiwilligen Selbstkontrolle« (FSK) handelt es sich um »einen unbestimmten Rechtsbegriff, der der richterlichen Auslegung unterliegt«. Auf diese Gesetzeslücke wollten wir mit der Klage aufmerksam machen und die Menschen aufrütteln. Unsere Klage traf einen Nerv. Sie bewegte über Monate die Nation. Kein Stammtisch, kein Friseursalon, keine Redaktion, in der nicht das Pro und Kontra heftig debattiert wurde.

Am 26. Juli 1978 wurde unter maximalem Medienaufgebot, inzwischen international, das Urteil verkündet. Richter Engelschall gab uns, den Klägerinnen, moralisch recht – auch wenn er uns juristisch enttäuschen musste. Der Richter drückte die Hoffnung aus, dass es »in zwanzig Jahren« das von uns gewünschte Gesetz geben würde, und erklärte: »Die Kammer verkennt nicht, dass es ein berechtigtes Anliegen sein kann, auf eine der wahren Stellung der Frau in der Gesellschaft angemessene Darstellung des Bildes der Frau in der Öffentlichkeit und insbesondere den Medien hinzuwirken. Soll – wie es die Klägerinnen wünschen – die staatliche Gewalt mobilisiert werden, dann sind indes dafür nicht die Gerichte zuständig. Mit einem solchen Anliegen müssten sich die Klägerinnen an den Gesetzgeber wenden.« Seither sind über 40 Jahre vergangen – und das auch von dem Richter erhoffte Gesetz gibt es immer noch nicht.

Stattdessen verfolgte Nannen uns noch jahrelang mit Klagen, weil wir einen Kommentar der *Stern*-Redakteurin Ingrid Kolb abgedruckt hatten, die in der Sache auf unserer Seite stand. Wir schrieben, dass – wie uns etliche Zeugen unter Eid bestätigt hatten, darunter der Hauptzeuge, der Ex-Stern-Redakteur Reimar Oltmanns – Nannen persönlich den Kommentar kurz vor Druck aus dem Heft genommen hätte. Nannen bestritt das und mehrere seiner angestellten Redakteure bestritten es ebenfalls. Ich erinnere mich nur zu gut, wie fassungslos ich war, als etliche von mir sehr geschätzte Journalisten die Hand zum Schwur pro Nannen hoben. »Schweinerei!«, rief in dem Moment von der Pressebank der Kollege von der *Frankfurter Rundschau*. Nannen hatte wohl geglaubt, er könne uns mit diesen Prozessen ökonomisch in die Knie zwingen. Doch die Kosten wurden bis auf den letzten Pfennig mit Spenden gedeckt.

Zehn Jahre später, 1988, zündeten wir die zweite Stufe der Kampagne: »PorNO!« *EMMA* veröffentlichte einen Entwurf für ein neu gefasstes Anti-Porno-Gesetz, auch diesmal gemeinsam erarbeitet mit der späteren Hamburger und Berliner Justizsenatorin Lore Maria Peschel-Gutzeit und eingebettet in unsere PorNO-Kampagne. Kern des Gesetzesvorschlages war die Definition von Pornografie als »die verharmlosende oder verherrlichende, deutlich erniedrigende sexuelle Darstellung von Frauen oder Mädchen in Bildern und/oder Worten«, genauer: die Verknüpfung sexueller Lust mit Lust an Erniedrigung und Gewalt.

Der Begriff Pornografie stammt übrigens aus dem Griechischen und bedeutet ursprünglich »Über Huren schreiben«. In der Pornografie von heute geht es allerdings nicht mehr nur um »Huren«, sondern um alle Frauen. Sind jetzt alle Frauen Huren? Ja, zumindest suggeriert uns das der pornografisierte Blick. Während die Frauen selbst zunehmend zum Subjekt ihres Lebens werden, macht der Blick der männerdominierten Kulturindustrie uns gleichzeitig verstärkt zum

Objekt. Und nicht zufällig propagiert die Pornografie Frauenverachtung und Frauenhass in Zeiten der steigenden Gleichberechtigung.

Gleichzeitig veröffentlichte der *EMMA*-Verlag den Klassiker von Andrea Dworkin: »Pornografie. Männer beherrschen Frauen«[2]. Zum Auftakt der PorNO-Kampagne veranstalteten wir eine Podiumsdiskussion in Köln. Es kamen über 3000 Frauen und Männer, 1000 mussten draußen bleiben. Auf dem Podium saßen Politikerinnen dreier Parteien: Renate Schmidt (SPD) und Rita Süssmuth (CDU), beide für unser Gesetz, sowie Verena Krieger (Grüne), gegen das Gesetz und für eine »alternative Pornografie«. Die Überraschung des Abends war der *Spiegel*-Redakteur Hellmuth Karasek – er schlug sich auf unsere Seite, gegen seinen eigenen Chef Rudolf Augstein.

Und auch die von uns eingeladene Andrea Dworkin aus New York hat uns überrascht. Aber leider nicht nur positiv. Dworkins Buch ist und bleibt ein Meilenstein in der feministischen Analyse der Pornografie – doch ihre Motive ... Dworkin redete an diesem Abend im Stil einer alttestamentarischen Predigerin, was mich immer stiller werden ließ. Karasek und ich tauschten bedrückte Blicke. *So* hatten wir das nicht gemeint. Bei allem Respekt vor der Leistung der amerikanischen Feministinnen bei den wegweisenden Analysen von Pornografie – aber die bei Dworkin durchklingende Sexualfeindlichkeit war und ist mir fremd.

Doch wie auch immer: Unsere PorNO-Kampagne löste, ganz wie die *Stern*-Klage zehn Jahre zuvor, eine breite öffentliche Debatte aus, auch in den Medien; diesmal schon spürbar nachdenklicher. Die SPD, damals in der Opposition, berief ein Hearing ein, in dem die überwältigende Mehrheit der ExpertInnen aus Wissenschaft und Kultur die Auffassung vertrat, ein neues und wirkungsvolleres Gesetz gegen Pornografie müsse her. Folgen: keine.

Wiederum zehn Jahre später, 1998, forderte ein überparteiliches Bündnis von Spitzenpolitikerinnen – von Rita Süssmuth (CDU) bis Ulla Schmidt (SPD) – eine Neufassung des Pornografie-Gesetzes sowie die Einführung des juristischen Begriffes »Frauenhass« als »Volksverhetzung«. Zivilrechtlich strafbar sollten danach der Handel mit und der Besitz von Pornografie sein; nicht nur der von

»Kinderpornografie«, sondern auch bei Missbrauch von Menschen über 14 Jahren. Gleich nach den Wahlen 1998 kündigte Justizministerin Herta Däubler-Gmelin (SPD) die Verabschiedung des »überfälligen Anti-Porno-Gesetzes« an sowie die Verankerung des Begriffes »Frauenhass« im Gesetz, parallel zum »Fremdenhass«.

Bis heute, 22 Jahre später, ist nichts geschehen.

Im Frühling 2007 schlug der Münchner Neuropsychologe Henner Ertel erstmals Alarm. Sein »Institut für rationelle Psychologie« macht seit Jahrzehnten Langzeitstudien zu den Auswirkungen von Pornografie. Bei der Auswertung der Daten aus den letzten 20 Jahren stellten die WissenschaftlerInnen schon damals »eine dramatische Entwicklung in den letzten fünf Jahren« fest: »Was da auf unsere Gesellschaft zukommt, ist das Grauen.« Die Psychologen registrierten veränderte Verhaltensweisen: »Gewalt ist heute ein legitimes Mittel, Ansprüche durchzusetzen.« Gleichzeitig registrierten Neurologen Veränderungen im Gehirn: »Das Gehirn passt seine Verarbeitungsstrategien an und schützt sich gegen die Flut von Gewalt und Pornografie durch Abstumpfung.«

Neuropsychologe Ertel: »Emotionale Intelligenz und Empathiefähigkeit haben bei den Jugendlichen enorm abgenommen. Sexualität ist heute für die Mehrheit der jungen Männer, aber auch für viele junge Frauen unlösbar mit Gewalt verknüpft. Wobei die Männer sich mit den Vergewaltigern identifizieren, die Frauen mit den Vergewaltigten.«

Zusätzlich alarmierend: Nicht nur die sexuelle Kommunikation, auch das allgemeine Einfühlungs- und Mitleidensvermögen sinkt bei den Porno-KonsumentInnen im Zeitalter des Internet rapide. Steuern wir unaufhaltsam auf eine herz- und seelenlose Zukunft zu, in der Frauen und »Fremde« Menschen zweiter Klasse werden? Oder stecken wir schon mittendrin?

Im Rückblick sind die *Stern*-Cover und *Playboy*-Hasen fast rührend – in Relation zu dem, was heute im Internet los ist. Doch sie haben den Weg bereitet. Denn von der Erniedrigung zur Gewaltausübung ist es nur ein ganz kleiner Schritt.

Seit Jahrzehnten grassieren in Popkultur, Werbe- bzw. Modefotografie und vor allem im Internet auch Pornos mit Vergewaltigungen und Folter, bis zum Kinder- und Frauenmord. Würden solche Darstellungen zum Beispiel mit Schwarzen inszeniert – also der augenrollende Schwarze mit dem Rhythmus im Blut, der gerne seinem Herrn dient und vom Ku-Klux-Klan ganz sexy aufgehängt oder von Glatzen geil zusammengeschlagen wird –, dann kämen diese Bilder selbstverständlich gar nicht erst auf den Markt, sondern würden vorab als »rassistisch« indiziert bzw. wären nur illegal zu konsumieren.

Richten wir den Blick aufs Internet, so ist das schier erschlagend – und kaum noch zurückzuholen. Im World Wide Web gibt es heute unter Stichworten wie »Porn« oder »Sex« insgesamt 7,5 Billionen Angebote, sprich 7501 Millionen. Und was da so unter diesen Links auftaucht, entspricht mehrheitlich der klassischen feministischen Definition von Pornografie: nämlich Bilder von Frauen, die erniedrigt, vergewaltigt, gefoltert werden – zur Erregung sexueller Gefühle von Männern. Allerdings: Noch immer gibt es keine saubere wissenschaftliche und rechtliche Definition von Pornografie, noch immer läuft alles unter »Erotik« bis hin zu den »Gewaltpornos«.

Und wer wohl ist der Weltmeister im Pornokonsum? Deutschland! Deutsche Männer (und eine Minderheit von Frauen) konsumieren 12 Prozent der weltweiten Pornografie (zum Vergleich: auf die amerikanischen Männer entfallen 8 Prozent – obwohl Amerika vier Mal so viele EinwohnerInnen hat). Bei »Pornhub«, einem der beliebtesten Porno-Videoportale, kann man Pornovideos sowohl konsumieren wie auch selber hochladen. Allein 2019 wurden 6 830 000 Videos hochgeladen, das sind 1 300 000 Stunden, das heißt 169 Jahre Pornovideos nonstop.

Am beliebtesten ist dabei der Suchbegriff »Amateur« mit Filmchen wie: »Fitter Typ zerstört das Mädchen von nebenan« (15 Millionen Aufrufe). Oder »Notgeiler Bruder fickt seine schlafende Schwester« (53 Millionen Aufrufe). Nicht schwer, sich vorzustellen, mit welchem Blick so mancher Konsument des letzten Pornos danach seine eigene Schwester ansieht.

Auf »Pornhub« sind auch Filme zu sehen, die Männer von ihren (Ex-)Beziehungen gemacht haben und die sie ohne deren Wissen veröffentlichen. In den USA gerät Pornhub gerade unter Druck, weil Videos von Opfern von Menschenhandel, Frauen und Kindern, hochgeladen worden waren, die vor laufender Kamera missbraucht und gequält wurden. In Florida verhaftete die Polizei einen Mann, der ein Jahr lang eine entführte 15-Jährige vergewaltigt und zu mehreren Abtreibungen gezwungen hatte. Er postete über 60 Filme von ihr.

Einmal davon abgesehen, dass für diese Art von »Pornos« oft reale Menschen missbraucht werden, sind sich seriöse Wissenschaftler auch seit Jahren einig, dass die Katharsis-These vom Tisch ist. Das heißt, der Konsum solcher Pornos führt beweisbar nicht zur Senkung der Aggressionen ihrer Konsumenten, sondern zur Steigerung; er entlädt nicht, sondern lädt auf.

Sicher, die Wirkung ist zum Glück nicht bei jedem gleich. So veröffentlichte das Hamburger »Institut für Sexualforschung« 2006 ein Resümee internationaler Studien, die belegen, dass die Wirkung von Pornografie von zahlreichen Faktoren abhängt: von der situativen Verfassung des Konsumenten (z. B. ob gelassen oder wütend, nüchtern oder betrunken) bis hin zum familiären Milieu und kulturellen Kontext (z. B. ob er aus Gewalt- oder aus emanzipierten Verhältnissen kommt, geliebt oder traumatisiert ist).

Als höchste Risikogruppe galten Männer mit einer »feindseligen Männlichkeit und Promiskuität«, also Männer mit einem hohen Frauenkonsum inklusive verächtlicher bzw. aggressiver Haltung zu Frauen. Eine amerikanische Studie von Malamuth/Addison/Koss mit 1713 repräsentativ ausgewählten Studenten ergab schon in den Nullerjahren: Rund jeder achte Mann gehört zu dieser Höchstrisikogruppe. Die Zahl dürfte inzwischen gestiegen sein. Wir wissen es nicht. Denn es gibt kaum noch aktuelle wissenschaftliche Studien zur Pornografie. Übrigens, alle diese Studien werden quasi ausschließlich mit Männern gemacht. Grund: Es sind überwiegend Männer, die Pornografie konsumieren bzw. sexuelle Gewalt ausüben.

Reden wir noch vom Geschäft. 2007 wurden allein in den USA mit Sex/Porno-Filmen 10–14 Milliarden US-Dollar Profit gemacht (Profit, nicht Umsatz!). Zehn Jahre später ist der Profit auf fünf Milliarden gesunken. Und das nicht zuletzt dank der Amateurvideos, die gratis zu konsumieren sind. Guckt also die Porno-Branche jetzt in die Röhre? Keine Sorge. Die großen Gewinne liegen längst im Sammeln von Daten.

Bei jeder vierten Suche im Internet geht es um Pornografie. Täglich wird damit ein Umsatz von über 13 Millionen Dollar erzielt. Die bezahlte Streaming-Pornografie machte 2019 noch 97 Milliarden Dollar Umsatz (zum Vergleich: Netflix macht 12 Milliarden Umsatz). Das sind Portale wie »Pornhub«, »Redtube« und »Youporn«, die alle dem kanadischen Konzern »MindGeek« gehören, mit Sitz in Luxemburg (Steuervorteile). Das MindGeek-Netzwerk kommt jährlich auf mehrere Milliarden Klicks, nur Facebook und Google haben mehr. Auch ist das Daten-Sammeln ein Riesengeschäft.

In dieser rundum pornografisierten Welt muss sich die eigentliche Pornoindustrie immer stärker spezialisieren. Neben den sogenannten »Features«, in denen die Geschlechtsakte noch mit einer dürftigen Story bemäntelt sind, machen heute vor allem die entpersonalisierten Pornos Kasse: In Gonzos wird nur noch gerammelt, in alle Löcher und in Nahaufnahme. Versteht sich, dass die Auswirkungen auf die sexuellen Fantasien vor allem der noch formbaren Jugendlichen entsprechend sind, vor allem, da Pornogucken unter »echten« Jungen schon lange Pflicht ist: Wer nicht mitmacht, gilt als Memme bzw. als »schwul«. PädagogInnen berichten von sechsjährigen Jungs, die Vergewaltigung spielen, und elfjährigen Mädchen, die beunruhigt sind, weil sie noch nie Sex hatten. Das ist wohl kaum noch zurückzuholen.

Es hätte nicht so weit kommen müssen. Schließlich warnen nicht nur Feministinnen, sondern auch Pädagogen, Psychologen und Kriminologen schon seit Langem, genau gesagt seit vierzig Jahren. Und vor zehn Jahren kamen auch noch die Neurobiologen dazu. Der Neurobiologie Klaus Mathiak warnte: »Wir wissen, solche Filme wirken eindeutig verstärkend. Vom Anblick leidender Menschen sexuell stimuliert zu werden, dazu muss man die Empathie ausschalten, sonst wirkt es nicht. Und das muss man erst lernen – indem man es immer und immer wieder anschaut.« Indem man immer und immer wieder Gewaltpornos konsumiert.

Der permanente Pornokonsum prägt also nicht nur die Software, das Begehren, sondern wird auch auf der Festplatte gespeichert, im menschlichen Gehirn. Die Spuren des veränderten Begehrens nach dem Konsum von Pornos können physiologisch nachgewiesen werden. Und dass es einen Zusammenhang zwischen Fantasie und Tat gibt, ist beim Sexismus so selbstverständlich wie beim Rassismus oder Antisemitismus. Für die beiden letzteren Gruppen wird das schon lange nicht mehr geleugnet, Hasspropaganda gegen »fremde Rassen« oder Juden wird in Deutschland gesetzlich geahndet. Nur beim Sexismus scheint es dem Gesetzgeber bisher nicht der Rede wert, dabei ist gerade der das Fundament für das gesamte hierarchische Denken. Warum sollte ein junger Mann, der seine geprügelte Mutter und die missbrauchte Schwester verachtet, Respekt vor Fremden haben?

Der pornografisierte Mann desensibilisiert sich nicht nur gegenüber Frauen (oder auch von in den Frauenpart gestoßenen Männern), er verliert auch die Empathiefähigkeit für alle Menschen und Lebewesen.

Bereits in den 70er Jahren hatte die Wissenschaft die Folgen des zweiten Schubs der »Demokratisierung« von Pornografie – nach de Sade Anfang des 19. Jahrhunderts – erforscht. Zunächst in Amerika, wo die Sensibilisierung für das Problem durch Feministinnen früher begann als in Europa. Da machte zum Beispiel der Psychologe Prof. Edward Donnerstein eine Untersuchung mit männlichen Studenten nach dem bekannten Milgram-Experiment. Dabei werden Menschen aufgefordert, ihnen Unbekannten für deren angebliches Versagen zur Strafe Stromstöße zu versetzen, sie wissen nicht, dass der Strom nicht angeschlossen ist. Donnerstein zeigte der ersten Gruppe eine Szene aus einer Talkshow, der zweiten eine Sex-Szene und der dritten einen Hardcore-Porno mit Vergewaltigung. Die Probanden der dritten Gruppe »bestraften« anschließend ihr Opfer viel härter für deren »Versagen« als die der anderen Gruppen – allerdings bestraften sie nur die Frauen. Später variierte Donnerstein das Experiment und zeigte zweierlei Pornos: solche, in denen Frauen ihre Schmerzen zugaben – und solche, in denen die Frauen die Gewalt »genossen«. Mit dem Resultat, dass die Probanden der zweiten Gruppe ihre Opfer noch härter malträtierten als die anderen. Und genau das suggeriert ja auch der Porno: dass die Opfer es auch noch genießen. Der Kartharsis-Effekt ist unhaltbar, Pornografie baut keine Aggressionen ab, sondern erzeugt sie.

Die so gerne unterstellte Freude von Frauen an Pornografie hält sich bis heute in Grenzen. Wenn sie überhaupt gucken, dann oft Männern »zuliebe«. Laut einer Untersuchung des Hamburger Instituts für Sexualforschung hatten Anfang der 90er Jahre vier von zehn Frauen zwischen 18 und 65 schon mal einen Porno gesehen, zwei von drei fanden ihn »ekelerregend« und »abstoßend«. Auch in einer Studie von der Sexualpädagogin Marie-Lou Nussbaum über SchülerInnen in der Schweiz gaben die Jungen als Motiv für den Pornokonsum »Erregung« und »Selbstbefriedigung« an, die Mädchen sprachen eher von Angst und Verunsicherung.

Und die immer mal wieder propagierten »Pornos für Frauen«? Die sind ein Nischenprodukt. Denn eine rein genitale Sexualität ist traditionell eher Männersache, Frauen funktionieren erotisch komplexer. Das direkt Genitale und die Gewalt sind jedoch der Kern von Pornografie – das lässt sich für Frauen nicht einfach umdrehen oder unter Frauen nachstellen. Auch ist Gewalt und Macht nicht automatisch sexuell erregend für Frauen, sie macht ihnen eher Angst.

Dass der Pornoboom eine direkte Reaktion auf die Emanzipation ist, zeigt auch seine Geschichte. Der erste berühmte und gesellschaftsfähig gewordene Pornofilm war 1972 Deep Throat. In dieser Zeit, in der die Women's Lib Furore machte und die Frauen der westlichen Welt »ihre« Sexualität entdeckten – und mit ihr das zentrale weibliche Sexualorgan, die Klitoris –, war die »Story« des Films kein Zufall: Die weibliche Hauptdarstellerin Linda Lovelace hatte die Klitoris nicht zwischen den Schamlippen, sondern – im Rachen. Es durfte ihr also das Maul gestopft werden. Der Film, dessen Produktion 25 000 Dollar gekostet hatte, spielte sechs Millionen ein. Es war Fashion, ihn zu sehen, also standen auch Jack Nicholson und Jackie Kennedy in New York in der Schlange an der Kinokasse.

Linda Lovelace alias Linda Boreman veröffentlichte zwanzig Jahre später in einer Autobiografie ihre Wahrheit. Das Mädchen aus strengem puritanischem Hause hatte sich mit zwanzig in den Ex-Marine und Vietnam-Veteran Chuck Traynor verliebt. Der holte sie raus aus dem Elternhaus und rein ins Rotlicht-Milieu; das erste Mal mit fünf Geschäftsmännern in einem Hotelzimmer. »Zieh deine Kleider aus, oder du bist eine tote Nutte«, herrscht Traynor die ahnungslose Linda an. Von nun an wird sie unter seinen Schlägen sein williges Werkzeug. Er prügelt sie auch auf dem Set grün und blau und zwingt sie, mit vorgehaltener Pistole, zum Sex mit Hunden (eine in Diktaturen gängige Foltermethode für Frauen). Ihren Rachen weitet er für Deep Throat mit einem Gartenschlauch. Der Film gilt bis heute als Meilenstein im Kampf gegen das prüde Amerika – und wurde zum Auslöser des Protestes von Feministinnen gegen Pornografie.

Es ist die traurige Wahrheit: Gerade ein Teil der sich als fortschrittlich Verstehenden ist nicht etwa nur Mitmacher, sondern Schrittmacher bei der fortschreitenden Pornografisierung der Kultur: von der Bildenden Kunst, vom Theater und Film bis hin zur Literatur. Und auch so manche Frauen machen dabei mit, weil sie nicht prüde sein wollen – oder weil sie davon profitieren.

Seit ein paar Jahren gibt es eine neue Strömung von »Jungfeministinnen« bzw. »Internetfeministinnen«, die sich selber als »sex-positiv« bezeichnen, womit sie meinen: Wir sind pro Pornografie und pro Prostitution (und übrigens immer gleichzeitig pro Kopftuch). Diese »Feministinnen« wissen nicht, was sie tun – oder sie wissen es, was es noch beunruhigender macht.

Pornografie, dieses »kalte Herz der Frauenfeindlichkeit« macht »Sexismus sexy« (die US-Juristin Catherine MacKinnon). Sie zerstört nicht nur die Frauen, sondern auch das Begehren der Männer. Pornografie macht den Geschlechterkampf zum Geschlechterkrieg, sie ist eine reine Kriegspropaganda gegen Frauen.

Die Amokläufe von Halle und Hanau haben sich uns allen eingebrannt. Die Täter scheinen beide sogenannte »Incels« zu sein. Die von diesen frauenlosen, alleinstehenden jungen Männern ausgehende Gefahr ist nicht neu. Sie sind schon lange als Problemgruppe erkannt, bedrohen in Rudeln die Gesellschaft oder zetteln in größeren Verbänden sogar Kriege an (u. a. der Historiker Thomas Laqueur hat Kluges darüber geschrieben). Neu ist eine Form der Zusammenrottung, die erstmals weltumspannend ist: die digitale im Internet. Da haben sie sich auch diesen Namen gegeben: Incels, involuntary celibates (unfreiwillige Zölibatäre). Sie konsumieren den Frauenhass nicht zuletzt via Pornografie sowie Verschwörungstheorien.

*EMMA* berichtet Anfang 2018 erstmals über die Incels, Anfang 2020 traten sie im Zusammenhang mit dem Attentat auf die Synagoge in Halle auch ins Bewusstsein der deutschen Öffentlichkeit. Die begriff: Auch der Judenhass ist immer verknüpft mit dem Frauenhass oder hat gar dort seinen Ursprung. Tradition hat, dass Juden als »unmännlich« und »weibisch« dargestellt werden. Beide sind aus der Sicht dieser Männer die »Anderen«, die Fremden.

Diese Incels leben fast immer isoliert, manchmal auch noch bei ihren Müttern, sind technikaffin und hängen die meiste Zeit des Tages und der Nacht vor ihren Computern und konsumieren Pornos und Verschwörungstheorien. Einer der Helden der weltweiten Incel-Community ist Alek Minassian, der im April 2018 in Toronto mit seinem Kleintransporter auf dem Bürgersteig 25 Menschen überfuhr und dabei vor allem auf Frauen hielt, 10 waren tot, 15 schwer verletzt. Zuvor hatte er auf Facebook gepostet: »The Incel rebellion has already begun!«

Die hatte ein anderer Incel bereits im Mai 2014 eingeläutet: Elliot Rodger tötete auf dem Unigelände von Santa Barbara sieben Menschen, erstach und erschoss sie (zuletzt auch sich selbst). In seinem »Manifest« hatte er einen »Krieg gegen Frauen« erklärt, die ihm »Sex vorenthalten« hätten: »Wenn ich euch Mädchen nicht haben kann, werde ich euch vernichten!« Auch er ein Held der Incel-Community, die sich gegenseitig in ihrem Hass befeuert.

Die Motive dieser tödlich Frustrierten sind »gekränkte Männerehre« plus Größenwahn-Fantasien. Ihr Hassobjekt sind Frauen, ihr Haupthassobjekt Feministinnen. Ihre Ideologie ist die Pornografie. Sie macht aus den Frauen – aus der Hälfte der Menschheit, die ihnen doch eigentlich nahe ist – die »Anderen«, die Untermenschen. Da ist der Schritt zu den nächsten Untermenschen nicht weit: Schwarze, Juden, Muslime. Über all diese Gruppen erhebt der Herrenmensch sich, dessen Innerstes vergiftet ist, wo Lust und Zerstörung unlösbar miteinander verknüpft sind.

# MISSBRAUCH
# UND KINDERFREUNDE
# À LA WOODY ALLEN

Ich war 2011 als Zeugin in einem Vergewaltigungsprozess geladen und wartete im »Zeugenzimmer«. Das war an sich schon eine trübe Angelegenheit, zusätzlich bedrückten mich die Teddybären und Puppen, die in dem trostlosen Raum auf einem Regal aufgereiht waren. Was soll das?, fragte ich den Beamten, der ab und an den Kopf reinsteckte. Das ist das Spielzeug für die Kinder, die hier bei Missbrauchsprozessen als Zeugen auftreten, antwortete der routiniert.

Selten in meinem Leben habe ich eine so bedrückende Stunde verbracht wie die darauffolgende. Ich sah die Kinder vor mir, Mädchen und auch mal ein Junge, die hier warten mussten, um vor Gericht noch einmal – zum wievielten Mal? – zu berichten, was ihnen widerfahren war. Oft durch den eigenen Vater oder netten Onkel. Der saß dann rechts von ihnen, während sie versuchten zu antworten …

Der sexuelle Missbrauch von Kindern ist die früheste Brechung eines Menschen. Sie werden an Körper und Seele missbraucht und haben ein Leben lang gegen ihre Beschädigung zu kämpfen. Oft ist ihnen noch nicht einmal bewusst, was sie bedrückt. Das wird ihnen erst nach Jahrzehnten klar. Dann ist eh alles verjährt. Juristisch. (Inzwischen ist die Verjährungsfrist endlich auf 30 Jahre angehoben worden.)

Der Schriftsteller Jean Améry war als Jude von den Nationalsozialisten verfolgt und gefoltert worden. Er nannte das, was ihm da widerfahren war, den Verlust des »Welturvertrauens«; den Verlust des Vertrauens in einer Welt, in der alles möglich ist. Sieh mich an. Du bist ein Mensch wie ich. Es kann doch nicht sein, dass du mir das antust. Doch, er kann.

Vor nur wenigen Jahrzehnten war der Missbrauch von Kindern noch ein totales Tabu. Nicht die Täter schämten sich, sondern die Opfer. Und das ist bis heute so. Dieses Problem stand seit 1978 im Zentrum der Berichterstattung und Aufklärung von EMMA. Bis heute. EMMA berichtete über den Missbrauch von Mädchen lange Jahre als einzige Stimme im deutschsprachigen Raum. Damals galt in der ganzen westlichen Welt die Pädophilie unter aufgeklärten Menschen nicht als Verbrechen, sondern war ein Recht der Erwachsenen, von Männern, auf Sex mit Kindern. Es galt als progressiv, die Täter mussten es nicht verheimlichen – wie noch ihre Väter hinter verschlossenen Türen –, sondern brüsteten sich damit. Sie veröffentlichten Bücher über »die süßen kleinen Biester« (wie der erst 2019 dafür kritisierte französische Schriftsteller Gabriel Matzneff, der u. a. über sein »Verhältnis« mit einer 14-Jährigen geschrieben hatte). Und Filme, wie die Lolita-Filme. Das galt im Zuge der »sexuellen Revolution« als neue Freiheit, Freiheit für Männer. Der Trick dabei war, einfach das Machtverhältnis zwischen Erwachsenen und Kindern zu leugnen – so zu tun, als wollten die Kinder das auch.

Dass ein liebesbedürftiges Kind so manches Mal sogar zu Zärtlichkeiten bereit ist, aber etwas ganz anderes meint als genitale Sexualität, wurde ausgenutzt. Und meistens ist nicht nur psychische, sondern auch physische Gewalt im Spiel. Dabei werden Mädchen, das wissen wir inzwischen, eher im familiären Kontext missbraucht, Jungen eher im institutionellen. Als vor einigen Jahren ein Skandal nach dem anderen über die katholischen Internate hochging, da wollten längst nicht alle, schon gar nicht die politisch Fortschrittlichen, wahrhaben, dass der Missbrauch keine Spezialität von Priestern ist, sondern in allen Vereinen und Internaten grassiert, auch und gerade in aufgeklärten. Denn Pädophile gehen gerne in kindernahe Berufe und Institutionen, irgendwann waren die ungeheuerlichen Übergriffe zum Beispiel in der Odenwaldschule nicht länger zu leugnen (sie wurde 2015 geschlossen). EMMA berichtete erstmals 2010 über die Odenwaldschule.

Erst seit Kurzem haben missbrauchte (Ex-)Kinder eine öffentliche Stimme. Theoretisch. Es gibt sogar einen »Missbrauchsbeauftragten«

auf Bundesebene und Kurse in Schulen oder im Kommunions-/Konfirmationsunterricht, zur Prävention und Opfererkennung. Es geht voran, wenn auch nur in kleinen Schritten, in zu kleinen Schritten.

Dass man heute die Pädophilen strafrechtlich überhaupt verfolgen kann, ist leider tatsächlich nur *EMMA* zu verdanken. Im Jahr 1980 wollte die rot-gelbe Koalition, wollten SPD und FDP der Regierung Schmidt den §176 komplett streichen! Sieben Jahre zuvor hatten sie ihn schon reformiert. Unvorstellbar, aber wahr. Und es war tatsächlich nur den mühsam und hartnäckig von *EMMA* initiierten Protesten zu verdanken (ab Ausgabe 4/1980), dass das nicht gelang. Die Männerbünde und falschen »Kinderfreunde« blockten überall.

Allein in Deutschland werden bis heute jährlich rund eine Million Kinder sexuell missbraucht, schätzt die »Unabhängige Kommission zur Aufarbeitung sexuellen Kindesmissbrauchs«. Etwa jedes dritte bis vierte Mädchen und etwa jeder zehnte Junge sind Opfer. Das ergeben deutsche und internationale Studien und Schätzungen. In mindestens drei von vier Fällen ist der Täter nicht der böse Fremde, sondern der eigene Vater oder »Onkel«. Und oft ist es kein einmaliges Grauen, sondern ein fortgesetztes, das über Jahre geht.

Und es ist die bittere Wahrheit: Auch so manche Mutter spielt beim Inzest eine fatale Rolle. Nicht als Täterin: 98,5 % aller Missbraucher sind Männer (laut Bundeskriminalamt). Die verbleibenden 1,5 % weiblicher Täterinnen sind in den meisten Fällen »nur« Mittäterinnen. Frauen sind jedoch so manches Mal Dulderinnen. Sie sehen weg, sie wollen es nicht wahrhaben, sie schweigen. Aus Angst. Aus Schwäche. Aus Scham, weil sie erleichtert sind, dass nicht sie dran sind. Oder gar weil sie eifersüchtig sind auf »die Jüngere«. Und so machen sie den Missbrauch ihrer Kinder überhaupt erst möglich.

Es ist der schlimmste Verrat, den ein Erwachsener einem Kind antun kann: die Zerstörung von Körper und Seele unter dem Vorwand der Liebe. Und es hat lebenslange Folgen für das Opfer. Drei von vier Psychiatrie-Patientinnen und sieben bis neun von zehn Prostituierten sind missbraucht worden (wie internationale Studien belegen). Missbrauchte leiden an schwachem Selbstwertgefühl, Angstzuständen, Depressionen, Persönlichkeitsspaltungen. Sie neigen zu Essstörungen, Drogen, Selbstverstümmelungen, Selbstmord. Doch das vielleicht Allerschlimmste ist, dass die kindlichen Opfer sich meist auch noch selbst für schuldig halten: für böse Kinder, die es nicht besser verdient haben. Wie sollten sie auch anders – wenn der allmächtige Vater sie wie ein Stück Dreck behandelt, müssen sie ja schmutzig sein.

Dieses Recht des Vaters herrschte uneingeschränkt über Jahrhunderte. Erst im Mittelalter wurde in Europa das verbriefte Recht des Vaters abgeschafft, seine Kinder zu missbrauchen, zu verstoßen, zu töten. Und noch im 16. Jahrhundert »hallten die Latrinen von den Schreien der Kinder wider, die man hineinwarf« (so ein Zeitzeuge). Die Familie war Besitz des Patriarchen. Seit dem 20. Jahrhundert ist es nicht nur rein rechtlich nicht mehr so, aber die patriarchalen Sitten wirken nach.

Im 19. Jahrhundert haben Frauen sich im Zuge der historischen Frauenbewegung erstmals kollektiv gegen »das Gesetz des Vaters« gewehrt. Ihr Widerstand wurde zerschlagen. Was einzelne Stimmen nicht zum Verstummen bringen konnte. So geißelte die (selbst missbrauchte) Schriftstellerin Virginia Woolf 1938 den »unterbewussten Hitlerismus« in jedem Mann, dieses private Herrenmenschentum. Nicht nur für sie kann es »ohne private Freiheit keine öffentliche Freiheit« geben. Zwanzig Jahre später schrieb (die allem Anschein nach ebenfalls missbrauchte) Ingeborg Bachmann über den alltäglichen »Faschismus in der Familie«. Und das sind nur zwei Stimmen von vielen. Doch öffentlich herrschte viel zu lange Schweigen. Und wenn doch mal etwas hochkam, war meist das Kind schuld und wurde dem Mann Unrecht getan.

Im April 1978 brach *EMMA* als Erste im deutschen Sprachraum das Schweigen und veröffentlichte ein Sieben-Seiten-Dossier über »Das Verbrechen, über das niemand spricht«. Auslöser war der Fall einer 14-jährigen, Petra, die wiederholt von ihrem Vater vergewaltigt worden war. Ihre Stiefmutter flüchtete mit ihr in das Berliner Frauenhaus, Petra zeigte den Vater an. Die erneute Lektüre des über 40 Jahre alten *EMMA*-Textes ist aus zwei Gründen erschütternd: Erstens, weil schon so lange alle Fakten auf dem Tisch liegen. Zweitens, weil auf die allererste Veröffentlichung 1978 nicht eine einzige Reaktion kam. Kein Leserinnenbrief, kein Anruf – und das in einer Zeit, in der *EMMA* Waschkörbe voller Briefe zum Beispiel auf die Veröffentlichung über die (ferne) Klitorisverstümmelung erhielt. Es war, als hätten wir uns geirrt, als gäbe es das Problem gar nicht.

Gleichzeitig hatte die Propagierung der »Kinderliebe« Hochkonjunktur. Im Zuge der »sexuellen Befreiung« nahm sich nun so mancher Post-68er die Freiheit des offenen Zugriffs auf das Kind. Die »Befreiung der kindlichen Sexualität« (durch die Erwachsenen) galt bei manchen regelrecht als programmatischer Teil der »antiautoritären« Erziehung.

Es war einfach der Zeitgeist. Und da haben sich nicht nur die Täter schuldig gemacht, sondern auch diejenigen, die diesem Zeitgeist nicht widersprochen oder ihn gar mitgetragen haben. Wie zum Beispiel Daniel Cohn-Bendit, ein Fall, der mich besonders geschmerzt hat. Denn eigentlich ist er doch ein alter Weggefährte.

Ostern 1968 sind wir uns zum ersten Mal begegnet, da war er noch nicht »Dany le rouge« und ich noch nicht »die Feministin«. Damals war er der Anführer einer Solidaritätsdemonstration für Rudi Dutschke, der gerade in Berlin angeschossen worden war. Man traf sich vor der deutschen Botschaft und zog von da zum Boulevard Saint Michel – vornweg Dany, dahinter ein Trüppchen von etwa hundert Menschen, darunter ich. Wir trafen uns wieder in Stuttgart, wo wir Sartre begleiteten, der RAF-Baader in Stammheim besuchte (ich kam aus Berlin angereist, er aus Frankurt). Wir sahen uns so manches Mal und ich freute mich immer, ihn zu sehen, aber es wurde immer deutlicher, dass wir einen gravierenden politischen Dissens hatten: in der Sexualpolitik.

Genau die war die Bruchstelle radikaler Feministinnen mit den 68ern. Deren sexuelle Revolution war in weiten Teilen auf Kosten der Frauen und Kinder gegangen. Und der nach Deutschland gezogene Daniel Cohn-Bendit war als Leader der Spontis in Frankfurt und Herausgeber vom *Pflasterstrand*: pro Prostitution, pro Polygamie, pro Sexualität zwischen Erwachsenen und Kindern etc. Heute sieht er gerade in dem Bereich manches anders. Aber damals 2001, als ich den offenen Brief an ihn schrieb (siehe Seite 414), hat er noch nicht einmal reagiert – und erst Jahre später im *Spiegel* bekannt: »Alice Schwarzer hat recht.«

Hinzu kam die feministische Herausforderung: Die Frauen wurden selbstbewusster, standen nicht mehr automatisch zur Verfügung. Das beschleunigte den verstärkten Rückgriff so mancher Männer auf die Kinder. Sie konnten mit den erwachsenen Frauen einfach immer weniger anfangen. Das heißt: Zu den irreversibel konditionierten Pädophilen kamen nun noch die Gelegenheits-Pädophilen.

Ende der 70er Jahre wurde »Das bestgehütete Geheimnis«[1] (so das Buch der Amerikanerin Florence Rush) auf internationaler Ebene dem Verschweigen entrissen. Doch sollte es noch 10, 15 Jahre dauern, bis das Thema auch in Deutschland von den Medien aufgenommen wurde. Auch dann allerdings keineswegs immer in der Absicht, aufzuklären, sondern oft in der, sich aufzugeilen oder zu verharmlosen. Die Opfer wurden noch einmal zum Objekt – und ihre Helferinnen unglaubwürdig gemacht. Das währt bis heute an. Hat zum Beispiel eine Frau von einer Beratungsstelle mit dem missbrauchten Kind gesprochen, kann das vor Gericht schon als »Beeinflussung« gelten, und die Aussage des Kindes ist plötzlich nichts mehr wert. Das heißt: Die Kinder bleiben weiterhin allein mit ihrer Verzweiflung.

Auf dem ersten Höhepunkt der Debatte wurde 1992 der Fall Woody Allen zu einer Art internationalem Schauprozess – gegen die Opfer! –, mit dem bewiesen werden sollte: Es gibt keinen bösen Missbrauch von Kindern, sondern nur nette Daddys und hysterische, frustrierte Mütter und lügende Kinder. 25 Jahre später wird Woody Allens Sohn Ronan Farrow (der als Kind Satchel hieß) mit seinen Enthüllungen über die Vergewaltigungen von Harvey Weinstein die weltweite MeToo-Bewegung auslösen. Und er wird seine Schwester Dylan ermutigen, ihre Anklage des Missbrauchs gegen den eigenen Vater, Woody Allen, erneut öffentlich zu machen. Woody Allens Memoiren sollten im Frühjahr 2020 weltweit erscheinen, amerikanische Verlage weigerten sich zunächst, sie zu veröffentlichen (schließlich ist nicht anzunehmen, dass darin die Wahrheit steht), in Deutschland erschienen sie im April 2020 in einem renommierten Verlag, bei Rowohlt.

Dagegen gab es im Vorlauf Proteste von einigen Rowohlt-AutorInnen, aus »ethischen Gründen«. Was Edo Reents von der *Frankfurter Allgemeinen Zeitung* empörte. Diesem »Moralpöbel« müsse »das Maul gestopft werden«, schrieb er. Denn er, der Pöbel, protestiere »nur nach Hörensagen«. Doch: »Die Wahrheit kennen, wenn nicht noch ein Augenzeuge auftaucht, nur diese beiden«, Woody Allen und seine (soziale) Tochter Dylan. Auch sei der Fall noch nie Gegenstand einer Gerichtsverhandlung gewesen. Es gelte also für Allen, ganz wie für Kachelmann, weiterhin die »Unschuldsvermutung«.[2]

Vermutung? Ein Blick in die US-Archive hätte schließlich genügt in Sachen Fakten. Und *EMMA* berichtet seit 28 Jahren darüber. Reden wir also noch einmal über den Fall Woody Allen.

Was ist *belegbar* passiert? Woody Allen und Mia Farrow waren ein modernes Paar, unverheiratet und mit getrennten Wohnungen: sie mit den Kindern, er allein. Als Allen zu der (Adoptiv-)Mutter von zu der Zeit acht Kindern stieß, war das koreanische Straßenkind Soon-Yi etwa sieben Jahre alt, stark verhaltensgestört und lernbehindert. Der neue Vater ließ das Kind lange links liegen. Im Februar 1992, Soon-Yi ist inzwischen 19 oder 20 (das wahre Alter des Straßenkindes, dessen Mutter eine Prostituierte war, ist unbekannt), entdeckt Mia Farrow in seiner Wohnung Pornofotos. Allen hatte die Fotos von dem Mädchen gemacht: mit gespreizten Beinen, bloßen Genitalien etc. Es stellt sich heraus, dass er schon vor Jahren heimlich ein Verhältnis mit dem Teenager angefangen hatte – da muss Soon-Yi 15/16 gewesen sein – und gleichzeitig mit ihr als »Tochter« weiter in der Familie verkehrte. Später wird Allen berichten, Soon-Yi habe sich bei ihm oft über ihre Mutter beschwert.

Und was tut Mia Farrow, inzwischen Mutter von neun Kindern, nach der Geburt von Sohn Satchel/Ronan, das gemeinsame Kind mit Woody Allen? Sie macht ihrem Mann zwar eine Szene – aber schweigt nach außen. Und er? Er verkehrt weiterhin quasi täglich in der Familienwohnung, nicht zuletzt, um an seinen kleinen Liebling, die inzwischen siebenjährige Dylan, heranzukommen. Seit Jahren hatte Allen sich um Dylans Adoption bemüht. Die war vom Adoptionsgericht zunächst abgelehnt worden, weil Psychologen bei ihm ein »unangemessen intensives Verhältnis« zu dem Kind konstatiert hatten. Später wurde die Adoption dann doch gestattet.

In dieser Zeit schreibt Satchel/Ronan an seinen Vater: »Du kannst mich nicht zwingen, bei dir zu leben. Du hast dir eine schreckliche, armselige, hässliche, dumme Sache geleistet. Jeder Mensch weiß, dass man mit der Schwester seines Sohnes keine Affäre anfängt (Anm. d. Aut.: mit Soon-Yi). Ich betrachte dich nicht mehr als meinen Vater. Ich hoffe, du bist stolz darauf, den Traum deines Sohnes zerstört zu haben.« – Worte, die Woody Allen nicht hindern können, weiterhin auch auf das Sorgerecht dieses Sohnes zu klagen. Bekannt wird der Brief erst Jahre später durch die Veröffentlichung von Mia Farrows Memoiren (»Dauer hat, was vergeht«[3]).

Am 4. August 1992 platzt die zweite Bombe. Ein Kindermädchen hatte »irritierend intime Szenen« zwischen dem Vater und seiner Adoptivtochter beobachtet. Er hatte unter anderem, als er sich mit dem Kind allein wähnte, seinen Kopf in den Schoß des sitzenden Kindes gegraben. Die daraufhin vom Kinderarzt und von Psychologen befragte Dylan erzählt allen das Gleiche: Ihr Vater habe sie auf dem Dachboden am ganzen Körper geküsst, auch zwischen den Schenkeln, und seine Finger in sie »reingedrückt«: »Es hat wehgetan«, sagt das kleine Mädchen. Aber: »Er hat gesagt, wenn ich in dem Film vorkommen will, bleibt mir nichts anderes übrig. Er hat einfach immer wieder reingestoßen.« Die kleine Dylan hatte offensichtlich schon seit Jahren Angst vor ihrem Vater, versteckte sich, wenn er kam, und fing an, »wie ein Baby zu brabbeln oder wie ein Hund zu bellen«, wie das Kindermädchen berichtete.

Und was passiert? Mia Farrow macht ihrem Lebensgefährten eine zweite Szene – und schweigt weiterhin nach außen. Sie erstattet auch keine Anzeige. Erst der Kinderarzt, der Dylan untersucht hatte, erstattet endlich Anzeige: wegen Verdachts auf sexuellen Missbrauch. Dazu sind die Ärzte in Amerika bei Verdacht auf sexuelle Gewalt juristisch verpflichtet.

Eine Woche nach dieser Anzeige geht Woody Allen in die Offensive: Er klagt auf das Sorgerecht für Dylan (!), Moses und den gemeinsamen Sohn Satchel/Ronan. Durch die europäischen Feuilletons wogt eine Welle von Hohn und Spott. Doch der gilt nicht etwa Allen, sondern Farrow, dieser frustrierten, hysterischen Mutterkuh, die ihrem inzwischen von ihr getrennten Lebensgefährten nur etwas anhängen will. Allen persönlich hatte diese Version lanciert: Farrow betreibe »eine gewissenlose und grausam schädigende Manipulation unschuldiger Kinder aus rachsüchtigen und eigennützigen Motiven«.

7. Juni 1993. Die Niederlage, die der New Yorker Supreme Court dem auf das Sorgerecht für die Kinder mit einem Zivilprozess Klagenden beschert, könnte vernichtender nicht sein. Der Richter spricht Woody Allen jegliche »elterliche Fähigkeit« ab. Er weist ihm nach, dass er noch nicht einmal die Namen der Freunde oder Haustiere noch die der Kinderärzte oder Lehrer seines Sohnes kennt. Und: dass dieser Lebensgefährte und Vater alles getan hat, »seine Familie vollends zu zerstören«. Richter Elliot Wilk in dem schriftlichen Urteil über Woody Allen: »Seine Prozessstrategie bestand darin, einen Keil zwischen seine Kinder zu treiben, die Kinder gegen ihre Mutter einzunehmen, die Familie gegen ihre Haushaltshilfen aufzustacheln und die Hausangestellten selbst gegeneinander auszuspielen. Seine Selbstbezogenheit, sein mangelndes Urteilsvermögen und die Hartnäckigkeit, mit der er weitere Zwietracht sät und somit verhindert, dass die von ihm bereits zugefügten Wunden verheilen, lassen geraten erscheinen, seinen Kontakt zu den Kindern in Zukunft aufmerksam zu überwachen.«[4]

Darüber hinaus erklärte der Richter im Zivilprozess, er habe »keine schlüssigen Beweise« für Allens Behauptung gefunden, »dass Dylan von Ms. Farrow instruiert worden sei oder Ms. Farrow aus dem Wunsch nach Rache verfahren sei, weil er Soon-Yi verführt hatte«.[5]

Auch in Sachen Dylan sollte nun ein Prozess eröffnet werden, ein Strafprozess. Doch dazu kam es nie. Stattdessen erklärte der zuständige Staatsanwalt, er habe zwar »hinreichend Verdachtsmomente, um Anklage zu erheben gegen Woody Allen«. Er wolle jedoch aufgrund der »Zerbrechlichkeit des kindlichen Opfers«[6] auf einen Prozess verzichten.

Nach dem Urteil im Sorgerechtsprozess zog Mia Farrow von New York nach Connecticut. Dylan war lange Jahre von Angstattacken geplagt. Heute hat sie sich – nicht zuletzt dank eines Ehemannes, der zu ihr hält – stabilisiert. Nachdem ihr Bruder Ronan mit seinen Recherchen zu Weinstein die MeToo-Bewegung ausgelöst hatte, ging auch Dylan wieder an die Öffentlichkeit und erinnerte an ihre Anklage gegen den Vater.

Nur eines der neun Kinder von Mia Farrow, der auch von Allen adoptierte Moses, widerspricht öffentlich der Version von Dylan und Satchel/Ronan. Moses sagt, die Mutter habe seine Geschwister manipuliert. Alle anderen Kinder wenden sich von Allen ab. Fletcher, der Adoptivsohn aus Farrows früherer Ehe mit Previn, entfernte via Photoshop aus allen Familienfotos seinen (sozialen) Vater Allen und erklärte: »Für meine Geschwister und mich war Allen wie ein zweiter Vater. So was kann deine Welt bis in die Grundfesten erschüttern.«

Dass Woody Allen die Kindernärrin Mia Farrow geheiratet hatte, war vermutlich kein Zufall. Studien (und auch einschlägige Kleinanzeigen) belegen, dass Männer, die Kinder missbrauchen, auffällig oft Frauen heiraten, die bereits Kinder mit in die Ehe bringen.

Der Fall Woody Allen hat noch eine grausame Pointe. Nachdem er die als Kind so verstörte Soon-Yi als Minderjährige »verführt« und als Volljährige geheiratet hatte, adoptierte er 1999 mit ihr zusammen ein Baby, eine Asiatin, und im Sommer 2000 eine sechs Monate alte Texanerin. Noch zwei Mädchen.

Der Fall Woody Allen ist so exemplarisch, weil er klarmacht, wie dreist trotz überwältigender Faktenlage die öffentliche Leugnung der Schuld eines Täters sein kann. Sie wollen es einfach nicht wahrhaben.

In Deutschland war EMMA eine der wenigen, fast die einzige Stimme, die gegenhielt – und dafür reichlich vorgeführt wurde in den Feuilletons. Darum war es für mich nicht nur eine große Freude, sondern auch eine wahre Genugtuung, dass Ronan Farrow am 3. Dezember 2018 in Berlin den »Reporterpreis für investigativen und mutigen Journalismus« erhielt: für seine Leistung bei der Aufdeckung des Falles Weinstein – der zum Auslöser der MeToo-Bewegung wurde. Ich hielt, vor Hunderten von KollegInnen, die Laudatio auf Ronan.

Wir waren uns an diesem Abend zum ersten Mal begegnet, und er war von großer Herzlichkeit und Offenheit. Uns war beiden klar, dass

MeToo ein Turning Point war: Endlich redeten die Opfer und wurden die Täter in ihre Schranken gewiesen. Ronan hatte es geschafft, 13 Frauen zum Reden zu ermutigen – ihnen folgten allein innerhalb der ersten zwölf Monate laut *New York Times* weitere 947. Sie alle beschuldigten über 200 Männer der Täterschaft. Enthüllungen, die in einer Gesellschaft, in der die Täter bisher das Sagen hatten, ihren Preis haben. In meiner Laudatio sagte ich unter anderem:

»Sie waren und sind, ganz wie die Opfer, enormen Einschüchterungen und Drohungen ausgesetzt. Sie mussten zeitweise sogar untertauchen. All das haben Sie in Kauf genommen. Was kein Zufall ist. Sie sind der Sohn von Mia Farrow und Woody Allen – Sie wissen, wovon Sie reden. Sie haben noch eine Rechnung offen: eine Rechnung mit einer Gesellschaft, die wegsieht; eine Rechnung mit einer Justiz, die täterfreundlich ist – und eine Rechnung mit den Medien, die ihre Wächterfunktion lange nicht angemessen wahrgenommen haben. Als Sie den Skandal öffentlich machten, waren Sie 30 Jahre alt. Doch Sie wissen seit Ihrem fünften Lebensjahr, worum es geht bei der sexuellen Gewalt zwischen mächtigen Männern und Abhängigen. Erst jüngst haben Sie erklärt: ›Meine Familien-Erfahrung hat mich zu jemandem gemacht, der den Machtmissbrauch von Kindesbeinen an verstanden hat.‹ Mit Ihrem Angriff auf die sexuelle Gewalt im Berufsbereich, also ebenfalls zwischen Abhängigen, haben Sie das Fundament der Macht ins Wanken gebracht.«[7]

Der an diesem Abend von den deutschen Medien so hoch Geehrte hatte wenig zuvor noch scharfe Kritik an den Medien geübt, er sagte: »Die Old-School-Medien haben dazu beigetragen, eine Kultur der Straflosigkeit und des Schweigens zu schaffen.« Ob die New-Boys-Medien – und ihre Girls – es wirklich anders machen werden? Inzwischen wird Ronan Farrow längst als »fragwürdig« kritisiert.

Damals rollte im Zuge der Woody-Allen-Affäre die Lolita-Renaissance an. 1997 wurde der berühmte Roman von Vladimir Nabokov neu verfilmt. Der Roman hatte bereits in den 50ern Furore gemacht, der Zeit der Rückkehr der müden Kriegshelden und der Brechung der starken Frauen. Nabokovs fiktionaler Held ist ein Frauenhasser aus Passion, und, ganz wie sein Schöpfer, Literaturprofessor von Beruf.

Es ekelt ihn vor »massigen Menschenweibern« mit ihrem »schalen Fleisch«, er treibt sich lieber auf den Spielplätzen dieser Welt herum, um sich an »Nymphchen« aufzugeilen. Mit 40 macht er sich an eine dieser »Mutterkühe« ran, meint jedoch in Wahrheit deren 12-jährige Tochter. Während er noch auf Mutters Ermordung sinnt, entdeckt die sein aufschlussreiches Tagebuch und läuft verwirrt unters Auto. Der Weg zu Lolita, dem »kleinen Biest«, ist frei. Die muss nun ran, ein-, zwei-, dreimal täglich, das Taschengeld gibt's erst danach. Das Verhältnis des erwachsenen Mannes zu dem Kind wird im Roman schließlich so obsessiv, dass die zunehmend verstörte Lolita irgendwann wegläuft.

Der Name »Lolita« steht bis heute für das frühreife Biest, das die armen Männer verführt, obwohl der Roman von Nabokov durchaus auch das Quälende und Abgründige der Affäre auch für den Täter selbst thematisiert.

Apropos Lolita. Auch die Forschung belegt, dass missbrauchte Kinder ihren Missbraucher oft stark idealisieren und versuchen, dessen Zuneigung und Achtung durch überangepasste Höchstleistungen in der Familie oder Schule zu erringen. Auch ein zwanghaftes Sexualverhalten ist typisch für missbrauchte Kinder – sie haben eben einfach zu früh lernen müssen, sich Liebe mit Sex zu erkaufen. Das heißt, wenn sie zu den »Privilegierten« gehören, die ohne körperlich-brutale Gewalt genommen werden. Was keineswegs immer so ist. So manches Mal landen die blutenden und zerfetzten Körper der Opfer auf den Tischen der Gynäkologen – oder gleich der Pathologen, darunter Babys.

Und die Kinder schweigen. Irgendwann kriecht es dann trotz aller Verdrängung bei den Opfern hoch, das Grauen. »Ich bin voll von schwarzem Schleim. Wenn ich den Mund aufmache, kommt alles raus. Ich sehe mich als schlammiges Abwasser, in dem die Schlangen brüten«, sagt ein erwachsenes Inzest-Opfer im Gespräch mit der US-Psychiaterin Judith Herman in »Narben der Gewalt«. Oder: »Ich fühle mich innerlich eiskalt, und meine Oberfläche ist hüllenlos. Ich scheine zu fließen und überzulaufen, als ob mich nichts mehr zusammenhält. Angst packt mich, und ich verliere das Gefühl, gegenwärtig zu sein. Ich bin weg.«[8]

Längst wissen wir: Nur das Benennen des Schmerzes macht seine

Verarbeitung möglich. Und damit haben die Opfer endlich begonnen. Doch hatten sie seit den 90er Jahren neue Hürden zu überwinden. Von »Kinderfreunden« wurde nun der Slogan vom »Missbrauch des Missbrauchs« lanciert. Will sagen: Fast alles Einbildung oder Lüge der von Müttern und durch (feministische) Beraterinnen manipulierten Kinder. Missbrauch gibt es nicht, es gibt (fast) nur den »Missbrauch des Missbrauchs«, mit dem unschuldige Männer diskreditiert werden sollen.

So manche JournalistInnen und Juristen sind vor allem durch »Rehabilitierungs«-Prozesse »unschuldiger« Männer und die dazu passende Berichterstattung bekannt geworden. Der Slogan »Missbrauch des Missbrauchs« hallt bis heute nach. In den Medien finden wir mehr Berichte über »falsche« Anschuldigungen als über richtige. In Deutschland werden im Jahr 15 000 Fälle von Missbrauch angezeigt. ExpertInnen halten diese Zahl nur für einen Bruchteil der Fälle. Von denen wiederum kommt es lediglich in jedem zehnten Fall zur Verurteilung. Der Missbrauch von Kindern hat vermutlich ein noch größeres Ausmaß als die Vergewaltigung von Frauen und ist das Sexualverbrechen mit den geringsten Falschanschuldigungen. Ganz einfach weil die (mutmaßlichen) Opfer im Prozess noch einmal zum Opfer gemacht werden.

Den Slogan vom »Missbrauch des Missbrauchs« hatten Linke in den 1990er Jahren geprägt. Linke wie der Berliner Pädagoge Prof. Reinhart Wolff, Gründer des »Kinderschutzzentrums«, oder der Bremer Soziologe Prof. Rüdiger Lautmann, Initiator der Homo-Studien und Autor einer »Phänomenologie sexueller Kontakte zwischen Erwachsenen und Kindern«, oder der Hannoveraner Psychologe Prof. Helmut Kentler, verantwortlich für das Projekt »Leihväter«. Bei diesem Projekt wurden auf Kentlers Gerichtsgutachten hin schwer erziehbare Jugendliche von der Justiz in die »Obhut« vorbestrafter Pädosexueller vermittelt.

Der Alt-68er Wolff hatte damals unter anderem für den sogenannten »familienorientierten Ansatz« plädiert, was heißt: Der Missbraucher bleibt in der Familie, Täter und Opfer werden zusammen »therapiert«. Und Professor Lautmann erhielt an der Universität Bremen

350 000 DM Förderung für seine »Forschungsarbeit«, für die er mit 60 praktizierenden (!) Pädosexuellen sprach.

Der renommierte Kentler schließlich sagte ganz offen über sein »Leihväter-Projekt«: »Mir war klar, dass die drei Männer vor allem darum so viel für ›ihre‹ Jungen taten, weil sie mit ihnen ein sexuelles Verhältnis hatten.« Aber keine Sorge: »Sie übten keinerlei Zwang auf die Jungen aus und ich achtete bei meiner Supervision besonders darauf, dass sich die Jungen nicht unter Druck gesetzt fühlten.«[9] Assistiert wurde Kinderfreund Kentler von Kinderfreund Reinhart Wolff, der im Juli 1994 in *Psychologie heute* schrieb: »Über Pädophilie wird hierzulande viel dummes Zeug geredet. Von Gewalt kann bei der Pädophilie in der Regel überhaupt keine Rede sein, von patriarchaler ganz zu schweigen.«[10]

*EMMA* berichtete 1997 als Erste und Einzige darüber. Doch erst 2018 wollte die Öffentlichkeit die Vorkommnisse wahrhaben, nachdem die PolitikwissenschaftlerInnen Franz Walter und Teresa Nentwig in einer Aufarbeitung der Vorkommnisse den Skandal öffentlich gemacht hatten und nun – nach Odenwald – endlich auch die Medien nicht mehr wegsahen. Endlich hörte man den Opfern zu.

Doch es kann dauern, bis ihre Stimmen durchdringen. Denken wir nur an den Skandal von Lügde, wo Dutzende von Kindern über Jahre unter offensichtlichen Umständen missbraucht wurden und kein Jugendamt, keine Polizei die vielfachen Warnungen hören wollte. Denken wir an die Pornoringe im Internet, in denen Männer, so manches Mal die eigenen Väter, ihre Kinder vor laufenden Kameras missbrauchen, was Hunderte, ja Tausende andere Männer mit Wollust konsumieren. Es ist relativ neu, dass gegen diese Verbrecher scharf vorgegangen und die Opfer gesucht werden. Oder denken wir an die Affäre Epstein. Der Mann, der Prinzen und Präsidenten mit jungen Mädchen belieferte – und dessen ungeklärter Tod mitten im Gefängnis von New York vor dem Prozess, auf dem er hätte aussagen können, nie wirklich aufgeklärt wurde. Der Fall wurde zu den Akten gelegt.

Und endlich sollten wir auch mal diese Frage stellen: Was waren eigentlich die wahren Motive der Terroristinnen der 70er Jahre, die ihr Gewehr auf Repräsentanten der Vätergeneration richteten? Die Rolle, die der – manchmal noch nicht einmal bewusste – erlittene Missbrauch bei der Zerstörung und Selbstzerstörung von Frauen spielt, ist noch lange nicht in ihrem vollen Ausmaß erkannt.

Immerhin: Missbrauch von Kindern wird endlich beim Namen genannt und nicht mehr geleugnet. Und er wird von mutigen Menschen bekämpft. Die haben es bis heute nicht leicht. Die Netzwerke der »Kinderfreunde« sind weiterhin mächtig.

# FRAUENHASS: AUS WORTEN WERDEN TATEN

Ich bin als junge Frau drei Mal direkten Vergewaltigungsversuchen entkommen. Knapp. Von den indirekten, der dräuenden, z. B. beim Trampen, rede ich nicht.

Das erste Mal war in Wuppertal, auf dem Weg nach Hause nach einer Party. Ich war 18 und wohnte am Waldrand. Er war mir unbemerkt gefolgt. Kurz bevor ich in den Wald einbog, den ich noch ein Stück hatte durchqueren müssen, fiel er mich an. Er dachte wohl, ich sei fast angekommen. Ich habe so geschrien, dass im letzten Haus an der Straße irgendwann ein Licht anging. Da hat er noch einmal nach mir getreten, ich lag auf der Straße, und ist weggelaufen. Niemand kam aus dem Haus. Ich habe mich zitternd an einen Baum gelehnt, um mich zu beruhigen. Zu Hause habe ich keinen Ton gesagt. Ich habe mich geschämt und hätte wohl auch abends nicht mehr ausgehen dürfen.

Das zweite Mal war an einem der bekanntesten Strände von Saint Tropez, Plage Tahiti. Wir waren zu dritt am Strand und ich ließ meine beiden Freundinnen zurück, um in der kleinen Bucht nebenan in Ruhe zu lesen. Er muss mich von oben, von dem kleinen Weg aus gesehen haben. Er war plötzlich über mir, riss an meinem Bikini, unter mir der Felsen, vor mir das Meer voller Boote. Als ich mich wehrte, fing er an, mich zu würgen. Er war sehr kräftig und offensichtlich ein Arbeiter aus Nordafrika. Ich sprach noch kaum Französisch. Irgendwie habe ich es geschafft, ihm durch Gesten zu bedeuten, dass es doch oben in dem Wäldchen alles viel bequemer wäre. Er stand auf. Ich nahm seine Hand und ging mit ihm hoch – oben angekommen, lief ich schreiend den Felsen auf der anderen Seite runter. Er blieb noch einen Moment lang verdutzt stehen. Die Menschen am Strand wunderten sich, dass ich mit bloßen Füßen über die Felsen gerannt kam. Die Polizei, bei der ich Anzeige erstattete, war freundlich, aber zuckte mit den Schultern. Was sollen wir tun, Mademoiselle?

Beim dritten Mal war ich 23. Es war in Paris. Ich hatte mit meinem Freund Bruno an einer Protestdemonstration teilgenommen. Wir wurden verhaftet und getrennt. Mitten in der Nacht entließ die Polizei mich aus dem Kommissariat. Geld für ein Taxi hatte ich nicht. Er muss mir vom Café um die Ecke aus gefolgt sein. Vor meiner Haustüre fiel er mich an. Ich habe so geschrien, dass er weglief.

Einer meiner klassischen Albträume ist bis heute, dass ich überfallen werde, schreien will, aber keinen Ton rauskriege.

Schon die nackten Zahlen sprechen für sich. Allein in Deutschland werden von 100 Vergewaltigungen nur 12 angezeigt (laut einer Studie des Frauenministeriums). Und von diesen 12 Angezeigten wird am Ende nur jeder 10. auch verurteilt (laut kriminologischen Studien). Wobei der Prozentsatz der Verurteilten von Bundesland zu Bundesland stark schwankt: In Bayern zum Beispiel wird jeder vierte verurteilt, in Berlin nur jeder 25. Gesamtdeutsch aber wird nur jeder 100. (mutmaßliche) Vergewaltiger auch verurteilt. Vergewaltigung ist ein quasi strafloses Verbrechen.

Und: Vier von zehn Vergewaltigern sind der eigene Ehemann/Freund. Nicht der nächtliche Park ist der gefährlichste Ort für Frauen, sondern das eigene Bett. Die Vergewaltigung ist für alle Frauen allgegenwärtig, sie überschattet unser Wohlbefinden und unsere Freiheit. Es kann die Achtjährige vergewaltigt werden wie die Achtzigjährige, die Freizügige wie die Zurückhaltende, die Putzfrau wie die Managerin; Frauen können im Park und im Büro vergewaltigt werden oder auch in ihrem eigenen Bett. Drei von vier Vergewaltigungen passieren genau da: im privaten Umfeld. Niemand ist für eine Frau so gefährlich wie der eigene Mann bzw. Bekannte.

Jede dritte Frau gibt an, in ihrem Erwachsenenleben schon sexuelle Gewalt erfahren zu haben (und das sind nur die, die darüber reden). Und jede Frau weiß oder verdrängt, dass es auch ihr passieren *könnte*. Dieses für die weibliche Hälfte der Menschheit bedrohlichste Verbrechen aber wird kaum geahndet. Der Rechtsstaat lässt uns im Stich. Wir Frauen sind vogelfrei.

Der Weg von der Tat bis zur Verurteilung ist im Falle von Vergewaltigung lang und steinig. 1. Die Frau zeigt gar nicht erst an. 2. Die Polizei nimmt die Anzeige nicht oder so auf, dass sie leicht zu erschüttern ist. 3. Die Staatsanwaltschaft stellt das Verfahren noch vor Eröffnung des Prozesses ein – was bei drei von vier Vergewaltigungs-Anzeigen der Fall ist! 4. Das Gericht spricht den Angeklagten frei; aus Überzeugung oder aus Zweifel an dessen Schuld.

Gerade beginnt sich das zu ändern. In ganz kleinen Schritten. Zumindest in den USA. Da ist Harvey Weinstein, dessen Fall 2017 die MeToo-Bewegung ausgelöst hatte, im Frühling 2020 wegen zwei justiziabler Fälle – von 80 öffentlich gemachten! – für Vergewaltigung verurteilt worden. Und das, obwohl die Opfer nach der Tat noch mit ihm verkehrt hatten, auch sexuell. Doch es gelang der Verteidigung, dem Gericht klarzumachen, dass so ein widersprüchliches Verhalten typisch sei für Vergewaltigungsopfer: aus Angst vor dem Täter oder auch, um so die Tat quasi ungeschehen zu machen, auch vor sich selbst. Davon sind wir in Deutschland, ja, in ganz Europa noch weit entfernt. Sehr weit.

Aber es ist ein Anfang. Eine erste äußere Hürde ist genommen. Bleibt die innere Hürde. Auch die ist nur schwer überwindbar: die Scham der Opfer. Über Jahrhunderte mussten nicht die Täter sich schämen, sondern die Opfer. Und das sitzt tief. Das Opfersein scheint heutzutage allgemein peinlich zu sein. »Du Opfer« ist auf Schulhöfen – neben »Schwuler« und »Jude« – eine der gängigsten Beleidigungen.

Und je näher der Täter ist, umso peinvoller ist es für das Opfer. Stufe 1 ist die Vergewaltigung durch einen Fremden, im Park, auf der Straße. Das ist schlimm, aber nicht so wie Stufe 2: die Vergewaltigung durch einen Chef oder Kollegen. Am schlimmsten ist Stufe 3: die Vergewaltigung durch den eigenen Mann/Bekannten. Gerade im letzteren, diesem heikelsten Fall ist es selbst für die Opfer nicht immer leicht zu unterscheiden: War ihm klar, dass ich nicht wollte? Und für Außenstehende schon gar nicht.

Die Scham der Opfer verschärft die Situation. Und dann ist da noch die Angst. Die Angst, dass der Ehemann sich eine Handzahmere nimmt, wenn seine Frau unbequemer wird. Die Angst, die Stelle zu verlieren, wenn die Angestellte fordernder wird. Die Angst vor dem Blick des Anderen.

Über Jahrtausende war Sexualität kein Instrument zur Erzeugung von Lust, sondern von Macht: zur Beherrschung der Frauen. Der Anspruch einer gleichberechtigten, kommunikativen Sexualität auch zwischen den Geschlechtern ist relativ neu. Er ist ein zartes Pflänzchen, das gehegt und geschützt werden muss. Aber da, wo weiterhin Machtverhältnisse herrschen, hat dieses zarte Pflänzchen oft kaum Chancen zu gedeihen.

Wir wissen es aus Umfragen: Das Risiko, Opfer sexueller Gewalt zu werden, ist in zwei gegensätzlichen Berufsbranchen besonders groß: in klassischen »Frauenbranchen«, wo Gefälligkeit zum Berufsbild gehört (vom Zimmermädchen bis zur Schauspielerin), und in traditionellen »Männerbranchen«, wo die »Erstgeborenen« das Eindringen der Neuen durch sexuelle Stigmatisierung und Gewalt abwehren (von der Polizei bis zum Militär). Und klar: in den Chefetagen, wo Macht auf Abhängigkeit trifft.

Beim Vergleich mit anderen Ländern der westlichen Welt ist die Einschüchterung der Frauen in Deutschland besonders niederschmetternd. Es fällt auf, dass hierzulande selbst im Zuge von MeToo nur ein einziger Name genannt – und schnell wieder vergessen wurde. Stattdessen hatte aber schon mal ein Prominentenanwalt vorauseilend mutmaßliche Opfer gewarnt (»Beweise!«).

Immerhin wird die sexuelle Gewalt im Beruf inzwischen thematisiert. Als *EMMA* 1980 mit dem ersten MeToo-Fall titelte, stand sie ziemlich allein dem Opfer zur Seite: Das war die Schauspielerin Monika Lundi. Der als Vergewaltiger Angeklagte war der verurteilte Bankräuber, Schauspieler und Autor Burkhard Driest (verstorben 2020). Die beiden Deutschen hatten in Santa Monica einen Schauspielkurs bei dem legendären Lee Strasberg belegt und wohnten im selben Hotel. Der kollegiale Abend verlief anders als erwartet. Monika Lundi musste wegen schwerer Verletzungen ins Krankenhaus eingeliefert werden, wo die Ärzte Anzeige erstatteten auf Verdacht von Vergewaltigung (dazu sind Ärzte in Amerika in so einem Fall verpflichtet). Die Beweise wogen schwer: genitale Verletzungen und ein aufgezeichnetes Telefongespräch, in dessen Verlauf Driest die Tat zugab. Dennoch: Driest wurde in Amerika damals nur wegen »Körperverletzung« verurteilt.

Und Lundi? Die kam nach Deutschland zurück und war hier die »Lügnerin« und »Hure«. In dem Gespräch, das ich mit ihr 1980 für EMMA führte, sagte sie: »Ich wurde gehetzt wie ein Tier.«

Je »privater« die sexuelle Gewalt ist, umso heißer wird das Terrain. Die Vergewaltigung auf der Straße wird inzwischen verfolgt (doppelt, sobald der Täter ein Ausländer ist). Aber die sexuelle Gewalt innerhalb einer Beziehung – die ist weiterhin das ganz große Tabu. Deren Opfer stoßen auf eine mächtige Männerlobby, die grundsätzlich als Erstes tönt: Die Frau lügt!

1977 veröffentlichten wir einen Vorabdruck des Klassikers von Susan Brownmiller: »Gegen unseren Willen« (Against our Will).[1] Sie analysierte Vergewaltigung als Instrument der Macht, nicht der Lust: zur Brechung von Frauen, im Weltkrieg wie im Ehekrieg. Die Amerikanerin war die Erste, die es gewagt hat, auch die systematischen und massenhaften Vergewaltigungen der deutschen Frauen nach Kriegsende durch die Rote Armee zu thematisieren (was lange tabu war, vor allem bei Linken, weil es als »russlandfeindlich« und unangemessen in Bezug auf die deutsche Schuld galt).

Zu den theoretischen Erkenntnissen kamen schon damals die praktischen: Die Frauen und Kinder, die in den Frauenhäusern Zuflucht suchten, berichteten quasi ausnahmslos von (Sexual-)Gewalt. Klassenübergreifend: vom Arbeiter bis zum Unternehmer, vom Analphabeten bis zum Intellektuellen.

Als wir Feministinnen Mitte der 1970er Jahre erstmals die Beziehungsgewalt öffentlich machten, war das Gelächter groß: Jetzt sind sie ganz verrückt geworden! Doch schnell waren die ersten Frauenhäuser überfüllt. Heute wissen wir: Jeder dritte bis vierte Mann schlägt seine eigene Frau und seine Kinder. Auf dem Höhepunkt der Corona-Krise warnte die Familienministerin im Fernsehen vor einer »in dieser Situation dramatisch steigenden häuslichen Gewalt«. Häusliche Gewalt. Auch so ein verschleiernder Begriff. Männergewalt, Gewalt von frustrierten, herrschsüchtigen Männern. Und die steigt gegen die eigene Familie in Krisen. In was für einer Welt leben wir eigentlich?

Im Jahr 1985 stellte *EMMA* erstmals einen Katalog mit Forderungen zur Bekämpfung der sexuellen Gewalt zusammen. Zusammen mit Juristinnen und Mitarbeiterinnen von Notrufen und Beratungsstellen erarbeiteten wir die entscheidenden Punkte, damit Vergewaltigungsopfer nicht länger eingeschüchtert, sondern endlich angemessen behandelt und Vergewaltigungen verurteilt werden können. Dazu gehörte die Schulung von PolizeibeamtInnen ebenso wie die von Staatsanwälten und RichterInnen. Das war vor 35 Jahren. Seither ist auch in Deutschland einiges passiert.

So wurde der Straftatbestand »Vergewaltigung« in den folgenden Jahrzehnten unter dem Druck der Frauen, oft allen voran *EMMA*, immer wieder nachgebessert. Es hat allerdings sehr lange gedauert, bis auch Vergewaltigungen, in denen Frauen es nicht gewagt hatten, sich körperlich zu wehren, als solche anerkannt wurden. Und erst 2016 wurde endlich die klare Linie gezogen: »Nein heißt Nein« wurde Gesetz, verabschiedet von 601 der 630 Abgeordneten. Was etliche Medien nicht an einem Aufschrei der Empörung hinderte. Die Vergewaltigung in der Ehe galt schließlich noch bis 1997 juristisch maximal als »Nötigung« und wurde nur nach jahrelangen Protesten von Feministinnen und zu guter Letzt dank des Zusammenschlusses der Politikerinnen aus allen Parteien ein eigenständiger Straftatbestand.

Dennoch bleibt gerade der Vorwurf der Vergewaltigung in Beziehungen bis heute das heikelste Kapitel. Das Paradebeispiel dafür ist der Fall Kachelmann (2011). Dabei ging es keineswegs nur darum, ob Kachelmann schuldig ist oder unschuldig. Er wurde letztendlich freigesprochen, im Zweifel für den Angeklagten. Es ging auch um die Freundin. Und vor allem um den Umgang der Medien mit dem Fall. So hatten es zunächst auch viele meiner KollegInnen gesehen, die wie ich beim Prozess dabei waren. Die Wende kam mitten im Prozess mit dem Auftritt von Johann Schwenn. Der »Staranwalt« aus Hamburg ist u. a. dafür bekannt, dass er – auch nachträglich bei bereits Verurteilten – Freisprüche für Mandanten erreicht, die wegen eines Sexualverbrechens gegen Kinder oder Frauen verurteilt bzw.

angeklagt sind. Schwenns offensiv arroganter Auftritt schüchterte in Mannheim nicht nur Richter, sondern auch so manchen Journalisten ein. Nach anfänglichem Schwanken folgte die Mehrheit den sogenannten »Leitmedien«, bezichtigt damit faktisch die Ex-Freundin der »Lüge« und erklärt den Angeklagten Kachelmann für unschuldig.

Rituell wurde dabei immer wieder das Recht des Angeklagten auf die »Unschuldsvermutung« beschworen. Zu Recht. Doch die sollte auch für die Frau gelten. Im Fall Kachelmann aber – der öffentlich sozusagen exemplarisch für das Thema Vergewaltigung in der Beziehung stand – wurde die Frau schon Monate vor Beginn des Prozesses vorverurteilt. Zu Unrecht, wie der Richter bei der Urteilsverkündung betonte. Denn, sagte er, das Gericht habe nicht klären können, wer lügt: Sie oder er. Es könne sein, dass Kachelmann unschuldig sei, es könne aber auch sein, dass die Frau die Wahrheit gesagt habe.

Jüngst bin ich gefragt worden, wie ich den Fall Kachelmann denn heute sehe. Meine Antwort lautet: So wie damals. Denn im Gegensatz zu dem, was gebetsmühlenartig von manchen Medien behauptet worden ist, hatte ich ja niemals geschrieben, Kachelmann sei schuldig. Im Gegenteil: Ich hatte immer wieder betont, auch ich würde die Wahrheit nicht kennen – aber eben auch die Frau ernst nehmen. Für mich war diese Frau nicht von Anbeginn an eine Lügnerin, wie für etliche Journalisten-Kolleginnen bereits Monate vor Beginn des Prozesses. Auch Zeugen wie sie sollten das Recht auf die Unschuldsvermutung haben.

Bis heute werde ich immer wieder gefragt, warum ich den Kachelmann-Prozess ausgerechnet in *Bild* kommentiert hätte. Die Antwort ist sehr einfach: Weil *Bild* die einzige Zeitung war, die mir dies angeboten hat. Die meinungsführenden, linksliberalen Blätter wie *Spiegel* und *Zeit* hatten sich ja bereits Monate vor Beginn des Prozesses positioniert: Kachelmann ist unschuldig, die Ex-Freundin lügt. Sie waren eben schlauer als die Richter, die nach acht Monaten Verhandlung am 31. Mai 2011 erklärten: Wir konnten die Wahrheit nicht finden. Es kann sein, dass Kachelmann die Wahrheit sagt und die Freundin lügt – es kann aber auch sein, dass die Freundin die Wahrheit sagt und Kachelmann lügt. Also Freispruch, in dubio pro reo.

Ich hatte das den ganzen Prozess über so gesehen wie der Richter und war und bin der Meinung, dass für die Frau dieselbe »Unschuldsvermutung« gelten muss wie für einen (mutmaßlichen) Täter. Und exakt diese Position habe ich in meiner Berichterstattung bezogen: Ich habe auch der Ex-Freundin eine Stimme gegeben. Außerdem war meine Berichterstattung für *Bild* der einzige Weg für mich, am Prozess teilnehmen zu können, die wenigen anderen Medienplätze waren sehr schnell vergeben gewesen. (Siehe dazu https://www.aliceschwarzer.de/artikel/die-desastroesen-folgen-im-fall-kachelmann-33315 aus dem Jahr 2016.)

Die Eskalation der Vergewaltigung ist der Sexualmord. Im Oktober 1992 startete *EMMA* ihre erste Kampagne »Stoppt den Frauenhass!«. Auslöser war Angelika Bayer gewesen, deren Leiche im Oktober 1991 im Gebüsch nur 50 Meter entfernt von der *EMMA*-Redaktion lag. Die als »attraktiv« und »selbstbewusst« geschilderte Frau, von Beruf Betriebswirtin, Hobby Karate, war mitten im Zentrum, einen Steinwurf entfernt vom Dom und vor unserer Tür, nachts um eins Opfer eines Sexualmörders geworden.

Der Täter tötete auch danach weiter, er wurde erkannt an seinen »besonderen Perversionen« und schließlich nur dank der DNA-Spuren 2003 gefasst. 2004 wurde er auf Rat der Gutachterin zu einem einfachen »Lebenslänglich« verurteilt, ohne Sicherungsverwahrung. Der Serienmörder, der auch schon vor Angelika Bayer Frauen mehrfach lebensgefährlich vergewaltigt hatte, wurde zum Glück später noch einmal verurteilt.

Angelika Bayer war für mich die eine Leiche zu viel.

Ich stand in diesen Oktobertagen 1991 am Fenster im vierten Stock und schaute runter. Links das Gebüsch, in dem der Sexualmörder Angelika Bayer in der Nacht vom 5. auf den 6. Oktober vergewaltigt und ermordet hatte. Ihr Körper wird erst nach zwei Tagen entdeckt. Ich muss mehrfach an ihr vorbeigegangen sein. Rechts der kleine Platz, auf dem gerade demonstriert wird: gegen Fremdenhass.

Es sind die Tage der Lichterketten nach Hoyerswerda. Da hatten nicht nur anreisende Rechte, sondern auch die eigenen Nachbarn »Fidschis« und »Neger« gejagt. Hätte in dem Gebüsch, wo Angelika

Bayer lag, ein Türke oder ein Schwarzer gelegen, würde jetzt auch für ihn demonstriert. Aber es war nur eine Frau.

Das hat mir keine Ruhe gelassen. Ich habe den Lebensgefährten von Angelika Bayer angerufen und mich auf den Weg gemacht, auf die Spuren dieser Frau, die wie so viele Opfer eines »Zufallstäters« geworden war (die ganze Reportage auf Seite 378). Angelika Bayer gab den Anstoß für unsere erste Kampagne gegen »Frauenhass«. In deren Verlauf kam schon 1992 Erstaunliches ans Tageslicht. So waren in dem Jahr in Deutschland ein Dutzend »Fremdenhassmorde« begangen worden, also Morde mit dem Motiv Fremdenhass. Das wusste man so genau, weil auf das Anfang der 90er Jahre im wiedervereinigten Deutschland hochwallende Klima von Fremdenfeindlichkeit zum Glück sehr rasch reagiert worden war: Die Medien berichteten; Tausende von Menschen demonstrierten, hielten Mahnwachen und bildeten Lichterketten; Polizei wie Justiz führten innerhalb kürzester Zeit den Begriff »Fremdenhass« in ihre Arbeit und ihre Statistiken ein.

Im gleichen Jahr hatte *EMMA* an ihre Leserinnen appelliert, alle Zeitungsberichte zu schicken über Frauen, die getötet worden waren, weil sie Frauen sind: vom »Lustmord« bis zum »Eifersuchts-« oder »Familiendrama«. Die Informationen erreichten uns aus dem ganzen Land. Wir machten uns ans Zählen und filterten heraus: Allein 1993 waren in Deutschland etwa 800 Frauen mit dem Motiv »Frauenhass« getötet worden, also 66-mal mehr sexistische Morde als rassistische. Es werden seither nicht weniger geworden sein.

Ich beschloss, der Sache auf den Grund zu gehen, und begann, die Fälle von Frauenmorden zu sammeln. Allein schon die Art der Berichterstattung war gruselig.

Da sticht einer »im Blutrausch« 35-mal auf seine Frau ein. Ein Zweiter tötet »aus Ehefrust«, ein Dritter gar aus »Uneigennutz und Altruismus«, wie die FAZ mitfühlend meldet: »Der Angeklagte wollte seine Freundin davor bewahren, von ihrem früheren Mann weiter gequält und gedemütigt zu werden.« Ein Vierter überfährt seine von ihm getrennt lebende Frau mit dem Auto, weil er dachte, »sie könne der Prostitution nachgehen«. Darüber war er, der sie immer noch liebte und zurückzugewinnen hoffte, »in Wut und Zorn geraten« (so die *Süddeutsche Zeitung* einfühlsam). Ein Fünfter regelt die »Ehescheidung mittels Pistole«, wie die *Stuttgarter Nachrichten* forsch titeln. Und ein Sechster schlägt und würgt seine Tochter, weil sie ihn mit ihren »Provokationen gereizt«, nämlich beim Ehestreit zur Mutter gehalten hatte: »Die 40-jährige Ehefrau nahm gegen seinen Willen die Pille und wollte nicht immer, wenn ihm danach war, mit ihm schlafen« (*Weser-Kurier*).

Bis heute haben Polizei und Justiz den Begriff »Frauenhass« nicht in ihre Statistiken eingeführt. Unter Frauenmorden, Femiziden, versteht man alle Taten, in denen das Opfer ermordet wurde, *weil* es eine Frau ist: vom Sexualmord im Park bis zum sogenannten »Gattenmord« in der Beziehung. Die Zahl der Femizide wird in Deutschland allerdings bis heute nicht erfasst, weil hierzulande in der Kategorie amtlich immer noch nicht gedacht wird.

Doch immerhin erfassen Bundeskriminalamt und Landeskriminalämter inzwischen die Anzahl der Gattenmorde. Heraus kommt: In Deutschland bringt an (mindestens) jedem dritten Tag ein Mann seine eigene Frau/Freundin um. 2017/2018 wurden 147 bzw. 122 Frauen Opfer sogenannter »Partnerschaftsgewalt«. Perverser kann Sprache übrigens kaum sein: Ein »Partner«, der tötet. Ganz wie bei der Vergewaltigung ist also auch beim Mord die eigene Wohnung der gefährlichste Ort für Frauen.

Wir Feministinnen wissen das seit Jahrzehnten – und endlich reagiert die Politik: 2019 startete Familienministerin Giffey eine Aufklärungskampagne gegen die »Partnerschaftsgewalt«.

Schon seit den 1980er Jahren wird der tödliche Hass gegen Frauen öffentlich zelebriert, juristisch wie medial verharmlost und entschuldigt. Tenor: Der arme Mann – diese Frau hatte das nicht anders verdient. Und (fast) alle machen dabei mit. Einige der bekanntesten Fälle seien hier exemplarisch zitiert:

Der Fall Bubi Scholz: Der nicht wegen Mordes, sondern wegen »fahrlässiger Tötung« verurteilte Boxweltmeister und Hobbyschütze hatte 1984 seine Frau, die sich aus Angst vor ihm in der gemeinsamen Wohnung in einer winzigen Toilette eingeschlossen hatte, durch die

Türe erschossen. Scholz stand zu der Zeit exemplarisch für den verunsicherten Mann mit der zu emanzipierten Frau. Während das einstige Männer-Idol arbeitslos war, führte seine Frau eine erfolgreiche Parfümerie auf dem Ku'damm. Die Tat »glich einem Selbstmordversuch, so abhängig, wie Gustav Scholz von seiner Frau war«, schrieb der unnachahmliche Gerhard Mauz im *Spiegel*. Auch die Richter hatten ein Einsehen: drei Jahre, davon ein Jahr auf Bewährung. »Unser Bubi bald frei«, jubelte *Bild*.

Erste Pointe: Bubis »Neue« holte ihn nach zwei Jahren am Gefängnistor ab. Zweite Pointe: Bubi Scholz kassierte die Lebensversicherung seiner von ihm getöteten Frau: 650 000 DM.

Der Fall W. in Köln: Es geschah kurz vor Weihnachten im Jahre 1990. Seine Frau soll ihn im betrunkenen Zustand geweckt und »faule Sau« und »fettes Schwein« gebrüllt haben. Der Täter ist der einzige Zeuge. »Da packte ich sie am Hals, um sie zur Besinnung zu bringen.« Dabei erwürgte der Zwei-Zentner-Mann die zierliche Frau und berief sich später auf »Notwehr«. Der gelernte Metzger ließ die Leiche drei Tage liegen und portionierte sie sodann in der Badewanne. Die einzelnen Leichenteile verscharrte er im Stadtwald, der Kopf tauchte nie mehr auf. Erst zwei Jahre später entdeckten spielende Kinder die Überreste seiner Frau – ihr Verschwinden war niemandem aufgefallen. Der Ehemann gesteht. Zeuginnen schildern ihn als »schwachen, gutmütigen Kerl«, sie als »Xanthippe«, die ihn sogar mal als »Schlappschwanz« beschimpft haben soll. W. wird nicht wegen Mordes verurteilt. Noch nicht einmal wegen Totschlags. Er erhält drei Jahre Gefängnis für »Körperverletzung mit Todesfolge«. Kommentar des Richters: »Der Mann ist auch Opfer. Er wollte lediglich seiner erlittenen Demütigung Ausdruck geben.« Zwei Jahre nach dem Urteil ist er wieder auf freiem Fuß. – Gegen das Urteil gab es keine Proteste. In dem Prozess saß nicht eine einzige Feministin – zur gleichen Zeit marschierten ganze »Frauenblocks« bei Demonstrationen gegen Fremdenhass mit.

Der Fall Geyer-Iwand: Pastor Geyer war nicht irgendein Pastor. Er war Aktivist der Friedensbewegung, Ex-Leiter der »Aktion Sühnezeichen« und verheiratet mit der Tochter einer der führenden Köpfe der

Bekennenden Kirche. Seine Frau Veronika war Lehrerin und zuletzt Bürgermeisterin ihres Heimatortes. Wollte sie sich an diesem 25. Juli 1997 von ihm trennen? Was auch immer der Auslöser war: Ihr Mann hat ihr mit sieben Hieben den Schädel so eingeschlagen, dass ein Ohr abgetrennt, ihr Gesicht völlig zerschmettert und Augen und Hirn in den Kopf getrieben wurden. Hier hat nicht einer getötet, hier hat einer vernichtet. Noch in der Nacht nach der Tat legt sich Pastor Geyer mit einer seiner Geliebten ins halb leere Ehebett, die Kinder sind nebenan. Am darauffolgenden Tag treibt er es mit einer weiteren Geliebten im Auto.

Dieser Mann ist nicht etwa wegen Mordes zu lebenslänglich, sondern wegen »Totschlags« verurteilt worden, zu acht Jahren Gefängnis. Und selbst das war knapp. Die Berichterstattung hatte ihn nach Kräften verteidigt, genauer: die Berichterstatterinnen. »Sie reizte, beleidigte und provozierte den leicht kränkbaren, auf Erfolg und Anerkennung angewiesenen Mann« (Jutta Voigt in der *Woche*). »Sie war die Dominante« (Bascha Mika in der *taz*). »Hat sie ihn durch eine ›permanent ausgespielte Überlegenheitsrolle‹ wieder und wieder verletzt?« (Gisela Friedrichsen im *Spiegel*). In Geyers Zelle stapelten sich die Liebesbriefe und Heiratsanträge. – Je grausamer die Tat eines Mannes gegen eine Frau, umso grotesker scheint das Bedürfnis anderer Frauen nach Zähmung zu sein: Ich werde ihn retten. Mit mir tut er so was nicht.

Der Fall »Rosa Riese«: Zwischen dem 25. Oktober 1989 und dem 5. April 1991 tötete der Mann fünf Frauen, drei weitere entkamen. Er hat die Frauen erschlagen, erwürgt, erstochen und sodann geschändet. Und ganz nebenher hat er auch noch dem Baby eines seiner wimmernden Opfer den Schädel auf einem Baumstumpf zertrümmert.

Als der Täter über ein Jahr später vor Gericht stand, hatte er bereits zahllose Gespräche mit Gutachtern und Anwälten hinter sich. Am ersten Verhandlungstag sagte der Angeklagte, er habe die Frauen »aus Hass auf meine Mutter« getötet, denn die habe den kleinen W. »nicht verstanden« und »abweisend behandelt«. Am zweiten Tag erklärte er, er habe Frauen »aus Lust wie im Sexualrausch« ermordet.

Damit hatte der Täter die beiden zentralen Verteidigungsstrategien eingeschlagen: 1. Meine Mutter ist schuld. 2. Ich konnte nicht anders.

*Spiegel*-Gerichtsreporterin Gisela Friedrichsen widmete dem »rosa Riesen« fünf Seiten[2] – und seinen sechs Opfern, inklusive den weiteren knapp Entkommenen, fünf Zeilen. Dass der Ex-Hauptwachtmeister von der Volkspolizei unehrenhaft entlassen worden war, weil er am 20. April mit »Kameraden« Hitlers Geburtstag gefeiert hatte, dass er ein Waffennarr war und aus der CDU wg. »zu lascher Ausländerpolitik« (weil »die Fidschis uns plattmachen«) ausgetreten war, all das war im *Spiegel* nicht zu lesen. Dabei wäre doch gerade in diesem Fall die Verbindung von Frauenhass und Fremdenhass hochinteressant gewesen.

Auch dieser Serienmörder wurde nicht etwa zu lebenslänglich verurteilt, sondern als »vermindert schuldfähig« zu nur 15 Jahren Maßregelvollzug. Er hatte bereits ein Jahr später Freigang, obwohl er selber zu bedenken gegeben hatte, er wisse nicht, ob er »bei einer Begegnung mit einer Frau standhalte«. Bei einem seiner Freigänge wurde er von Journalisten beim Kauf von Pornomagazinen beobachtet. Während der Therapie rang sich der Frauenmörder zu seiner »weiblichen Identität« durch. Die »Bestie von Beelitz« trägt jetzt Frauenkleider und möchte mit »Beate« angesprochen werden. Es liegt im Ermessen der Gutachter, wie lange W. noch im Maßregelvollzug bleibt.

Erwähnt sei noch ein Fall in Österreich, der zwar schon einige Zeit zurückliegt, aber besonders aufschlussreich ist für das intellektuelle Kultur-Milieu: Der Fall Unterweger. Am 28. Juni 1994 wird in Graz Jack Unterweger wegen vierfachen Mordes zu lebenslänglich verurteilt. Immerhin. Er begeht wenig später Selbstmord in der Zelle. Unterweger hatte eine beispielhafte Karriere als »Lustmörder« hinter sich. Zum ersten Mal mordete der Zuhälter 1974. Damals lockte er eine 18-Jährige in sein Auto und folterte und erwürgte sie. Er bekam lebenslänglich und wurde 1990 vorzeitig aus der Haft entlassen.

Inzwischen war der Mörder zum Bestsellerautor avanciert. In einem Sozialkitschporno mit dem Titel »Fegefeuer oder die Reise ins Zuchthaus« hatte Unterweger sein Leben ausgebreitet und einen Zusammenhang zwischen seinen »Leiden« und seinen Taten suggeriert: »Sie war allein. Meine Schwanzstöße zuckten wie rasende Messerstiche in ihr Arschloch, weil sie die Regel hatte. Sie begann zu schreien, ich tobte weiter, vor Augen den spuckenden Chef und die Hand in der Uniform, die mich schlug.«[3]

Vier Jahre später steht Unterweger erneut vor Gericht. Jetzt ist er des Mordes an elf Frauen angeklagt. Elf Prostituierte, alle vermutlich mit schweren Anus-Verletzungen (die Leichen waren zu verwest, um dies sicherzustellen) und alle erdrosselt. Und alle immer an Orten ermordet, an denen Unterweger gerade recherchierte für den staatlichen Fernsehsender ORF, Thema: Die Angst am Strich.

In seinen Jahren auf freiem Fuße war Unterweger in der Wiener Schickeria und Intelligenzia von Salon zu Salon gereicht worden. Man wispert sich die Namen seiner bekannten, auch intellektuellen Liebhaberinnen zu.

Das Ur-Modell des modernen Lustmörders ist der Marquis de Sade (1740–1814). Er formulierte als Erster die Philosophie, nach der Erniedrigung, Folter und Mord höchste Lust und Grenzüberschreitung, eben Transzendenz des Menschen zum quasi Göttlichen sei. Des männlichen Menschen. De Sade machte sich nicht nur in seinen Schriften zum Herrn über Leben und Tod (»Oh! Welche Tat ist so wollüstig wie die Zerstörung. Keine Ekstase gleich derjenigen, die wir erfahren, wenn wir uns dieser göttlichen Infamie hingeben«). Der französische Adelige wurde für seine Taten, die Folterung und Ermordung von Frauen, von den Revolutionären in die Bastille geworfen.

Was den modernen Mann bis heute nicht hinderte, sich wollüstig schaudernd auf de Sade zu berufen. Zu Recht. Denn er verdankt diesem Adeligen die Profanisierung und Demokratisierung eines Privilegs, das einst nur der Elite vorbehalten war: die Entscheidung über Leben und Tod. Die gilt für den kleinen Mann allerdings nur bei Frauen.

Der nimmt dieses Privileg vor allem dann in Anspruch, wenn er nervös wird, der Mann. Nicht zufällig machte Jack the Ripper zu den Bestzeiten der Suffragetten Furore und feierte die künstlerische und literarische Avantgarde die Lust am Frauenmord in den emanzipierten 20er Jahren. Kurze Zeit später sollte dann ein noch stärkerer Männerbund das Recht über Leben und Tod noch ein bisschen erweitern, über die Frauen hinaus ...

Ebenso wenig zufällig tauchte Mitte der 70er Jahre in Amerika und etwas später auch in Europa verstärkt eine neue Variante des »Lustmörders« auf: der Serienkiller, zusammen mit den Gruppenvergewaltigern. Die Kultur-Avantgarde hatte den Boden bereitet. Zum Beispiel die Beatniks mit ihren »apokalyptischen Orgasmen«, die Norman Mailer in seinem Roman »Barbary Shore« beschreibt: »Er nannte verschiedene Teile ihres Körpers und beschrieb, wie er dies aufreißen und jenes drücken würde, hier essen und da ausspucken, wild drauflosmetzgern und fein schneiden, aufschlitzen, kasteien und herausreißen würde ...«[4] Makabre Pointe: Der sechs Mal verheiratete Mailer verletzte seine zweite Frau 1960 mit einem Taschenmesser so schwer, dass ihr Leben nur durch eine Notoperation gerettet werden konnte. Einen Prozess gab es nicht, »die Frau zeigt ihn nicht an«, heißt es in Wikipedia lakonisch. Schwer zu glauben, dass ein Fast-Mord noch vor 60 Jahren in den USA Privatangelegenheit gewesen sein soll und er nicht automatisch als Offizialdelikt vom Staat hätte verfolgt werden müssen.

Auch die genüsslich allabendlich im heimischen Fernseh-Krimi zelebrierten Frauenmorde haben ihre Funktion. Jeder zuschauende Mann kann sich mit dem (in der Regel männlichen) Mörder oder dem Kommissar identifizieren – jede zuschauende Frau bleibt das weibliche Opfer (auch darum ist es gut, dass es endlich auch Kommissarinnen gibt!). Eine Umfrage ergab: Jede zweite Frau hat beim Fernsehen oft »starke Angst und Beklemmungen«.

Mitte der 1990er Jahre beschloss ich, ein Buch über Frauenmörder zu schreiben. Ein renommierter Gerichtsgutachter – der vom notwendigen Einfühlen in die Mörder schon ganz graugesichtig geworden war – half mir bei der Recherche. Die Urteile über gefasste Frauenmörder, die noch im Gefängnis saßen, begannen, sich auf dem Sideboard in meinem Arbeitszimmer zu stapeln, in meinem Rücken. Ich las sie. Ich las die Schilderungen der Taten, im Detail. Ich wollte zu diesen Männern gehen und fragen: Warum? Über Monate habe ich in die Abgründe geschaut – und dann den Plan verworfen. Ich konnte einfach nicht. Ich wandte mich wieder den Opfern zu.

Gerade beginnt der Mehrheit der Männer im hiesigen Kulturkreis die Ahnung zu dämmern, dass Frauen nicht der Besitz eines Mannes sind und er nicht mit ihnen machen kann, was er will – da stoßen Männer aus anderen Kulturkreisen zu uns. Männer, die noch nie etwas von »Rechtsstaat« oder »Gleichberechtigung der Geschlechter« gehört haben. Dank ihnen bekommen die Frauenmorde hierzulande nun eine ganz neue Dimension: Sie finden nicht mehr heimlich hinter verschlossenen Türen statt, sondern als öffentliche Hinrichtungen. Denn diese Männer fühlen sich total im Recht und wollen allen anderen Männern demonstrieren, was sie mit »so einer« machen – und den Frauen, was mit so einer gemacht wird.

Zum Beispiel der Fall Nurettin B. in Hameln, 2016: Er sticht seine Ex-Frau Kader K. nieder, weil sie sich von ihm getrennt hatte und es einen Sorgerechtsstreit um den gemeinsamen Sohn gab. Vor den Augen des Kindes knüpft er die bewusstlose Frau mit einem Strick mittels einer »Würgeschlinge« an sein Auto, gibt Gas und schleift sie durch die Innenstadt. Es ist nur einem Zufall zu verdanken, dass der Knoten sich nach ein paar Hundert Metern löste. Die Frau hat überlebt. Knapp. Sehr knapp. Die ganze Zeit über hatte der kleine Sohn neben dem Vater im Auto gesessen.

Ich könnte noch zahllose »Ehrenmorde« im Namen dieser noch unerschütterten patriarchalen Tradition aufzählen, wie zum Beispiel den Fall der von ihrem Bruder ermordeten Hatun Sürücü. Auch darüber durfte lange nicht kritisch gesprochen werden: andere Länder, andere Sitten – bei denen ist das eben so. Alles andere wäre »Rassismus«. Wir fangen also wieder von ganz vorne an.

Auf dem Schlachtfeld des Geschlechterkrieges, dieses längsten und nie erklärten Krieges der Menschheitsgeschichte, haben Vergewaltiger und Lustmörder eine zentrale Funktion. Vergewaltiger sind, so hat es Susan Brownmiller in »Gegen unseren Willen« formuliert, die »Stoßtrupps, die terroristischen Guerillas«. Und die Lustmörder sind die Elitetruppe: Sie sind die SS des Patriarchats.

# PROSTITUTION UND MENSCHENWÜRDE

Es war im Jahr 1967 in Mönchengladbach. Ich war Volontärin der *Düsseldorfer Nachrichten/Westdeutsche Zeitung* und erfuhr, dass Prostituierte nun Steuern zahlen sollten (inzwischen zahlen sie Steuern, und die Kommunen profitieren satt davon). Das empörte mich. Denn zu der Zeit hatten Prostituierte noch nicht einmal die vollen Bürgerrechte. Man konnte ihnen die Kinder wegnehmen oder das Vermieten einer Wohnung verweigern. Sich zu prostituieren galt für Frauen als Schande, zu Prostituierten gehen für die Männer als Kavaliersdelikt.

Ich rief also den örtlichen Bordellbesitzer an und ging in das Bordell. 25 Jahre alt und blond, durchschritt ich mit abweisendem Blick stramm den Kontakthof, Richtung Bordellküche. Da wartete schon ein halbes Dutzend Frauen auf mich. Wir unterhielten uns ein, zwei Stunden lang, sehr offen und sehr selbstverständlich. Und ich sah aus dem Augenwinkel, wie die Frauen nach einer »Nummer« schon 15, 20 Minuten später zurückkamen, und staunte: So schlicht gestrickt sind manche Männer? Nachdem der Artikel erschienen war, rief mich eine der Frauen an und sagte: »Fräulein Schwarzer, wollen wir nicht zusammen eine Zeitung für Prostituierte machen?« So weit war ich noch nicht.

Als ich dann ein Jahr später in Hamburg kurzzeitig für ein Hochglanzmagazin, *Frau und Film*, arbeitete (bevor ich als Reporterin zu *Pardon* ging), hat mich die hanseatische Sterilität so angeödet, dass ich ab und an in eine Kaschemme namens »Fick« (sic) im Hafen ging. Da habe ich mir viele Abende lang das Leben und die Sorgen von Prostituierten angehört. Erkannt habe ich sie an ihrem ausgelöschten Blick.

In Paris gehörte ich in den 1970er Jahren zu den Feministinnen, die den Protest von Prostituierten gegen Doppelmoral und Polizeischikanen aktiv unterstützten. Wir schrieben und verteilten gemeinsam Flugblätter und besetzten Kirchen. Dabei habe ich nie einen Unterschied gesehen zwischen den Prostituierten und mir – höchstens den, dass ich Glück gehabt habe.

1975 verstand es sich für mich von selbst, dass unter den 18 von mir befragten prototypischen Frauen im »Kleinen Unterschied« auch eine Prostituierte sein musste: Cornelia. Sie ging seit 25 Jahren auf der Potsdamer Straße in Berlin auf den Strich, »immer an derselben Ecke«. Cornelia hatte zwei Ehemänner und vier Beziehungen hinter sich – und alle haben sie immer alles zahlen lassen. Die 53-Jährige hatte noch nie in ihrem Leben einen Orgasmus mit einem Mann, »nur, wenn ich es mir selber mache«. Am meisten fielen mir ihre Hände auf: ganz rau und gerötet. Sie musste nebenher noch putzen gehen, weil sie in ihrem Alter in der Prostitution nicht mehr genug verdiente.

Erst 1981 erschien in Deutschland Kate Milletts Buch »Das verkaufte Geschlecht«[1] (1974 das Original). Ich schrieb zur deutschen Auflage das Vorwort und zitierte Milletts Kernsatz: »Was die Prostituierte in Wahrheit verkauft, ist nicht Sex, sondern ihre Entwürdigung. Und der Käufer, der Kunde kauft Macht.« Und ich fügte hinzu: »Männer gehen zu Prostituierten, weil sie bei ihnen etwas bekommen, was sie bei ihren eigenen Frauen nicht bekommen: die totale Verfügbarkeit und das totale Gefühl der Macht.«

Es waren die frühen 1980er Jahre, die hohe Zeit der Frauenbewegung. Der Protest hatte längst auch auf die Prostituierten in Deutschland übergegriffen. In Bochum zeigten sie besonders brutale Zuhälter an. In München protestierten sie aktiv gegen ihre Vertreibung vom Straßenstrich. Und in Berlin gründeten sie einen ersten Prostituiertentreff, das »Café Hydra«. Dieses »Hurenprojekt« tritt allerdings seit Langem vor allem für das Gegenteil ein: für den *Einstieg* von Frauen in die Prostitution.

Denn kaum hatten die ersten Prostituierten rebelliert, wurde ihr Protest vereinnahmt. Hatten Prostituierte und mit ihnen solidarische

Feministinnen bisher für ihre Menschenwürde und gegen ihre Ausbeutung gekämpft, wurden nun »die schnelle Mark« und »das Recht auf Prostitution« aufs Schild gehoben. »Prostitution ist geil!«, hieß es. »Wir prostituieren uns freiwillig.« Mehr noch: »Prostitution ist feministisch!« Die Vertreterinnen dieser Pro-Prostitutions-Propaganda waren in der Regel studentische Gelegenheitsprostituierte oder »Salon«-Betreiberinnen, die nun meist andere Frauen für sich die Beine breit machen ließen. Sie propagierten: Prostitution ist ein Beruf wie jeder andere. Und sie sind bis heute aktiv an der Pro-Prostitutionsfront, sie verdienen ja auch daran.

Nein, Prostitution ist kein »Beruf wie jeder andere«. Auch wenn das das ewig gleiche halbe Dutzend Prostituierter vom Dienst im Fernsehen immer wieder verrucht lächelnd behauptet. Männer kaufen bei Prostituierten auch keinen Sex, sie kaufen Macht. Was den Blick und das Begehren dieser Freier prägt, nicht nur den auf die eine, sondern auf uns alle.

Für mich war darum immer klar: Solidarität mit den Frauen, die in dieser Lage sind – und Kampf dem System, das sie in diese Lage bringt. Dass diese Solidarität mit Prostituierten eines Tages die perverse Wendung nehmen würde, dass ihre Ausbeuter davon profitieren – Zuhälter, Bordellbesitzer, Menschenhändler –, das konnte ich damals noch nicht ahnen. 1990 planten die Grünen sogar, Prostitution zum »Ausbildungsberuf« zu machen, und hatten dazu auch schon ein Papier ausgearbeitet. Die SPD zog mit. Die CDU/CSU fürchtete den »Prüderie«-Vorwurf und hielt sich bedeckt.

In dieser Zeit klingelte es an meiner Türe auf dem Land. Davor stand eine sehr aufgeregte junge Frau. Sie müsse mit mir reden, unbedingt. »So kann ich nicht länger leben!« Auf mich war sie durch mein Vorwort für »Das verkaufte Geschlecht« von Kate Millett gekommen. Sie war Mitte 20 und ab 16 auf den Strich gegangen, auf den Drogenstrich am Kölner Hauptbahnhof. Zu Hause abgehauen war sie, weil ihr Vater sie missbraucht hatte – das gilt wohl für 75 bis 90 Prozent aller Prostituierten (laut internationaler Studie). Seit einigen Jahren war sie raus, mithilfe von Freunden. Aber es ließ sie nicht los.

Sie klammerte sich an mich wie eine Ertrinkende: »Nachts liege ich wach oder habe Albträume, tags Migräne. Anfassen darf mich keiner, sonst drehe ich durch. Mal spüre ich meinen Körper überhaupt nicht, mal brennt er wie Feuer. Alles ist angefasst, bis in mein Innerstes. Das Schlimmste waren die Demütigungen. Ich komme einfach nicht darüber weg ...«

Diese Frau hat, bei allem Elend, Glück gehabt. Glück, dass sie den Fängen der Zuhälter überhaupt entkommen ist. Denn das ist nicht so leicht. Die lassen die so profitable Ware Frau ungern gehen. Seit Langem ist die Prostitution weltweit nicht mehr Teil der lokalen Kleinkriminalität (ein Zuhälter und maximal zwei, drei »Pferdchen«), sondern Teil der international Organisierten Kriminalität mit mafiösen Strukturen. Heute werden mit Prostitution und dem mit ihr unlösbar verknüpften Frauenhandel weltweit jährlich schätzungsweise 32 Milliarden Dollar verdient. Allein in Deutschland wird der Umsatz aktuell auf mindestens 15 Milliarden Euro im Jahr geschätzt. Der Handel mit der Ware Frau ist mindestens so einträglich wie der mit Drogen oder Waffen, es ist ein Geschäft mit Profitraten von bis zu tausend Prozent. Der Löwenanteil des Geldes landet allerdings nicht in den Taschen der Prostituierten (die sterben laut Studien überwiegend verarmt), sondern in denen der Zuhälter, Bordellbetreiber und sonstigen Profiteure; inklusive des Staates.

Seit der rot-grünen Reform von 2002, die 2016 nur minimal korrigiert wurde, ist Deutschland zur europäischen Drehscheibe des Frauenhandels und zum Paradies für Freier und Sex-Touristen verkommen, die aus Nachbarländern einreisen. Unsere Gesetze tragen die Handschrift der in Berlin bestens vernetzten Prostitutionslobby und schaffen für die Frauenhändler freie Bahn. Schlimmer noch: Prostitution ist in den Nullerjahren in Deutschland regelrecht gesellschaftsfähig geworden. Popstars brüsten sich in Boulevardmedien damit, im Bordell gewesen zu sein, Junggesellenabschiede und Abiturfeiern finden in Bordellclubs statt – von wo es nur ein Schritt in die Absteigen ist.

Anfang der Nullerjahre klingelte in der *EMMA*-Redaktion das Telefon. Am Apparat war der »US-Sonderbeauftragte für Menschenrechte«. Er rief aus Berlin an. Dort hatte er nach gesellschaftlich relevanten Kräften gesucht, die die steigende Prostitution in Deutschland bekämpfen – vergebens. »Sie scheinen mit *EMMA* die einzige prostitutionskritische Stimme in Deutschland zu sein«, sagte er fassungslos. »Können wir uns mal zusammensetzen?« In der Tat, *EMMA* war über Jahrzehnte die Einzige, die gegenhielt. Die informierte, aufklärte, forderte. Immer wieder. Unermüdlich.

Die *EMMA*-Redakteurin Alexandra Eul schmuggelte sich 2012 in das »Laufhaus« *Pascha* in Köln, um die erbärmlichen Konditionen für die Frauen zu recherchieren. Die müssen dort für ein winziges Zimmer 180 Euro bezahlen. Am Tag. Schon nur dafür sind sie gezwungen, drei bis vier Freier täglich zu bedienen, und haben noch nichts zu essen. In der Corona-Krise beantragte der Geschäftsführer des »Pascha«, Armin Lobscheid, Kurzarbeitergeld. Nicht etwa für die »selbstständigen« Prostituierten, sondern für sich und seine vorgeblich 70 Angestellten.

Die Fotografin Bettina Flitner recherchierte 2013 tagelang in dem »Wellnessbordell« *Paradise* in Stuttgart, wo die Frauen quasi nackt für die Freier im Bademantel posieren. Sie befragte Freier nach ihren Motiven. Die antworteten alle mehr oder weniger direkt: Macht. Der *Paradise*-Besitzer, Jürgen Rudloff, sitzt seit September 2017 im Gefängnis, wg. Menschenhandel. Im März 2020 ging die Meldung durch die Medien, dass das *Paradise* Insolvenz anmelden musste. Die Corona-Krise hat dem Bordell in der Nähe zur französischen Grenze wohl den Rest gegeben.

*EMMA*-Rechercheurinnen waren über Jahre immer wieder in »Prostituierten-Cafés«, haben mit den Frauen geredet, mit Streetworkerinnen und Polizisten. *EMMA*-Redakteurinnen haben sich in Prozessen gegen Menschenhändler das Grauen angehört. Meistens kamen die Täter mit einem blauen Auge davon, »mangels Beweisen«. Und immer wieder gaben wir Frauen in der Prostitution in *EMMA* eine Stimme: von der Zwangsprostituierten aus Rumänien bis zu der Studentin Sandra. Sie erzählte uns 2019, wie ihr »Loverboy« sie sechs Jahre lang in die Prostitution zwang – aus der sie sich aus eigener Kraft befreit hatte.

2013 ging *EMMA* erneut in die Offensive. Wir veröffentlichten einen Appell von Prominenten: SchauspielerInnen, KünstlerInnen, SchriftstellerInnen, MenschenrechtlerInnen. Sie alle forderten: Schafft die Prostitution ab! Tausende, Zehntausende schlossen sich an. Seither ist einiges passiert. Sicher, unser Ziel – die Ächtung der Prostitution – ist noch weit. Aber auch in Deutschland hat endlich eine Nachdenklichkeit begonnen. Die Akzeptanz der Prostitution bröckelt. Menschen beginnen, genauer hinzusehen, sich Fragen zu stellen.

Die Verurteilung des Besitzers des *Paradise*, Jürgen Rudloff, wegen »Beihilfe zu schwerem Menschenhandel und Zuhälterei« ist ein Meilenstein im Kampf gegen die Prostitution. Rudloff bekam fünf Jahre Gefängnis und eine Geldstrafe von 1,3 Millionen Euro. Bis dahin war der Stuttgarter ein hofierter Talkshow-Star gewesen: schwarzer Anzug, weißes Hemd, Biedermann-Auftritt. Die Freier nannte er in den Talkshows »meine Gäste«, die Frauen »die Damen«. Bis zu seiner Verhaftung hatte der gut situierte Schwabe sein schmutziges Geschäft neun Jahre lang betrieben. Wieso also jetzt plötzlich ein Prozess?

Ganz einfach: Weil sich das gesellschaftliche Klima geändert hat. Prostitution als »Beruf wie jeder andere«, das geht nicht mehr durch. Und dieser Klimawandel ermutigte die Engagierten bei Polizei und Justiz (die es zum Glück gibt!). Sie hatten lange resigniert. Doch mit dem neuen Rückhalt begannen sie zu observieren, bis sie es nach Jahren beweisen konnten: Das Geschäft mit der »Ware Frau« kann nur funktionieren dank der immer wieder neuen Anlieferung dieser Ware durch brutale Zuhälter, die wiederum von Menschenhändlern beliefert werden. Rudloff ist hoffentlich nur der Erste von vielen, die ins Gefängnis kommen werden – oder aber die Branche wechseln.

Im Mai 2020 passierte – nach Jahrzehnten zähem Kampf durch Aufklärung – etwas für Deutschland Unerhörtes: 16 Abgeordnete aus Union und SPD appellierten an die 16 MinisterpräsidentInnen der Bundesländer, die Bordelle, »Terminwohnungen« und Straßenstriche nach der Corona-Krise nicht mehr zu erlauben. Und das nicht nur im Namen des Schutzes vor Infektion, sondern auch, »weil wir die Zustände in der Prostitution für die dort Tätigen in der großen Mehrzahl der Fälle für menschenunwürdig, zerstörerisch und frauenfeindlich halten«. Womöglich sei den LandeschefInnen, die rechtlich dafür zuständig sind, »das Ausmaß an sexuellen Übergriffen, an massiven physischen und psychischen Verletzungen durch täglich vielfach erzwungene Prostitution nicht bekannt«.

Sie könnten es wissen, die LandeschefInnen. Schon lange. Doch sie wollten es bisher nicht wissen. Jetzt gehen acht Politikerinnen und acht Politiker an die Öffentlichkeit, von Annette Widmann-Mauz (CDU) und Leni Breymaier (SPD) bis Karl Lauterbach (SPD). Auch die Vorsitzenden der beiden großen katholischen Frauenverbände sind mit im Boot. Sie alle plädieren für das sogenannte »Nordische Modell«, das die Kunden des Sexkaufs, die Freier, bestraft und den Frauen in der Prostitution beim Ausstieg hilft. Es wird eng für die »Sexindustrie«.

Mit diesem »Nordischen Modell« war Schweden der Vorreiter. Es ist mit der Ächtung der Prostitution als erstes Land der Welt in die Offensive gegangen. Resultat: 80 % aller SchwedInnen sind heute für das Verbot der Prostitution – sogar 70 % aller Männer! Inzwischen hat Schweden, relativ zur Bevölkerungszahl, nur noch ein Zehntel so viele Prostituierte (und ergo auch Freier) wie Deutschland. Denn bereits 1999 hatte Schweden ein Gesetz erlassen, das erstmals wirklich an die Wurzel des Übels ging: Es bestraft nicht etwa die Prostituierten, sondern die Freier. Denn, so die Begründung: »Nicht die Ware schafft den Markt, sondern die Nachfrage. Wenn wir wirklich die Prostitution abschaffen wollen, müssen wir die Nachfrage nach der Ware Sex bekämpfen.« Die anderen skandinavischen Länder sowie Frankreich, Irland und Israel folgten dem »schwedischen Modell«. Weitere Länder erwägen es.

Das schwedische Gesetz Kvinnofrid (Frauenfrieden) verbietet den »Kauf von sexuellen Dienstleistungen« mit einer Strafe von bis zu sechs Monaten Gefängnis. Gleich im ersten Jahr landeten rund 60 Freier auf den schwedischen Polizeiwachen. Sie wurden nur mit Geldbußen bestraft. Der Stockholmer Kommissar Anders Gripenlov: »Unter den Angezeigten waren alle Berufe, vom Bauarbeiter bis zum Firmenchef. Die meisten sind verheiratet. Viele betteln, wir mögen die Vorladung doch lieber an ihre Arbeitsstelle schicken – das lehnen wir ab. Manche laden wir auch mehrfach vor, das merkt dann die Ehefrau garantiert.«

Auf das anhaltende Hohngelächter im Ausland reagierte die schwedische Regierung gelassen mit dem Hinweis, auch das Männerrecht auf Prügelstrafe für Frauen und Kinder sei bis vor Kurzem für gottgeben gehalten worden. Und: Selbst die Sklaverei schien noch vor gar nicht langer Zeit unabänderliches Schicksal der Sklaven zu sein und ist dennoch heute weltweit geächtet.

Übrigens: Auch beim Kampf gegen die Sklaverei waren es im 19. Jahrhundert in Amerika und England die Frauen, die als Erste auf die Barrikaden gingen. Warum sollten wir es also im 21. Jahrhundert nicht schaffen, auch die Prostitution zu ächten – und sie in einer wirklich demokratischen Gesellschaft eines Tages sogar ganz abzuschaffen?

Hoffnung machten auch die Tage vom 2. bis 4. April 2019. Sie waren für Deutschland und für alle, die gegen die »White slavery« kämpfen, große Tage. Denn da trafen sich 400 Frauen (und einige Männer) in Mainz zum »3. Weltkongress gegen sexuelle Ausbeutung von Frauen und Mädchen« unter dem Motto: »Prostitution ist weder Sex noch Arbeit«. Gastgeberin war die von der so weltlich aktiven Nonne Lea Ackermann gegründete Organisation *Solwodi*, die Frauen beim Ausstieg aus der Prostitution hilft. Internationale Studien belegen, dass 85–95 Prozent aller Frauen in der Prostitution aussteigen wollen – wenn sie könnten!

Es kamen Frauen von 87 Organisationen aus 20 Ländern. Ich hatte die Freude und Ehre, den Kongress zu eröffnen. Und als ich da oben auf der Bühne stand und in den Saal blickte, da war das wirklich überwältigend für mich. Endlich nicht mehr allein! In der ersten Reihe saßen 20 Survivers, wie die Überlebenden der Prostitution im angelsächsischen Raum genannt werden. Sie waren alt oder jung, weiß oder schwarz, traurig oder heiter. Aber sie waren die Stolzesten. Am Ende der drei Tage schickten die 87 Organisationen einen Appell an Kanzlerin Merkel und das deutsche Parlament. Sie forderten u. a.: Das Ende der staatlichen Förderung von Prostitution! Ein Verbot von Sexkauf und Bordellen! Ausstiegshilfen mit Sozialwohnungen! Aufenthaltsgenehmigung für ausländische Opfer! Psychische und physische Gesundheitsversorgung! Bildungsmöglichkeiten und Eingliederung in Berufe! Bis heute haben sie keine Antwort erhalten.

Aber dennoch. Die Veranstaltung war für uns alle eine gewaltige Ermutigung. Es geht voran. Es gibt die ersten Männer-Aktionen gegen Prostitution (»Ich bin kein Freier«). Und endlich auch Organisationen, die keine Lobby der Sexindustrie, sondern wirklich für die Prostituierten da sind. Wie *Sisters*. Von dem in Stuttgart von der Sozialarbeiterin und Streetworkerin Sabine Constabel, die seit drei Jahrzehnten mit Prostituierten arbeitet, gegründeten Verein waren drei junge Frauen auf dem Weltkongress, eine übermütiger als die andere. »Wir gehen jetzt voller Power nach Stuttgart zurück!«, erklärten sie mir strahlend. Dort unterstützen sie nicht nur sehr konkret Prostituierte beim Ausstieg (z. B. mit Ausstiegswohnungen), sie sind auch kompetente Ansprechpartnerinnen für Medien und Politik und machen kreative Aufklärungs-Aktionen. Bisher lebt *Sisters* ausschließlich von ehrenamtlicher Arbeit und Spenden. Der deutsche Staat, der zum Beispiel das Pro-Prostitutionsprojekt *Hydra* in Berlin im Jahr 2018 mit 556 000 Euro (!) unterstützt, hat *Sisters* bisher noch nicht einen Cent gegeben. Dieses Klima der Akzeptanz der Prostitution schützt nicht nur die Zuhälter, Menschenhändler und Bordellbetreiber, sondern lässt auch die Grauzonen blühen. Dadurch rutscht auch eine junge Frau, die sonst vielleicht nie daran gedacht hätte, schneller mal für einen schnellen Euro in die Prostitution. Oder verliebte junge Mädchen lassen sich von »Loverboys« auf den Strich schicken. Ist ja nichts dabei, ist ja legal.

Deutschland gilt seit Langem als die europäische »Drehscheibe des Frauenhandels«. Allein in Europa schätzt die ILO (Internationale Arbeitsorganisation) die Opfer von Frauen- und Kinderhandel auf mindestens 500 000 Frauen und Kinder im Jahr. Die bekommen in der Regel ihre Ausweise abgenommen, werden gefoltert, »zugeritten« (was heißt: Gruppenvergewaltigung), können kein Wort Deutsch, sind völlig ausgeliefert und verschwinden dann in den »Salons« oder Bordellen. Inzwischen ist der Frauenhandel in Deutschland zu über 60 Prozent in der Hand von Männern mit Migrationshintergrund, Tendenz steigend. Sie kommen fast immer aus Kulturen, in denen das Wort Frauenemanzipation noch ein Fremdwort ist, für sie sind patriarchale Hierarchien selbstverständlich. Und auch die deutschen Freier freuen sich über die nicht emanzipationsinfizierte Ware.

Die Verfolgung der Wege des Frauenhandels ist so schwierig, weil die Opfer sich nur in Ausnahmefällen selbst melden. In der Regel können sie nur bei Razzien entdeckt werden – aber die sind seit der Liberalisierung der Prostitutionsgesetze durch die rot-grüne Reform 2002 kaum noch möglich. Der Polizei sind weitgehend die Hände gebunden. Und selbst wenn sie Frauen finden, die bereit wären zu reden, sind diese Zeuginnen extrem eingeschüchtert. Sie riskieren nicht nur ihr eigenes Leben. Häufig wird ihnen mit Rache an ihren Kindern und Familien in der Heimat gedroht. Die zuständigen Dezernate bei Polizei und Justiz arbeiten rund um die Uhr, sind aber unterbesetzt. Sie bräuchten mehr Geld. Und für die Opfer muss ein klares Bleiberecht her!

Die Freier werden, das sagen alle, immer jünger und brutaler. Das sind die vollpornografisierten Generationen. Sie stellen die unmenschlichen Pornos mit echten Frauen nach. Der Markt ist groß, sie haben die Wahl. 250 000 bis 300 000 Prostituierte allein in Deutschland, schätzen ExpertInnen. Rechnet man pro Jahr 1500 sexuelle Kontakte pro Prostituierte (an 300 Arbeitstagen je fünf Kontakte – was die allerunterste Grenze ist), so macht das bei 250 000 Prostituierten sage und schreibe 375 000 000 sexuelle Kontakte im Jahr, also 1 027 397 am Tag. Sextouristen und homosexuelle Freier mit ihren Strichjungen noch nicht mitgerechnet.

Doch wie viele Männer haben diese Kontakte? Gehen wir einmal von zwei »Stammfreiern« pro Prostituierte aus, die je 50 Kontakte im Jahr haben, so macht das 500 000 Stammfreier mit 25 Millionen Kontakten. Gehen wir weiter davon aus, dass der »Gelegenheitsfreier« 15 Kontakte im Jahr hat, so macht das rund 24 Millionen Gelegenheitsfreier mit 350 Millionen Kontakten. Was hieße: Etwa 25 Millionen Männer in Deutschland kaufen sich jährlich ein oder mehrere Mal eine Prostituierte. Da können wir so viel hin und her rechnen, wie wir wollen, es bedeutet: Einer von zwei Männern in Deutschland ist ein Freier. Ein bedrückender Gedanke.

All diese Männer lassen den Freier natürlich nicht vor der Tür, zu Hause oder im Büro. Ihr Begehren, ihr Blick auf Frauen, ihr Verhältnis zu Frauen ist geprägt von der Erfahrung ihrer Käuflichkeit. Die

Prostitution dringt nicht nur ins Innerste der Prostituierten, sondern auch in das der Freier. Und selbst die Männer, die es nicht tun, wissen, dass sie es tun *könnten*. Schon das prägt die Einstellung, bewusst oder unbewusst. Früher gab es noch die »anständigen« und die »unanständigen« Frauen, heute sind alle Frauen (potenzielle) Ware. Übrigens: Männer mit Abitur gehen doppelt so häufig zu Prostituierten wie Männer mit Hauptschulabschluss (sie haben mehr Geld – vielleicht aber auch eine größere Doppelmoral).

Und dann sind da noch die Sextouristen. Allein aus Deutschland 350 000 im Jahr. Die ersten Sextouristen waren in den 50er Jahren die amerikanischen Soldaten in Vorderasien. In Kambodscha ging es 1991 weiter mit der Stationierung der UN-»Friedenssoldaten«, viele wurden Freier. Führend im weltweiten Sextourismus sind heute die deutschen und die japanischen Freier.

Schon im Frühling 1993 schickte *EMMA* zwei Reporterinnen im Bumsbomber ins thailändische Pattaya, die Fotografin Bettina Flitner und die Autorin Cornelia Filter. Rund 5000 Prostituierte täglich bedienen in dem einstigen Fischerdorf Männer aus aller Welt, vor allem deutsche. Die Reporterinnen mieteten sich zwei Wochen lang in eines der einschlägigen Hotels ein und lernten so allerhand. Nämlich dass der ganz gewöhnliche Freier noch normaler ist, als sie es erwartet hatten: Es ist der nette Kriegsdienstverweigerer, der geschiedene Malocher oder der emeritierte Professor. Und dass die Männer selten Frauen für eine Nacht kaufen, sondern lieber für ein, zwei Wochen mieten. Die begleitet sie dann Tag und Nacht, serviert ihnen das Essen, putzt ihre Schuhe, steht sexuell zur Verfügung – und nervt kein bisschen. Fast wie zu Hause bzw.: Wie das zu Hause eben leider nicht mehr ist. Die meisten dieser Männer sind verheiratet oder fest liiert. Kondome benutzt keiner. Ihre Frauen glauben, sie seien auf Geschäftsreise oder beim Segeltörn etc.

*EMMA* veröffentlichte die Fotos von Bettina Flitner – Szenen auf der Straße, in Bars, am Strand – in ihrer Ausgabe vom Mai/Juni 1993. Wir zeigten die Freier, ohne sie unkenntlich zu machen (keine Augenbinde o. ä.). Das war neu und ein Schock. Mehr noch: eine Weltpremiere. Bis aus Amerika kamen Anfragen zum Nachdrucken – und zu den Konsequenzen. Flitner war wegen dieser Fotos u. a. Gast in Talkshows. Und in einer, bei »Meiser« von RTL, rief während der Sendung eine sehr aufgeregte Frau aus Aachen an. Die hatte ihren Mann gerade Arm in Arm mit einer Prostituierten in Pattaya gesehen. Das könne gar nicht sein, schrie sie ins Telefon, ihr Mann sei auf Geschäftsreise in Indien. Das sei eine Fotomontage. Sie werde diese Fotografin anzeigen! Wir haben nie mehr von der Frau gehört.

Auch wissenschaftliche Studien belegen seit Langem: Prostitution ist kein »Ventil«, im Gegenteil, sie zementiert das Machtverhältnis zwischen den Geschlechtern. »Das Schlimme ist noch nicht einmal der Sex«, hat eine Prostituierte zu Kate Millett gesagt. »Das Schlimme ist, dass man ihnen immer recht geben muss. Egal, was für einen Unsinn sie erzählen, du musst dazu nicken.« Immer recht haben. Machen können, was man will. Der Boss sein.

»Prostitution und ihre Begleiterscheinungen wie Menschenhandel sind mit der Würde und dem Wert des Menschen unvereinbar.« Es ist nun schon über 70 Jahre her, dass die UNO ihre Konvention »zur Verfolgung von Menschenhandel und Ausbeutung der Prostitution anderer« 1949 durch diesen Passus ergänzte. Deshalb seien nicht nur Bordellbetreiber zu bestrafen, sondern auch »jede Person, die eine andere Person, selbst mit deren Einwilligung, zu Zwecken der Prostitution beschafft, sie dazu verleitet oder verführt« oder »die Prostitution einer anderen Person, selbst mit deren Einwilligung, ausnutzt«. Selbst mit deren »Einwilligung«, also sogenannt »freiwillig«. Die verlogene Unterscheidung zwischen »guter« (freiwilliger) und »schlechter« (Zwangs-)Prostitution hatte die Staatengemeinschaft also schon vor 70 Jahren durchschaut. Diese Erklärung wurde von allen UNO-Ländern unterzeichnet, auch von Deutschland. Zeit, sie einzulösen.

# WELCHEN ISLAM WOLLEN WIR?

Beginnen wir mit meiner Reise in den Iran, wo ich die (Wieder-)Geburtsstunde eines der ganz großen Probleme erlebe, die uns bis heute in Atem halten: die des politischen Islam. Der Anruf erreicht mich am Sonntag, den 18. März 1979 zu Hause. Am Telefon ist eine feministische Weggefährtin in Paris, Anne Zelensky. »Alice, wir fliegen morgen nach Teheran«, sagt sie. »Uns haben zahlreiche Hilferufe von Feministinnen im Iran erreicht. Seit dem 8. März werden die Frauen aus den Universitäten und Berufen und von der Straße vertrieben. Sie sollen nach Hause gehen und sich ›anständig‹ anziehen, will heißen: verschleiern. Wir müssen ihnen beistehen! Kommst du mit?«

Klar komme ich mit. Damals gab es noch kein Fax, geschweige denn das Internet. Ich kann niemanden mehr informieren. Also schicke ich ein Telegramm an die *EMMA*-Redaktion: »Fliege morgen für ein paar Tage nach Teheran. Macht euch keine Sorgen. Bei Fragen oder Problemen die deutsche Botschaft in Teheran kontaktieren.« Das »Fräulein vom Amt« nimmt den Text auf, stockt und sagt: »Darf ich etwas sagen, Frau Schwarzer?« Aber selbstverständlich. »Bitte fliegen Sie nicht! Das ist doch viel zu gefährlich.« Ich bin gerührt. Und versuche, sie zu beruhigen.

Am nächsten Morgen fliege ich nach Paris und von da aus mit den anderen frisch ernannten Mitgliedern des hastig gegründeten »Komitee Simone de Beauvoir« nach Teheran. Wir sind ein Dutzend Journalistinnen und Schriftstellerinnen. Ich bin die einzige Deutsche.

Nur drei Tage später werde ich auf einem prächtigen orientalischen Kissen in einem dieser großzügigen, lichten Häuser im Norden von

Teheran sitzen. Meine Gastgeberin ist die tiefgläubige Farideh. Die 26-Jährige hat in Paris studiert und auch dort ihren Tschador nie abgelegt. Hier im Haus trägt die Mutter zweier Kinder ein geblümtes Kleid, das um ihren Körper schwingt. Während wir reden und reden, serviert Farideh Tee und kleine, selbst gebackene Kuchen. Sie ist in Khomeinis neu gegründeter islamischen »Frauenunion« aktiv. An dem berüchtigten »Schwarzen Freitag«, der den Sturz des Schahs einleitete, ging sie bei den Protesten in der ersten Reihe, unter dem Tschador ihr Küchenmesser.

»Aber gerade du«, sagt Farideh irgendwann, »du musst mich doch verstehen, Alice. Du bekämpfst doch auch die Pornografie. Und ich verschleiere mich, weil ich kein Objekt sein will.« Ich erwidere, dass für mich die Alternative zur Entblößung der Frauen nicht ihre Verhüllung sei; und übrigens mache doch auch das die Frauen zum Objekt – weil die Frauen ihre »Reize« bedecken müssten. Farideh lacht. Wir haben beide so gar keine Lust, uns zu streiten. Als ich ihr Haus verlasse, ruft sie mir nach: »Allah ist groß.« Mir ist das Herz schwer. Wo sie wohl heute ist, vierzig Jahre später? Tot? Im Gefängnis? Im Exil? Oder noch immer mit ihrem Mann, dem Physiker, in dem schönen Haus, das für die einst berufstätige Wissenschaftlerin schnell zum Gefängnis geworden sein muss.

Denn was wir in diesen Tagen in Teheran erleben, ist nicht misszuverstehen.

Wir sprechen mit allen (siehe Seite 347). Die Machthaber haben grünes Licht für uns gegeben. Wir reden mit hohen Würdenträgern wie Ayatollah Taleghani und auch mit Ministerpräsident Bazargan (er wird wenig später im Exil in Frankreich sein). Drei aus unserer Gruppe pilgern sogar verschleiert (!) – trotz des Protestes von uns anderen – nach Khom, wo Ayatollah Khomeini die Gnade hat, sie zu empfangen. Er lässt sie acht Stunden warten – und hält ihnen sodann einen Fünf-Minuten-Vortrag.

Vor allem aber reden wir mit den neuen Machthaberinnen, den Wortführerinnen der »Islamischen Frauenunion«. Sie sind in der Regel die Ehefrauen oder Töchter der neuen Machthaber. Wie Azam Taleghani, Tochter des Ayatollahs und Heldin des bewaffneten Widerstandes gegen den Schah. Alle sind hochgebildet und berufstätig. Es sind beeindruckende Frauen, mit Gesichtern wie in Granit gemeißelt. Sie glauben an die Verwirklichung einer klassenlosen Gesellschaft im Iran, an das Ende von Unterdrückung und Ausbeutung. Sie glauben auch an ihre Beteiligung bei der Gestaltung der Zukunft ihres Landes. Viele von ihnen werden wenig später im Gefängnis sein oder nicht mehr leben.

Die Frauen waren unter dem Schah im Gefängnis gewesen oder sind aus dem Exil zurückgekehrt. Wie Tahez Labaf, eine Ärztin und Mutter zweier Kinder. Bei der Verteidigung der Polygamie (in dem neuen islamischen Staat dürfen Männer bis zu vier Frauen haben) beruft sie sich auf Jean-Paul Sartre, worüber ich lachen muss. Und selbstverständlich befürwortet sie die Prügelstrafe bis hin zur Todesstrafe von Homosexuellen, Männern wie Frauen, ganz gleichberechtigt, denn: »Homosexualität ist nur Begierde und nicht Ausdruck eines Kinderwunsches.« Die ersten Homosexuellen waren bereits hingerichtet worden.

Die neuen Machthaber und ihre Kampfgefährtinnen streben einen »Gottesstaat« an, in dem die Scharia das Gesetz ist. Daraus machen sie kein Geheimnis. Bereits in diesen Tagen in Teheran, geschweige denn später, ist es für mich einfach nicht nachvollziehbar, dass gerade Linke – Männer wie Frauen, Iraner wie Westler – die Machtübernahme von Khomeini begrüßen. Wie der – offen homosexuelle – Philosoph Michel Foucault, der in diesen Tagen die »iranische Revolution« als »die modernste und verrückteste Form der Revolte« bejubelt. Dass dabei von Anbeginn an die Frauen entrechtet werden, scheint nicht nur ihn nicht sonderlich zu stören.

»Die westliche Linke und uns verband der Hass auf den Schah, auf den Imperialismus und auf Amerika«, schreibt die iranische Schriftstellerin Chahla Chafiq im Rückblick. Die Soziologin versteht sich bis heute als Linke und Feministin und schreibt in ihrem 2018 erschienenen Buch »Le rendez-vous iranien de Simone de Beauvoir«: »Wir haben die Diktatur bekämpft, aber nicht begriffen, dass der neue Iran ein totalitäres Regime wurde. Auch ich habe die Gefahr nicht gleich erkannt.« Chafiq floh 1984 ins Exil nach Frankreich. Wir sind uns erst spät in Paris begegnet und Freundinnen geworden. Damals in Teheran wären wir wohl eher aneinandergeraten.

Seit dem 8. März 1979 ist das Kopftuch, die Verhüllung des »sündigen« Haares und Körpers der Frau, das identitätsstiftende Symbol der Islamisten. Es wurde zur Flagge ihres Kreuzzuges. In den ersten Jahren schlugen die Revolutionswächter im Iran so mancher Frau das verrutschte Kopftuch mit Nägeln in den Schädel. Das soll heute anders sein, »viel lockerer«, heißt es. Doch noch Anfang 2019 wurde in Teheran die international geachtete Menschenrechtlerin und Anwältin Nasrin Sotoudeh zu 38 Jahren Gefängnis und 148 Peitschenhieben verurteilt. Ihr Vergehen: Sie hatte es gewagt, vor Gericht Frauen zu verteidigen, die gegen den Kopftuchzwang und für Frauenrechte demonstriert hatten. Sotoudeh befindet sich bis heute in dem berüchtigten Evin-Gefängnis in Teheran. Auch internationale Proteste konnten nichts bewirken.

Auf dem Rückflug im April 1977 fängt mich schon in Brüssel das ZDF ab, für die aktuelle Nachrichtensendung. Und ich habe in *EMMA* und der *Zeit* geschrieben, was ich gehört und gesehen hatte. Meine Reportage endet mit den Worten: »Diese Frauen waren gut genug, für die Freiheit ihr Leben zu riskieren – sie werden nicht gut genug sein, in Freiheit zu leben.« Prompt tönte es mir aus der Linken entgegen: »Schahfreundin!«, »Rechte!« Und die *taz* titelte neckisch: »Alice Schwarzer zu Fuß durch Teheran«.

Ich hatte dank meiner Visite im Iran das Glück, sehr früh begreifen zu können, wohin die Reise geht. Es begann mit der Machtergreifung Khomeinis am 5. Februar 1979 im Iran, von da an trat der politische Islam seinen Kreuzzug durch die Welt an: von Afghanistan über Tschetschenien nach Algerien und Libyen – bis mitten in die europäischen Metropolen. Heute sind 35 Länder unter der Faust der Gottesstaatler und noch viel mehr unter der Geißel des sich mehr und mehr politisierenden Islam. Deren erste Opfer sind nicht wir, sondern sind die aufgeklärten MuslimInnen.

Frauen mit Kopftuch gehören inzwischen in Deutschland zum Straßenbild, selbst der Tschador, der Ganzkörperschleier, ja sogar die das Gesicht verhüllende Vollverschleierung begegnen uns immer öfter. Das ist neu. In den 1970er Jahren lebten in Deutschland bereits fast eine Million TürkInnen, aber Kopftücher waren kein Thema. Mehr noch: Dass Türken Muslime sind, war kein Thema. Es war ihnen selber egal oder aber sie betrachteten es als ihre Privatsache. Öffentliches Beten oder Ramadan und Fastenbrechen gab es nicht.

Und noch vor zehn Jahren ergab eine repräsentative Studie des Innenministeriums, dass 7 von 10 Musliminnen in Deutschland kein Kopftuch tragen; ja sogar jede zweite, die sich selber als »stark gläubig« einstuft, noch nie ein Kopftuch getragen hat. Denn das Kopftuch ist kein religiöses Gebot. Die obsessive Verhüllung der Frauen ist nur für islamische Fundamentalisten unverzichtbar, so wie für die christlichen Fundamentalisten das Abtreibungsverbot. Auffallend bei beiden ist: Immer geht es um die Kontrolle des weiblichen Körpers.

Bei der vom Innenministerium beauftragten Studie gab übrigens nur jeder Dritte an, »stark gläubig« zu sein. Auch darum ist es falsch, Menschen muslimischer Herkunft über den Islam zu definieren – so wie es falsch wäre, uns alle vorrangig als »Christen« zu bezeichnen.

Bereits 1977 hatte *EMMA* erstmals über das Elend der »Gastarbeiterfrauen« und islamische »Ehrenmorde« in der Bundesrepublik berichtet (»Fatma muss Jungfrau sein«). 1983 veröffentlichte die Türkin Sevim Türkoglu eine große Anklage in *EMMA*: »Wir sind die Sklavinnen der Sklaven!«, schrieb sie. Schon da lagen also alle Probleme von heute auf dem Tisch: Das Leben der türkischen und kurdischen Frauen hinter verschlossenen Türen, die Gewalt gegen Frauen und Kinder, die fatalen Folgen bei »Verletzung der Männerehre«. Drei Jahre später erschien über eine dieser eingesperrten Türkinnen in Deutschland der erschütternde Film »40 qm Deutschland« des Deutschtürken Tevfik Baser.

Als im Jahr 2007 *EMMA* 30 wird, schreiben die beiden Deutsch-Türkinnen, die es als Erste gewagt haben, in Deutschland in die Öffentlichkeit zu gehen, mir je einen Brief, unabhängig voneinander: Die Soziologin Necla Kelek (»Die fremde Braut«) und die Juristin Seyran Ates. Beide danken uns und versichern: Es würde sie ohne *EMMA* nicht geben. Necla Kelek: »*EMMA* hat mir in all den Jahren gezeigt, dass es Gründe gibt für meine Verzweiflung, und mich ermutigt zum Widerstand. Dank *EMMA* wusste ich: Ich bin nicht allein.«

Ab Mitte der 1990er Jahre gingen die Islamisten auch in Deutschland, ja im ganzen Westen in die Offensive. Noch nicht mit Gewalt, aber durch Unterwanderung der Sitten und des Rechtsstaates. Ziel: Abschaffung der Demokratie und Einführung der Scharia. An vorderster Front agierte und agiert bei dieser Strategie der »legalistische Islamismus«, allen voran bis heute propagiert von Islamverbänden, die oft vom Ausland – Türkei, Katar oder Saudi-Arabien – finanziert und gesteuert werden. Diese Verbände haben in der Regel Kreide gefressen, tönen nach außen pseudo-demokratisch und predigen nach innen die Scharia. Ihre Strategie ist die Verwischung der Grenzen zwischen Islam und Islamismus. So können sie jegliche Kritik am politischen Islam als Kritik am Islam und »Islamophobie« oder »Rassismus« geißeln.

Folge der Agitation: Die Integration der dritten Generation der MuslimInnen ist hinter die der zweiten Generation zurückgefallen. Die dritte Generation spricht schlechter Deutsch als ihre Väter und Mütter – ein einmaliges Phänomen! Und eine wachsende Anzahl wünscht sich nicht Integration und Demokratie, sondern lebt in Parallelgesellschaften und träumt vom »Gottesstaat«. Bis heute wird der Propaganda der Islamisten innerhalb der muslimischen Communitys in westlichen Metropolen nur wenig entgegengesetzt. Im Gegenteil: Man hofiert diese rechten Ideologen auch noch, »dialogisiert« ausgerechnet mit den orthodoxen bis islamistischen Verbänden – und lässt die aufgeklärten MuslimInnen nicht nur links liegen, sondern liefert sie diesen Fanatikern aus.

Das ändert sich erst ganz allmählich unter dem Druck der Flüchtlingsproblematik. Entsprechend steigt das Unbehagen in der Bevölkerung. Inzwischen ist das Klima stark polarisiert und KritikerInnen des politischen Islam sind eingeschüchtert. Sie haben Angst, als »Rassisten« gebrandmarkt zu werden. Nicht nur Nicht-MuslimInnen, auch den MuslimInnen selbst droht dieses Verdikt.

Es ist noch nicht lange her, da wurde ich 2016 in der Talkshow »Maischberger« neben Murat Kayman gesetzt, den damaligen Justiziar der türkischen Ditib mit ihren fast 900 Moscheen. Ich kritisierte ihn scharf, denn schließlich war seit Langem bekannt, dass die Ditib der verlängerte Arm Erdogans ist und die Moscheen Propagandazentralen des Islamismus sind. Am nächsten Tag spottete eine (liberale) Zeitung, ich könne wohl Herrn Kayman »nicht leiden«. Wenige Monate später platzte der Skandal. Es kam heraus, dass die Ditib-Leute regimekritische Deutschtürken ausspionierten. Eine Überraschung war das nicht.

1993 hatte *EMMA* in dem Dossier »Mitten unter uns« erstmals über die Agitation der islamischen Fundamentalisten in Deutschland berichtet. Es ist das Jahr der Fanatiker: In Solingen verbrennen in einem von einem dumpfen Rechten gelegten Feuer fünf türkische Frauen und Mädchen. In Florida erschießt ein christlicher Fundamentalist den Abtreibungsarzt David Gunn. Im Iran werden »Ehebrecherinnen« und Homosexuelle weiterhin gesteinigt. Und mitten in Deutschland wird die Ungleichheit der Geschlechter und »Unreinheit« aller »Nichtgläubigen« ganz offiziell in Koranschulen gelehrt.

In dem *EMMA*-Dossier schreibt u. a. eine Deutsch-Ägypterin sowie die Deutsch-Kurdin Arzu Toker an die »Lieben Freundinnen des Kopftuches«. Sie tut das in aller Schärfe: »Seit ich in Deutschland bin, habe ich mir eure Solidarität gewünscht. Die der deutschen Frauen. Jetzt endlich zeigt ihr Solidarität. Aber nicht mit mir, sondern mit dem, was ich bekämpfe. Ich kann es nicht fassen! Ihr seid wirklich für das Kopftuch? Für diesen Fetzen Stoff, der zum Symbol unserer Minderwertigkeit und Unterdrückung geworden ist?« Und die Kurdin klagt weiter: »Seid ihr dafür, dass wir unseren Blick zu Boden schlagen und unsere Scham hüten? Werdet ihr demnächst im Namen der Religionsfreiheit auch solidarisch steinigen gehen, wenn Strenggläubige ›untreue‹ Frauen oder homosexuelle Männer zu Tode steinigen?«[1]

Wenig später erscheint ein »offener Brief« an *EMMA*, unterschrieben von zahlreichen feministischen (!) Projekten und Publikationen in ganz Deutschland. Die Feministinnen bezichtigten uns des »Rassismus«. *Beiträge*, eine feministische Theoriezeitschrift, veröffentlicht einen Text von ebendieser Arzu Toker, nun mit dem genau entgegengesetzten Tenor, nämlich über *EMMAs* »eurozentristisches Feindbild oder Kritik am Islam« (der Gegenwind war wohl zu scharf gewesen). Ein zweiter Text einer deutschen Autorin in der feministischen Publikation stellt *EMMA* wegen des antiislamistischen Dossiers, das noch von Tokers Appell eingeleitet worden war, in die Tradition der Nationalsozialisten.

Ein paar Monate später, am 10. Mai 1994, findet die erste – und hoffentlich letzte – physische Attacke auf *EMMA* statt. Mit Affenmasken stürmen Frauen in die damals ebenerdig gelegene Redaktion in der Alteburger Straße. Sie zerstören die Computer, laden eine Fuhre Mist ab und sprayen an die Wände: »*EMMA* verrecke!« Gezeichnet ist das Ganze von »Frauen Lesben Gruppen aus Köln & anderswo«. Einer der beiden Vorwürfe lautet: »Rassismus«. Bei dem zweiten geht es um den Vorwurf der »Behindertenfeindlichkeit« und der Befürwortung von Euthanasie. Grund: Ein Gespräch mit dem Philosophen Peter Singer, Tierrechtler und Ethiker sowie Enkel überlebender österreichischer Juden (*Time*: »Der größte lebende Philosoph«).

Ich war zu diesem Zeitpunkt zufällig nicht in der Redaktion. Die Kolleginnen aber, die das erlebt haben, sind tief schockiert, ja traumatisiert. Und die Polizei, die sich alles ansieht, sagt kopfschüttelnd zu mir: »Eigenartig. Wenn wir es nicht besser wüssten, würden wir sagen: Das ist die Handschrift der PKK.« Die Linksaußen-Szene ist zu der Zeit nicht nur in Köln eng verbandelt mit der kurdischen Terrororganisation.

Doch wir *EMMAs* lassen uns nicht einschüchtern. Ein Jahr später zetteln wir den Protest gegen die Verleihung des »Friedenspreises des Deutschen Buchhandels« an Annemarie Schimmel an. Die Islamwissenschaftlerin, nach der zu Ehren eine Allee in der pakistanischen Hauptstadt Lahore benannt ist, war eine verdeckte Islamistin oder, im besten Fall, ein naives Instrument dieser Kräfte. Es war auf jeden Fall ein fatales Zeichen, gerade sie im Moment des Beginns der islamistischen Offensive in Deutschland zu ehren.

Ich hänge mich ans Telefon und bekomme Erstaunliches zu hören. Die Intellektuellen und Islamexperten, die ich für die Protestliste anspreche, sind fast alle entsetzt über die Ehrung. Aber sie bitten mich, sie »auf keinen Fall« zu zitieren. »Ich bin ganz Ihrer Meinung, Frau Schwarzer«, heißt es, doch: »Mir haben Studenten nach einer islamkritischen Vorlesung schon die Fenster eingeschlagen.« Ein Professor erzählt mir sogar von Morddrohungen nach einem kritischen Seminar über die ägyptischen Muslimbrüder, die die Keimzelle des Islamismus sind.

Ich fragte mich: Welche Kräfte stecken eigentlich hinter der Affäre Schimmel? Machen die Kirchen gemeinsame Sache mit den Islamisten? Die im September 1995 stattfindende »Weltfrauenkonferenz« in Peking gab einen Einblick. Zu den schärfsten Gegnern des dort versammelten weltweiten Feminismus gehörten die islamischen und katholischen Eiferer. Rom probte den Schulterschluss mit Teheran – gegen die Frauen. Die Fundamentalisten schafften es, 40 Staaten dazu zu bringen, die über Jahre von Frauen auf der ganzen Welt erarbeitete feministische »Aktionsplattform« zu kippen, das Konzept der geplanten UN-Hilfen und -Reformen für Frauen in der ganzen Welt. Argument: Die Frauenemanzipation gefährde »die nationale Souveränität, die Ehe, die Familie und die Mutterschaft«.

Im Vorlauf zu Peking hatte auf Einladung der Kairoer Azhar-Universität (dem geistigen Zentrum der islamischen Schriftgläubigen) im ägyptischen Alexandria ein Kongress über den »Beitrag der Religionen zum Dienst der Menschheit« getagt. »Stargast« war der zum Islam konvertierte deutsche Botschafter a. D. Murad Wilfried Hofmann, ein bekennender Schriftgläubiger und Scharia-Anhänger. Hofmann hatte im Jahr zuvor in Deutschland zusammen mit Nadeem Elyas, ein den Muslimbrüdern nahestehender Ägypter in Aachen, den »Zentralrat der Muslime in Deutschland« gegründet.

Ebenfalls am 15. September 1995 eröffnete die von Saudi-Arabien finanzierte »König-Fahd-Akademie« in Bonn ihre Pforten. Ein prächtiger marmorverkleideter Bau, der 5000 Quadratmeter umfasst, inklusive einer Moschee für 700 Menschen. Der Bau hatte nach Angaben der Betreiber 28 Millionen Mark gekostet. Ehrengäste: Außenminister Klaus Kinkel und Jürgen Möllemann (beide FDP). Die Geschäfte mit Saudi-Arabien blühen.

*EMMA* berichtet ausführlich über die Fahd-Akademie, die vorgibt, ein »Bildungszentrum« für Kinder und Erwachsene zu sein, sowie die dahinterstehenden internationalen Netzwerke der Islamisten. Die Akademie ist nur allzu offensichtlich ein Zentrum der Indoktrination und Agitation. Das scheint damals allerdings niemanden zu stören. Erst 22 Jahre später, am 30. Juni 2017, wird die Fahd-Akademie endlich verboten und geschlossen – weil sie ein Zentrum der islamistischen Indoktrination und Agitation ist.

1995 ist das Jahr, in dem die Chef-Ideologin des vom Verfassungsschutz beobachteten *Milli Görüs*, die deutsche Konvertitin Amina Erbakan, mich in einem Interview als »unsere Feindin Nummer 1 in Deutschland« bezeichnet. Es ist mir eine Ehre. Denn Amina Erbakan ist die Schwägerin von Necmettin Erbakan, dem Chef der islamfaschistischen »Grauen Wölfe«. Sie ist als Juristin zuständig für zahlreiche Musterprozesse: pro Kopftuch von Lehrerinnen an deutschen Schulen (wie der Prozess der deutsch-afghanischen Lehrerin Fereshta Ludin) oder für das »Recht« muslimischer Mädchen, nicht am Sport-, Sexualkundeunterricht und an Ausflügen teilzunehmen.

Doch das Tollste passiert im Jahr darauf, 1996: Der Präsident des Bundesamtes für Verfassungsschutz, Peter Frisch, gibt seine Jahrespressekonferenz. Ich bin dabei. Frisch, SPD-Mitglied, referiert den aktuellen Stand der Erkenntnisse des Verfassungsschutzes. Das »Sicherheitsproblem Nr. 1« sei in diesem Jahr der »islamische Fundamentalismus«, sagt der Verfassungsschutzpräsident. Der hätte heute in Deutschland 31 800 organisierte Mitglieder, und Islamisten wie *Milli Görüs* strebten einen »Gottesstaat« an. Sodann fährt er fort: Gefahr Nr. 2 seien rechtsradikale Gruppierungen.

Am nächsten Tag berichten die Medien. Doch nicht eine Zeitung geht, soweit mein Blick reicht, auf die Gefahr Nr. 1 ein. Die Medien schreiben ausschließlich über die rechte Gefahr. Und die Politik? Fühlt Frisch sich von Bonn im Stich gelassen, frage ich ihn in einem Interview für *EMMA*. »Zumindest hat man solchen Warnungen nichts entgegengesetzt«, sagt der Verfassungsschutzpräsident. Das wird die Politik auch 20 Jahre später nicht tun. Auf dem Höhepunkt der sogenannten »Flüchtlingskrise«, die nicht zuletzt eine »Islamismus-Krise« ist, erklärt der Verfassungsschutz auf meine Nachfrage:

Die Daten der hunderttausendfach ins Land strömenden Flüchtlinge seien nicht mit den Erkenntnissen über bereits erfasste Islamisten abgeglichen worden.

Im Jahr 2002 veröffentliche ich wenige Monate nach 9/11 die Anthologie »Die Gotteskrieger und die falsche Toleranz«[2]. Darin richten erfahrene JournalistInnen nicht nur ihren Blick auf die fatale »verordnete Fremdenliebe« innerhalb von Deutschland, sondern auch auf die beunruhigende internationale Entwicklung: auf »die Talibanisierung Asiens«, »das Einfallstor Balkan« und die »Islamisierung Tschetscheniens«. Sie haben alle sehr gerne einen Beitrag für dieses Buch geschrieben, denn: »Ganz ehrlich, Frau Schwarzer, in meinem Blatt komme ich mit diesen Themen, mit Kritik am Islamismus, nicht durch.« Es ist wie verhext.

Informationen und Warnungen vor dem international vernetzten Kreuzzug der Islamisten gibt es weltweit im Übermaß, aber die medialen, gesellschaftlichen und politischen EntscheiderInnen in Deutschland wollen die Zeichen nicht wahrhaben. Auch weite Teile der Linken – allen voran die Grünen, aber auch die SPD – wehren jede Kritik am politischen Islam mit dem Rassismus-Vorwurf ab.

2010 veröffentliche ich die Anthologie »Die große Verschleierung – für Integration, gegen Islamismus«[3]. Sie erscheint im selben Jahr wie Sarrazins »Deutschland schafft sich ab«[4]. Sarrazin benennt in der Tat so manchen Missstand durchaus treffend – aber er zieht falsche Schlüsse, argumentiert biologistisch und kaltherzig. Auch mein Buch wird zum Bestseller. Die Menschen sind das verlogene Schweigen über die Probleme und die Rassismus-Vorwürfe einfach leid. Im Vorwort zu meinem Buch schreibe ich: »Die eilfertigsten HelferInnen der Islamisten sind heute oft KonvertitInnen, und das in allen Lebensbereichen: an Universitäten, im Rechtswesen, wie in den Medien. Diese KonvertitInnen agieren mal offen, mal verdeckt. Ihre Strategie ist: die Verschleierung ihrer Absichten und die Verschleierung der Frauen. Das Kopftuch ist seit dem Sieg Khomeinis weltweit die Flagge der Islamisten.«[5]

Eine der AutorInnen ist Khalida Messaoudi-Toumi, seit 1993 eine Freundin. Die Algerierin war während des von den Islamisten in den

1990er Jahren angezettelten Bürgerkrieges die Feindin Nr. 1 der Gotteskrieger. Sie schlief jahrelang jede Nacht in einem anderen Bett. Vom Westen fühlt Khalida sich »verraten«, wie viele Algerier bis heute. Grund: »Weil der Westen in den 1990er Jahren bei dem Massaker mit über 200 000 Toten einfach weggesehen hat.« 2019 erklärt sie bitter: »Auch bei uns hatten die Gotteskrieger à la IS einen blutigen Bürgerkrieg angezettelt. Wir könnten heute in der Lage von Syrien sein.« Und so sehen das viele ihrer Landsleute. Bereits 2011 hatte Khalida sich entschieden gegen die »Kulturfalle« im Namen einer kulturellen Differenz verwahrt. »Die Frauen, die in Algerien gegen den Fundamentalismus kämpfen, tun dies als muslimische Frauen«, schreibt sie. »Sie lieben die Freiheit und Demokratie ebenso wie die Frauen in Europa.«

Im März 2015, also ein halbes Jahr vor der großen Flüchtlingskrise, berichtet *EMMA* zum ersten Mal über die katastrophalen Zustände in den deutschen Flüchtlingsunterkünften und fordert den dringend notwendigen Schutz für Frauen und Kinder. Im Dezember 2015 titeln wir mit einem erschöpften Flüchtenden, der seine Tochter auf den Schultern trägt, und der Zeile: »Wir helfen Flüchtlingen. Aber die Frauenrechte dürfen nicht auf der Strecke bleiben.«

Im Heft veröffentlichen wir einen einseitigen Forderungskatalog, erarbeitet mit ehrenamtlichen und professionellen FlüchtlingshelferInnen. Wir listen ganz pragmatisch die geschlechtsspezifischen Probleme und möglichen Lösungen auf: in den Unterkünften, im Asylverfahren wie zur Integration. Es passiert – nichts. Zumindest nicht amtlicherseits. Viele HelferInnen allerdings sind dankbar, Unterstützung durch *EMMA* zu haben. Aus den Kreisen der üblich Verdächtigen aber, der selbst ernannten »Anti-RassistInnen« etc., ertönt mal wieder der routinierte Vorwurf: »Rassismus«. Es ist ermüdend.

Seither grassiert die Leugnung der Probleme und der Kulturrelativismus am stärksten an den Universitäten der westlichen Demokratien. Dank der systematischen islamistischen Indoktrination, finanziert von Saudi-Arabien, Katar oder der Türkei, geschult in Pakistan, Kairo oder London. KritikerInnen sind längst eingeschüchtert oder haben resigniert. ProfessorInnen schweigen oder gehen in den vorgezogenen Ruhestand, von der Freien Universität in Berlin bis zur Sorbonne in Paris. Mehrere Generationen von StudentInnen sind durch und durch ideologisiert: mit einem Amalgam von (berechtigter) Kritik am Imperialismus und Neokolonialismus, vermischt mit einer ethnischen Identitätspolitik, plus Denkverboten.

Kürzlich habe ich das mal wieder selber erfahren dürfen, an der Universität Frankfurt. Dort hatte die Direktorin des »Forschungszentrums Globaler Islam«, Susanne Schröter, zu einer Konferenz über das Kopftuch geladen, KritikerInnen wie BefürworterInnen, Titel: »Das islamische Kopftuch – Symbol der Würde oder der Unterdrückung?«. Darauf folgt unter dem Hashtag #schröter-raus ein Shitstorm gegen die Professorin, ihre Entlassung wurde gefordert. Die Universitätsleitung wies das entschieden zurück, und auch der AStA hielt in diesem Fall zu der Professorin – was in solchen Situationen längst nicht überall der Fall ist.

Vor dem Konferenzgebäude taucht im Laufe des Tages ein Häuflein DemonstrantInnen auf, angeführt von einem professionellen »Campaigner«, Zuher Jazmati, ein in Berlin geborener Sohn syrischer Eltern. Er gibt Kurse in »Critical Whiteness« und befasst sich laut eigener Aussage mit »Dekolonialisation, Anti-Islamophobie und antimuslimischem Rassismus«. Ich bin die einzige Teilnehmende der Konferenz, die spontan rausgeht in den Nieselregen, um mit den DemonstrantInnen zu reden. Doch mich empfängt nur Gebrüll. Unmöglich, auch nur ein Wort zu wechseln. Bei einem meiner Trotz-alledem-Versuche tippe ich einer der DemonstrantInnen (mit Kopftuch) ganz leicht an den Unterarm – Skandal! Wie ich es wagen könne, sie »ohne Erlaubnis anzufassen«! Sie werde mich »anzeigen«. Darauf antwortete ich ironisch: »Ich dachte, nur Männer dürfen Sie nicht anfassen.«[6] Es folgte ein Shitstorm im Internet gegen mich als »Rassistin« und »Rechte«.

Wie wir es auch drehen und wenden: Auch die leiseste Kritik an den oft grotesken Exzessen des politischen Islam wird heute als »Rassismus« gegen »den Islam« gegeißelt (wobei der übrigens gar keine »Rasse«, sondern eine Religion ist). Die Kritisierten sind stark eingeschüchtert. Nur wenige wagen es, gegenzuhalten. Da dürfen wir uns nicht wundern, wenn nicht nur die Ideologen der AfD, sondern immer mehr auch eigentlich aufgeschlossene BürgerInnen ebenfalls »den Islam« mit dem Islamismus gleichsetzen – und allmählich zu einem echten Rassismus neigen.

Dabei schienen gerade wir Deutschen nach dem Schock der Nazizeit lange relativ gut geimpft zu sein gegen Fremdenhass und Antisemitismus. Über Jahrzehnte betrug der Anteil der Rechtsradikalen nur 3–4 Prozent, ein Bruchteil der Unverbesserlichen in Nachbarländern. Auch beim Sexismus waren wir in Richtung Gleichberechtigung bemerkenswert gut vorangekommen. Und all das wollen wir jetzt gefährden lassen durch die unwidersprochene Infiltration einer tief reaktionären, totalitären Ideologie? Im Namen der »Religionsfreiheit« und Toleranz? Diese Leugnung der vom politischen Islam verursachten Probleme wird einen neuen traurigen Höhepunkt nach der Silvesternacht 2015 in Köln erreichen.

Im Jahr 2017 fahre ich mal wieder nach Algerien. Aber diesmal nicht nur, wie schon so oft, zu Besuch, sondern auch, um eine Reportage zu schreiben über »Meine algerische Familie«[7]. In der Hoffnung, dass auch die Deutschen endlich den Unterschied zwischen gläubigen Muslimen und ideologisierten Muslimen begreifen. Und: Dass die aufgeklärten Muslime die ersten Opfer sind dieser rechten, im Namen Allahs agierenden Fundamentalisten. Sie vor allem lassen wir mit unserer falschen Toleranz im Stich.

Inzwischen reden wir in Deutschland schon nicht mehr nur über die »Toleranz« gegenüber dem Kopftuch, sondern gegenüber der Vollverschleierung, wie Burka oder Nikab. Es ist für mich schon fast nicht mehr nachvollziehbar, wie dieser schwere Verstoß gegen die Gesundheit der Frauen, ihre Bewegungsfreiheit und ihre Menschenwürde toleriert werden kann in einer Demokratie.

Sollen wir die Burka verbieten, werde ich immer wieder gefragt. Was für eine Frage! Selbstverständlich müssen wir die Burka in unseren Demokratien verbieten! Dieses Leichentuch, unter das die Islamisten in ihren Ländern die Frauen zwingen. Wir würden ja auch einen schwarzen Menschen nicht mit Ketten an den Füßen von seinem »Herrn« durch unsere Städte schleifen lassen, nur weil das »bei denen so Sitte ist« ... Wie kann es also sein, dass wir diesen unwürdigen Auftritt von Frauen dulden?!

Es begann um 2008 in Frankreich. Da tauchten immer mehr Burkas in der Öffentlichkeit auf. Meist waren es übrigens Konvertitinnen, die aktive Islamisten geheiratet hatten. Und es handelte sich unübersehbar nicht um einzelne Individuen, sondern um eine gezielte und konzertierte politische Provokation. Im Jahr 2011 verbot Frankreich die Burka – mit dem Resultat, dass seither ein windiger franko-algerischer Geschäftsmann, Rachid Nekkaz, die Zahlungen der Strafe für alle Burkaträgerinnen übernimmt.

In Deutschland ging die öffentliche Debatte über die gesichtsverhüllende Vollverschleierung um 2015 los. Als die Innenminister der Unions-regierten Bundesländer im August 2016 im Namen der »öffentlichen Sicherheit« zumindest ein Teilverbot der Burka forderten – an Schulen und Universitäten –, protestierten Grüne, SPD und Linke prompt im Namen der »Religionsfreiheit«: Das Burka-Verbot sei »populistisch«, ja »rassistisch«.

Weder Burka noch Kopftuch können im Islam religiös begründet werden, sondern sind eine zutiefst patriarchale, frauenverachtende Sitte. Doch selbst wenn es so wäre, wäre das kein Argument. Außerdem seien es ja »nur etwa 200 Frauen in ganz Deutschland«, die die Burka trügen, heißt es bei den AnhängerInnen der falschen Toleranz. Einmal ganz abgesehen davon, dass ich diese Schätzung schon aus eigener Anschauung auf der Straße für viel zu niedrig halte, ist auch das kein Argument. Schon eine ist zu viel!

Und dass die Scharia-Muslime ihre Ziele weiter verfolgen, sehen wir auch an dem folgenden jüngeren Ereignis. Im Oktober 2018 tauchte eine 21-jährige Studentin der Ernährungswissenschaften, Katharina K., an der Universität in Kiel im Nikab auf, nur ein Schlitz ließ ihre Augen frei. Ihr Professor wies sie an, ihr Gesicht freizulegen, die Studentin weigert sich. Im Januar 2019 erließ der Uni-Präsident eine Richtlinie gegen die Vollverschleierung. »Das Präsidium hält eine offene Kommunikation für eine Grundvoraussetzung von Lehre und Forschung«, erläutert die Vizepräsidentin und Islamwissenschaftlerin Anja Pistor-Hatam.

Am 6. März 2019 sollte das Verbot der Vollverschleierung für alle Schulen und Universitäten in Schleswig-Holstein im Kieler Landtag verabschiedet werden. Alle Parteien waren sich einig – bis auf die Grünen. Die grüne Fraktionschefin Eka von Kalben argumentiert allen Ernstes, es gäbe schließlich »Frauen, die den Nikab freiwillig tragen«. Auch habe die Politik »keine theologische Auslegung vorzunehmen«, sekundierte der bildungspolitische Sprecher der Grünen.

In ihrem Bericht über die Affäre in Kiel war es für *EMMA* ein Leichtes, die Hintergründe des Nikabs der Konvertitin Katharina K. zu recherchieren: Sie ist nach eigener Auskunft mit einem Mann »aus dem arabischen Raum« verheiratet und hat mit 17 »erkannt, dass der Islam die Wahrheit ist«. Bei ihrer Klage auf das Recht, im Nikab zu studieren, stehen ihr die beiden deutschen Konvertiten und Salafisten Dennis Rathkamp und Marcel Krass zur Seite. Sie waren aktiv in der inzwischen verbotenen islamistischen Initiative »Lies!« und gründeten 2017 die »Föderale Islamische Union«. Neben ihrer Offensive für das Recht auf den Nikab hegen sie laut eigener Aussage die Absicht, gegen ein Kopftuchverbot für unter 14-Jährige zu klagen, falls es überhaupt kommt in Deutschland. Denn noch nicht einmal dazu kann sich hierzulande die Politik durchringen.

Als sei es nicht schon beklemmend genug, dass wir der brutalen Unterdrückung von Millionen Mädchen und Frauen in den islamisch beherrschten Ländern tatenlos zusehen (müssen?) – liefern wir nun auch noch die muslimischen Kinder mitten unter uns diesen Fanatikern aus. Im Namen der »Religionsfreiheit«.

# SCHULTER AN SCHULTER: POLITIKERINNEN UND FEMINISTINNEN

An diesem Abend im Jahr 1997 saßen wir bei einem angesagten Italiener in Bonn und wollten gerade bestellen. Plötzlich standen zwei Gläser Champagner vor unserer Nase. Wir guckten erstaunt hoch: Welcher Mann traute sich das? Aber nein: Es waren zwei junge Frauen ein paar Tische weiter. Sie strahlten, hoben ihre Gläser und riefen uns zu: »Wenn Sie beiden sich zusammentun, dann wissen wir: Es geht weiter!«

Wir, das war ich mit der Staatssekretärin im Verteidigungsministerium und einstigen »Miss Bundestag«, Michaela Geiger (CSU). Mit der leider so früh verstorbenen Bayerin, mit der man so herzhaft lachen konnte, hatte ich mich an diesem Abend verabredet, um über die Frage von Frauen in der Bundeswehr zu beraten. Wir waren beide Teil eines frisch initiierten »Frauenbündnisses«, in dem sich alle paar Monate Spitzenpolitikerinnen aus allen Parteien trafen. Da wurden gemeinsam Sachen ausgeheckt, die uns Frauen voranbringen sollten.

Es war meine Idee gewesen, und ich hatte damit offene Türen eingerannt. Die Regierung und das Parlament saßen noch um die Ecke in Bonn, und alle angesprochenen Ministerinnen und Frauenpolitikerinnen waren begeistert: von Bundestagspräsidentin Rita Süssmuth (CDU) und Brandenburgs Arbeitsministerin Regine Hildebrandt (SPD) über die Abgeordnete Rita Grieshaber (Grüne) und Frauenministerin Christine Bergmann (SPD) bis zur Ex-Justizministerin Sabine Leutheusser-Schnarrenberger (FDP) und die spätere Bundesgesundheitsministerin Ulla Schmidt (SPD). Und selbstverständlich war auch die damalige Hamburger Justizsenatorin (später Berlin) Lore Maria Peschel-Gutzeit (SPD) wieder mit von der Partie.

Das erste Treffen findet 1997 bei der CSU-Frauensprecherin Ursula Männle in der bayerischen Vertretung in Bonn statt. Die läßt Semmelknödel mit Schweinebraten servieren, köstlich (vegetarisch war noch nicht angesagt), plus frisch gezapftes bayerisches Bier. Beim Nachtisch geht es zur Sache: »Die Alice soll das Thema doch schon mal öffentlich machen, und ihr (von der SPD) greift das dann auf – und wir (von der CDU/CSU) weisen dann die Unseren darauf hin, dass wir jetzt auch was tun müssen. Ihr wisst ja, wie die sind.« Zum Beispiel in Sachen Ganztagskindergärten. Oder auch beim Thema »Frauenhass«.

Es macht großen Spaß, zu sehen, dass Frauen so viel mehr Gemeinsamkeiten haben als Unterschiede – und zu erleben, wie sie ihre Sache über die der Partei stellten. Noch ist Helmut Kohl Kanzler, im Jahr darauf wird das Duo Schröder/Fischer antreten.

Zum ersten Mal begegnet war ich Ursula Männle 13 Jahre zuvor, 1984. Der WDR hatte die CSU-Politikerin und mich zu einem »Streitgespräch« über das grüne »Feminat« eingeladen: dieser legendäre, rein weibliche sechsköpfige Fraktionsvorstand der Grünen (von Waltraud Schoppe bis Antje Vollmer). Lang, lang ist's her. Der wohl eher linke WDR-Moderator saß uns aufgeräumt gegenüber und erwartete wohl nun einen echten Weiberzank: die Feministin gegen die CSU-Politikerin. Doch siehe da, es kam ganz anders. Wir lächelten uns an und waren uns von Herzen einig in unserer Freude über das grüne Feminat. Denn Ursula Männnle, die unverheiratete, kinderlose Professorin der Soziologie, hätte auch so einiges erzählen können über die Männerwirtschaft in ihrer Partei.

Das nächste Treffen des Politikerinnenkreises fand in den feinen Hallen der Bundestagspräsidentin statt. Unvergessen! Wir werden von Herren mit weißen Handschuhen bedient, Wein und Champagner fließen à gogo. Ziemlich schnell erreichen wir einen gewissen Pegel, sowohl was die Promille als auch was die Lautstärke angeht. Irgendwann kommt bei mir das gute alte Frauenbewegungsgefühl auf: eine Bande ausgelassener, gestikulierender, zu allem entschlossener Frauen.

13. April 1998. Es ist so weit. Unser Frauenbündnis beraumt für

11 Uhr im Bonner Presseclub eine Pressekonferenz an. »Wir haben in den letzten Monaten gemeinsam darüber nachgedacht, wie Frauen verstärkt ihre Interessen in die Politik einbringen könnten«, erklären wir. »Wir sind 14 Parteipolitikerinnen und eine Parteiunabhängige. Wir wissen aus eigener Erfahrung, dass die Frauenpolitik in keinem politischen Lager einfach ist, sondern immer erkämpft werden muss.«

Fotoapparate klicken, TV-Kameras surren und am nächsten Tag erscheinen die Schlagzeilen: »Frauen bilden überparteiliches Bündnis« (*SZ*), »Frauen sollen sich einmischen« (*Tagesspiegel*), »Für mehr Frauen im Bundestag« (*Kölner Stadt-Anzeiger*). In der Tat hatte es einen solchen Schulterschluss und eine solche Demonstration wie an diesem Vormittag im Herzen des Regierungsviertels noch nie in der Geschichte der Bundesrepublik gegeben. 14 Parteifrauen, von CSU bis Grüne, und eine parteiunabhängige Feministin tun sich zusammen, um der Stimme von Frauen auch im parteipolitischen Raum wieder mehr Gewicht zu verleihen: Für Gesetze zum Schutz von Frauen und Kindern vor Pornografie und Sexualgewalt! Für mehr Frauen in der Politik! Und für mehr Engagement der Wählerinnen!

Sicher, es hatte schon zuvor durchaus mal parteiübergreifende Verschwesterungen gegeben, doch nur punktuell: So 1992 für die Reform des § 218, 1995 für die Heraufsetzung der Klagefrist missbrauchter Kinder (die wurde dann 2013 noch mal erhöht, auf 30 Jahre), oder 1996 für die Strafbarkeit der Vergewaltigung auch in der Ehe. Aber diesem Frauenbündnis hier geht es nun um alles: um mehr Teilhabe in der Politik und gleiche Chancen für alle Frauen.

Als Erste ergreifen die Ostfrauen Hildebrandt und Bergmann das Wort. Sie fordern im Namen aller 15 Verbündeten, dass »jede Frau die Chance bekommt, an der Erwerbsarbeit teilzuhaben und ihre Existenz selbstständig zu sichern«. Das ist nicht unbedingt Musik in den Ohren der konservativen Männer, aber die konservativen Frauen im Bündnis stehen voll dazu.

Im Zentrum unserer Forderungen stehen an diesem Tag Pornografie und Sexualgewalt. Mit Verve tragen Justizsenatorin Peschel-Gutzeit und Ex-Justizministerin Leutheusser-Schnarrenberger die juristischen und politischen Unzulänglichkeiten in den bestehenden Gesetzen vor, auch zum Frauenhandel. Sie fordern neue Straf- und Zivilgesetze. »Pornografie ist sexualisierter Frauenhass«, argumentieren die Juristinnen. »Darum muss Frauenhass, ganz wie der Fremdenhass, geächtet und bestraft werden.«

Das muss man sich mal vorstellen: Vor über zwanzig Jahren forderten Spitzenpolitikerinnen aller Parteien neue Gesetze gegen Pornografie und Frauenhandel/Prostitution sowie die Einführung der Kategorie »Frauenhass« in Statistiken und Gesetze! Und was ist seither passiert? Nichts. Gar nichts. Schlimmer noch: All diese Erkenntnisse und Forderungen scheinen vergessen in der Politik. Zumindest in Deutschland.

Wie konnte das passieren?

Sechs Monate nach der Pressekonferenz des Frauenbündnisses übernimmt das rot-grüne Duo Schröder/Fischer die Macht. Und die sind nicht etwa die erhofften »neuen Männer«, sondern sie sind echte New Boys. Sie fallen in Sachen Frauenpolitik hinter den väterlich-konservativen Old Boy Kohl zurück. Selbst im Kabinett wagen die Frauen nun kaum noch, den Mund aufzumachen (»Da werden wir sofort einen Kopf kürzer gemacht«, vertraut mir eine Ministerin an). Das Wort Frau wird durch »Gedöns« (Schröder) ersetzt.

Unter der Regierung des schneidigen, inzwischen jeweils fünf Mal verheirateten Duos Schröder/Fischer wird das Scheidungsrecht modernisiert. Das geht seither davon aus, dass die geschiedene Frau, Mutter oder nicht, im Prinzip selbstständig und nicht mehr zu unterhalten sei. Gleichzeitig aber wird von Kanzler Schröder die Rollenteilung von gestern vorgelebt und propagiert: der Karrieremann und die Hausfrau. Die verlogene »Wahlfreiheit«, einst ein Schlagwort der Konservativen, feiert bei der SPD schon seit Kanzler Schmidt fröhliche Urstände.

Und die Sexualpolitik? Dieses Fundament der patriarchalen Ordnung? Kein Thema mehr.

Dann, 2005, kommt eine Frau an die Spitze, Angela Merkel. Wird es nun besser? Zum Teil – zum Teil aber auch nicht. Ja, Merkels Frauenministerin Ursula von der Leyen bekommt grünes Licht für eine fortschrittliche Familienpolitik, die bei Schröders Frauenministerin Renate Schmidt jahrelang in der Schublade verschimmeln musste (»Du weißt doch, Alice, wie der Schröder ist«). Und die Berufstätigkeit von Frauen wird nun offensiver gefördert. Doch gleichzeitig propagiert auch die schwarz-gelbe Regierung die »Wahlfreiheit« zwischen Familie und Beruf, diese Frauenfalle, die die Mütter aus dem Beruf und in die Altersarmut lockt und die Väter von einer gelebten Elternschaft befreit.

Was die Anspannung beim Antritt von Ursula von der Leyen auch bei vielen konservativen Politikerinnen erklärte. Da schien es eine doch tatsächlich geschafft zu haben, beides lächelnd zu vereinen. Und sie hatte nicht nur ein Kind, sondern sieben! – und eine offensichtlich gute Ehe noch dazu. »Jetzt halten die Männer uns alle die von der Leyen vor. Tenor: Geht doch!«, beklagte sich eine CDU-Spitzenpolitikerin sauer bei mir. Und nicht nur die. Auch die linken Politikerinnen und die Kassiererinnen im Supermarkt maulten. Die Wonderwoman von der Leyen war ihnen nicht geheuer.

Das machte mich neugierig. Zwei Monate nach ihrem Amtsantritt rückte ich in ihrem Frauenministerium an und befragte sie. Okay, sie war in Brüssel geboren, wo sie schon als Mädchen mitbekommen hatte, dass es auch anders gehen kann als im Land der »Rabenmütter«. Okay, sie war eine Vatertochter, der Liebling des Spitzenpolitikers und Ministerpräsidenten; und sie hatte die Frustration ihrer Mutter mitbekommen, eine Journalistin, die wegen der sechs Kinder ihren Beruf aufgegeben hatte. Dennoch war auch »Röschen« nur eine Frau. Auch sie hatte »immer dieses schlechte Gewissen«, als die Kinder noch kleiner waren. Irgendwann hatte die vielfache Mutter ihren Arztberuf an den Nagel gehängt und war ihrem Mann in die USA gefolgt, als Mutter und Hausfrau. Dass sie dennoch den Sprung in die Politik irgendwie geschafft hat, war ihrem früh gestärkten Selbstwertgefühl und ihren alten politischen Kontakten zu verdanken. Doch das Misstrauen der Frauen hierzulande ließ nie wirklich nach: zu erfolgreich, zu gut aussehend, zu lächelnd. Wie schön, dass diese deutsche Spitzenpolitikerin jetzt als EU-Chefin im Ausland zeigen darf, was sie kann!

Doch die Sexualpolitik? Wieder kein Thema mehr. So kommt es, dass heute in Deutschland ausgerechnet in diesem so zentralen geschlechterpolitischen Bereich eine gewaltige Lücke klafft, das sieht im westlichen Ausland anders aus.

Aber wie ging es eigentlich anno 1998 mit unserem Frauenbündnis weiter? Das überlebte nur bis Herbst 1999. Da trafen wir uns erstmals in Berlin, in dem damals gerade eröffneten Willy-Brandt-Haus. Und plötzlich war alles anders. In der Berliner Republik hatte sich das Klima geändert. Für Parteifrauen wehte ein rauer Wind. Sie saßen sich nun angespannt, ja fast feindlich gegenüber. Von dem alten Miteinander konnte nicht mehr die Rede sein, Parteigehorsam ging nun über Frauenloyalität. Ich war schockiert und organisierte kein weiteres Treffen des Frauenbündnisses mehr – also fand auch keines mehr statt.

Anfang der Nullerjahre lud ich die damalige CDU-Parteivorsitzende Angela Merkel zusammen mit Politikerinnen aller Parteien zu dem von mir gemeinsam mit Sabine Christiansen über ein paar Jahre veranstalteten Journalistinnentreffen ein. Merkel kam – und war mit ihrer Lebendigkeit und ihrem Witz eine Überraschung für alle, für die Journalistinnen wie für die Politikerinnen der anderen Parteien. Die kannten Merkel nämlich gar nicht. Ich erinnere mich noch genau, wie Ulla Schmidt zu mir auf dem Balkon sagte: »Die Merkel ist ja eigentlich ganz nett.«

Ich bin oft gefragt worden, warum ich nicht in die Politik gehe. Und in der Tat: Es hätte so manches Mal nahegelegen, eine Frauenpartei zu gründen. Ich hätte mit meiner Popularität auch mit Freude eine wirklich feministische, erfolgversprechende Partei unterstützt. Schließlich kannten mich schon 1997 laut einer Allensbach-Umfrage drei von vier Deutschen (und eineR von zwei kannte *EMMA*). Und fünf Jahre später, 2002, hätte sogar jedeR fünfte Deutsche eine von mir gegründete Partei gewählt (»bestimmt« oder »vielleicht«): also 20 Prozent (Frauen sogar zu 29 Prozent). Aber selber eine Partei gründen? Es tut mir leid: Die Parteipolitik ist einfach nicht meine Welt.

Mal abgesehen davon, dass ich meinen Beruf, den Journalismus, liebe, ist mir die Parteipolitik ehrlich gesagt fremd. Ich bin einfach viel zu anarchisch dafür. Vor allem aber halte ich als Kind der außerparlamentarischen Opposition den Druck von außen auf die Politik in vielen Fällen für viel effektiver. Da kann man freier und radikaler denken und handeln. Allerdings sollte man sich, will man wirklich etwas erreichen, ab einem gewissen Punkt mit denen drinnen kurzschließen.

Auch darum habe ich mich immer für die Parteifrauen interessiert. Mitte der 1970er Jahre war ich eine der ersten Feministinnen, die den Schulterschluss mit Politikerinnen suchte. Dabei interessierte mich deren Parteibuch herzlich wenig, entscheidend war und ist für mich ihr Frauenengagement. Denn das muss ja in alle politischen Bereiche getragen werden.

Das erste Mal 1975 mit der damaligen Vorsitzenden des *Deutschen Frauenrates*, Irmgard von Meibom (CDU). Die schloss sich 1978 mit ihrem Frauenrat (10 Millionen Mitglieder!) unserer *Stern*-Klage gegen sexistische Titelbilder an. Auch mit Marie Schlei (SPD) war ich freundschaftlich verbunden. Sie war 1978 als Entwicklungsministerin schändlich von Kanzler Schmidt davongejagt worden und hatte ihre Entlassung am Montagmorgen aus der Zeitung erfahren. Mit der Gründerin der Grünen, Petra Kelly, verband mich schon in ihren Brüsseler Jahren ein freundschaftlicher Kontakt. Und die von Heiner Geißler auserkorene Seiteneinsteigerin und Frauenministerin Rita Süssmuth (CDU) interviewte ich erstmals am Tag nach ihrer Ernennung in ihrem Wohnzimmer in Neuss und verpasste ihr den Spitznamen »Lovely Rita«.

Mit Regine Hildebrandt (SPD), der früh bundesweit bekannt gewordenen Ostpolitikerin, war ich ab unserer ersten gemeinsamen Talkshow 1990 bei Erich Böhme befreundet. Es fing damit an, dass sie mich anschoss: »*Ich* habe nichts gegen Männer, Frau Schwarzer.« Und ich verdrehte die Augen: »Wollen wir wirklich wieder bei null anfangen, Frau Hildebrandt?!« Da war schon klar, dass uns viel mehr verband, als uns trennte. Ich habe sie so manches Mal auch zu Hause besucht und dort die sonst so laute und kämpferische Hildebrandt als leise und nachdenklich erlebt. In ihrem Garten haben wir nachts zusammen durch ihr Fernrohr in die Sterne geguckt ... Regines früher Tod 2001 war ein echter Verlust.

Und selbstverständlich war ich ab den frühen 1980er Jahren in Wien mit Johanna Dohnal bestens befreundet, Kreiskys legendärer »Jeanne d'Arc«, der so sozialistischen wie feministischen Frauenministerin. Sie hat sich wirklich was getraut – und ist nicht zufällig als Frauenministerin 1995 schnöde geschasst worden.

Bis heute ist es ein hehres Prinzip von *EMMA*, jede Politikerin, die es wagt, Fraueninteressen zu vertreten – ob offen oder hinter verschlossenen Türen –, zu unterstützen. Allerdings scheinen die Berührungsängste und Distanzierungsrituale zum Feminismus bei etablierten Politikerinnen inzwischen größer geworden zu sein. Jedenfalls in Deutschland, das in Sachen Frauenbewusstsein mal wieder das Schlusslicht der westlichen Demokratien ist. Es sind zurzeit nur wenige, die die Fraueninteressen über die Parteiinteressen stellen.

Dabei geht es nur so. Wie viele Frauen auch immer im Parlament und Kabinett sitzen mögen, Quoten sei Dank, sie bleiben kräftemäßig dennoch eine »Minderheit«, solange sie keine gemeinsame Lobby bilden. Und sie werden darum auch nur dann wirklich etwas für uns Frauen erreichen, wenn sie sich zusammentun. Zu tun gibt es ja noch genug. Und sei es nur, die Forderungen des Bündnisses von 1998 mal wieder auf die Agenda zu setzen.

# UNVEREINBAR? SOLDATINNEN UND PAZIFISTINNEN

In Zeiten, in denen in unseren Breitengraden Verteidigungsministerinnen fast selbstverständlich sind, ist die absurde Debatte, die ich Ende der 1970er, Anfang der 1980er Jahre angestoßen habe, kaum noch nachvollziehbar. Doch damals galt meine einsame Forderung, das Berufsverbot für Frauen in der Bundeswehr aufzuheben und sie freiwillig und uneingeschränkt (bis hin zum Dienst an der Waffe) zur Bundeswehr zuzulassen, als riesiger Skandal. Nicht nur Konservative, vor allem Linke und Feministinnen distanzierten sich von mir. Meinen Ruf als »Flintenweib« hatte ich weg.

Doch ich ließ nicht locker. Ich differenzierte über die Jahre meine Argumentation, die da lautete: Frauen sind nicht »von Natur« aus das friedfertige Geschlecht – und Männer nicht das kriegerische. Mir war von Anfang an klar: Der Ausschluss von Frauen aus der Bundeswehr hatte den tiefen Grund, sie von der Wehrhaftigkeit fern- und in der Wehrlosigkeit festzuhalten.

Rein intellektuell hat mir selten eine politische Kontroverse so viel Spaß gemacht. Denn ich musste mich selber überwinden: Als Mann wäre ich allemal Kriegsdienstverweigerer gewesen, und um Kasernen mache ich bis heute einen großen Bogen. Alles Militärische ist mir fremd. Ich bin eine überzeugte Pazifistin und habe auch von Anfang an alle modernen Interventionskriege scharf kritisiert. Die hinterlassen nur verbrannte Erde und Chaos, vom Irak über den Kosovo bis nach Libyen. Aber um meine subjektiven Befindlichkeiten ging es nicht. Es ging objektiv um die Sache. Und den eigenartigen Sonderweg Deutschlands.

20 Jahre später, im Jahr 2000, gab der Europäische Gerichtshof der Klage einer deutschen Soldatin statt und zwang die Bundesrepublik

Deutschland, das Berufsverbot für Frauen in der Bundeswehr aufzuheben und sie uneingeschränkt in der Bundeswehr zuzulassen, auch zum Dienst an der Waffe. Ohne diese Entscheidung hätte Deutschland im Grunde niemals eine Bundeskanzlerin haben können. Denn die ist die oberste Kriegsherrin. Im Ernstfall.

Doch wie war es überhaupt zu der Debatte gekommen? Mein Editorial in der Juni-Ausgabe der *EMMA* von 1978 hatte sie ausgelöst (siehe Seite 343). Außer mir sprach zu der Zeit kein Mensch in Deutschland von Frauen im Militär. Eine Fernsehdebatte, in der es um die Verschärfung des Zivildienstes von Kriegsdienstverweigerern ging, hatte mich zu meinem Kommentar inspiriert. Die Runde war exklusiv männlich, klar.

Das irritierte mich. Mir wurde klar: Wir Frauen konnten noch nicht einmal verweigern, denn wir waren überhaupt nicht gefragt. Ich persönlich, schrieb ich, wäre als Mann Kriegsdienstverweigerer. Doch ich könnte gar nicht verweigern. Ich hätte als Frau Berufsverbot bei der Bundeswehr. Was für Männer als »Ehre« galt (Dienst am Vaterland), war Frauen im Namen der »Natur der Frau« verwehrt. Was Geschichte hat. Allen Unterdrückten, auch Schwarzen oder Juden zum Beispiel, wurde eingeredet, sie seien »von Natur aus friedlich« bzw. nicht kriegerisch. Das ist praktisch. Für die Unterdrücker. Denn so können sich die Unterdrückten noch nicht einmal wehren.

Ich schrieb: »Es ist kein Zufall, dass das Thema Frauen und Waffen so tabu ist. Unsere Ausschaltung aus diesem Bereich ist nicht Galanterie, sondern eine Machtfrage. Jeder Mann, der den Frieden will, weiß, dass er ihn nicht geschenkt bekommt.«[1]

Na, da ging es aber los. Vor allem in den eigenen Kreisen. So unterstellte mir zum Beispiel die feministische *Courage* ein glattes »Ja zu Frauen in die Bundeswehr« und attestierte mir »eine falsch verstandene Emanzipation«. Die *Kölner Frauenzeitung* pflaumte mich in einem offenen Brief (noch einer) an: »Wir wollen nicht mehr nur Kanonenfutter produzieren, wir wollen endlich selber welches sein.« Und die ökologiebewegte *Graswurzelrevolution* rügte: »Solche Probleme verlangen eine politische Position, die in dem Artikel von

Links: Großeltern und Mutter. »Papa« mit Alice in Oberlauringen. In der Schule. Rechts: Die Mädchenclique. Eintrag ins Goldene Buch von Wuppertal, stehend Jugendfreundin Barbara. Vorne: 1977.

Links: Mit Simone de Beauvoir 1971,
mit Sartre 1970.
Rechts: In Düsseldorf und
mit Bruno 1967.

*Oben: Der Stern am 6.6.1971. Die Panorama-Abtreibung am 11.3.1974. Rechts: Der Stern-Prozess im Juli 1978. Protest gegen den § 218 1986*

Links: Lesungen zum »Kleinen Unterschied«, 1975.
Rechts: Vortrag in Düsseldorf 2019.

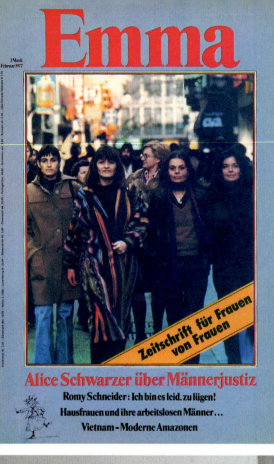

Links: Die erste EMMA. Beim Layout 1976, links Grafikerin Sonja Hopf. Rechts: Die Frauenkalender-Gruppe 1976, (Renate Bookhagen, Ursula Scheu, Alice Schwarzer, Gudula Lorez). Auf der Sommeruni in Berlin 1974. Mit Franziska Becker 1985.

Links: Mit Marie Schlei, Johanna Dohnal und Wolfgang Menge. Rechts: Mit Angela Merkel 2000 und 2009 anlässlich einer Feier zu »90 Jahre Frauenwahlrecht«.

Oben: Mit Esther Vilar 1975. Mit Verona Feldbusch 2001.

Oben: Mit Romy Schneider 1976. Mit Marion Gräfin Dönhoff 1987.

Oben: Mit Rudolf Augstein 1985. Mit Ronan Farrow 2018.
Unten: Die »Männerredaktion« in EMMA 1988. Rechts: Mit Verleger
Helge Malchow 2010. Mit Friedrich Dönhoff 1996.

Links: Mit Botschafter Claude Martin zur Verleihung des »Chevalier de la Legion d'Honneur« 2004. Mit Prof. Joseph Kruse: »Heine-Gabe«, 2006. In der Paulskirche: »Börne-Preis«, 2008. Rechts: Mit Günther Jauch 2004. Im Büro 2000.

Oben: Mit Elisabeth Pfefferorn 2018. Mit Jenny Erpenbeck 2016.
Unten: Mit Alfred Biolek und Familie Gruber 2004. Rechts: Mit Margarete
Mitscherlich 2006, Irmtraud Morgner 1986 und Elisabeth Badinter 2018.

*Links: In Burma in der Shwegadon-Pagode 2004, unten mit Bettina Flitner auf dem Ayerwaddy, 2012 Rechts: Paris Kreuzung Boulevard Edgar Quinet 2007. Im Café Select 2017.*

Oben: Demonstration gegen den Irak-Krieg mit Ditib-Mitgliedern 2004.
In Algerien 2018. Rechts: Alice' »Algerische Familie« 2017.

*Links: Eröffnung des FrauenMediaTurm (FMT) im Bayernturm 1994 (von links: Konservator Krings, Ministerin Brunn, OB Burger, Architektin Gatermann). Mit Kardinal Meisner auf dem Bayernturm, 1996. Mit der EMMA-Redaktion, 2017. Rechts: Mit dem FMT-Vorstand: Barbara Schneider-Kempf und Barbara Schock-Werner, 2018. Im Büro, 2019.*

*Von oben: Die EMMAs zu Besuch bei der Kanzlerin 2006. Die EMMAs vor dem Bayernturm und beim Weihnachtsessen 2019. Rechts: Beim Kachelmann-Prozess 2011.*

*Links: Mit Katze Frizzi auf dem Land. Mit Freundinnen in Frankreich. Silvester 2019.
Rechts: Mit Bettina Flitner in Paris und St. Tropez.
Nächste Seite: Aus »Frauen mit Visionen« von Bettina Flitner 2003.*

Alice Schwarzer durchaus fehlt.« Der DKP-verbundene »Demokratische Frauenbund« schließlich veranstaltete sogar regelrechte Demonstrationen gegen mich, Slogan: »Frauen in die Bundeswehr – nein danke!«

War ich so hoffnungslos auf den falschen Weg geraten? Lagen alle anderen schief? Oder war dies – um es forsch in militärischen Bildern zu sagen – ein besonders vermintes Terrain, durch dessen Fallen wir alle uns erst einmal mit Bedachtheit und Zielstrebigkeit robben mussten?

Und worum ging es eigentlich wirklich? Um die Frage »Krieg oder Frieden«? Leider nein. Kriege finden, das wissen wir seit ein paar Jahrtausenden, so oder so statt, unabhängig davon, ob auch Frauen Zugang zu Waffen haben oder nicht. Denn diese Kriege werden entschieden in Machtsphären, in denen Frauen heute so abwesend sind, wie sie es gestern waren. Ging es also um die Frage, ob wir Frauen selbst bereit wären, unser Leben zu riskieren? Ebenfalls leider nein. Denn zum Opfersein sind wir allemal gut genug. Und gestorben wird in der Etappe ebenso viel wie an der Front. So gab es im 2. Weltkrieg gleich viele Opfer an der Kriegsfront wie an der Heimatfront: 27 843 000 tote Soldaten und 27 157 000 tote ZivilistInnen (die Ermordeten in den Konzentrationslagern nicht mitgerechnet). Außerdem wären wir in Anbetracht möglicher Atomschläge bei zukünftigen kriegerischen Auseinandersetzungen in Mitteleuropa alle dran; egal ob wir mitgemacht haben oder nicht …

Ging es dann darum, dass Frauen durch ein Sich-Raushalten Einfluss ausüben, Kriege verhindern könnten? Leider, leider auch nicht. Die Kriegslust ist keineswegs eine biologische Frage, sondern eine der Macht (siehe auch Margaret Thatchers sehr überflüssiger Falklandkrieg 1981). »Die Macht liegt im Lauf des Gewehres.« Diesen Macho-Slogan haben 68er 1970 der aufbrechenden Frauenbewegung leicht variiert entgegengerufen: »Die Macht liegt im Lauf des Phallus!«

Übrigens: Eigentlich schien die Sache 1978 entschieden: Frauen arbeiteten längst bei der Bundeswehr! Jeder zehnte bei der Behörde Bundeswehr beschäftigte Mensch war weiblich, allerdings ausschließlich im Sanitätsbereich oder im Musikcorps. Das Entscheidende war die Ausbildung an der Waffe! Und damit auch der Zugang zu den Karrieren in der Bundeswehr.

Besonders zynisch war bei der Debatte, dass wir Frauen im Ernstfall sowieso hätten herhalten müssen. Denn der Kommentar zum Grundgesetz verbot uns zwar ausdrücklich den Dienst an der Waffe (Frauen »dürfen auf keinen Fall Dienst mit der Waffe leisten«), ließ sich aber gleichzeitig via Notstandsgesetze eine Hintertür offen: »Kann im Verteidigungsfalle der Bedarf an zivilen Dienstleistungen ( ...) in ortsfesten militärischen Lazarettorganisationen nicht auf freiwilliger Grundlage gedeckt werden, so können Frauen (...) durch Gesetz oder aufgrund eines Gesetzes zu derartigen Dienstleistungen herangezogen werden.«

Im Ernstfall also hätten auch wir Frauen unerschrocken den Heldentod sterben dürfen, aber unbewaffnet. Nur für Friedenszeiten galt die Parole: Friedlich sei das Weib. Doch Krieg und Frieden sind keine Frage des biologischen Geschlechts, sondern eine Frage der Macht. Und der Frieden ist nicht – wie in der »Friedensbewegung« Anfang der 1980er Jahre so gerne postuliert – Frauensache, er ist Menschensache.

Ich blieb also am Thema dran. Und *EMMA* auch. 1996 veröffentlichen wir ein Dossier über die Lage von Soldatinnen in der Bundeswehr wie der ganzen Welt (wo sie meist schon gleichberechtigt waren, zumindest theoretisch). Darunter eine sehr aufschlussreiche Reportage von Susan Faludi über Shannon Faulkner, die erste Frau, die in den USA den Zugang zu der militärischen Elite-Akademie »Citadel« gerichtlich erzwungen hatte. Nach zweieinhalb Jahren Drill und Schikane schmiss die 20-Jährige hin. Dennoch gingen bald darauf weitere Frauen in die Citadel – und bestanden. Über die Schikanen, ja (sexuelle) Gewalt gegen Frauen, die in Männerdomänen wie das Militär eindringen, ist bis heute einiges zu berichten, auch in der Bundeswehr. Dennoch: Die Frauen lassen sich nicht abschrecken.

Im Jahr 1996 gab es längst einen Bewusstseinswandel auch in Deutschland, gleichwohl immer noch eine der letzten Demokratien, die Frauen vom Wehrdienst ausschloss. Laut Allensbach-Umfrage war damals fast jede zweite 16- bis 29-Jährige dafür, dass Frauen in der Bundeswehr ausgebildet werden, auch an der Waffe; in der Gesamtbevölkerung bejahte es jedeR Dritte, darunter mehr Männer als Frauen. Doch der deutsche Staat blieb eisern: Keine Frauen an die Waffen! Da hatte Finnland bereits eine Verteidigungsministerin und Frankreich eine Marine-Kommandeurin.

Jetzt reichte es nicht nur mir, sondern auch der Staatssekretärin im Verteidigungsministerium, Michaela Geiger. Die CSU-Politikerin, einst das einzige Mädchen auf einem Jungengymnasium, war es von Kind an gewohnt gewesen, sich gegen Jungen durchzusetzen, und sah in dem Berufsverbot für Frauen in der Bundeswehr keine Berechtigung mehr. Sie kam nach Köln und wir fassten an dem Abend einen Plan, der drei Jahre später von Erfolg gekrönt sein sollte.

Am 11. Januar 2000 gab, wie erwähnt, der Europäische Gerichtshof der Klage der Soldatin Tanja Kreil statt und verkündete: Der Ausschluss der Frauen vom Dienst an der Waffe in der Bundeswehr »verstößt gegen die Gleichberechtigung der Geschlechter«. Am 2. Januar 2001 zogen die ersten gleichberechtigten Soldatinnen in die Bundeswehr ein, darunter auch die Elektronikerin Kreil. Die wurde jetzt, ganz wie ihr Lebensgefährte, Soldatin auf Zeit und durfte zu den Panzern. Michaela Geiger hat das leider nicht mehr erlebt. Sie starb im Dezember 1998. An Brustkrebs.

Keils Musterklage hatten Geiger und ich an dem Abend in Köln ausgeheckt. Die Staatssekretärin wandte sich an den Bundeswehrverband – und der machte sich auf die Suche nach einer geeigneten Kandidatin. 1998 reichte Kreil beim Verwaltungsgericht Hannover die Klage ein: auf ihr Recht, beim Arbeitgeber Bundeswehr nicht nur als Sanitäterin oder im Musikcorps eingesetzt zu werden, sondern in der Panzerwartung. Dem deutschen Verwaltungsgericht war die Sache zu heiß. Es berief sich auf die EU-Richtlinie vom »freien Zugang der Frauen zu allen Berufen« und legte die Klage dem Europäischen Gerichtshof vor: »Tanja Kreil gegen Bundesrepublik Deutschland«. Tanja Kreil gewann die Klage. Ihr Kommentar: »In 20 Jahren werden die jungen Frauen ganz einfach zur Bundeswehr gehen und entgeistert fragen: Wie, das durftet ihr früher nicht?«[2]

Sie sollte recht behalten. Im Dezember 2013 bekam Deutschland seine erste Verteidigungsministerin, Ursula von der Leyen. Und 2019 die zweite: Annegret Kramp-Karrenbauer. Und »Oberste Kriegsherrin« ist inzwischen auch eine Frau: Kanzlerin Angela Merkel.

# WEST-FEMINISTINNEN UND OST-GENOSSINNEN

November 1989. Ich sitze im 11. Stock des Pressehauses am Alexanderplatz, in der Redaktion der größten Frauenzeitschrift der DDR: *Für Dich*, mit knapp einer Million Auflage. Mit mir am Tisch: Chefredakteurin Frieda Jetzschmann und drei Redakteurinnen. Ich hatte *Für Dich* schon zwei Jahre zuvor um ein Gespräch angefragt, aber eine höfliche Absage erhalten. Jetzt sind neue Zeiten. Vor wenigen Wochen ist die Mauer gefallen und die Hoffnung vieler ist groß in der neuen DDR. Würde es eine Vereinigung vom »Besten aus dem Sozialismus und Besten aus dem Kapitalismus« werden? Nur zehn Monate später existiert die DDR nicht mehr. Deutschland wird »wiedervereinigt« sein. Und der Kapitalismus siegen. Konkret: Die Bundesrepublik übernimmt die DDR. Doch noch ahnt niemand etwas davon.

*EMMA* ist in der »neuen DDR« die erste – und vermutlich einzige – westdeutsche Zeitschrift, die über den DDR-Vertrieb auch in Ostdeutschland ausgeliefert wird. Das haben wir wohl unserer fairen Berichterstattung zu verdanken. Nein, nicht gefällig, wie so manche West-GenossInnen. Das waren wir nie. Mein Verhältnis zur DDR war nie blind sympathisierend, aber auch nicht blind verdammend, sondern einfach: aufgeschlossen. In den vergangenen Jahren und auch schon vor dem Mauerfall hatte ich mit vielen Oppositionellen gesprochen, darunter Bärbel Bohley. Nun war ich auf die Kolleginnen gespannt, die über Jahrzehnte eine durchaus auch staatstragende Zeitschrift gemacht haben.

Auch sie sind neugierig auf mich. Doch reserviert. Sie sind Vorsicht gewohnt. Nach unserem Gespräch für *EMMA* drehen sie den Spieß einfach um und interviewen mich für *Für Dich* (das Gespräch erschien in der Ausgabe 51/1989). Was eine gute Gelegenheit für mich war, einige Klischees richtigzustellen. Denn die Mehrheit der Frauen (und Männer), die keinen direkten Kontakt zu West-Feministinnen hatten, kannten natürlich nur diese verzerrenden Klischees (Männerfeindinnen, Lesben, elitär etc.).

Mit den *Für-Dich*-Macherinnen sprach ich über das, was in der DDR »die weitere Vertiefung der Gleichberechtigung« genannt wurde und bedeutete: Was für die Genossinnen alles noch so im Argen lag im realsozialistischen Staat. Zum Beispiel: Dass die Frauen zwar das Recht auf Berufstätigkeit hatten, ja sogar die Pflicht (92 Prozent waren berufstätig), sie jedoch gleichzeitig die Familienarbeit weitgehend allein schulterten. Es ist kaum zu glauben, aber bis heute »helfen« die Männer im Osten tatsächlich noch weniger als die im Westen. Und das DDR-Babyjahr, das theoretisch auch Vätern offenstand, nahmen in der DDR zuletzt ganze 1 bis 2 Prozent der Männer.

Dennoch: Die Gleichheit der Geschlechter war in dem sich als sozialistisch verstehenden Staat schon in der Verfassung verankert, was die Frauen zu Recht stolz machte. Chefredakteurin Jetzschmann zitierte in unserem Gespräch den Satz aus dem Kommunistischen Manifest: »Die freie Entwicklung eines jeden ist die Bedingung für die freie Entwicklung aller.«

Diesen Stolz hatte auch Irmtraud Morgner, eine überzeugte Sozialistin und Feministin und neben Christa Wolf weit über die DDR hinaus die bekannteste und frauenbewussteste Schriftstellerin in Ostdeutschland (»Leben und Abenteuer der Trobadora Beatriz«[1]). Wir begegneten uns erstmals 1976 in Westberlin, bei einer ihrer Lesungen – und es war nach wenigen Minuten klar, dass wir Freundinnen werden würden. Viele Jahre später wird es mir mit einer anderen ostdeutschen Schriftstellerin genauso ergehen: mit Jenny Erpenbeck. Ich ging zu einer Lesung von ihr in Köln, denn ich hatte gerade ihren großartigen, autobiografisch geprägten Roman »Heimsuchung« gelesen. Bei dem anschließenden Wein wissen wir beide, dass das nicht unser letztes gemeinsames Glas sein wird. Seither ist Jenny eine meiner engsten Freundinnen geworden. Ich staune jedes Mal wieder, wie nah wir uns, trotz unserer so unterschiedlichen Erfahrungen, auch politisch sind. Auch scheint es mir charakteristisch für viele Menschen in Ostdeutschland, dass sie unverstellter sind und rascher aufs Wesentliche kommen.

Irmtraud Morgner und ich hielten bis zu ihrem frühen Tod 1990 engen Kontakt. Sie kam zu mir nach Köln oder aufs Land, ich reiste mit ihr zusammen nach Paris, wo ihre »Trobadora« erschien. Ich besuchte sie in Ostberlin – und wurde da im Restaurant »Ganymed« wie alle von dem Steh-Geiger am Tisch bespitzelt. Leider bespitzelte mich auch ihr damaliger Ehemann, Paul Wiens, was wir beide nicht wussten. Der Dichter und KZ-Überlebende war ein hedonistischer Sarkastiker, der sich sein besseres Leben durch seine Dienste für die Stasi und den KGB erkaufte. Irmtraud ließ sich 1977 von ihm scheiden.

Überhaupt geriet ich gleich mittenrein. Einmal in den 1980er Jahren ließen die Grenzbeamten am Checkpoint Charlie mich gar nicht erst rein, ohne jegliche Begründung. Das war in der Zeit, in der Erich Honecker mit Franz Josef Strauß in seinen Ost-Latifundien auf Jagd zu gehen pflegte. Ich war empört! Lachen musste ich, obwohl die Situation traurig war, als mich bei einem meiner letzten Besuche vor Irmtrauds Tod gleich zwei Autos verfolgten, bestückt mit je vier Graumänteln. Mich. Auf Krankenbesuch. Als ich im Krankenzimmer in der Klinik in Ruh durchs Fenster guckte, spazierten da tatsächlich zwei Männer hin und her, die in ein Päckchen Papier-Taschentücher zu sprechen schienen (in denen die Mikros versteckt waren). Wie im Schmierentheater. Wir – Bettina Flitner, Irmtrauds Sohn David und ich – haben uns dann bei der Rückfahrt in den Westen einen Spaß daraus gemacht, durch rasantes Hakenschlagen wie bei Dick & Doof die Spitzelautos abzuhängen. Das Erschrecken bei den DDR-Grenzbeamten war groß, als wir ohne unsere Schatten ankamen.

Morgner hatte mich in den 1970er und 1980er Jahren auf dem Laufenden über alles gehalten, was faul war in ihrem Staat. Dass ein netter, kluger Genosse freundlich lächelnd zu ihr sagte: »Frauen gehören in die Küche.« Dass sie bespitzelt wurde. Oder dass die Kollegen der Staatspreisträgerin in der »Akademie der Künste« 1986 über das Thema »Pornografie und Sozialismus« debattierten. Da druckte die

DDR bereits seit Jahren Pornos für den Westexport und die Genossen wollten die nun auch innerhalb ihres Landes unters Männervolk bringen. Morgner empört: »Ich kam mir vor wie bei einem Biertischgespräch!« Sie stellte die Frage, wieso die DDR überhaupt Pornografie drucken könne (»Die sexuell anmacht, eine Frau von oben herab zu nehmen«). Denn schließlich würde »Vater Staat auch keine antisemitischen oder rassistischen Schriften drucken, auch nicht für harte Westdevisen«.[2]

Irmtraud war sehr witzig. Und am komischsten war es, wenn die geborene Chemnitzerin (damals Karl-Marx-Stadt) sächsische Witze erzählte. Oder von ihrem pedantischen Vater, einem Eisenbahner, dem die unterworfene Mutter in dem »bücherlosen Haushalt« pünktlich um 12 das Essen auf den Tisch stellen musste. Bei mir im Westen genoss sie vor allem das Essen, das Gemüse (»Bei uns gibt es nur Fleisch«) und das Ausgehen: am liebsten in schräge Läden, mit Tanz oder Transvestitenshows. Erotik war Irmtrauds Spezialgebiet, in der Literatur wie im Leben.

Auch darum war es so besonders traurig zu sehen, wie diese große Schriftstellerin nicht zuletzt durch die Kleingeistigkeit ihrer Genossen zermürbt wurde. Ihr letztes Buch, »Amanda. Ein Hexenroman« (in dem es auch um ihre zu guter Letzt eigenen Verstrickungen mit der Stasi ging, ihrem »Pakt mit dem Teufel«), war so stark zensiert worden, dass die lebensfrohe Irmtraud in Trübsinn versank und stundenweise erblindete, vor allem morgens nach dem Aufwachen. Sie wollte einfach nichts mehr sehen.

Ihr letztes Interview erschien in der *EMMA*-Ausgabe 2/1990. Eine Art politisches Testament. Wenige Wochen später starb Irmtraud Morgner. An ihrem Grab sprachen, auf ihren Wunsch, der Literaturwissenschaftler Gerhard Wolf, Ehemann von Christa, und ich. Ihr Einkaufsnetz, das die Mutter eines Sohnes immer dabeihatte – für »Gelegenheiten« –, hängt bis heute in meiner Küche.

Gut informiert nicht zuletzt auch dank Morgner habe ich sehr früh das Gespräch mit Frauen in der DDR gesucht. Und vermutlich hat kaum eine Zeitschrift im Westen in den Jahren nach dem Mauerfall so kontinuierlich und ausführlich über die Lage der Frauen in Ostdeutschland berichtet wie *EMMA*. Dennoch drifteten auch wir auseinander: die West-Feministinnen und die Ost-Frauenbewegten. Das Misstrauen war einfach zu groß im Osten – und das Interesse zu klein im Westen. Von den gegenseitigen Voreingenommenheiten ganz zu schweigen.

Erinnern wir uns: Für 16 Millionen Menschen war bis 1990 die DDR ganz einfach ihr Land, ihre Heimat gewesen. Egal wie gut oder wie schlecht. Sie waren in Dresden geboren und nicht in München, in der Oberlausitz und nicht im Ruhrgebiet. Zufällig. Und nun kamen wir WestlerInnen und sagten: Ihr wart im falschen Film. Der richtige, der Farbfilm, der läuft bei uns.

Wiedervereinigung. Treuhand. Übernahmen. Stilllegungen. Entlassungen. Vor allem die bis dahin zu 92 Prozent berufstätigen Frauen traf es mit Wucht. Jede zweite verlor nun ihren Job. Der 45-jährigen hochqualifizierten Facharbeiterin oder Akademikerin sagte man: Das war's. Sie packen den Anschluss nicht mehr.

Als Begleitmusik zur Beerdigung des Ostens tönten die West-Schlagzeilen: »Sie küssen die Freiheit!« – »Die Erlösung« – »Staunend blicken die Kinder auf die vielen Schokoladentafeln«. Als wären die von Ost nach West kommenden Deutschen einem afrikanischen Hungergebiet entronnen oder hätten einen südamerikanischen Folterstaat überlebt. Und danach? Danach wurde die Stasikarte gezogen, mit der man sehr vielen die Füße weghauen konnte, berechtigt oder unberechtigt.

In den Monaten des Übergangs, zwischen Mauerfall und Wiedervereinigung, hatten sich viele Menschen noch gewehrt. Sicher, die Genossinnen waren es gewohnt gewesen, ihre Anliegen der großen Sache unterzuordnen, Hauptwiderspruch Klassenkampf sticht Nebenwiderspruch Geschlecht. Aber sie waren es gleichzeitig gewohnt, Rechte zu haben. Mehr als die West-Frauen. Die Gleichberechtigung der Geschlechter war Teil des sozialistischen Programms. Theoretisch, aber immerhin.

Zwar hatten auch die Genossinnen nicht die gläserne Decke durchstoßen, aber sie waren knapp drunter, auch die im Westen sogenannten Männerberufe standen ihnen offen. Und der Staat entlastete die

Mütter mit Ganztagskrippen und -schulen sowie Kantinen. Mitten im Einig-Volk-von-Brüdern-Gedudele erhoben also auch Frauen die Stimme. Am 3. Dezember 1989 gingen sie in der Ostberliner Volksbühne an die Öffentlichkeit und stellten den »Unabhängigen Frauenverband« vor. Motto: »Wir haben kein Vaterland zu verlieren, sondern eine Welt zu gewinnen.«

Das war der Moment, in dem auch eine Feministin wie ich sich Hoffnungen machte: Die jeweiligen Stärken der West- und der Ostfrauen zusammen – das wäre gesamtdeutsch unschlagbar! Wir, die West-Feministinnen, hatten uns zwar selbst das Recht auf Berufstätigkeit erkämpfen müssen, aber wir hatten Erfahrung im öffentlichen, erfolgreichen Widerstand. Die Ostfrauen hatten zwar mehr Teilhabe, aber waren nicht gewohnt, gegen die »Frauenrolle«, gegen die Doppelbelastung, gegen Vater Staat und den eigenen Mann zu kämpfen.

Die DDR-Frauen hatten die Fristenlösung, die BRD-Frauen hatten sie nicht (und wir alle haben sie bis heute nicht). Da wäre eine gesamtdeutsche Fristenlösung bei der Wiedervereinigung natürlich ideal gewesen. Aber dafür hätten wir gemeinsam kämpfen müssen. Doch die DDR-Frauen erkannten die Gefahr nicht. Zu selbstverständlich waren für sie ihre Rechte. Und irgendwann war es dann zu spät.

Das ist besonders makaber, weil die DDR-Frauen die 1972 von Honecker hastig eingeführte Fristenlösung ursprünglich der westdeutschen Frauenbewegung zu verdanken hatten (auch wenn sie das nicht wussten). Denn dem DDR-Regime war natürlich nicht entgangen, dass die Proteste gegen das Abtreibungsverbot ausgeufert waren in eine breite Frauenbewegung. Und genau das konnte die DDR zu dem Zeitpunkt überhaupt nicht gebrauchen. Sie hatte schon genug Sorgen. Also wurde den Frauen in der DDR die Fristenlösung 1972 von oben »geschenkt«. Der Zeitpunkt war kein Zufall: die Genossinnen sollten gar nicht erst auf dumme Gedanken kommen. So sah es nicht nur Irmtraud Morgner. Auch die seit Langem im Westen lebende Schriftstellerin Katja Lange-Müller bestätigte mir, dass ihre Mutter, die einstige Leiterin der »Abteilung Frauen des Zentralkomitees der SED«, Ingeburg Lange, ihrer Tochter das damals exakt so dargestellt hatte.

Dass die DDR-Frauenrechtlerinnen nach der Maueröffnung die Warnung mancher Westfeministinnen nicht hatten hören wollen, lag nicht nur am Misstrauen gegenüber den »Besserwessis«, sondern daran, dass auch sie die von West wie Ost verbreiteten Klischees über Feministinnen im Kopf hatten. Den wahren West-Feminismus der 1970er Jahre kannten und kennen sie bis heute nicht: diesen breiten Aufstand von unten, der an den Grundfesten des Patriarchats gerüttelt hat und der alle Frauen mitnahm, auch die nicht privilegierten, die Arbeiterinnen, Verkäuferinnen und Hausfrauen. Die Ostfrauen landeten direkt im akademisierten Postfeminismus – und schüttelten und schütteln verständlicherweise den Kopf über so manche elitäre Haarspalterei.

Es vergingen Jahre, bis die handfesten DDR-Frauen angekommen waren und gesamtdeutsch ihre Teilhabe an der Politik forderten. Dass die von uns Feministinnen schon so lange geforderten Krippen und Ganztagsschulen endlich vorankamen, ist auch ihnen zu verdanken.

Gibt es also heute »die Wessis« und »die Ossis« nicht mehr, sondern nur noch Deutsche? Können wir endlich gemeinsam nach vorne blicken, statt über Vergangenes zu trauern? Leider nicht. Laut einer Allensbach-Umfrage von 2019 verstehen sich 47 Prozent aller Menschen in der ehemaligen DDR bis heute nicht in erster Linie als Deutsche, sondern als Ostdeutsche. Drei von vier Ostdeutschen sehen »große Unterschiede« in den Lebensbedingungen zwischen Ost und West. Und jedeR Zweite im Osten sieht schwarz für die Zukunft.

Das war schon mal besser. Die Stimmung hat sich wieder verschlechtert. Die Kränkung der Ossis sitzt eben tief. Kein Wunder, 30 Jahre sind nicht viel Zeit für die Verarbeitung eines kollektiven Traumas, bis hin zu den Kindern und Kindeskindern. Die erste Wende-Generation war einfach platt und mundtot gemacht worden. Auch der zweiten Generation sitzt oft noch der Schrecken in den Knochen. Jetzt rückt die dritte Generation nach. Die will entweder überhaupt nichts mehr davon wissen – oder aber reagiert mit Stolz und Trotz, ja manchmal sogar mit Nationalismus. Sie fordert: Hört uns endlich zu!

Eine Pointe bleibt noch zu erzählen. Am 2. Dezember 1990, dem

Tag der ersten gesamtdeutschen Wahlen, war ich Talkgast im ARD-Studio in Berlin. Das Event fand damals noch im Palast der Republik statt. Danach gab es einen Umtrunk, bei dem auch Lothar Bisky, Mitglied des Präsidiums der PDS, anwesend war.

Kurz nach Mitternacht fragt er mich, ob er mich sprechen könne, in seinem Büro. Das lag gleich nebenan. Ich sehe mich noch durch die menschenleeren, dunklen Gänge im Palast der Republik gehen, er war alleine im Büro. Was er wohl bereden wollte? Und dann kam es: Er bot mir das Pressehaus am Alexanderplatz inklusive Inhalt an – also das Gebäude und alle Zeitungen, auch die *Für Dich*. Für den symbolischen Preis von 1 Mark. Ich sollte die Zeitungen und Zeitschriften als Verlegerin übernehmen. Ich war, klar, sehr überrascht. Nach einigen Tagen Nachdenken sagte ich ab. Die Nummer war mir zu groß und auch politisch zu heikel. Es reichte mir schon mit den Frauen. Dazu noch das ganze Ost-West-Gerangel? Nein danke.

# JUDENHASS UND FRAUENHASS

Sommer 1964. Ich studiere Französisch in Paris und jobbe für meinen Lebensunterhalt: Putzen, Babysitten, Tippen. Gerade habe ich einen Job bei Maître Muller ergattert, ein Anwalt aus dem Elsass mit einer Kanzlei in der vornehmen Avenue de l'Opéra. Das ist praktisch für mich. Ich kann mit dem Bus Linie 95 direkt bis vor seine Türe fahren. Maître Muller ist ein gläubiger Jude und weißhaariger Patriarch, der auch im Haus die Kippa trägt. Er liebt es, mit mir Deutsch zu sprechen, seine Muttersprache.

An einem dieser Tage verlasse ich gleichzeitig mit einer seiner Klientinnen die Kanzlei im vierten Stock und quetsche mich mit ihr in diesen typischen kleinen Aufzug mit Scherengittern. Ich kenne die Akte von Madame, ich habe sie bearbeitet. Die geborene Deutsche hat Auschwitz überlebt, aber ist fast jede Nacht wieder im Lager. Albträume. Jetzt klagt sie mit Maître Mullers Hilfe auf »Wiedergutmachung«, wie diese Zahlungen des (west)deutschen Staates an Überlebende makabererweise heißen. Als könne es jemals wiedergutgemacht werden.

Wir stehen in dem Aufzug eng beieinander. Ich spreche sie an, auf Deutsch. Das bin ich bei Maître Muller ja so gewohnt. Sie schaut mich an, sagt kein Wort. Schaut mich nur an. So lange hat die Fahrt mit dem Aufzug noch nie gedauert. Ich schäme mich. Ich schäme mich in Grund und Boden. So wie ich da stehe, sehr blond und sehr deutsch, habe ich sie in der Sprache angesprochen, die sie wohl nie mehr hören wollte.

Kollektivschuld? Nein. Kollektivscham: Ja. Dabei habe ich das Glück, noch nicht einmal ein Täter-Kind zu sein. Meine Familie, Großeltern und Mutter, waren alle entschiedene Anti-Nazis, leisteten alltäglich Widerstand. Und halfen Opfern. Meine Großmutter war ihr Leben lang stolz darauf, dass sie es geschafft hatte, nicht einmal in den zwölf Jahren den Arm zum Hitler-Gruß gehoben und Läden immer hüstelnd betreten zu haben, um nicht »Heil Hitler« sagen zu müssen. Der Rest war selbstverständlich. Zum Beispiel, dass sie am Tag nach der sogenannten »Kristallnacht« demonstrativ in alle als »jüdisch« gebrandmarkten Geschäfte einkaufen ging – durch das Spalier der SS, die sie alle ohrfeigten. Oder dass sie Zwangsarbeiter mit durchgefüttert hat etc. Das waren so die alltäglichen Anekdoten in meiner Familie, die keiner heldenhaft fand, sondern selbstverständlich.

Über den Holocaust wurde ich als Kind früh aufgeklärt, sehr früh. Die Ermordung von sechs Millionen Juden war meine Initiation für das Wissen um das Grauen, in dem Menschenverachtung enden kann. Später kamen noch die »Zigeuner« und andere dazu. Noch später die Algerier oder die Schwarzen. Letzteres war die Schuld von anderen, aber die macht unsere nicht geringer.

53 Jahre später bin ich wieder in Paris und treffe Élisabeth Badinter. Wir sind Freundinnen, seit die Philosophin 1991 in *EMMA* eine scharfsinnige Analyse des sogenannten »Kopftuchstreites« in Frankreich veröffentlicht hatte. Darin ging es darum, dass drei kleine Mädchen plötzlich im Ganzkörperschleier in der Schule auftauchten. Eine gezielte Provokation. Denn es stellt sich schnell heraus, dass ihre Väter und Onkel militante algerische Islamisten waren (sie waren übrigens von Deutschland nach Frankreich gezogen, das in den 1990er Jahren auch aus Algerien geflohenen Islamisten Asyl gewährte).

Im Dezember 2017 interviewte uns die Korrespondentin der *Frankfurter Allgemeinen Sonntagszeitung* über den Zusammenhang zwischen »Antisemitismus und Islamismus«. Badinter hat einen jüdischen Vater und einen Ehemann, der Ex-Justizminister Robert Badinter, dessen Vater im KZ ermordet wurde. Sie persönlich hatte ihre jüdische Herkunft bis dahin nie thematisiert, wohl weil es ihr kein Thema mehr schien. Was sich allerdings seit einigen Jahren geändert hat.

Denn der traditionelle französische Antisemitismus nahm sprunghaft zu. Das liegt an den jungen, von radikalen Imamen verhetzten Muslimen. Die erste und zweite Generation der muslimischen EinwanderInnen waren noch kein Problem, erläuterte Badinter, trotz des allgemein im Islam latenten Antisemitismus. Erst in der dritten Generation gebe es viele, die offen und aggressiv antisemitisch seien. Sie begründen ihren Judenhass mit der Kritik am Staat Israel.

Drei von vier Franzosen mit jüdischem Hintergrund haben heute Angst, belegen Umfragen. Viele von ihnen, geborene Franzosen seit Generationen, denken an Auswanderung nach Israel. Über den wahren Grund dieser neuen Welle des Antisemitismus wird dennoch nicht gesprochen. In Frankreich so wenig wie in Deutschland. Denn man fürchtet sich vor dem Vorwurf des »Rassismus«. Der ertönt umgehend, sobald auch nur die leiseste Kritik am politisierten Islam laut wird, der – ganz wie in Deutschland – von den einschlägig Interessierten konstant gleichgesetzt wird mit »dem Islam«. Anti-Rassismus sticht Antisemitismus. Genau das war das Thema in unserem gemeinsamen Gespräch.

Den Vorwand für diesen neuen Antisemitismus liefert die Kritik an der Politik des Staates Israel. Die ist im Prinzip selbstverständlich legitim. Nur sollte sie nicht von der Kritik an der Regierungspolitik – die ja auch viele Menschen in Israel und Juden in der ganzen Welt üben – in einen platten Anti-Zionismus kippen: also die Infragestellung der Existenz Israels. So war in Deutschland von Teilen der radikalen Linken schon Ende der 60er und in den 70er Jahren argumentiert worden. Zum Beispiel 1969 bei dem Bombenattentat gegen die Jüdische Gemeinde in der Fasanenstraße in Westberlin. Dahinter steckten die »Tupamaros West-Berlin«, also deutsche Anarchos.

Für mich war die Vergangenheit und die Gegenwart des Antisemitismus immer präsent und hat auch früh in *EMMA* Niederschlag gefunden. Zum ersten Mal mit dem in den deutschen Medien nicht sonderlich beachteten Majdanek-Prozess 1979 in Düsseldorf, über den eine einst selber Verfolgte, Susanne von Paczensky, für *EMMA* berichtete. Und ich schrieb dazu ein Editorial mit dem Titel: »Was ich mit Majdanek zu tun habe«. Es folgten über die Jahre zahllose Artikel über Antisemitismus gestern und heute sowie über das Leben von

Jüdinnen. 1995 fuhr ich zum 50. Jahrestag der Befreiung des Frauen-Konzentrationslagers nach Ravensbrück. Was ich in diesen drei Tagen erlebt habe, hat mich tief berührt und erschüttert (siehe Seite 402).

Aus dem historischen Leid von Juden war für mich ein gegenwärtiges geworden. Als ich 1987 die Schauspielerin Inge Meysel interviewte, habe ich mit ihr über ein Thema gesprochen, das gemeinhin verschwiegen wurde, von ihren Interviewern wie von ihr selber: darüber, dass die »Mutter der Nation« in der Nazizeit geschmäht und verfolgt worden war. Nur auf mein Insistieren hin sprach sie darüber. Ihr geliebter Vater war ein assimilierter Jude, ihre Mutter Dänin und sie evangelisch getauft. »Mein Vater wusste noch nicht einmal, wo die Synagoge stand.« Was der »Halbjüdin« Inge Meysel nicht das Arbeitsverbot ab 1934 ersparte. Von da an hatte sie die Zyankalikapsel immer griffbereit.

Inge Meysel erzählte: 1941 stand der Vater schon in der Reihe der zu Deportierenden, da kam Heydrich vorbei (ausgerechnet der von Hitler mit der »Endlösung der Judenfrage« Beauftragte). »Wo haben Sie denn Ihren Arm gelassen?«, fragte Heydrich. »An der Somme liegen lassen«, antwortete der Ritterkreuzträger (die Schlacht an der Somme war eine der mörderischsten im 1. Weltkrieg). »Raus aus der Schlange!«, befahl Heydrich schneidend. Da hatte Herr Meysel noch mal Glück gehabt, doch er hat die Gefahr begriffen. Trudchen Meineke, die Sekretärin des Juristen, versteckte ihn von nun an und bis zur Befreiung im Keller ihres Häuschens am Rand von Berlin.

»Für mich«, sagte Inge Meysel 1987 zu mir, »ist das hier darum nicht nur das Deutschland von Hitler, sondern auch das von Trudchen Meineke!« Meysel hatte die Zeit bei ihrem »arischen« Ehemann John Olden in Hamburg überlebt und erst in der Nachkriegszeit Karriere als »Mutter der Nation« gemacht – resolut, aber nie ohne melancholische Unterschleife.

Auch mit Charlotte Knobloch, der Vorsitzenden der Jüdischen Gemeinde in München (die bei ihrem Kindermädchen auf dem Land überlebte, das Charlotte als ihr uneheliches Kind ausgegeben hatte), verbindet mich eine lange, gegenseitige Sympathie. Und mit Ignatz Bubis war ich bis zu seinem Tod in freundschaftlichem Kontakt. Ich hatte ihn im November 1992 in meine Talkshow »Zeil um Zehn« in Frankfurt eingeladen, damit der als »Immobilienspekulant« von kritischen Geistern geschmähte Bubis auch mal selber sein Leben darlegen konnte. Der in Polen geborene Vorsitzende des »Zentralrates der Juden in Deutschland« hatte seinen Vater im KZ verloren, doch wurde er nicht müde, in deutschen Schulen aufzuklären: Nie wieder ... Später war ich erschüttert darüber, wie Martin Walser 1998 sein Gegenüber Bubis noch nach seiner umstrittenen Rede in der Paulskirche (»Instrumentalisierung des Holocaust«) in einem Gespräch mit Frank Schirrmacher für die *FAZ* demütigen konnte: der Herrenmensch und der Jude (siehe Seite 419).

Für diese Art von Hierarchien bin ich nicht nur als Kind von Anti-Nazis besonders sensibilisiert, sondern auch als Feministin. Denn Antisemitismus, Rassismus und Sexismus haben die gleichen Strukturen. Der Hass auf Frauen und »Fremde« bedingt sich nicht nur gegenseitig, er hat auch die gleichen Wurzeln: Er richtet sich immer von den Herrschenden gegen die »Fremden«, von den Einen gegen die »Anderen«. Deren Unterdrückung – bis hin zur Vernichtung – geht immer die Abwertung voraus. Mit der antisemitischen oder sexistischen bzw. rassistischen Propaganda in Bild und Wort werden diese Anderen zu »Untermenschen« degradiert, zu denen, mit denen man es machen kann. Dabei spielt im Sexismus die Pornografie eine zentrale Rolle: Sie ist eine sexualisierte Hasspropaganda gegen Frauen.

Zu alldem liegen uns seit Jahrzehnten zahlreiche kluge, fundierte internationale Studien und Analysen vor, die jedoch allesamt bis heute in Deutschland weitgehend ignoriert werden. Stattdessen wabert in den akademischen Kreisen der selbst ernannten »Anti-Rassisten« eine fragwürdige Komplizität mit dem politischen Islam und seiner Hasspropaganda gegen Juden. Die setzt noch die geringste Kritik am Islamismus gleich mit Kritik an »dem Islam« – und schüchtert so die KritikerInnen ein mit dem Vorwurf der »Islamophobie« und des »Rassismus«.

Seit Jahrtausenden sind Judenhass und Frauenhass eng verwoben. Und noch einmal: es stellt sich die Frage, »ob der Antisemitismus in

Wirklichkeit ein Problem der Männlichkeit« ist, einer verunsicherten Männlichkeit, schreibt die französische Reformrabbinerin Delphine Horvilleur in ihren »Überlegungen zur Frage des Antisemitismus« und folgert: »Ist der Antisemitismus nicht auch ein Krieg der Geschlechter?«[1] Sie geht weit zurück in der Geschichte. Schon von den Römern seien die Juden als »weibisch« verhöhnt worden. Der Konflikt war demnach auch ein Kulturclash: zwischen der superpotenten Militärgesellschaft der Römer und den »impotenten«, weil beschnittenen und vergeistigten, also »verweiblichten« Juden.

Horvilleur erinnert daran, dass schon Sigmund Freud den Kastrationskomplex für »die tiefste unbewusste Wurzel des Antisemitismus« gehalten habe. Und sie zitiert den Bestseller »Geschlecht und Charakter«[2], den der Frauen- und Judenhasser Otto Weininger um die Wende zum 20. Jahrhundert, auf dem Höhepunkt der historischen Frauenbewegung, geschrieben hatte. Für Weininger war seine Epoche nicht nur »die jüdischste, sondern auch die weibischste aller Zeiten«, waren »die Frau und der Jude der Abgrund, über dem das Christentum aufgerichtet ist«. Der Wiener, selber Jude, brachte sich in jungen Jahren um – der Selbsthass scheint ihn zerrissen zu haben. Hitler soll Weininger später, schreibt Horvilleur, als den »einzigen anständigen Juden« bezeichnet haben.

Dass die Nationalsozialisten (unter anderem) nicht nur eine Reaktion auf die Demütigung durch den verlorenen 1. Weltkrieg, sondern auch ein Resultat der irritierten Männlichkeit infolge der Emanzipation der Frauen waren, ist in den vergangenen Jahrzehnten vielfach analysiert worden (u. a. von Margarete Mitscherlich, Susan Sontag oder Élisabeth Badinter). Auch bei dem muslimischen Antisemitismus in den ehemals kolonisierten Ländern scheint die Erstarkung der Frauen bei der verunsicherten Männlichkeit eine Rolle zu spielen.

Da schließt sich der Kreis.

# VON KÖLN BIS ALGIER:
# DER SILVESTER-SCHOCK

Müssen wir eigentlich heute, Jahre danach, immer noch von der Silvesternacht 2015 in Köln reden? Ja, wir müssen. Denn diese Nacht war eine Zäsur. Ein Schock für die ganze westliche Welt. Erstmals hatten Männer muslimischer Herkunft mitten in Europa öffentlich ihr Gesetz gemacht, das da besagt: Frauen im öffentlichen Raum sind Freiwild, sind der Besitz aller Männer; erst recht, wenn sie am Abend auf der Straße sind. 627 Frauen erstatteten allein in Köln nach diesem Abend Anzeige wegen sexueller Gewalt, bis hin zu Vergewaltigungen. Ausgeübt von rund 2000 randalierenden jungen Männern auf dem Bahnhofsvorplatz, zu Füßen des Doms. Die Polizei hatte weggeguckt. Sie war wohl überfordert, wenn nicht sogar verängstigt.

Wenige Tage danach schrieb der algerische Schriftsteller Kamel Daoud – der von Islamisten zeitweise mit einer Fatwa bedroht wurde – über »Köln, den Ort der Fantasmen«. Dass so viele Deutsche nicht wahrhaben wollten, was da passiert war, war für den Algerier eine »Überdosis an Naivität«, ein »gefährliches Gutmenschentum«. Denn das Problem dieser Migranten bzw. Flüchtlinge sei, dass zwar ihren Körpern Asyl gewährt worden war, ihre Seelen aber nicht integriert worden wären. Was gefährlich sei. Denn dem entwurzelten Muslim bliebe »angesichts des Schocks in der neuen Welt nichts als seine Kultur«. Und im Zentrum dieser Kultur stehe sein Verhältnis zu Frauen, dieser »in Allahs Welt zweite gordische Knoten«. Der gebürtige Muslim Daoud scheute sich nicht, die Wahrheit über seine eigene (Männer-)Kultur zu schreiben: »Die Frau wird verleugnet, abgelehnt, verschleiert, eingeschlossen, getötet oder in Besitz genommen.«[1]

Seit auch die Frauen der muslimischen Welt beginnen, ihre häuslichen Gefängnisse zu verlassen, und in die Welt gehen – soweit sie es überhaupt noch können –, ist diese Art von öffentlich demonstrierter sexueller Gewalt zur Einschüchterung der Frauen in islamischen Ländern üblich, zumindest in denen, die noch nicht ganz in der Faust der Islamisten sind. So wie bei dem auch in Köln praktizierten »Höllenkreis« – erstmals international bekannt geworden anlässlich des »Arabischen Frühlings« in Kairo – umringt ein Dutzend Männer eine isolierte Frau und dann geht es los. Das Opfer kann gar nicht mehr unterscheiden, wessen Hände da nach ihm grabschen. Es ist die Tat eines Kollektivs, eines Männerkollektivs. Komplizen sind alle anwesenden Männer – bis auf die, die sich offensiv dagegenstellen. An diesem Abend hat sich anscheinend nur einer dagegengestellt: Hesham. Ich habe diesen Helden später kennengelernt und komme noch auf ihn zurück.

Die *EMMA*-Redaktion ist nur 15 Fußminuten von besagtem Bahnhofsvorplatz entfernt. Gleich nach den Feiertagen (dem 1. Januar folgte ein Wochenende), ab dem 4. Januar also stand das Telefon bei uns nicht mehr still. Dran waren die Opfer dieser Nacht. Sie wendeten sich an uns, weil niemand sie hören wollte. Von diesem Tag an berichtete *EMMA* aktuell online. Was zur Folge hatte, dass sich die internationalen Medien in unserer Redaktion die Klinke in die Hände gaben: TV-Teams aus Amerika und Russland, aus Australien und Frankreich sowie Printjournalisten von allerorten. Und alle, alle hatten die immerselben Fragen zu dem »Kulturschock von Köln«: Ist die öffentliche Gewalt gegen Frauen jetzt aus Nordafrika und Nahost auf Europa übergeschwappt? War die Silvesternacht in Köln also ein politisches Signal? Und warum sagt das in Deutschland niemand?

Gehen wir also noch einmal zurück, an den Beginn dieses Abends, dessen Verlauf von so manchen tatsächlich bis heute verdrängt oder gar geleugnet wird.

31. Dezember 2015, 18.30 Uhr. Im Kölner Dom findet die »Jahresabschlussmesse« statt. Einer von mehreren Tausend Menschen im Dom ist die Ex-Dombaumeisterin Barbara Schock-Werner. Wenige Tage später erzählt sie der *FAZ*, was sie während dieser Messe erlebt hatte. Schon ab 18.30 Uhr gab es »ein heftiges Feuerwerk«.

Genauer: »Einen bisher an Silvester noch nie erlebten massiven Raketen- und Böllerbeschuss. Immer wieder war das Nordfenster des Doms rot erleuchtet, weil Rakete auf Rakete dagegenflog. Und durch die Böller war es sehr laut. Ich hatte zeitweise Angst, dass Panik ausbricht.«

Befragt, ob sie das für Zufall gehalten habe, verneint Schock-Werner entschieden. Da man in der Regel nicht so früh Silvesterböller abschieße, läge es für sie nahe, dass es sich um eine »bewusste Störung des Gottesdienstes« gehandelt habe. Mehr noch: Sie vermute, dass der Kölner Dom als Symbol gemeint gewesen sei. Denn »der Dom ist ja beides: ein religiöser Ort, aber er steht auch als Wahrzeichen für die ganze Stadt. Das war also sowohl ein Angriff auf das städtische wie auf das religiöse Symbol.« Und Schock-Werner fügte hinzu: »Zudem machte das deutlich, dass die Polizei die Lage schon um 19 Uhr nicht mehr im Griff hatte.«

Erstaunlich, dass dieser Punkt bei den zahlreichen Schilderungen dieses Abends kaum berücksichtigt wurde. Der Tatort ist in der Tat nicht nur der Vorplatz eines besonders zentral gelegenen Bahnhofs (von umliegenden Städten und auch Nachbarländern wie Belgien schnell zu erreichen), er ist auch der Aufgang zum Dom. Auf der breiten Treppe hatten sich bereits am frühen Abend einige Hundert »Männer nordafrikanischer und arabischer Herkunft« eingefunden. Und sie haben sich von Anfang an so benommen, dass die Polizei eigentlich direkt hätte einschreiten müssen – weil sie Feuerwerkskörper nicht nur gegen die Portale des Doms, sondern auch in Menschengruppen geschleudert haben. Hätte die Polizei gehandelt, wäre vielen vieles erspart geblieben. Auch der Familie Vosen. Mit Frau Vosen habe ich Tage danach über das Erlebte gesprochen. Sie erzählte:

22.57 Uhr. Claudia Vosen steigt zusammen mit ihrem Lebensgefährten und ihren zwei Kindern, eine 15-jährige Tochter und ein 13-jähriger Sohn, aus der Linie 18. Die Familie wohnt in dem Kölner Stadtteil Sülz und will ans Rheinufer, denn: »Der Kölner guckt Silvester ja das Feuerwerk am Rhein.« Die vier nehmen die Rolltreppe, die innerhalb der Bahnhofshalle endet, ganz in der Nähe des Ausgangs zum Bahnhofsvorplatz. »Da fiel uns auf, dass sehr viele Männer in der Bahnhofshalle waren. Darüber habe ich mich kurz gewundert. Denn in der Halle oder auf dem Platz hält sich ja zu Silvester eigentlich niemand auf. Die durchquert man höchstens.« – Zwei Tage später wird Frau Vosen eine von 627 Frauen sein, die Anzeige wegen sexueller Belästigung erstatten, wie die sexuelle Gewalt so verharmlosend genannt wird (1221 »Geschädigte« sind es gesamt, inklusive der Diebstähle).

Noch jedoch ahnen Vosens nichts. Sie ziehen sich allerdings »instinktiv« die Reißverschlüsse ihrer Jacken »bis zum Hals hoch« und fassen sich an den Händen. »Das war um 22.57 Uhr. Ich weiß das so genau, weil ja in der Bahnhofshalle die große Uhr hängt.« Plötzlich detoniert eine Silvesterrakete mitten in der Halle. »Und dann ging der Tumult los«, erinnert sich Claudia Vosen. »Das war wie ein Startschuss. Von draußen drängten massenhaft Männer in die Halle. Schreie, Rufe, Gedränge. Mein Mann wurde von uns weggerissen. Er verschwand in der Menge, die uns wie eine Mauer umgab. Ich hatte um meinen Sohn vor mir einen Arm gelegt und griff mit der anderen Hand nach hinten nach meiner Tochter. Die hatte sich an meinen Rücken geklammert. Das war ein Fehler, dass sie nicht vor mir war. Sie hat lange blonde Haare ...«

Es war der Beginn eines Infernos, das Mutter und Tochter lange Albträume bescheren sollte. »Plötzlich hatten wir Hände am ganzen Körper. Sie fassten uns an die Brüste, griffen uns brutal zwischen die Beine, zerrten an Reißverschlüssen, Finger pulten nach Öffnungen. Zum Glück hatten meine Tochter und ich Hosen an. Die haben sich sogar gebückt, um uns besser zwischen die Beine fassen zu können.« Das alles passierte am Ausgang der Bahnhofshalle, durch den Vosens durchmüssen. »Die waren wie ein riesiger Schwarm, aus dem sich immer wieder eine Gruppe auf uns stürzte und sich dann wieder in die Menge zurückzog ...«

Irgendwann spuckt die rasende Männermasse die drei aus, raus auf den Bahnhofsvorplatz. Der ist fast leer, nur am Rand stehen Männer. Und da taucht auch Claudias Mann wieder auf. »Ich habe auf die Uhr geguckt. Es war exakt 23.25 Uhr. Wir waren also fast eine halbe

Stunde in dieser Hölle. Meine Tochter schluchzte und schrie: ›Fass mich nicht an!‹ Meinem Sohn hatten sie das Handy geklaut. Und mein Mann sagte: ›Nur weg!‹«

Während der ganzen Zeit hatte Claudia Vosen weder in der Halle noch auf dem Platz auch nur einen einzigen Polizisten gesehen. Daran erinnerte sie sich genau. »Mein Mann hat noch gesagt: ›Wo ist denn die Polizei?!‹« Vosens gehen quer über den Bahnhofsplatz nach rechts – und da ist sie, die Polizei. »Die standen in der Seitenstraße, so 20 bis 25 Mann, mit verschränkten Armen. Mein Mann hat sie angesprochen und gesagt: Dahinten ist was los! Da müssen Sie schnell hin! Aber die einzige Reaktion der Polizisten war: ›Sehen Sie zu, dass Sie schnell hier wegkommen. Gehen Sie nach Hause!‹«

Anzeige erstattet hat der Lebensgefährte von Claudia dann am 2. Januar via Internet. Mutter und Tochter gingen erst mal tagelang nicht aus dem Haus. »Wir standen unter Schock.« Erst am 7. Januar – nachdem alles endlich, endlich öffentlich geworden war – schien die Polizei sich für den Fall zu interessieren. »Da haben sie angerufen und hatten es plötzlich ganz eilig. Wir sollten auf die Wache kommen und alles genau erzählen.« Im Rückblick sagt die 48-jährige Claudia Vosen: »Für mich war ganz klar, dass das Absicht war. Das war organisiert!«

Am 7. Januar veröffentlichte *Bild* den internen Bericht eines leitenden Beamten der Bundespolizei. Der hatte am 4. Januar rückblickend notiert: »Frauen in Begleitung oder ohne durchliefen einen Spießrutenlauf durch die stark alkoholisierten Männermassen, wie man es nicht beschreiben kann.« Und er fuhr fort: »Zahlreiche verstörte, weinende, verängstigte Passanten, insbesondere Frauen und Mädchen, hatten Übergriffe gemeldet.« Eine Identifizierung der Täter sei jedoch »leider nicht mehr möglich« gewesen, denn: »Die Einsatzkräfte konnten nicht aller Ereignisse, Übergriffe, Straftaten usw. Herr werden. Dafür waren es einfach zu viele zur gleichen Zeit.« Zeugen seien bedroht worden, wenn sie Täter benannten. Doch die Täter seien den Polizisten mit einer Respektlosigkeit begegnet, »wie ich sie in 29 Dienstjahren noch nicht erlebt habe«.

Nach einer unruhigen Nacht klickte Claudia Vosen sich am Neujahrsmorgen in ihre Facebookgruppe »Nett-Werk Koeln«. Als Erstes entdeckte sie das Posting eines gewissen Eiken. Der junge Mann erzählt, was ihm und seiner Freundin in der Silvesternacht am Bahnhof widerfahren sei. »Ich wollte gerade schreiben: Mir ist genau dasselbe passiert! – da war Eiken schon gesperrt. Eine Welle von Hasstiraden rollte über ihn weg. Du hetzt gegen Ausländer! Du beschimpfst Flüchtlinge! Und schließlich kam das Verbot, überhaupt noch über Silvester zu posten.« (»Nett-Werk Köln« brauchte eine Zeit, sich zu sortieren. Die beliebte Service-Seite war erst nach zehn Tagen wieder online.)

Sodann ging das weiter, was Claudia Vosen im Rückblick als »fast noch schlimmer als die Sache selbst« bezeichnete: nämlich das Verbot, darüber zu sprechen, und ihre Beschimpfungen als »Rassistin«. Weil ja die Täter in dieser Nacht unübersehbar Ausländer gewesen waren, »Männer aus dem nordafrikanischen oder arabischen Raum«, wie alle Betroffenen immer wieder versicherten.

Als Claudia die Horrornacht im Büro erzählte, schrie eine Kollegin sie an: »Du bist eine Ausländerhasserin!« Später stellte sich heraus, dass diese Kollegin mit einem Algerier verheiratet ist, der sich seither »nur noch schämt für seine Landsleute«. Und in der Schule wurde die Tochter beschimpft: »Stell dich doch nicht so an! Es ist doch gar nicht viel passiert. Du bist ja noch nicht mal vergewaltigt worden.« Auch Claudias Mann geht es schlecht. »Der hat ganz doll daran zu knabbern«, sagt sie. »Die Kollegen fragen ihn: Wieso hast du denn deine Familie nicht beschützt? Aber das konnte er doch gar nicht! Wir waren ja alle wie eingemauert in dieser Männermasse.«

»Und dann diese eigenartige Berichterstattung«, erinnerte sich Claudia Vosen. »Es hat ja Tage gedauert, bis die Wahrheit geschrieben wurde. Das kam mir so vor wie die drei Affen: Nichts sehen. Nichts hören. Nichts sagen.«

Nur gut, dass die Familie Vosen nicht die Pressemitteilung der Kölner Polizei vom 1. Januar 2016 gelesen hat. Dann wäre sie wohl vollends verzweifelt. Denn da vermeldete die Polizei allen Ernstes um 8.57 Uhr: Es habe eine »ausgelassene, weitgehend friedliche Stimmung« an Silvester in Köln geherrscht und die Polizei sei »gut aufgestellt und präsent« gewesen. Sechs Stunden später, um 14.36 Uhr, räumt ein interner Bericht dann ein, es sei zu »Anzeigenerstattungen« gekommen. Doch erst am 4. Januar folgt ein »ergänzender Bericht«, der zugibt, »dass die vorliegenden Meldungen nicht das von den Zeitungen dargestellte Ausmaß der Übergriffe darstellen«. Das »Ausmaß« durfte das rot-grüne NRW-Innenministerium also der Presse entnehmen.

Dabei hatte Bundesjustizminister Maas (SPD) bereits am 5. Januar vermutet: »Niemand kann mir erzählen, dass das nicht abgestimmt und vorbereitet war.« Und Innenminister de Maizière (CDU) hatte am 11. Januar spekuliert, die Überfälle seien »möglicherweise organisiert« gewesen. Der Chef des Bundeskriminalamtes, Holger Münch, schließlich erklärte am 24. Januar ohne Umschweife: »Sie (die Männer) haben sich gezielt verabredet, da sie auch aus dem überregionalen Raum kamen.«

Zehn Stunden lang ein rechtsfreier Raum auf dem zentralsten Platz einer deutschen Millionenstadt. So etwas hatte es zu meinen Lebzeiten noch nie gegeben. Auf den Videofilmen von diesem Abend, die im Internet kursieren, sieht man die jungen Männer, wie sie Böller in die Menge werfen und mit Silvesterraketen prahlend über den Platz laufen. Sie spielen Krieg. Und an diesem Abend setzen sie eine für sie ganz einfache Waffe ein: die sexuelle Gewalt. Sexuelle Gewalt ist eine traditionelle Kriegswaffe. Sie bricht die Frauen und demütigt die Männer, die »ihre« Frauen nicht schützen können. Und an diesem Abend demütigte sie auch den Staat, der seine BürgerInnen nicht geschützt hat.

Inzwischen war längst klar: Die Männer auf dem Bahnhofsvorplatz hatten sich verabredet. Nicht als Teil einer »organisierten Kriminalität«, die hierarchisch aufgebaut ist. Und auch nicht auf Ordre du Mufti aus dem sogenannten Islamischen Staat. Nein, das waren dezentral agierende kleine Gruppen oder größere Communitys, eine Art Schwarm, für dessen Mobilisierung eine Handvoll entschlossener Provokateure genügte. Die Verabredung von ein paar Hundert bzw. Tausend jungen Männern war dann nur eine Frage von Tagen, wenn nicht Stunden.

»In Köln war die Strukturlosigkeit das Kennzeichen vor dem Hintergrund einer gemeinsamen Demonstration von Macht«, erläuterte Konfliktforscher Wilhelm Heitmeyer im *Kölner Stadt-Anzeiger*. »Entscheidend ist die gemeinsame Motivation, um auch ein gemeinsames Auftreten zu inszenieren.« Und er präzisierte: »In Köln war eine notwendige Bedingung, dass eine Opfergruppe, die Frauen, markiert wurde. Dies ist jedoch nicht hinreichend. Es muss eine kritische Masse von gleichgesinnten Tätern zusammenkommen. (...) Die Masse erleichtert die Vorkommnisse, weil Taten nicht individuell zugerechnet werden können und schnelle Fluchtwege zur Verfügung stehen.«

Aber wer sind diese »Gleichgesinnten«? Wer wollte da »gemeinsam Macht demonstrieren«? Die Männer kamen aus verschiedenen Orten und vermutlich auch Ländern, viele von ihnen sahen sich zum ersten Mal. Sie alle verband anscheinend nur eines: Sie waren »Nordafrikaner oder Araber«, also Muslime. Doch das waren nicht irgendwelche Muslime. Das war die Sorte junger Männer, die in ihren Heimatländern arbeits- und perspektivlos an der Straßenecke stehen und denen die Rattenfänger seit Jahren und Jahrzehnten erzählen: An eurem Elend seid nicht ihr schuld, sondern die »Ungläubigen« sind es. Was partiell sogar zutreffen würde, wären diese Männer an dem Silvesterabend überwiegend aus Syrien gekommen, Irak oder Libyen – also aus Ländern, in denen die Bomben der »Befreier« das Chaos geschaffen haben, in das die Islamisten dann eingedrungen sind.

Aber diese Männer kamen an diesem Abend überwiegend aus Marokko und Algerien, wie wir inzwischen wissen, also aus Ex-Kolonien bzw. Protektoraten, die mit Europa noch eine Rechnung offen haben. Verschärfend kam hinzu: Gerade diese Communitys suchen heute immer mehr ihr Heil in der Religion. Und im Überlegenheitswahn. Es gibt nur einen Gott: Allah. Ungläubige sind zu bekämpfen; Frauenemanzipation ist ein westliches Übel; Bildung ist haram, Sünde. Wir sind die Größten!

So werden schriftgläubige Scharia-Muslime produziert. Der Islam gibt diesen entwurzelten und verunsicherten Männern eine Identität und ein Ziel. Der Islam-Experte Gilles Kepel nennt das den »Dschihadismus von unten« der dritten Generation. Und übrigens: Diese Männer halten sich selber keineswegs immer an den Koran, sie haben eine Doppelmoral und trinken auch Alkohol (wie an diesem Abend, wo laut Zeugenaussagen viele betrunken waren).

Und welche Rolle spielten an diesem Silvesterabend die Flüchtlinge? In meinem ersten Kommentar auf *EMMA-online* am 5. Januar hatte ich noch vermutet, dass die Flüchtlinge unter den Tätern, wenn überhaupt, nur eine Minderheit gewesen sein konnten. Ich konnte mir einfach nicht vorstellen, dass jemand so dumm sein kann, auf Gastfreundschaft und Asyl zu hoffen – aber sich dann so benimmt. Die Fakten allerdings belehrten mich eines Besseren: 130 der Beschuldigten von Köln (mehr waren nicht mehr aufzuspüren) waren Asylsuchende bzw. Asylbewerber oder Illegale. Sie waren mehrheitlich Marokkaner (42) oder Algerier (39), der Rest kommt aus Nahost, nur neun waren Syrer.

Doch warum ist die Frage, ob die Männer sich verabredet hatten oder nicht, eigentlich so wichtig? Ganz einfach, weil eine Verabredung – in welcher Form auch immer – auf ein zielgerichtetes Vorgehen deutet. Für die Silvesternacht in Köln (und weitere elf Städte in fünf Bundesländern) gibt es nur zwei Erklärungen. Die erste lautet: Es war Zufall, dass sich über zweitausend Männer aus Nordafrika und Nahost an diesem Abend auf dem öden Bahnhofsvorplatz versammelt hatten. Die zweite lautet: Sie hatten sich dort verabredet.

An Variante 1 zu glauben wäre, mit Verlaub, rassistisch. Denn das würde ja bedeuten, dass jeder beliebige »Araber« bzw. »Muslim«, der zufällig auf einem Platz ist, bei sexuellen Überfällen auf Frauen sowie Diebstählen mitmacht oder sie zumindest duldet und deckt. Das halte ich – nicht zuletzt dank eigener Erfahrungen mit Männern aus diesem Kulturkreis – für ausgeschlossen.

Variante 2 wäre die logische Erklärung: Dass es sich hier um eine bestimmte Sorte Männer gehandelt hat, nämlich Männer, die radikalisierte Anhänger eines fundamentalistischen Islam sind, der die Scharia über das Gesetz stellt; traditionell oder akut verhetzt in einschlägigen Moscheen. Männer, die die Demokratien verachten; Männer, für die die Scharia über dem Gesetz steht; Männer, für die »Ungläubige«

»unrein« sind und Frauen Untermenschen. Diese Islamisten und ihre Mitläufer sind heute die größte Gruppierung von Frauenhassern weltweit. Die Unterwerfung der Frauen steht, wie schon ausführlich dargelegt, seit dem (Wieder-)Aufbruch der islamistischen Bewegung 1979 im Iran im Zentrum des Programms des Islamismus.

All das hatte ich in dem von mir im Mai 2016, vier Monate nach dem Geschehen, herausgegebenen Buch geschrieben: »Der Schock – die Silvesternacht von Köln«. Ich hatte darin als Herausgeberin und Mitautorin sechs AutorInnen versammelt, über die Hälfte war muslimischer Herkunft; zwei Frauen und zwei Männer, einer der Texte war die international leidenschaftlich diskutierte Analyse der Kölner Nacht von Kamel Daoud. Was mir allerdings nicht den Vorwurf ersparte, ein »rassistisches« Buch veröffentlicht zu haben.

In Reaktion auf die Silvesternacht initiierte die »intersektionelle Feministin« Anne Wizorek zusammen mit der ultraorthodoxen und Ganzkörper-verschleierten Muslimin Kübra Gümüsay den Hashtag #ausnahmslos. Dem schlossen sich Hunderte an, auch Ministerinnen. Die Aktivistinnen und Sympathisantinnen von #ausnahmslos waren von der Silvesternacht nicht etwa alarmiert, sondern sie verharmlosten, ja leugneten dieses Phänomen einer neuen, speziellen Gewalt und diffamierten die KritikerInnen. So schrieb u. a. Wizorek: »Rechtskonservative und einige Feministinnen nutzen die Geschehnisse von Köln für rassistische Hetze.« Die einigen sind nur eine: Alice Schwarzer.

Wo Rauch ist, ist auch Feuer. So funktionieren Diffamationen. Anfang 2020 hatte ich im Gebäude einer öffentlich-rechtlichen Fernsehanstalt zu tun. Da begegnete mir ein Kollege auf dem Flur. Er blieb stehen und sagte: »Hallo, Frau Schwarzer. Also ich schätze Sie ja im Prinzip sehr – aber mit dem Buch über Silvester in Köln haben Sie ja einen schweren Fehler gemacht.« Habe ich?

Der Kulturrelativismus, die falsche Toleranz dieser Kreise hat fatale Folgen. Er ignoriert nicht nur die Opfer, er verachtet auch die Täter. Denn wie sollen die jemals die Chance bekommen, sich zu ändern und friedlich mit uns zu leben, wenn wir sie auch hierzulande einfach weiter wüten lassen? Wenn wir glauben, das sei »bei denen eben so Sitte« und das müsste man hinnehmen? Seit wann stehen »fremde Sitten« bzw. »andere Religionen« über den elementarsten Menschenrechten?

Diese Ignoranz und falsche Toleranz ist allerdings nicht neu. Das geht schon seit einem Vierteljahrhundert so. Seither herrscht in Deutschland die Haltung der Political Correctness – allen voran befeuert von Linksliberalen und Protestanten. Die wollen nicht wahrhaben, dass es mit spezifischen Menschengruppen spezifische Probleme geben kann. Im Namen einer falschen Toleranz vertuschen oder verharmlosen sie die Probleme lieber, statt sie zu benennen und zu bekämpfen. Sie ersetzen den Fremdenhass ihrer Väter und Großväter durch eine nicht minder blinde Fremdenliebe.

Dabei sind Fremdenhass und Fremdenliebe nur zwei Seiten ein und derselben Medaille. In beiden Fällen bleibt der »Fremde« für die Einen immer der »Andere«, wird mit anderem Maß gemessen.

Ein paar Monate nach dem Silvester-Grauen bin ich dem einen, der sich in der Nacht dagegengestellt hat, begegnet. Eher zufällig. Im Zuge einer Reportage über ehrenamtliche Flüchtlingshilfe in der Kleinstadt Waldbröl. Er heißt Hesham Ahmad Mohammed, ist 32 Jahre alt, Grundschullehrer und kommt aus Syrien. Er und seine Freunde hatten in der Silvesternacht auf dem Bahnhofsplatz die 27-jährige Amerikanerin Caitlin Duncan vor der rasenden Meute geschützt. Für Hesham, den gläubigen Muslim, dessen Frau verschleiert ist, war das ein selbstverständlicher Akt der Humanität. Zum Dank konnte ich ihn mithilfe der deutschen Botschaft in der Türkei dabei unterstützen, seine Frau und die beiden kleinen Söhne nach Deutschland zu holen. Wir sind bis heute in freundschaftlichem Kontakt.

Über den breiten Protest von Frauen – und auch vielen Männern – gegen die Gewalt in der Silvesternacht und das Versagen von Polizei und Politik berichtete *EMMA* nun tagesaktuell online sowie ausführlich in der März/April-Ausgabe 2016. Ich schrieb am Beispiel der Kleinstadt Waldbröl eine Reportage über den Alltag engagierter SozialarbeiterInnen und Ehrenamtlicher, die Tag und Nacht Flüchtlingen helfen. Die Stadt hat die kluge Strategie, die Flüchtlinge über ihr ganzes Gebiet in Wohnungen zu verteilen, was die Integration erleichtert. Auch ich betreue zwei Familien, eine aus Syrien, eine aus Afghanistan. Schwer genug ist es immer noch, für alle Beteiligten. Selbst die engagiertesten HelferInnen ärgern sich manchmal über die fordernde Haltung mancher Flüchtlinge. Sie scheinen mit gewissen Illusionen nach Deutschland gekommen zu sein.

Im Jahr davor, 2015, ist das Flüchtlingsdrama in Deutschland und der ganzen Welt in jeder *EMMA*-Ausgabe Thema, unter diversen Aspekten. Allein 2015 titeln wir zweimal mit dem Problem: In der März/April-Ausgabe veröffentlichen wir den Appell integrierter MuslimInnen in Deutschland, die fordern: »Wir wollen einen aufgeklärten, modernen Islam!«

Zu dem Zeitpunkt sind 80 Prozent der Geflüchteten Männer. Sie kommen aus Ländern, in denen Frauen und Kinder der Besitz von Männern sind. Alleinstehende Frauen werden in den Flüchtlingsheimen als »Huren« beschimpft. Erste Fälle von Vergewaltigung, Zwangsprostitution und Missbrauch von Kindern auf der Flucht und in den Lagern werden bekannt. Die Not ist groß. Die aktiven Islamisten in Deutschland wissen das rasch zu nutzen. Sie agitieren innerhalb der Heime für ihren »Gottesstaat«, so manches Mal sogar als vom Staat bezahlte Helfer. Es geht drunter und drüber.

Bereits in der März/April-Ausgabe 2015 veröffentlichen wir einen ersten Forderungskatalog mit Maßnahmen zum Schutz und Hilfe für die geflüchteten Frauen und Kinder. Es ist der erste dieser Art. Er ist mit hauptberuflichen und ehrenamtlichen FlüchtlingshelferInnen erarbeitet. Darin geht es um alles, was dringend in den Unterkünften, im Asylverfahren und zur Integration passieren müsste – von Aufklärung bis zu Gesetzesmaßnahmen. Nur die wenigsten dieser insgesamt 17 Punkte, die den aktiv Helfenden existenziell scheinen, sind fünf Jahre danach erfüllt. Was *EMMA* nicht entmutigen kann. Wir bleiben dran an dem Thema. Ausgabe für Ausgabe, und das nicht nur theoretisch, sondern oft sehr konkret. Bis heute.

April 2017. Ein Jahr nach dem Erscheinen vom »Schock«, bei dem Algerier eine fatale Rolle spielten, fliege ich nach Algerien. Diesmal nicht, wie schon so oft und noch ein Jahr zuvor, zu Besuch, sondern um eine Reportage zu machen (zusammen mit der Fotografin Bettina Flitner). Ich will »meine« so typische algerische Familie, mit der ich seit fast zwei Jahrzehnten befreundet bin, porträtieren – stellvertretend für so viele AlgerierInnen: die sechs Brüder und zwei Schwestern meiner Freundin Djamila mit ihren Kindern und Kindeskindern, bei denen ich schon so oft zu Gast war und sie bei mir.

Es war die Idee von Helge Malchow, meinem Verleger, Lektor und Freund, und das wohl nicht zufällig auf unserer gemeinsamen Fahrt zu einem Theaterabend mit Kamel Daoud (der im selben Verlag erscheint). »Diese Leute, die dich immer als ›Rassistin‹ beschimpfen, die haben vermutlich keine Ahnung, mit wie vielen Muslimen du befreundet bist«, sagte Helge. »Willst du nicht mal über deine Familie in Algerien schreiben?« Ich will. Ich finde das sogar eine besonders gute Idee! Denn so kann ich vielleicht auch den Ahnungslosen einmal zeigen, was der Unterschied ist zwischen »normalen« Muslimen und diesen fanatischen Schriftgläubigen mit ihren dauerlächelnden AnhängerInnen und SympathisantInnen (wie Kübra Gümüsay) – deren erste Opfer ja nicht wir, sondern die aufgeklärten Muslime sind.

Djamila kenne ich seit 1989. Damals war sie eine der zwei Dutzend Teilnehmerinnen meines Seminars in Tunis für Journalistinnen in Nordafrika: Wie mache ich eine Frauenzeitung? Darüber haben wir eine Woche lang debattiert. Es war ein ziemlich bunter Haufen: von den Emanzen aus Libyen (damals war Gaddafi noch Präsident und hatte eine »Amazonen«-Leibgarde) bis hin zu den beiden Mauretanierinnen, die einen bunten Wüstenschleier trugen und wo die Tochter der einen Pilotin werden wollte.

Mit Djamila, der Algerierin, hielt ich Kontakt. Und als sie kurz darauf, in den »schwarzen Jahren« des Islamisten-Terrors in Algerien, in Lebensgefahr geriet – wie alle JournalistInnen in dem von den »Gotteskriegern« angezettelten Bürgerkrieg: jedeR zweite emigrierte –, da holte ich sie 1993 für fünf Jahre in das lebensrettende Exil nach Köln. Dank der Vermittlung eines Freundes konnte die erfahrene Journalistin bei der Deutschen Welle arbeiten. Ihre Familie, allen voran die Lieblingsschwester Zohra, kam sie mit ihren drei Töchtern mehrfach besuchen. Nie werde ich vergessen, wie die kleine Sarah bei mir auf dem Land wie ein Pfeil aus dem Haus schoss, sobald ich die Türe öffnete: Richtung Spielplatz. Die Fünfjährige war in Algier seit Jahren ins Haus gesperrt, die Gefahr in dem blutigen Bürgerkrieg, der über 200 000 Menschen das Leben kostete, war zu groß. Bis heute verzeihen die Algerier dem Westen nicht, dass er in dem von den »Gotteskriegern« angezettelten blutigen Bürgerkrieg der 90er Jahre weggeguckt hat.

Seit 1998, dem offiziellen Ende des Terrors, ist Djamila wieder in Algerien. Bis vor Kurzem hat sie die Redaktion der staatlichen Presseagentur APS in Tipasa geleitet. Das Städtchen liegt 70 Kilometer westlich von Algier am Meer, rund um die malerischen Ruinen einer Römerfestung. Ich verstehe, dass Tipasa der Lieblingsort des franko-algerischen Schriftstellers Albert Camus war. Ihn ehrt in dem vom französischen Kolonialherren befreiten unabhängigen Algerien heute ein Denkmal an seinem Lieblingsplatz auf einem Hügel am Rand der römischen Ruinen.

In Algier bin ich in der Regel Gast bei Zohra, der jüngeren Schwester von Djamila, deren Mann – ein Bauerssohn und Möbelhändler, der in der Zeit des Befreiungskrieges nur bis zum 10. Lebensjahr zur Schule gehen konnte – ein komfortables Haus für die Familie gebaut hat. Djamilas drei Nichten und der Neffe haben als Jugendliche die sogenannten »schwarzen Jahre« erlebt und sind alle bis heute auf die eine oder andere Weise traumatisiert. Die Nichten hatten sogar gewagt, selbst in der Terrorzeit unverschleiert an die Uni zu gehen – was sie beinahe das Leben gekostet hätte. Sie überlebten einen Anschlag mit einer Autobombe, die ihnen galt, nur knapp. Ihr Bruder war als Jugendlicher in eine die Familie beunruhigende Nähe zu den islamistischen Kumpeln in der Moschee nebenan geraten. Djamilas ältere Schwester ist seit diesen »schwarzen Jahren« verschleiert – ganz wie die inzwischen verstorbene Mutter – und ein besonders sanfter Mensch. Sie lebt in Setif, ein paar Hundert Kilometer östlich. Diesmal war ich auch bei ihr zu Gast.

Selbstverständlich sind die vielen AlgerierInnen, denen ich in diesen Wochen meiner Recherche beggene, alle bedrückt, ja beschämt über das, was da Silvester in Köln passiert ist. Am liebsten möchten sie es gar nicht wahrhaben (»War da nicht nur ein Algerier überhaupt angeklagt – und der ist auch noch freigesprochen worden?«). Diese Muslime leben so ganz anders als die, die uns in Deutschland so rigide »die Gebote Gottes« als unerlässlich für ihre Kultur weismachen wollen. Die Gläubigen unter ihnen – geschätzt zwei Drittel meiner Familie, wobei bis auf Djamila alle behaupten, sie seien es – beten fünf Mal am Tag, doch sehr diskret. Obwohl ich wochenlang in der Familie gelebt habe, sah ich sie nicht einmal beten. Glaube ist für diese Muslime Privatsache und Beten eine Angelegenheit »zwischen mir und Gott«.

Über die Mega-Moschee, die der inzwischen zurückgetretene Präsident Bouteflika gebaut hat, sind sie alle sauer, ausnahmslos. Und Zohras Sohn, der fromme Ghanou, sagt: »Wir brauchen nicht noch eine Moschee, wir beten zu Hause.« Und: »Für das Geld hätte Bouteflika besser zehn Krankenhäuser gebaut.« Doch den Ramadan halten alle strikt ein. Selbst der Hausherr, Zahar, trinkt seinen geliebten Whisky mit mir nur noch heimlich, in Teegläsern. Das war vor zehn Jahren noch anders: Da hat er mir offen und zwinkernd zugeprostet.

Auch bei den normalen Gläubigen weht inzwischen also ein strengerer Wind. Doch versteht sich, dass sie alle in diesen bewegten Monaten in 2019 und 2020 für ein freies Algerien auf die Straße gegangen sind – und bis heute hoffen, dass es trotz aller Kompromisse eine demokratische Zukunft gibt. All das und mehr erzähle ich ausführlich in meiner Reportage über »Meine algerische Familie«.[2]

# MENSCHEN BRAUCHEN VORBILDER

Die Gespräche mit Menschen und das Schreiben von Porträts waren schon sehr früh ein zentraler Bestandteil meiner journalistischen Arbeit. Am Anfang, bei meinen ersten drei Büchern zwischen 1971 und 1975, wollte ich damit Frauen eine Stimme geben. Denn die waren damals öffentlich noch stumm, von der Verkäuferin oder Hausfrau bis zur Intellektuellen. Ich verdichtete die Gespräche mit ihnen zu Monologen und gestaltete die Auswahl so repräsentativ wie möglich: nach Alter, Bewusstseinsstand, Lebenslage etc. Es sollten sich so viele Frauen wie möglich darin wiederfinden. (Was inzwischen auch eine bewährte Methode in der sozialen Wissenschaft ist: nicht die quantitative, sondern die qualitative Forschung.)

Ab 1977 kamen die für *EMMA* Interviewten hinzu: die »Frau von nebenan«, von der »Hausmutter« im »Haus für geschlagene Frauen« bis zur Prostituierten sowie Vorbilder und »Idole«: von Simone de Beauvoir, Elfriede Jelinek, Pina Bausch und Meret Oppenheim bis Margarethe von Trotta oder Christiane Nüsslein-Volhard.

Ich sehe mich noch mit der Biologin an einem Sommerabend in ihrem verwunschenen Garten bei Tübingen sitzen. Gleich würde ich mit ihr zu Abend essen und feststellen: Diese Nobelpreisträgerin ist außerdem auch noch eine fantastische Köchin! Und eine Katzenfreundin sowieso. Aber erst mal müssen wir uns das mit den Frauen von der Seele reden. Mit Blick auf den Seerosenteich, ihr ganzer Stolz, reden wir uns in Rage: Es mangelt den Frauen an Leidenschaft im Beruf! Immer geht die Liebe vor! Sie denken nicht nach, *bevor* sie Mütter werden, und kriegen anschließend nichts in den Griff! Die blöden Weiber! Wenig später wird Christiane Nüsslein-Volhard eine Frauenstiftung gründen, bei der vielversprechende Wissenschaftlerinnen sich um ein Stipendium für eine Haushaltshilfe bewerben können – damit sie mehr Zeit für ihre Forschung haben. Und ich widme mich wieder dem Verstehen: Wie werden sie so, wie sie sind, die Frauen? Und wie könnten sie sich ändern? Zum Beispiel durch ermutigende Vorbilder!

Bei der Inspektion der Lebensläufe starker Frauen gehe ich immer der Frage nach: Was hat diese Frau aus der traditionellen Frauenrolle ausbrechen lassen? Was hat sie so stark gemacht – und was trotz alledem so verletzlich? Wie hoch ist der objektive Anteil? Wie hoch ihr subjektives Verdienst? Und was könnten andere Menschen von ihr lernen? Denn Menschen brauchen Vorbilder – weibliche Menschen, die so lange in Geschichtsschreibung wie Öffentlichkeit unsichtbar waren, noch dringlicher als alle anderen.

Traditionell identifizieren Frauen sich mit Schwäche. Diese Kultivierung der Schwäche wird von der Männergesellschaft systematisch – und seit Aufbruch der neuen Frauenbewegung verstärkt – gefördert und propagiert. Frauen haben eine gemeinsame Geschichte im Leiden, nicht im Siegen. Stärke und Macht wurden über Jahrtausende mit »Männlichkeit« gleichgesetzt und waren für Frauen tabu. Das beginnt sich zu ändern. Nur gibt es jetzt eine fatale Spaltung: in hie die Siegerinnen und da die Verliererinnen. Das aber ist falsch. Oft sind es ein und dieselben Frauen. In dem Moment, in dem ein Opfer sich zur Wehr setzt, ist es keines mehr. Auch Siegerinnen können Opfer gewesen sein – auch Opfer können Siegerinnen werden.

Doch steht die erfolgreiche Frau weiterhin im Verdacht, eine »männliche« Frau zu sein, und wird in der Regel in nur drei Varianten geduldet: Entweder sie hat einen geschlechtsneutralen Auftritt, ist »weder Fisch noch Fleisch« (Karrierepolitikerinnen wählen gerne diese Lösung). Oder sie inszeniert sich betont weiblich (ein Phänomen, das in Kultur wie Politik anzutreffen ist); oder aber sie tritt, fast transvestitisch, resolut männlich auf (was eher im Sport anzutreffen ist). Immer aber sollte die erfolgreiche Frau ab und an ein paar Tränchen drücken – was ich, unverzeihlicherweise, nie getan habe.

Doch welchen dieser Wege die erfolgreiche Frau auch immer geht: Sie muss sich verleugnen, muss etwas vortäuschen, was sie in Wahrheit nicht ist. Mir scheint: der einzig authentische Weg – den einige wenige versuchen – ist das Eingeständnis unserer weiblichen Prägung und Lebensrealität verbunden mit eingestandenen »männlichen« Qualitäten und Ambitionen. Gleichzeitig muss die ehrgeizige Frau mit Männern in Bereichen konkurrieren, in denen sie die Herren sind und die Spielregeln bestimmen. Und sie muss dennoch doppelt so tüchtig sein wie die Männer.

Doch welche äußeren und inneren Bedingungen machen das Abweichen vom weiblichen Pfade überhaupt möglich? Das ist die Frage, die ich mir selbst und diesen Frauen immer wieder gestellt habe. Auffallend bei den Lebensläufen erfolgreicher Frauen fand ich, dass sie fast nie aus »normalen« familiären Verhältnissen kommen, sondern meist aus atypischen, oft sogar aus regelrechten Außenseiterpositionen. Nichts scheint lähmender zu sein für Frauen als »Normalität«. Ausbrecherinnen aus der weiblichen Bescheidenheit haben oft vielfache Brüche: in ihrer nationalen Identität, ihrer Klassenherkunft, ihrer Identität als Frau. Sie sind unehelich, vaterlos oder, im Gegenteil, sogenannte »Vatertöchter«: vom Vater gefördert, mit ihm identifiziert, ihm nacheifernd.

Eine sehr interessante Konstellation ist auch die von Großeltern und Kindern (zu der ich gehöre). Ihr ist Jean-Paul Sartre in seinem wunderbaren autobiografischen Buch »Die Wörter« nachgegangen. Er ist bei seinen Großeltern mütterlicherseits aufgewachsen, seine junge Mutter hatte den Status einer Schwester. Das Verhältnis zwischen Großeltern und Enkeln ist in der Regel gelassener als das zwischen Eltern und Kindern. Die Lebenslage von Jungen und Alten ist ähnlicher als die mit den am Beginn des Lebenskampfes stehenden Eltern. Großeltern haben nichts zu beweisen und Enkel nichts zu fordern, es ist ein freiwilliges und darum auch gleicheres Verhältnis.

Interviews und Porträts, für die die Porträtierten sich auf mich einlassen, lasse ich prinzipiell von ihnen gegenlesen, auch ohne Verlangen. Das ist ein zentraler Teil meiner journalistischen Ethik. Denn es wäre mir schwer erträglich, etwas missverstanden zu haben oder ohne Notwendigkeit indiskret zu sein. Außerdem schaffe ich so eine

Atmosphäre des Vertrauens zwischen den Befragten und mir – oft sagen sie dann auch sehr viel mehr, als sie es sonst tun würden. Und ich verstehe mehr.

In zwei Fällen habe ich Interviews für *EMMA* im Nachhinein zu Büchern erweitert: im Fall von Romy Schneider[1] und Gräfin Dönhoff[2].

Romy lebte schon nicht mehr, als ich 22 Jahre nach unserer so intensiven Begegnung und 16 Jahre nach ihrem so frühen Tod noch einmal über ihr Leben nachgedacht, recherchiert und geschrieben habe. Weitere 20 Jahre später habe ich einem französischen Dokumentarfilmer das Tonband unseres Gesprächs vom Dezember 1976 überlassen. Er hat daraus 2018 einen berührenden Dokumentarfilm gemacht, in dem ich das Interview kommentiere.[3]

Marion Dönhoff habe ich nach einem Porträt in *EMMA* 1987 über sie (»Der Häuptling«) 1995/96 im Alter von 85 Jahren über einige Monate immer wieder mal begleitet: in ihr Büro in der *ZEIT*, zu ihrem Lieblingsneffen auf Schloss Crottorf, in ihr Ferienhaus auf Ischia. Sie hat mir uneingeschränkt vertraut, mich mit ihrer Familie, ihren FreundInnen und KollegInnen offen reden lassen. Was großartig war, aber auch eine Bürde: was schreibe ich, was schreibe ich nicht? Gleichzeitig aber war sie selber verschlossen wie eine Auster, schlicht unfähig, über sich zu sprechen. Eigentlich konnte ich sie nur beobachten und die Menschen in ihrem Umfeld befragen. Unvergessen ihre Antwort, als ich sie bei unserer ersten Interview-Sitzung in ihrem Haus in Blankenese fragte: »Was sind eigentlich Ihre ersten Erinnerungen, Marion?« Da schoss es pfeilschnell aus ihr heraus: »So eine dumme Frage hat mir noch niemand gestellt!« Ich habe dennoch durchgehalten. Nicht zuletzt dank ihrem (Lieblings-)Großneffen Friedrich, der mir mit Trost und Durchhalteparolen zur Seite stand.

Aus meiner Sicht waren die hintereinander geschriebenen Biografien über Marion Dönhoff und Romy Schneider von Anbeginn an zwei Hälften eines Ganzen. Hier die Frau, die im Nachkriegsdeutschland alle Frauenrollen bzw. Klischees verkörpert hat: das naive Mädchen (Sissi), die Schlampe (mit Delon in Paris), die reuige Mutter (mit Meyen in Berlin), die ewige Femme fatale (im französischen Cinema).

Die Frau, die letztendlich an ihrer »Weiblichkeit« zerbricht und körperlich wie seelisch zerstört schon im Alter von nur 43 Jahren stirbt. Da die männeridentifizierte Marion Dönhoff, die die »raschelnden Unterröcke« der Frauen ihrer Familie verachtet und sich lieber aufs Pferd geschwungen hat, schon als sehr junge Frau Verantwortung für die Familiengüter übernimmt, sich mit den Männern des 20. Juli im Widerstand gegen Hitler engagiert, Chefredakteurin der *Zeit* und eine moralische Instanz der Bundesrepublik wird. Die Frau, die erst im hohen Alter von 92 Jahren stirbt, bis zuletzt geistig voll präsent.

Die mit allen Frauenrollen Beladene und die aus ebendiesen Frauenrollen Ausgebrochene, sie sind zwei Hälften eines Ganzen. Beide zahlten den Preis: Kopf oder Körper?! Der einen sprach man den Kopf ab, der anderen den Körper.

Gleichzeitig sind beide Biografien ein Stück deutscher Geschichte und eine kritische Auseinandersetzung mit dem Nationalsozialismus. Das hat mich auch bei meinem Essay über den dramatischen Tod von Petra Kelly und Gert Bastian gereizt, dieser »Tödlichen Liebe«[4]. Mit beiden hatte ich, noch bevor sie ein Paar wurden, in freundschaftlichem Kontakt gestanden. Bei meinen Recherchen schenkte mir Bastians so souveräne Ehefrau Charlotte ihr volles Vertrauen und sagte einen Satz, der mich besonders erschüttert hat: »Noch schlimmer als sein Tod ist für mich, dass er das getan hat.« Nämlich Petra Kelly im Schlaf erschossen. Was so viele nicht wahrhaben wollten. Vor allem grüne WeggefährtInnen bezeichneten diesen Mord und Selbstmord lange als »Doppelselbstmord«. Diese Verlogenheit und der Kitsch waren der eigentliche Auslöser für mich, 1993, wenige Monate nach dem Tod, das Buch zu schreiben.

Erst in den Jahren 2003/2004 schrieb ich erstmals über mich selbst. Genau genommen korrespondierte ich zunächst nur mit meiner wiedergefundenen Jugendfreundin Barbara. Wir erinnerten uns: Wie war das in der Zeit zwischen 1957 und 1963, zwischen 14 und 21, zwischen Wuppertal, München und Saint-Tropez? Es waren aufregende, übermütige und manchmal auch dramatische Zeiten. Unsere so innige Freundschaft ging auseinander, als die erste Liebe mit einem Mann kam. Barbara wurde Mutter, ich ging nach Paris.

Am 17. Dezember 2003 begannen wir mit unserer Erinnerungsarbeit, bis zum 25. September 2004 tauschten wir leidenschaftliche Briefe, zwischen Köln und Berlin. Und irgendwann wurde uns klar: Hier geht es um mehr als nur um uns persönlich. Es geht um Mädchenfreundschaft – oder sollte man sagen: Mädchenliebe? – und auch um die Epoche: die späten 50er und frühen 60er Jahre. Wir entschlossen uns zur Veröffentlichung unserer Korrespondenz: »Liebe Alice! Liebe Barbara!«[5]

2011 folgt mein »Lebenslauf«, vom ersten Tag Alice bis zum ersten Tag *EMMA*. Ich erzähle darin, wie ich die geworden bin, die ich bin, was meine Voraussetzungen waren und was meine eigene Initiative, was meine politischen Motive sind und was meine Ziele.

Ehrlich gesagt fällt es mir schwer, über mich selber zu schreiben. Einmal abgesehen davon, dass ich als seit fast einem halben Jahrhundert öffentliche Person ein tiefes Bedürfnis nach Rückzug und Privatheit habe, neige ich ganz einfach nicht dazu, mich selber direkt zum Thema zu machen, auch wenn ich indirekt natürlich immer dabei bin. Es gibt großartige, von mir hoch geschätzte Autorinnen, die zum Glück für ihr Werk Neigung zu einem gewissen Exhibitionismus haben, wie Simone de Beauvoir oder Kate Millett. Ich habe das nicht. Aber ich weiß, dass das Private politisch ist und darum auch ich als öffentlich handelnde Feministin gewisse Auskünfte schuldig bin.

Was für etliche meiner Interview-Partnerinnen ebenso gilt: für Simone de Beauvoir, die Vordenkerin und Weggefährtin; für Irmtraud Morgner, die Schriftstellerin, die mir die DDR näherbrachte; für Margarete Mitscherlich, die Psychoanalytikerin, die mir mit ihrem Übermut und ihrer Lebensweisheit bis zu ihrem Tod eine wichtige Freundin war, und die ich bis heute schmerzlich vermisse.

Diese Biografie habe ich nicht geschrieben: die über Margarete Mitscherlich-Nielsen. Und das, obwohl ich so viel von ihr wusste und, glaube ich, auch viel verstanden hatte. War sie mir zu vertraut? Haben wir den Zeitpunkt verpasst? Margarete war in Dänemark aufgewachsen, mit einem sehr dänischen Vater, einem Arzt, und der geliebten deutschstämmigen Mutter, einer Lehrerin. Sie unterrichtete ihre Tochter lange zu Hause. Am dänischen Nationalfeiertag legte sich die deutsch-national gesinnte Mutter ins Bett und zog die Vorhänge zu. Ihre jüdische Herkunft hatte sie, eine geborene Leopold, verschleiert – und auch ihre Tochter sprach erst spät darüber. Einen dänischen König gab es auch noch, der fuhr Fahrrad und war dem kleinen Mädchen mal am Briefkasten begegnet.

Alexander Mitscherlich war die Liebe ihres Lebens. Und selbstverständlich hatte sie, wie so viele Mütter, lebenslang ein schlechtes Gewissen, weil sie so manches Mal der Leidenschaft für ihren Beruf Vorrang gegeben hatte vor den Erwartungen ihres gemeinsamen Sohnes.

Vor allem aber war die weltberühmte Psychoanalytikerin – von der u. a. der Schlüsseltext in dem gemeinsamen Buch »Die Unfähigkeit zu trauern« stammt, ein Buch, das die Deutschen geprägt hat – extrem unangepasst. Sie wusste viel und verstand viel, sehr viel, erlaubte sich jedoch gleichzeitig, selber kindlich und anarchisch zu sein, wenn ihr danach war. »Menschen brauchen Vorbilder«, hat Margarete Mitscherlich mal geschrieben. Sie war eines.

Zu ihrem hundertsten Geburtstag habe ich, zusammen mit ihrem Sohn Matthias, im November 2017 ein zweitägiges Symposium im Frankfurter Literaturhaus initiiert. Da ließen die unterschiedlichsten ReferentInnen die vielen Facetten aufblitzen, die diese Frau hatte: KollegInnen, Analysanden, Juden, Literaturwissenschaftler, FreundInnen. Ihr ganzes Leben wurde noch einmal aufgefächert: von Dänemark über Heidelberg nach London und Palo Alto und zurück nach Frankfurt, wo sie im Sigmund-Freud-Institut über Jahrzehnte Menschen als Analytikerin beistand und ganze Generationen deutscher AnalytikerInnen ausbildete.

Margarete und ich waren von den späten 1970er Jahren bis zu ihrem Tod eng befreundet. Zum letzten Mal telefoniert habe ich mit ihr in meinem Urlaub, zwei Tage vor ihrem – trotz ihrer 94 Jahre – überraschenden Tod am 12. Juni 2012. Da hatten wir nichts Besseres zu tun, als über eine gemeinsame Bekannte zu lästern, die ich auf dem Markt von Saint-Tropez mit ihrem Lover gesehen hatte.

Simone de Beauvoir habe ich in den Jahren 1972 bis 1983 vielfach interviewt[6]. 1973 habe ich auch ein Filmporträt über sie realisiert, in

Paris und Rom (für den NDR), in dem Beauvoir und Sartre erstmals über ihre Beziehung sprechen.[7] Meine Interviews mit der Schriftstellerin und Philosophin hatten in der politischen Intention begonnen, das aktive feministische Engagement der Autorin vom »Anderen Geschlecht« und ihre aktuellen Positionen weltweit bekannt zu machen – es endete in intimen Gesprächen über ihre Sexualität und ihr Alter.

Es war einer der großen Glücksfälle meines Lebens, Simone de Beauvoir und Jean-Paul Sartre begegnet und bis zu ihrem Lebensende mit ihnen befreundet gewesen zu sein. Nicht weil sie »berühmt« waren – das war weder für die beiden noch für mich eine Kategorie. Nein, weil sie mit ihrem Werk und Leben mein Denken und Fühlen beeinflusst haben. Für freiheitsliebende Frauen meiner Generation war es quasi unerlässlich, für den »Pakt« in Freiheit und Verbindlichkeit zwischen den beiden zu schwärmen und ihre Beziehung ideal zu finden. Da wussten wir noch nichts von den Problemen, die das auch mit sich bringen konnte. Für alle Beteiligten.

Eine freie Liebe, nicht verheiratet, getrennte Wohnungen; politisch engagiert und widerständig; in der Beziehung wie intellektuell gleichberechtigt – auch wenn man ihnen vor allem Letzteres nie wirklich zugestand und Beauvoir lebenslang, verstärkt nach ihrem Tod, als »Schülerin von Sartre« degradiert hat. Gerade ist eine fundierte Biografie über sie erschienen, von der englischen Philosophin Kate Kirkpatrick[8], die der Legende von der armen, von Sartre benutzten Frau endgültig den Garaus macht. Sie zeigt – basierend auf bisher weitgehend unbekannten Dokumenten wie ihren frühen Tagebüchern sowie Zeugnissen von WeggefährtInnen – Beauvoir als eigenständige, innovative Denkerin und heiß umschwärmte junge Frau. In ihren Memoiren hatte Beauvoir sich in der Tat selber kleiner gemacht, frühe philosophische Gedanken und auch so manche Aventure verschwiegen. Aus Rücksicht auf Sartre? Aus »weiblicher« Bescheidenheit?

Mir war Sartre vor Beauvoir begegnet, 1970, anlässlich eines Interviews über die Frage der »revolutionären Gewalt«. Da hatte sich die am Ende auftauchende Beauvoir mir gegenüber, der blonden jungen

Frau im Minikleid, ganz en passant recht schroff verhalten und ihren berüchtigten tête de chameau (Kamelkopf) aufgesetzt.

Als wir nur ein Jahr später begannen, uns zu befreunden – wir waren in derselben kleinen Gruppe des MLF –, konnte sie sich verständlicherweise daran überhaupt nicht mehr erinnern. Ich war in ihren Augen eine von vielen langhaarigen, kurzrockigen jungen Frauen in der Nähe von Sartre gewesen. Es war später aufschlussreich für mich, zu beobachten, dass erst das sehr herzliche Verhältnis von Sartre zu mir der Durchbruch für eine wirkliche Freundschaft auch mit ihr war. Ich hatte den Eindruck, dass die Akzeptanz Sartres sozusagen der Schlüssel zum Inner Circle, zur »Familie« war.

Wir haben oft zusammengesessen, abends immer bei ihm, sind gemeinsam in die »Coupole« gegangen oder auch ausgegangen in Rom. Da machte jeder den Tag über das Seine, am späteren Nachmittag traf ich Beauvoir, die mit mir Eis aß und mir die mir noch unbekannte, aber ihr sehr vertraute Stadt zeigte; abends saßen wir dann zusammen, immer eingeläutet mit dem obligatorischen Whisky. Da sah ich zum ersten Mal, wie sie aus einem Kupferbecher Whisky in ihr Glas schüttete. Befragt, warum, antwortete sie: »Ich messe die Portion.« Da fügte Sartre trocken hinzu: »Ja, sie misst. Aber sie zählt nicht.« Das Verhältnis der beiden war durchgängig liebevoll-ironisch. Und sie mochten es auch beide, von jungen Menschen infrage gestellt, herausgefordert zu werden.

Mein »Durchbruch« bei Sartre war, als ich bei unserem ersten Treffen zu dritt durch die Tür gestürmt kam und ihn noch im Stehen anpflaumte: »Was haben Sie sich denn dabei gedacht, Sartre?!« Meine Empörung galt einem Interview, das er seinen »kleinen Kumpels« von *Liberation* gegeben hatte und in dem er u. a. ziemlich dämliche Klischees über die Frauenbewegung vertrat. Ausgerechnet er, der seine Gefährtin zum Schreiben von »Das andere Geschlecht« ermutigt hatte mit den Worten: »Sie sind doch eine Frau, Castor (ihr Spitzname: Biber). Wollen Sie nicht darüber schreiben, was das in dieser Welt bedeutet?«

Doch nachdem ich Sartre so offensiv angegangen hatte, hob der den Kopf, lächelte mich an und sagte: »Vous trouvez, Alice ...?« Finden Sie, Alice? Es war der Beginn unserer Freundschaft. Natürlich redeten wir nicht nur über Politik, sondern auch über Klatsch und erzählten Anekdoten. Wir alle drei liebten das.

Sartre und Beauvoir sind mir auch zum Vorbild geworden mit ihrer totalen Unabhängigkeit von äußerem Ruhm und ihrer Bescheidenheit. Auch konnte ich an ihnen, den Weltberühmten, bestens die Kluft studieren zwischen Außenblick und Innenblick. Für die innerste Befindlichkeit spielt »Berühmtheit« keine Rolle, im Gegenteil: Frauen müssen sich noch dafür entschuldigen, müssen unter Beweis stellen, dass sie trotzdem »ganz Frau« geblieben sind, will sagen: ganz bescheiden.

Mit Sartre habe ich 1970 nur das eine Interview geführt. In den späten 1970er Jahren ergriff seine fortschreitende Krankheit und Erblindung immer stärker Besitz von ihm, auch wenn er bis zuletzt glasklare Momente hatte. Er starb 1980, sie sechs Jahre später, fast auf den Tag genau.

Mit ihr habe ich in all den Jahren auch viele sehr persönliche Gespräche geführt, aber sie in den Jahren 1972 bis 1983 auch sechs Mal interviewt. Natürlich steckt in all diesen Gesprächen und Porträts immer auch ein Stück von mir selber. Porträts sind ja in Wahrheit immer Doppelporträts: die Begegnung zweier Menschen. Ein anderer Interviewer hätte andere Fragen, einen anderen Blick auf die Befragten gehabt. So ein Porträt kann also nur ein Teil der Wahrheit der Porträtierten sein, im besten Falle. Und es sagt meist auch einiges über die Porträtierende aus.

Auf jeden Fall ist es das, was mir am meisten Spaß macht! Denn Menschen sind immer wieder eine Überraschung, ein lebendiger Stoff, oft voller Widersprüche, auf die man sich einlassen muss. Und da ich mich ungern langweile ...

# ICH BIN DA.
# MEIN HERZ SCHLÄGT.

Ich sitze im Bayenturm zu Köln, diesem modern ausgebauten mittelalterlichen Wehrturm, in dem das von mir gegründete feministische Archiv FrauenMediaTurm (FMT) seit 1994 seinen Sitz hat. Im Jahr 2004 ist auch *EMMA* hier eingezogen. Wenn ich den Kopf hebe – was ich beim Arbeiten viel zu selten tue –, sehe ich die moderne Skyline des Rheinauhafens, die Domspitzen und ein Stück Rhein; der hat gerade Hochwasser und überschwemmt am anderen Ufer die Wiesen.

Der Rhein ist für mich, die geborene Wuppertalerin aus einer frankophilen Familie und Wahlkölnerin, immer etwas Besonderes gewesen, der ewige Grenzfluss zwischen Deutschland und Frankreich. Denn seit meinem Leben in Paris – und das beim zweiten Mal in einer politisch so prägenden Zeit wie die Nach-68er-Jahre mit dem Aufbruch der Frauenbewegung – stehe ich zwischen beiden. Bin ich in Deutschland, sehne ich mich nach Frankreich – bin ich in Frankreich, habe ich Heimweh nach Deutschland. Doch es gibt Schlimmeres. So habe ich eben nicht eine Heimat, sondern zwei Heimaten, auch geistig. Zur deutschen Schwermut gesellt sich die französische Leichtigkeit, ganz wie bei meinem geliebten Heinrich Heine.

Über mir thront die öffentliche Bibliothek des FMT mit seinen Tausenden von Büchern, Fotos und Dokumenten. Ein Hort der Frauengeschichte, genauer: der Geschichte der Emanzipation der Frauen, vom 12. bis zum 21. Jahrhundert. Viele der Autorinnen, deren Werke heute dort als besonders wegweisend dokumentiert sind, habe ich selbst als junge Feministin noch nicht einmal gekannt; geschweige denn dass ich auf dem, was diese Frauen gedacht, geschrieben und getan hatten, hätte aufbauen können. Meine Generation konnte sich nicht auf die Schultern der Pionierinnen stellen, um weiter zu blicken. Sie musste wieder ganz von vorne anfangen.

Das soll nicht wieder passieren! Darum habe ich 1984 dieses Archiv gegründet, das heute innerhalb des deutschsprachigen Raumes das thematisch umfassendste und wissenschaftlich besterschlossene Text/Bild-Archiv zur Geschichte der Emanzipation der Frauen ist. Zur Dokumentation der historischen wie neuen Frauenbewegung kommt die Archivierung von Pionierinnen, weibliche Rollenbrecherinnen quer durch die Jahrhunderte und aus allen gesellschaftlichen Bereichen, von der Kultur über die Politik bis zum Sport. Die Hauptquelle für Recherchen ist mittlerweile für Forschende, JournalistInnen, PolitikerInnen oder einfach nur Interessierte die digitale Datenbank mit Zehntausenden von Texten und Dokumenten. (www.frauenmediaturm.de).

Wer keine Geschichte hat, hat keine Zukunft. Die vorgebliche Geschichtslosigkeit von Frauen halte ich für eines der größten Hindernisse auf dem Weg zum Fortschritt. Wir Frauen fangen immer wieder bei null an, müssen immer wieder neu die alten Kämpfe führen: Für eine selbstbestimmte Mutterschaft! Gegen Machtmissbrauch und Gewalt! Für die Hälfte der Welt für Frauen – und die Hälfte des Hauses für Männer!

Von der Bibliothek unter den Zinnen des Turms geht der Blick bei klarem Wetter weit, bis hin zum Siebengebirge. Der Drachenfels war ein klassisches Ausflugsziel meiner Kindheit. Vor dem Aufstieg ließ man sich unten vor einer farbenfrohen Pappkulisse auf einem Maulesel fotografieren.

Nicht nur die *EMMA*, auch der FrauenMediaTurm war über Jahrzehnte schweren Stürmen ausgesetzt. Missgunst, politische Intrigen, Begehrlichkeiten. Das ist vorbei. Die Geschichte der Frauen hat in diesem mittelalterlichen, modern ausgebauten Turm längst eine sichere Zukunft. Durch die Anschubfinanzierung 1984 von Jan Philipp Reemtsma (in dessen Gründungsbeirat des »Hamburger Instituts für Sozialforschung« ich aktiv war) für die ersten 20 Jahre konnte die gemeinnützige Stiftung FMT sich mit ihrer Sammlung dank der fachlich ausgebildeten Kräfte auf eine sehr solide Basis stellen. Hinzu kamen und kommen die Impulse des ehrenamtlichen Vorstandes (dessen Vorsitzende ich bin) und der hochqualifizierten Beiratsmitglieder.

Allerdings kämpft der FMT – wie alle feministischen Archive in Deutschland, mit denen er seit Jahrzehnten kooperiert – von Jahr zu Jahr um die allernötigsten Mittel zu seiner Existenz. Es sind eigentlich lächerliche Summen gemessen an dem, was der Staat sonst so alles finanziert. Unlängst hat das Bundesfrauenministerium immerhin eine langfristige Förderung für das »Digitale Deutsche Frauenarchiv« (DDF) beschlossen, eine Internet-Plattform aller feministischen Archive, zu der auch der FMT entscheidend beiträgt. Werden die nächsten Generationen also diesmal nicht wieder von vorne anfangen müssen?

Der Turm war über sechs Jahrhunderte das Wahrzeichen der Bürgerstadt Köln, bis 1880 die Dauerbaustelle Dom fertiggestellt wurde. Die Legende will, dass die Kölner Bürgerinnen und Bürger 1262 den Bayenturm gestürmt haben mit dem Schlachtruf: »Kölle alaaf!« (Kölner voran), um den herrschsüchtigen Erzbischof zu vertreiben. Auch die heilige Ursula soll einst hier mit ihren 11 Jungfrauen – oder waren es 11 000? – vorbeigeschippert sein. So genau wissen die Kölner es nicht, wie viele es waren, schließlich haben sie lange einen schwunghaften Handel mit den Reliquien der Jungfrauen betrieben. Einst hieß es in Köln: »Wer den Turm hat, hat die Macht.« Heute haben Frauen den Turm.

Ich bin also gut verankert in dieser Metropole des Westens. Meine Stiftung für Frauen habe ich 2019 dennoch in Berlin angesiedelt. Denn Berlin war und ist nun wieder die Hauptstadt, auch die meisten historischen Frauenrechtlerinnen waren dort aktiv. Das war also eine politische Entscheidung. Eine private Entscheidung ist es, dass ich seit ein paar Jahren wieder ein Pied-à-terre in Paris habe, meiner Heimatstadt – Heimatland bleibt Deutschland.

Doch der Ort, an dem ich am gelassensten zu Hause bin, ist mein über 400 Jahre altes Fachwerkhaus im Bergischen Land. Früher fuhr dort »der Elberfelder« vorbei, der Zug aus meiner Heimatstadt Elberfeld (heute Wuppertal). In »meinem« Dorf bin ich seit Jahrzehnten integriert und fühle mich wohl mit meinen Nachbarn. Dennoch: Nur auf dem Land leben, das wäre nichts für mich. Ich war mein Leben lang gleichzeitig mittendrin und ganz draußen.

Auch Paris ist ein Stück Heimat für mich geblieben, genauer gesagt: der Montparnasse, wo ich immer gelebt habe. Da habe ich heute wieder eine kleine Wohnung, und zwar exakt an dem Boulevard, an dem ich schon vor 50 Jahren wohnen wollte. Damals, 1969, als ich von Frankfurt zurück nach Paris zog, um dort als freie Korrespondentin zu arbeiten und mit Bruno zusammenzuleben, schrieb ich im Frühling 1969 an meinen Lebensgefährten, der für uns auf Wohnungssuche war: »Gucke doch mal am Boulevard X, da würde ich so schrecklich gern wohnen!« Es hat damals nicht geklappt. Heute wohne ich an meinem Lieblingsboulevard im Herzen des Rive Gauche.

Mein altes Stammcafé, das Select, ist nur fünf Fußminuten entfernt. Und bis vor Kurzem war da doch tatsächlich noch der Barmann aus den 70er Jahren, der mich auch nach Jahren immer wieder mit dem Satz begrüßte: »Wie schön, Madame, lange nicht gesehen.« Natürlich ist es erleichternd für einen öffentlichen Menschen, wie ich es in Deutschland seit Jahrzehnten bin, von fast niemandem erkannt zu werden. Ich kann in Paris in Ruhe auf einer Terrasse sitzen und meine Blicke schweifen lassen. Ich kann ohne unterdrücktes Raunen auszulösen in einem der tatsächlich zwanzig Kinos sitzen, die ich im Umkreis von zehn Minuten habe – und wo zu meiner großen Freude in einem vor Kurzem der Dokumentarfilm über Romy Schneider, »Ein Abend mit Romy«, seine Avantpremiere hatte. Und ich kann wie alle anderen auf dem Wochenmarkt einkaufen – was ich allerdings auch in dem sehr souveränen Köln kann. Aber in Paris steht eben der Austernfischer aus der Bretagne neben dem Algerier mit den besten Früchten und der Landkommune mit dem frischesten Gemüse.

Natürlich vermisse ich heute so manche alte Freundin in Paris, die nicht mehr da ist. Nicht nur Simone de Beauvoir, sondern auch die Schauspielerin Delphine Seyrig oder die Künstlerin Meret Oppenheim. Sie lebte in Paris, aber ich habe sie erst kennengelernt, als ich schon in Köln war. Da schrieb sie mir eine Postkarte zum *Stern*-Prozess und schickte *EMMA* eine Spende über 2000 DM für die Klage. Von da an trafen wir uns, wenn ich in Paris war. Es machte Spaß zuzusehen, wie Meret auf einem Spaziergang in ihrem Viertel, Le Marais, irgendetwas am Straßenrand aufhob – und das dann in ihrem Atelier spielerisch in Kunst verwandelte. Bis heute begleitet mich eine Serie ihrer Radierungen durchs Leben. Überhaupt sind unter meinen Nächsten auffallend viele Künstlerinnen. Das hat zweifellos damit zu tun, dass ich zur Kunst ein besonders familiäres Verhältnis habe. Die Kunst ist mir, nach der Literatur, das Nächste. Auch da bin ich in Paris natürlich bestens aufgehoben.

Für meine noch lebenden alten Freundinnen wie für meine neuen Bekanntschaften in Paris bin ich auch nicht dieses lächerliche Klischee »der Feministin«, sondern ganz einfach der Mensch, der ich bin. So wie für die Philosophin Élisabeth Badinter, die ich dank ihrer Mitarbeit bei *EMMA* seit den 1990er Jahren kenne. Im Dezember 2018 hat uns die *FAZ* in Badinters Wohnung – mit Blick über den Jardin du Luxembourg – zusammen interviewt: zu unserem gemeinsamen Thema: dem Antisemitismus und der fatalen Rolle, die manche junge Muslime dabei spielen. Es hat mich dann doch überrascht, wie ähnlich die Probleme in Frankreich und Deutschland sind. Trotz der so unterschiedlichen Geschichte der beiden Länder. Der Islamismus scheint also eher Aktion zu sein, weniger Reaktion. Oder die Frauen und Männer des »Salons«, die meisten selber öffentliche Intellektuelle, mit denen ich regelmäßig über aktuelle politische Fragen debattiere. Ich genieße das lebendige intellektuelle Leben in Paris, weil es da nicht immer nur um »richtig« oder »falsch« geht, um »dafür« oder »dagegen«, sondern man auch Widersprüche und Ambivalenzen schätzt. Ein freieres Denken eben.

Kosmopolitische Zeiten. Doch die Wahrheit ist, dass ich meistens am Schreibtisch sitze, tippe und redigiere (zur Freude meiner jüngeren Kolleginnen tippe ich meine Artikel noch immer auf meiner Triumph Twen, daneben liegt mein iPad). Geht es voran mit den Frauen und der Menschheit, freue ich mich – gibt es Rückschläge, kriege ich einen heiligen Zorn. Ich habe Glück: Niederlagen lähmen mich nicht, sondern feuern mich an; so wie GegnerInnen mir keine Angst machen, sondern mich herausfordern. Eigentlich erstaunlich, dass das nie nachgelassen hat.

Dem Standort Köln, der Kapitale der Toleranz, verdanke ich einen Kontakt, der fast alle immer wieder sehr überrascht hat: den zu dem 2017 verstorbenen Kardinal Meisner. Er basierte auf der Toleranz großer Unterschiede, aber auch auf gewissen Gemeinsamkeiten. Zum ersten Mal begegnet sind wir uns im Flugzeug von Berlin nach Köln, im Jahr 1988. Da war Meisner noch Bischof in Berlin, aber er wusste, dass er nach Köln gehen musste, auf Wunsch des von ihm geliebten Papstes Wojtyla und gegen den quasi geschlossenen Willen der KölnerInnen.

Beim Aussteigen im Gang sprach er mich an. Er habe mich gestern im Fernsehen gesehen und mit mir gelitten. Und er habe für mich gebetet. Ich erwiderte: »Das ist lieb. Ich kann es gebrauchen.« Und wir lächelten uns an.

Worum war es im Fernsehen gegangen? Der SFB hatte mich anlässlich der PorNO-Kampagne von EMMA zu einem »Streitgespräch« eingeladen. Mit einer Frau, klar. Eine linke Philosophie-Professorin im Existentialistinnen-Look, ein paar Jahre älter als ich (was eine Rolle gespielt hat bei ihrem Auftritt). Wir waren im Studio von einer makabren Dekoration umgeben, die mir mit meiner Kritik an der Pornografie eher recht gab: Bondage-Fotos mit gefesselten Frauen etc. Aber mein Gegenüber war hart auf Pro-Porno-Linie bzw. sex-positiv, wie das heute heißt. Irgendwann gipfelte das in ihrem Satz: »Ich finde Pornografie geil!«

Ich war schockiert. Denn es war unübersehbar, dass sie sich damit anbiedern wollte: bei ihren fortschrittlichen Pro-Porno-Freunden. Doch bei denen hatte sie in ihrem Alter längst keinen Stich mehr, zumindest erotisch nicht. Was ich selbstverständlich nicht sagen konnte. Also schwieg ich bedrückt.

Wenig später begegneten der Kardinal und ich uns wieder, beim Neujahrsempfang der Kölner Industrie- und Handelskammer. Ich war, neben Baronin Oppenheim, die einzige Frau im Raum (das hat sich 30 Jahre danach geändert: der heutige Präsident ist eine Frau, die erste). Der damalige Präsident, Alfred Neven DuMont, immer für einen sarkastischen Scherz zu haben, kam und fragte mich, ob ich nicht dem Kardinal vorgestellt werden wolle. Mein gemurmeltes »Wir kennen uns schon« überhörte er.

Kaum hatten wir uns die Hand gegeben, scharte sich die ganze schwarz beanzugte Männergesellschaft erwartungsfroh um uns herum. Die Herren rechneten mit einem Eklat. Und wir? Wir lächelten uns wieder freundlich an und plauderten – über Kleider. Das möge er so, sagte der Kardinal, dass Frauen so schöne Kleider trügen. Aber das tun Sie ja auch, erwiderte ich.

Ein drittes Mal begegneten wir uns im Bayenturm, nach Einzug des Archivs. Wir stiegen hinauf bis hinter die Zinnen, schauten hinüber zum Dom und ich sagte: »Das ist noch nicht ausgemacht, wer hier den historischsten Platz hat von uns beiden: Sie mit dem erst 1880 fertiggestellten Dom – oder ich, mit dem im 12. Jahrhundert erbauten Bayenturm.« Er feixte. Danach setzten wir uns in mein Büro, und ich befragte ihn nach seinem Leben. Er ist ja in Schlesien bei einer alleinerziehenden Mutter mit drei Brüdern aufgewachsen. »Sind Sie sicher, dass Ihre Mutter in den Nachkriegswirren nie abtreiben musste?«, fragte ich ihn. Er schwieg. Bei der Gelegenheit gestand mir der Mann mit den gepflegten Händen, dass seine Brüder – Handwerker – ihn zwar als Bruder schätzen, aber seinen vergeistigten Job nicht wirklich ernst nähmen.

Ab da bekam ich immer mal wieder zu Weihnachten einen von Schwester Radigunde gebackenen original schlesischen Christstollen (mit wenig Butter) vom Kardinal geschickt – aber nicht, wenn die Stimmung zwischen uns gerade mal wieder politisch besonders getrübt war, immer wg. Abtreibung. Irgendwann kam es dann doch zum öffentlichen Eklat zwischen uns. Das war im Jahr 2013. Eine vergewaltigte junge Frau hatte in einem katholischen Krankenhaus in Köln am Wochenende um die »Pille danach« gebeten, die die Einnistung eines befruchteten Eis verhindert. Das Krankenhaus hatte abgelehnt. Und Kardinal Meisner hatte das gebilligt. Sein Argument: »Der Lebensschutz ist eine unüberschreitbare Grenze und jedem menschlichen Eingriff entzogen.«

Jetzt reichte es mir! Selbstverständlich wäre mir niemals eingefallen, mit dem Kardinal über das Recht auf Abtreibung zu streiten. Ich weiß ja, dass die Verurteilung der Abtreibung für einen orthodox gläubigen Katholiken wie ihn unveräußerlich ist. Aber das: Einer Frau in Not eine solche Hilfe zu verweigern – das ging mir zu weit! Ich kritisierte ihn scharf in einem auch in der Lokalpresse zitierten offenen Brief und schrieb u. a.: »Sehr geehrter Herr Kardinal, Sie sind schon oft unerträglich weit gegangen in der Abtreibungsfrage. Zum Beispiel, als Sie die Abtreibung ›Babycaust‹ nannten, also mit dem Holocaust verglichen. Jetzt wollen Sie die Frauen auch noch zwingen, sich befruchten zu lassen? Wie scheinheilig!«

Eine Woche darauf forderte Kardinal Meisner alle katholischen Krankenhäuser auf, sich »rückhaltlos der Not vergewaltigter Frauen anzunehmen«. Er habe auch »nichts mehr dagegen einzuwenden, dass sie (die Ärzte) in diesem Fall auch über Methoden, die nach katholischer Auffassung nicht vertretbar sind, über deren Zugänglichkeit aufklären, wenn sie dabei, ohne irgendwelchen Druck auszuüben, auf angemessene Weise auch die katholische Position mit Argumenten erläutern«. – Allgemeine Fassungslosigkeit. Wie kam ausgerechnet dieser so konservative Kardinal zu so einem so überraschenden Gesinnungswandel?

Das letzte Mal gesehen haben wir uns im Jahr 2015. Da ging es mir nicht gut. Er hatte mich zum Tee eingeladen. Kurz bevor ich ging, griff er zu seiner Bibel und holte einen Gebetszettel raus, »von meiner Lieblingsheiligen, der heiligen Teresa« (die intellektuellste und emanzipierteste unter den Heiligen). Er überreichte ihn mir, der Ungläubigen. Auf die Rückseite hatte er geschrieben: »Aus meinem Brevier für Sie!« Und wie lautete Teresas Spruch? »Nichts soll dich ängstigen, nichts dich erschrecken. / Alles geht vorüber. Gott allein bleibt derselbe. / Alles erreicht der Geduldige. Und wer Gott hat, hat alles. / Gott allein genügt.« Das hat mich getröstet.

Da ich eingangs so ausführlich und ein bisschen selbstmitleidig über all die Schmähungen berichtet habe, die seit 1975 so auf mich niedergeprasselt sind, will ich zu guter Letzt – und ein bisschen stolz – doch auch noch einige der Ehrungen erwähnen, die mir so zuteilgeworden sind.

Einer der ersten Preise, die ich bekommen habe, ist auch einer der wichtigsten: der »Von-der-Heydt-Preis« meiner Heimatstadt Wuppertal, 1991 für mein »Lebenswerk« (das da eigentlich gerade erst richtig begann). Er wurde mir im Opernhaus verliehen, wo ich mit 16 meine erste Oper gehört hatte (Rigoletto), gewandet in cognacfarbene Pumps mit Prinzessabsatz und ein himmelblaues Kleid mit Petticoat; und wo ich ab den späten 70er Jahren so viele, so tief beeindruckende Aufführungen des Tanztheaters von Pina Bausch erlebt habe (die ich 1987 auch porträtiert habe).

Margarete Mitscherlich hat damals die Laudatio gehalten und ist, in Kenntnis meines Lebens, ausführlich auf meine Großmutter eingegangen. Wohl weil sie der Auffassung war, ich würde die nicht genügend schätzen. Es würde die Psychoanalytikerin wohl freuen zu sehen, dass ich der Elberfelderin Margarete Schwarzer, geborene Büsche, dieses, mein »Lebenswerk« gewidmet habe.

Ich erinnere mich, dass hinter mir ein soigniertes Ehepaar saß, das sich später als Freunde der Familie Happich vorstellte. Gebr. Happich GmbH, Autoersatzteile. Da hatte ich mit 18 in der Buchhaltung gejobbt. Dieses Ehepaar behauptete nun allen Ernstes, Herr Happich hätte ihnen von mir erzählt: Ich wäre ja schon früher so eine bemerkenswerte junge Frau gewesen. Ich war ehrlich gesagt sehr überrascht und hielt das für eine rückwirkende Idealisierung, schließlich war ich bei Happich eine von etwa 2000 gewesen. Doch dann erinnerte ich mich an eine Szene auf einer Betriebsfeier. Da hatte ich Happich senior quer durch den Raum gefragt, wie seine Firma sich denn eigentlich in der Nazizeit verhalten habe. Die Umstehenden waren fassungslos. Ich dachte mir nichts dabei. So was hatte ich von meiner Großmutter.

1996 bekam ich, auf Anregung des Bundespräsidenten Roman Herzog, das »Bundesverdienstkreuz am Bande«. Ein Bundesverdienstkreuz für Schwarzer? Na, da ging es aber los. Die üblichen Verdächtigen hämten: »Kreuzbrav nahm sie ihr Kreuz am Bande entgegen.« Und ich musste mich nun doch tatsächlich dafür rechtfertigen, geehrt worden zu sein. In meiner Kolumne antwortete ich, Frauen hätten traditionell keine Ehre zu gewinnen, sondern höchstens eine

Ehre zu verlieren. Ich fände es also richtig, auch mal Frauen und gar eine Feministin zu ehren. Allerdings war ich so eingeschüchtert, dass ich mein »Bundesverdienstkreuz 1. Klasse«, das 2005 folgte, immer wieder hinausgeschoben und dann sehr diskret entgegengenommen habe.

Ein Jahr zuvor, 2004, hatte ich zwei Preise bekommen, die mich besonders gefreut haben: In Düsseldorf den »Staatspreis NRW«, mein Heimatland, überreicht von dem damaligen Ministerpräsidenten Peer Steinbrück. Der beruhigte, mein Engagement sei »ein Kampf für die Rechte der Frauen und kein Kampf gegen die Männer«. Und in Berlin den »Chevalier dans l'Ordre National de la Légion d'Honneur«: Botschafter Claude Martin ernannte mich zum »Ritter der französischen Ehrenlegion«. Dazu wurden in Gegenwart gleich mehrerer deutscher Ministerinnen in dem eleganten Salon der Botschaft am Pariser Platz Champagner und Petits Fours gereicht und der Botschafter hielt eine espritreiche Rede, die zu meiner Überraschung von profunder Kenntnis meines Lebens zeugte und in dem Satz gipfelt: »Liebe Alice, Sie als Pariserin wissen, dass auch Paris Sie liebt.« Mehr geht nicht.

Sollte man meinen. Aber dann kam 2006 noch die »Ehrengabe der Heinrich-Heine-Gesellschaft« in dem bis zu den letzten Plätzen auf den Rängen besetzten Düsseldorfer Schauspielhaus. Der Direktor des Heine-Institutes, Prof. Joseph Kruse, der ein Freund wurde, verlieh sie; der frühere israelische Botschafter Avi Primor hielt die Laudatio; und Hanna Schygulla, die eigentlich einen Text von Heine hatte vortragen sollen, trug zu aller Überraschung einen Text von Schwarzer vor: über Heine. Ich hatte den Text 1997 für eine Anthologie über »Lieblingsmänner« geschrieben. Und da er so viel aussagt – nicht nur über das Verhältnis von mir zu einem Mann wie Heine, sondern auch über das Verhältnis von Heine zu Frauen wie mir –, möchte ich ihn hier zitieren:

»Lieber Henri, gut, dass du tot bist. Über einen lebendigen Heinrich Heine müsste ich mich zu arg ärgern. Denn die Zeit der Unschuld ist vorbei, mon cher. Die Zeit, in der ich dir noch blauäugig rote Rosen aufs Grab legte. Zugegeben, Rosen habe ich noch immer für dich im Herzen. Aber die blauen Augen, die sind so blau nicht mehr. Die haben zu viel gesehen.

Ach, mein Bruder im Geiste, wie hart, zu begreifen, dass ich nicht deine Schwester bin! Wie gerne bin ich deinen Spuren gefolgt: Vom Rhein an die Seine, mit schwerem deutschen Herzen und leichtem französischen Sinn. Denn wie sollte ich dich nicht lieben, dich, den ›Sohn der Revolution‹, den ›letzten Romantiker‹, den ersten neuen Denker! Nie hast du gefühlt, ohne zu denken – und nie gedacht ohne zu fühlen. Dein Spott war selten selbstgefällig, eher verzweifelt.

Du bist nur 30 Kilometer entfernt von mir geboren, wenn auch 145 Jahre früher. Du bist ein echter Rheinländer und ein Jude dazu, weißt um die Tiefe deutschen Gemüts und die Leichtigkeit französischen Seins. Du bist ein echter Revolutionär, hasst alle Frommen und Philister, liebst Gerechtigkeit und Freiheit. Du bist ein echter Dichter und machst dein Schreiben nie zum Selbstzweck. Du stellst dich dem Leben.

58 Jahre bist du alt geworden; die Hälfte deines Lebens hast du, verfolgt von der deutschen Zensur, im französischen Exil verbracht. Deine letzten Jahre in der »Matratzengruft« waren hart. Doch auch wenn es bitter zugeht – und gerade dann –, darf bei dir gelacht werden. Deine leidenschaftliche »Liebe zur Menschengleichheit« hat dich bis zuletzt lebendig gehalten.

Wie schade, dass ich zu einer Gattung gehöre, die in deiner alles umfassenden Menschenliebe keinen Platz hat. Denn für einen wie dich bin ich kein Mensch, ich bin nur eine Frau. In deinem bittern Gleichnis vom Atta Troll, in dem die menschliche Tumbheit als malträtierter Bär herumgestoßen wird, reiße ich, die Bärin, mich noch nicht einmal von der Kette, sondern bleibe die dumpfe Mumma, die eitel weitertanzt für ihre Sklaventreiber.

Ja, ›Zuckererbsen für jedermann, sobald die Schoten platzen!‹ Für eine wie mich aber gibt's keine Zuckererbsen, sondern nur Schoten und Zoten. In dem ›Wintermärchen‹ habe ich die Wahl zwischen einer nährenden Mutter oder einer schnatternden Gans oder einer eilfertigen Hure. Einen anderen Part hast du nicht für unsereins. Dabei hättest gerade du es besser wissen können! Das ist es, was ich dir am meisten übel nehme, Henri.

1791 starb Olympe de Gouges auf dem Schafott für ihre Erklärung der Menschenrechte ›für die Frauen‹ mit dem Aufschrei: ›Die Frau ist frei geboren!‹ Sechs Jahre später kamst du als Sohn einer sehr gebildeten, modernen Mutter zur Welt. Sie war eine entschiedene Anhängerin der Ideen der Französischen Revolution. Deine Mutter war zusammen mit ihrem früh verstorbenen Bruder unterrichtet worden und hatte so – ganz wie die Goethe-Geschwister und so manche andere – die Chance, eine ›männliche Intelligenz‹ zu entwickeln. Sie lebte dennoch ein Frauenleben und investierte ihren ganzen Ehrgeiz in dich. Sie war es, die dich anhielt zum Lesen und Denken! Doch wie verächtlich behandelst du sie im ›Wintermärchen‹ – noch nicht einmal eine Antwort ist sie dir wert.

Warum ich dich dummerweise dennoch liebe, Henri? Ich liebe dich für alles, was du mir trotz alledem gegeben hast! Für die ›Loreley‹, die mich schon als Kind so eigenartig berührte, lange bevor ich wusste, dass sie von dir ist (in der Zeit nach den Nazis bekamen wir deine Loreley noch als »Volkslied« beigebracht). Für deine Poesie. Für deine hellsichtigen und unbeugsamen Artikel! Und für dein ›Wintermärchen‹, diese große Liebeserklärung an das kleine Deutschland. Für deinen Verstand eben, deinen Humor – und deine Zuckerschoten.

Mein Problem, wie ich es schaffe, einfach so zu tun, als gingen deine Schriften auch mich an. Mein Problem, in einer Welt zu leben, in der auch die unkonventionellsten und größten Geister eine wie mich nicht meinen, wenn sie von »Menschengleichheit« reden. Aber auch meine Entschlossenheit, mich auch von dir nicht an den Rand der Welt schieben zu lassen, wo die Mütter, Gänse und Huren schnattern.

Nein, ich bleibe hier! Ich gehe dich nichts an – aber du und deine Welt, ihr geht mich etwas an. Siehst du, Henri, darum weiß ich, was es bedeuten soll, dass ich so traurig bin. In treuer Liebe, deine Alice.«

Auch den »Ludwig-Börne-Preis« bekam ich, obwohl Heine und Börne lebenslang Todfeinde waren. Er wurde mir 2008 in der heiligsten Halle Deutschlands verliehen: in der Frankfurter Paulskirche. Und ich erinnere mich gut, dass mindestens die Hälfte des Publikums in dem voll besetzten Saal mich zunächst sehr reserviert anblickte – doch am Ende erhoben sich alle für »Standing Ovations«. Es hat mich besonders gefreut, dass es mir gelungen war, sie zu überzeugen, da ich etwas in Deutschland sehr Gewagtes getan hatte: Ich hatte am Beispiel des Frankfurter Juden Ludwig Börne die Parallelen zwischen dem Judenhass und dem Frauenhass aufgezeigt – ein Vergleich, der allen voran für jüdische Frauenrechtlerinnen auf der ganzen Welt selbstverständlich, ja zwingend ist, in Deutschland jedoch tabuisiert: Wie kann eine Feministin es wagen, den läppischen Sexismus mit dem dramatischen Antisemitismus zu vergleichen?!

Doch runter vom Podest und zurück in meinen Alltag. Da sind die Schlagzeilen gerade beherrscht von den dramatisch eskalierenden Protesten der Schwarzen in Amerika, Auslöser: der Tod eines Schwarzen, George Floyd, mit dem Knie eines weißen Polizisten im Nacken. Wie gut ich diese Proteste verstehen kann.

Als ich 1986 erstmals in New York war, brauchte ich ein paar Tage, bis es mir auffiel: In meinen fortschrittlichen Kreisen, in Greenwich Village und der Bowery, auf den Bookpartys und Tanztees, begegnete ich nur weißen Menschen. Wo waren die Schwarzen?

Am Sonntag ging ich sie suchen, in Harlem. Ich durchquerte mit einer deutschen Freundin zu Fuß das Schwarzen-Viertel und besuchte zum Abschluss spontan einen schwarzen Gottesdienst in einer Hinterhofkirche. Wir zwei waren die einzigen Weißen. Überall war ich freundlich, ja herzlich empfangen worden – doch das anschließende Entsetzen bei meinen weißen amerikanischen FreundInnen war groß. Was, du warst in Harlem? Zu Fuß? Ja, bist du denn verrückt geworden! Weißt du nicht, wie gefährlich das ist!

Gerade las ich in einer Reportage den Satz eines jungen Schwarzen, der sagte, was ihn beim Anblick eines weißen Polizisten am meisten erschrecke, sei die Angst – die Angst in dessen Augen.

Genau das hatte ich verstanden, als ich 2002 in den Südstaaten war. Zu Gast wieder mal in sehr fortschrittlichen Kreisen, diesmal keine Intellektuellen, sondern KünstlerInnen, wieder rein weiß. Erneut zog ich irgendwann allein mit einer deutschen Freundin los, auf der Suche nach den Schwarzen.

Im Frühstücksraum des Hotels saß das alte schwarze Ehepaar neben mir, das noch voll die Rassentrennung erlebt haben musste, und las gerade die Seite 1 der Tageszeitung. Da stand, dass der Mörder eines Schwarzen, ein Ku-Klux-Klan-Mitglied, erst am Vortag, Jahrzehnte nach der Tat, verurteilt worden war. Auf dem karstigen, Unkraut überwuchernden Friedhof am Ufer des Mississippi, auf dem einst die BaumwollarbeiterInnen beerdigt worden waren, trieb mir die Tristesse noch hundert Jahre später die Tränen in die Augen. Und in dem in ein Luxushotel umgewandelten Südstaatenhaus beschämte mich die eilfertige Dienstbarkeit und unterwürfige Begrüßung eines Schwarzen: »Good Morning, Missis. It's a wonderful day, isn't it?« Jede Drecksarbeit in den Südstaaten, einfach jede, wird von Schwarzen gemacht.

Wie erleichternd, später in der Altstadt von New Orleans die gelassen-selbstbewussten schwarzen Jazzmusiker zu erleben und in Atlanta beim Gottesdienst den stolzen schwarzen Frauen mit ihren eleganten Hüten zu begegnen.

Auf dem Rückflug dachte ich nach. Über die amerikanische Paranoia, die mir überall begegnet war. Ja, dieses Volk hat Angst. Mit Grund: es hat einfach zu viele Leichen im Keller – und Angst vor Rache. Angst vor den Schwarzen. Von den indianischen Ureinwohnern, die außerhalb der Reservate überhaupt nicht mehr zu sehen sind, ganz zu schweigen.

Zurück in der Redaktion hatte mich mein Alltag wieder. Doch diese Erlebnisse in Amerika haben mir für immer die Augen geöffnet.

Manchmal werde ich gefragt, wie ich das mit der Arbeit durchhalte. Denn schließlich bin ich inzwischen auch schon 77, das ist eine andere Hausmarke als 47. Doch ganz ehrlich gesagt habe ich das Älterwerden selber noch gar nicht so richtig realisiert (mal davon abgesehen, dass ich für die vier Stockwerke in meine Wohnung etwas länger brauche als früher). Was sicherlich auch daran liegt, dass ich voll im Arbeitsprozess stecke und die meisten Menschen, mit denen ich tagtäglich zu tun habe, inzwischen viel jünger sind als ich. Früher waren sie oft auch älter, aber von denen sind die meisten inzwischen leider tot. Gleichzeitig sind in meiner nahen Umgebung natürlich auch Gleichaltrige und weiterhin Ältere. Die Älteste ist meine Freundin

Elisabeth Pfefferkorn. Die Fotografin ist 90 und steckt uns vom Temperament her, von der Lebenslust und Extravaganz alle in die Tasche.

Da ich generell Schubladen hasse, hasse ich auch die Altersschubladen. Ich bin der Auffassung, dass das Alter einen Menschen nicht definiert. Es ist ein Faktor von vielen, die einen Menschen ausmachen. Und ich habe mich in meinem Leben weder in die Schublade »junge Frau« noch in die der »alten Frau« stecken lassen. Ich weiß sehr wohl, dass vor allem Frauen mit der Angst vor dem Alter zu kämpfen haben; wenn auch in unseren Zeiten des Jugendwahns inzwischen so mancher Mann. Doch an mir persönlich ist das irgendwie vorübergegangen. Ich habe erst mit 70 zum ersten Mal gedacht: Hört sich verdammt alt an! In Bezug auf den Blick von außen – mein Innenblick ist weiterhin alterslos.

Für mich sind auch die anderen meist alterslos. Seit über dreißig Jahren ist Bettina Flitner, Jahrgang 1961, an meiner Seite. Die Fotografin ist humorvoll und sensibel, großzügig und mitfühlend, kreativ und engagiert. Seit 2018 sind wir verheiratet. Wir arbeiten auch gerne zusammen und haben bisher drei Bücher gemeinsam gemacht: Ich habe mit Kurzbiografien zu ihrem 2004 erschienenen Fotoband über »Frauen mit Visionen – 48 Europäerinnen« beigetragen. Sie hat die Fotos zu meiner 2018 erschienenen, großen Reportage über »Meine algerische Familie« gemacht. Die ist übrigens auch »ihre« Familie. 1990 war Bettina zum ersten Mal in Algier und hat in *EMMA* ein alarmierendes Foto/Text-Tagebuch über den anbrechenden islamistischen Terror veröffentlicht. Und zusammen haben wir ein Buch über Burma veröffentlicht: »Reisen in Burma«. Der Titel spielt auf den Roman von George Orwell an: »Tage in Burma«. Orwell war in der Zeit, in der Burma noch britische Kolonie war, Offizier in dem Land und hat ein scharfes Sittenbild über die Deformation von Menschen in Machtverhältnissen geschrieben: der Unterdrücker wie der Unterdrückten, der Männer wie der Frauen.

Wir haben das Land bei unserer ersten Reise im Jahr 2000 noch in Zeiten der fast totalen Geschlossenheit kennen- und lieben gelernt. Danach haben wir Burma noch sechs Mal bereist, fasziniert von der Liebenswürdigkeit und Offenheit der Menschen, der allgegenwärtigen Kontemplation des Buddhismus und der Schönheit der goldenen Pagoden und des majestätischen Ayerwaddy. Der entspringt in den chinesischen Bergen, durchquert ganz Burma und mündet in den Indischen Ozean.

Heute schaue ich auf den Rhein. Auch er ein majestätischer Fluss, der von den Bergen kommt und drei Länder durchquert. Dank des hartnäckigen Kampfes von UmweltschützerInnen ist der Rhein heute wieder so klar, dass die Lachse zurückgekehrt sind. Das macht Hoffnung.

In einer Woche fängt der *EMMA*-Redaktionsschluss wieder an. Die September/Oktober-Ausgabe 2020 steht bevor, die 352. Ausgabe. Außerdem ist *EMMA-online* tagesaktuell, also permanent präsent, auch in Zeiten des scheinbaren Stillstandes, wie in diesen Monaten der Corona-Krise. Wir sind alle gespannt, wie es danach weitergehen wird. Werden die Menschen die Chance auf Selbstbesinnung nutzen? Für weniger Konsum und Hektik und mehr Nachdenklichkeit und Empathie?

Wie es mir bei alldem ergeht? Ich bin gesund und freue mich, dieses Buch zu Ende gebracht zu haben. Es war nicht immer einfach für mich. Es gab Phasen in meinem Leben, an die ich mich kaum erinnern wollte. Doch ich bin gespannt auf die Reaktionen. Auf die Zukunft überhaupt. Ich kann es nicht besser sagen als mit den Worten von Simone de Beauvoir (in ihrem Roman »Sie kam und blieb«):

Ich bin da. Mein Herz schlägt.

# SCHLÜSSELTEXTE
1971–2020

# Wir haben abgetrieben! | 1971

Jährlich treiben in der Bundesrepublik rund 1 Million Frauen ab. Hunderte sterben, Zehntausende bleiben krank und steril, weil der Eingriff von Laien vorgenommen wird. Von Fachärzten gemacht, ist die Schwangerschaftsunterbrechung ein einfacher Eingriff.
Frauen mit Geld können gefahrlos im In- und Ausland abtreiben. Frauen ohne Geld zwingt der Paragraf 218 auf die Küchentische der Kurpfuscher. Er stempelt sie zu Verbrecherinnen und droht ihnen mit Gefängnis bis zu 5 Jahren.
Trotzdem treiben Millionen Frauen ab – unter erniedrigenden und lebensgefährlichen Umständen.
Ich gehöre dazu. – Ich habe abgetrieben.
Ich bin gegen den Paragrafen 218 und für Wunschkinder.
Wir Frauen wollen keine Almosen vom Gesetzgeber und keine Reform auf Raten!
Wir fordern die ersatzlose Streichung des Paragrafen 218!
Wir fordern die umfassende sexuelle Aufklärung für alle und freien Zugang zu Verhütungsmitteln!
Wir fordern das Recht auf die von den Krankenkassen getragene Schwangerschaftsunterbrechung.

*Aus: Stern, 6. Juni 1971*

# Abtreibung: Frauen gegen den § 218 | 1971

Zum ersten Mal reden Frauen. Und sie reden gemeinsam, weil die Solidarität ihre einzige Stärke ist.

Zum ersten Mal in der Bundesrepublik lehnen Frauen sich aus eigener Initiative auf: gegen den staatlichen Zwang zur Mutterschaft. Sie verstoßen damit offen gegen ein Gesetz, das »von Männern für Männer gemacht« wurde (Anette M. aus Dortmund).

Während bisher sogenannte Experten, während Theologen, Mediziner, Juristen und Politiker über den »Beginn des personalen Lebens«, über die »Seele des Fötus«, die »bevölkerungspolitischen Aspekte« und das »zu schützende Rechtsgut« aus der Distanz debattierten, haben die direkt Betroffenen, die Frauen, bislang geschwiegen und gehandelt. Dass sie täglich zu Tausenden handeln, das heißt: heimlich abtreiben, haben die isolierten Frauen selbst in vollem Ausmaß erst nach dem Schock der Selbstbezichtigungs-Kampagne der Aktion 218 begriffen. Mit dieser Aktion haben Frauen sich offensiv und fordernd Gehör verschafft und den § 218 zum Politikum gemacht.

Diese Aktion ist die erste in Deutschland geführte Kampagne gegen das Abtreibungsverbot, die ausschließlich von Frauen initiiert wurde und hauptsächlich von ihnen getragen wird. Damit gewinnt die Diskussion um die Abtreibung neue Dimensionen. Frauen sind nicht länger gewillt, Abtreibung als ihre individuelle Misere hinzunehmen, sondern sie beginnen, die gesellschaftlichen Zusammenhänge zu sehen – wobei klar wird, dass der Gebärzwang eine der Hauptstützen der frauenspezifischen Unterdrückung ist. Wie komplex seine Auswirkungen in dieser Gesellschaft für die Frau sind, kann nur von Frauen erfahren und nur von ihnen vermittelt werden.

Auf 30 Millionen im Jahr schätzte 1965 die UNO die Abtreibungsziffer, und der Sexualforscher Professor Giese schrieb dazu: »Abtreibung ist nicht, wie das Gesetz glauben machen kann, Angelegenheit einer kriminellen Minderheit, sondern ein beinahe universelles Vorkommnis in allen Bevölkerungsschichten. Eine verbreitete Methode der Geburtenregelung, wenn die anderen Methoden versagt haben.«

Nicht in allen Ländern und Kulturen allerdings macht das Gesetz abtreibende Frauen zu Kriminellen. Ein mohammedanischer Fötus zum Beispiel wird erst am 120. Tag zum menschlichen Lebewesen, ein japanischer, sobald er das Tageslicht erblickt. Bis zu diesem Zeitpunkt stellt die Unterbrechung der Schwangerschaft weder ein moralisches noch ein juristisches Problem dar. Ebenso war es in den meisten primitiven Gesellschaften. Das Abtreibungsverbot kam in unsere Breitengrade erst mit den christlichen Missionaren. In seiner augenblicklichen Konsequenz allerdings ist es selbst innerhalb der katholischen Kirche relativ neu. Vor dem Verdikt von Papst Pius IX. im Jahre 1869 erhielt nach katholischem Glauben der männliche Fötus seine Seele am 40. Tag nach der Zeugung, der weibliche am 80. Tag.

1871 wurde das Gottesgesetz auch Staatsgesetz. Hundert Jahre später aber hat sich die Liaison von Kirche und Staat gelockert und ist das staatliche Hauptmotiv für den Gebärzwang – nämlich das bevölkerungspolitische – fortgefallen. Der Bedarf an Arbeitskräften und Arbeitslosen lässt sich in kapitalistischen Staaten bedeutend flexibler durch die Ein- und Ausfuhr von Gastarbeitern regeln. Zum materiellen kommt das psychologische Moment hinzu. Frauen empfinden zunehmend stärker und bewusster den Druck des Gebärzwangs. Die herrschende Macht muss also ein Interesse an der Lockerung des für sie längst sinnentleerten Verbotes haben. Darum kann ein kapitalistischer Staat sich die Liberalisierung oder Abschaffung des Gebärzwangs nicht nur leisten, er müsste sogar an ihr interessiert sein.

England und New York zogen die Konsequenzen, andere Länder liberalisierten das Abtreibungsverbot, und auch in der Bundesrepublik gab es ähnliche Ambitionen. Als die SPD/FDP-Regierung im Herbst 1969 ihre Arbeit aufnahm, gehörte der §218 zu ihrem »Reformen-Paket«. 1970 meldete der *Parlamentarische Pressedienst,* Bonn erwäge eine »eventuelle Freigabe der Abtreibung bis zum dritten Schwangerschaftsmonat« und ihre Durchführung »in Kliniken bei voller Kostenübernahme durch die Krankenkassen«. Eine weitgehende Lockerung des Abtreibungsverbots wurde in Parteien und Institutionen diskutiert. Die SPD-Frauen forderten die Aufhebung des Verbots, und der Juristinnenbund verlangte »weitgehende Straffreiheit«, weil

»der Paragraf 218 nicht mehr dem Rechtsbewusstsein weiter Kreise der Bevölkerung entspricht«.

Tatsächlich wurden 1969 nur noch 276 Frauen in der Bundesrepublik und in Westberlin für Selbstabtreibung vor den Richter zitiert und zu Minimalstrafen verurteilt. 1965 waren noch 802 Frauen verurteilt worden, 1955 noch 1033 – die Justiz selbst mochte ihr Gesetz kaum noch anwenden. Längst war es zu einem Stillhalteabkommen zwischen Gesetz und Realität gekommen: zwischen einer halben bis zwei Millionen heimlicher Abtreibungen im Jahr und einer Legislative, die Selbstabtreibung mit Strafen bis zu fünf Jahren Gefängnis bedroht.

Selbst ein Teil der Ärzte schien bereit, medizinische Kompetenz nicht länger zur moralischen Bevormundung der Frau zu missbrauchen. Auf die Frage, ob Abtreibung weiterhin bestraft werden oder straffrei werden sollte, antworteten bei einer *Infratest*-Umfrage 1970 von 243 befragten praktischen Ärzten 125 mit »soll straffrei werden«. Damit war mehr als die Hälfte der Hausärzte gegen den § 218. Bundesrepublikanische Gynäkologen hingegen sagten 1971 zu 94 Prozent »Ja« zu der suggerierenden Feststellung, die »Tötung eines Embryos« sei »Vernichtung eines Rechtsgutes und daher nur aus schwerwiegenden Gründen zu verantworten«. Dieselben Ärzte behielten sich gleichzeitig das Recht vor, im Rahmen der sogenannten sozialen Indikation für die Frau zu bestimmen, wann Abtreibung Tötung sei und wann nicht.

Einer der Gründe für die unterschiedliche Einstellung der Frauenärzte und der praktischen Ärzte zu dieser Frage ist in ihrer unterschiedlichen sozialen Herkunft zu sehen: Von den konservativen Fachärzten stammen weit mehr aus der Oberklasse als von den praktischen Ärzten. Innerhalb des Gynäkologenstandes, dessen ältere Generation im Dritten Reich ausgebildet wurde, beginnt sich bei den Jüngeren heute ein Meinungswandel abzuzeichnen. Sie erkennen die wissenschaftliche Fragwürdigkeit des Abtreibungsverbotes und seinen politischen Charakter. Es gibt heute Großstadtkrankenhäuser, in denen junge Gynäkologen bei hilfesuchenden Frauen systematisch künstliche Komplikationen provozieren, um dann einen legalen Schwangerschaftsabbruch durchführen zu können.

Neben sozialem Status und Alter spielen Wohnort und Konfession eine Rolle. Bayerisch-katholische Ärzte denken anders über Abtreibung als norddeutsch-protestantische. Die vom Gesetzgeber eng formulierte Ausnahme der »Lebensgefahr der Mutter« legt zum Beispiel die Hamburger Ärztekammer recht großzügig aus; sie bewilligte 1970 von 1485 Anträgen auf Schwangerschaftsabbruch 1385, das sind 93 Prozent. An der Spitze der Gründe, die einen legalen Eingriff nach Meinung der Hamburger ermöglichten, lagen mit 25 Prozent »Psychosen und Depressionen«. Drei Viertel der 1385 Frauen waren verheiratet. Wo die Hamburger Ärztekammer im *Ärzteblatt* bereitwillig Auskunft gibt und die Ärztekammer Schleswig-Holstein »eine ausweitende Tendenz, Anträge auf Schwangerschaftsabbrüche aus psychiatrischen Gründen zu begründen«, konstatiert, verweigert die Bayerische Ärztekammer zur selben Frage die Auskunft.

»Rein medizinisch gesehen ist eine Abtreibung bis zum dritten Monat nicht gefährlicher als eine Geburt«, gab Ärztekammer-Präsident Erich Fromm zu. In der Tat ist die fachgerechte Schwangerschaftsunterbrechung weit weniger riskant als die Geburt. Bei 140 000 legalen Unterbrechungen meldete die Tschechoslowakei keinen einzigen Todesfall. Mit dem neuen, auch in England eingesetzten Unterdruckgerät, das wie ein Staubsauger arbeitet, ist der Eingriff innerhalb von zwei Minuten durchgeführt. Das Unterbrechen einer Schwangerschaft ist, medizinisch gesehen, geringfügiger als das Herausnehmen der Mandeln. Die Mär von der Sterilität nach der Abtreibung wurde durch vergleichende Untersuchungen in Schweden und in den sozialistischen Ländern widerlegt.

Derlei Informationen werden jedoch den Frauen in der Bundesrepublik geschwätzig verheimlicht. Sie zwingt ein sinnentleertes Gesetz weiter in den lebensgefährlichen und demütigenden Untergrund, denn der § 218 kann Abtreibungen zwar verbieten, aber verhindern kann er sie nicht. Jede Frau, die vom Arzt abgewiesen wird, begibt sich in die Hände von Kurpfuschern oder – wenn sie Geld und Beziehungen hat – in die bundesdeutscher bzw. ausländischer Ärzte. Das gilt auch noch 1971, zwei Jahre nach dem von der Regierung bekundeten Reformwillen.

Warum das so ist, meldete am 14. März 1971 nicht ohne Stolz die *Bildpost*, ein katholisches, in Kirchen zu erwerbendes Boulevardblatt:

»Demnächst wird ein neuer Gesetzentwurf vom deutschen Bundestag debattiert werden. Schon heute aber ist klar, dass der entscheidende Widerstand, nicht zuletzt der Kirchen, dazu geführt hat, dass von den Vorschlägen der SPD-Frauenkonferenz, die den Paragrafen völlig gestrichen sehen wollte, ebenso wenig mehr gesprochen wird, wie von den Forderungen der Humanistischen Union und der Jungsozialisten, die eine Straffreiheit der Abtreibung während der ersten drei Monate gefordert hatten.«

Vorausgegangen war eine in der Bundesrepublik beispiellose katholische Kampagne für die Erhaltung des § 218. In zahlreichen Bistümern wurden sonntägliche Protestsammlungen eingeleitet, die »action 365« und die Kolpingfamilie sammelten mit, und eine Schlagzeile des Passauer Bistumsblattes lautete: »Minister Jahn will Mord legalisieren«. Bundesjustizminister Jahn bekam prompt den katholischen Protest »waschkörbeweise« ins Haus am Venusberg geschickt. Allein die *Bildpost*-Leser sandten 12 000 Ausschneide-Coupons an den »Herrn Bundesminister Dr. Gerhard Jahn«.

Und Minister Jahn ließ sich nicht lange bitten. Geschwächt von den bei der Reform des Scheidungsrechts und des Pornografieverbots gesammelten Erfahrungen, zeigte er sich bereit, gegen die Interessen der – damals noch schweigenden – Hälfte der Wählerschaft, der Frauen, dem katholischen Verlangen nachzugeben. Am 11. Januar 1971 ließ der Minister seinen Referenten Gessler in einem hektografierten Schreiben die Protestierenden beschwichtigen: »Was die Reform der Strafbestimmungen über die Schwangerschaftsunterbrechungen angeht, so besteht hierüber ein weitverbreitetes Missverständnis. Ein Gesetzentwurf hierzu liegt erstens überhaupt nicht vor. Zweitens ist im Bundesministerium der Justiz auch keineswegs geplant, die Schwangerschaftsunterbrechung bis zum 3. Monat freizugeben.«

Demnach soll Kirchengesetz Staatsgesetz bleiben in der Bundesrepublik. Breiten Bevölkerungsschichten war das Manöver entgangen, sie waren auch jetzt noch Opfer des »Missverständnisses« und glaubten, die Abschaffung des § 218 stehe bevor.

*Aus: »Frauen gegen den § 218«, Suhrkamp Verlag, Frankfurt, 1971*

# Die unsichtbare Frauenarbeit | 1973

Im Zentrum der im Sommer und Herbst 1972 mit 14 Frauen geführten Gespräche sollte die Erwerbstätigkeit stehen. Es hat sich im Verlauf der Arbeit gezeigt, dass Kinderzimmer, Küche und Schlafzimmer noch immer weit *vor* Büro und Fließband rangieren. Auch für die in diesem Band überdurchschnittlich vertretenen relativ emanzipierten Frauen (soweit eine Frau hier und heute emanzipiert sein kann und darf) ist die traditionelle Rolle – die der Mutter und Ehefrau – zwar oft uneingestandenes, aber letzten Endes determinierendes Leitbild, selbst in der Verweigerung.

Zu diesen inneren Barrieren kommen die äußeren. Sie sind es, die in der Bundesrepublik der Siebzigerjahre das Gerede von der Chancengleichheit der Geschlechter vollends zur Farce machen. Der Preis für die Frauenerwerbstätigkeit ist die Doppelbelastung. Unter solchen Umständen kann Berufstätigkeit nicht *zwangsläufig* emanzipieren, sie ist aber dennoch fundamentale Voraussetzung zur Befreiung, denn nur die entlohnte Arbeit gewährt der Frau eine relative materielle Unabhängigkeit, auch vom Ehemann. Und nur die Arbeit außer Haus kann die soziale Isolation der Frauen lindern und ihr Selbstwertgefühl steigern.

Es wäre zynisch, Frauen, die die *unentlohnte* Haus- und Erziehungsarbeit leisten, zur *zusätzlichen* Erwerbstätigkeit zu ermutigen, ohne sie gleichzeitig vor der modernen KKK-Idylle (Kinder-Küche-Konsum) zu warnen. Die *Dennoch*-Berufstätigen sind dreifach Ausgebeutete. Sie arbeiten im Haus gratis als Hausfrau und Mutter (ihren Unterhalt verdienen sie als Berufstätige selbst); außer Haus als Lohnabhängige; und sind zusätzlich betroffen von der geschlechtsspezifischen Benachteiligung im Beruf.

»Darf eine Mutter berufstätig sein?«, fragte *Eltern* seine Leser im Sommer 1972 und gab auch gleich die Antwort. Die 34-jährige Margit Karl zum Beispiel breitete ihren zur Nachahmung empfohlenen, nach Minuten abgestoppten Tag chronologisch aus. Er beginnt um 5 Uhr (»Ich mache das Frühstück, bereite die Bügelwäsche für den Abend vor, stopfe oder flicke ein bisschen«) und endet nach 21 Uhr (»Ich koche das Mittagessen für Armin und Christa und das Abendessen für die Familie vor. Ich lege den Kindern die Kleidung für den nächsten Tag heraus und bügle ein bisschen oder mache Handarbeiten«).

Das ist das neue Frauenleitbild: Frauen dürfen nicht nur berufstätig sein, sie *sollen* es sein. Aber sie dürfen – zum Nutzen von Kapital und Patriarchat – ihr KKK-Leitbild dabei nicht aus den Augen verlieren. In Küche und Kinderzimmer arbeiten Frauen ohne Widerspruch und schuldbewusst (weil berufstätig); im Büro und am Fließband bleiben sie das willig-billige Potenzial (weil vor allem Mutter und Ehefrau), auf das die Wirtschaft längst nicht mehr verzichten kann.

Jede zweite Frau im erwerbsfähigen Alter ist heute in der Bundesrepublik erwerbstätig, die Hälfte ist verheiratet. 50 Prozent aller berufstätigen Frauen lassen sich mit weniger als 600 DM Monatslohn abspeisen (nur jeder 33. Mann wird mit einem solchen Entgelt beschieden). Von rund 5000 Plätzen im Topmanagement waren 1971 lediglich 16 mit Frauen besetzt.

»In der aktuellen arbeitsmarktpolitischen Diskussion besteht Übereinstimmung darüber, dass allein bei den Frauen ein bemerkenswertes ungenutztes inländisches Arbeitskräftepotenzial besteht«, schreibt Günter Buttler in der Broschüre »Beiträge des deutschen Industrieinstituts«, und er fährt fort: »Es geht im Nachfolgenden um die Möglichkeiten und Voraussetzungen zur Förderung der Frauenerwerbsarbeit, die geeignet sein können, latente Beschäftigungsreserven für das Wirtschaftswachstum zu erschließen, ohne dass dadurch die spezifische Rolle der Frau und ihre Funktion im Rahmen der Familie beeinträchtigt oder gar infrage gestellt werden.«

Das Gesetz stützt in der Bundesrepublik sowohl die geschlechtsspezifische Arbeitsteilung wie auch die Doppelbelastung. Die §§ 1356 und 1360 des BGB untersagen der Frau einerseits die Berufstätigkeit, so sie »ihren Haushaltspflichten« nicht voll nachkommt, und verpflichten sie andererseits zur Berufstätigkeit, wenn die wirtschaftliche Lage der Familie es erfordert. § 1356: »Die Frau ist berechtigt, berufstätig zu sein, soweit dies mit ihren Pflichten in Ehe und Familie vereinbar ist.«

Frauen sollen also nicht entlastet werden, Arbeit soll nicht gleichmäßig auf beide Geschlechter verteilt werden, die Doppelbelastung soll nur diskreter bewältigt werden. »Ich arbeite nicht«, sagen bezeichnenderweise die »Nur«-Hausfrauen, die ohne Kind mindestens 16 Stunden, mit Kind bis zu 100 Stunden in der Woche arbeiten. Sie bekunden damit, wie sehr sie selbst die Missachtung der Hausarbeit durch die Gesellschaft verinnerlicht haben.

Die »Deutsche Gesellschaft für Ernährung e.V.« in Frankfurt errechnete, dass in der BRD für private Haushalte rund 45 bis 50 Milliarden Arbeitsstunden im Jahr aufgewendet werden, für die Erwerbswirtschaft 52 Milliarden. Die Zahl der nicht entlohnten Arbeitsstunden ist also nur geringfügig niedriger als die der entlohnten. Für die »nicht arbeitenden« Frauen mit Kindern vermeldet die Studie »Die Lage der Mütter in der BRD« einen Arbeitstag von 13,5 Stunden – bei Siebentagewoche.

Nur dank dieser unentlohnten Frauenarbeit können Männerlöhne ganze Familien ernähren. Und nur dank der psychischen Regeneration in der Familie können Männer dem Leistungsdruck »draußen« standhalten. Zwei Karrieren, nämlich die von Mann und Frau, in einer Familie sind unmöglich.

Solange Frauen es billigen, fürs Spülen und Windeln-Waschen als allein zuständig angesehen zu werden, und, vor allem, solange *sie* selbst sich für allein zuständig halten, ändert sich da nichts.

Eine im Herbst 1972 in *Brigitte* veröffentlichte repräsentative Untersuchung ergab, dass ein Drittel der Ehemänner erwerbstätiger Frauen nie bei der Hausarbeit helfen; ein Drittel hilft öfter – aber wie häufig auch immer, alle *helfen* Frauen bei *ihrer* Hausarbeit: Hausarbeit gleich Frauenarbeit.

Eine Analyse der Gratis- und der minderwertigen Frauenberufsarbeit wurde in Gewerkschaften und Parteien bisher nicht geleistet. Und auch in den sozialistischen Staaten sind die Frauen eine niedere Kaste geblieben. Das Problem der Kindererziehung ist dort zwar weitgehend gesamtgesellschaftlich gelöst (da die Frauen auch stärker in den außerhäuslichen Produktionsprozess eingespannt sind), aber die Frauen blieben zusätzlich für Haus- und Erziehungsarbeit zuständig.

Und auch die fatalistischen Sprüche von der »Doppelbelastung« wirken längst eher einschläfernd als alarmierend. Denn nichts davon zielt auf die Aufhebung der Doppelbelastung, alles auf ihre diskrete Bewältigung. Hüten müssen Frauen sich vor Scheinlösungen, wie: der Teilzeitarbeit, die zwar eine Übergangs-Lösung sein kann, aber nur in unqualifizierten Berufen praktikabel ist; dem Drei-Phasen-Modell (Beruf-Mutterschaft-Beruf), das in qualifizierten Berufen nicht praktikabel ist; dem Hausfrauengehalt, das die Abhängigkeit der Frau vom Ehepartner und ihre Zuständigkeit für Haus und Kinder nur zementieren würde; den Sackgassenberufen (wie Sekretärin, Assistentin, Stewardess etc.), die die Möglichkeit eines beruflichen Aufstiegs ausschließen.

Was also sollten Frauen heute anstreben?

Die Erziehungs- und Hausarbeit müsste weitgehend von der Gesellschaft übernommen werden. Was heißt: ausreichend 24-Stunden-Krippen und -Kindergärten, die von Frauen *und* Männern getragen werden; sowie Kinderhorte und Ganztagsschulen, in denen die Geschlechterrollen nicht perpetuiert werden. Denn es ist nicht einzusehen, warum die Kindererziehung ausschließlich den Frauen aufgebürdet wird. Und die Hausarbeit in der heutigen Form ist ein schlichter Anachronismus. Auch das Brot wird schließlich längst nicht mehr im Haus gebacken. Großküchen mit vorbereiteten Gerichten müssten zur Verfügung stehen, wenn beide Partner berufstätig sind. Und schon beim Häuserbau muss die Rationalität der Hausarbeit eine Rolle spielen. Die verbleibende Hausarbeit müsste gerecht mit den Männern geteilt werden. Fernziel wäre eine Teilzeitarbeit für beide Geschlechter.

Frauen müssten lernen, eine berufliche Zukunft von 30, 40 Jahren zu planen. Und sie müssen zusätzliche Förderungs- und Bildungsmaßnahmen für Frauen fordern. Denn aufgrund ihrer spezifischen Benachteiligung wäre selbst bei gleicher Ausgangsbasis – wovon heute nicht die Rede sein kann – ihr über Jahrhunderte gewachsener Rückstand sonst nicht aufzuholen.

Dazu müssen Frauen zum Machtfaktor werden. Sie müssen miteinander reden und handeln, überall: im Wohnblock, im Büro, an der

Uni. Denn diese ersten Schritte werden gegen alle von der Diskriminierung der Frauen Profitierenden, das heißt auch gegen die Männer erzwungen werden müssen.

Erst in einer zweiten Phase könnte von Gemeinsamkeit die Rede sein – dann, wenn die Männer begriffen haben, dass sie lediglich vordergründig etwas zu verlieren, langfristig aber etwas zu gewinnen haben: nämlich menschenwürdigere Beziehungen zwischen den Geschlechtern und nicht zuletzt auch eine Milderung des Karrieredrucks, den frustrierte Frauen nicht selten aus Existenzangst und sozialer Abhängigkeit auf die Männer ausüben.

Denn nicht die Integration der Frauen in das Bestehende ist wünschenswert, nicht die Vermännlichung der Frauen, sondern die Vermenschlichung der Geschlechter.

*Aus: »Frauenarbeit – Frauenbefreiung«, Suhrkamp Verlag, Frankfurt, 1973 (Neuauflage unter dem Titel »Lohn: Liebe«, 1985)*

# Der kleine Unterschied
# und seine großen Folgen | 1975

Fast immer, wenn ich in den letzten Jahren mit Frauen geredet habe, egal worüber und egal mit wem – ob mit Hausfrauen, Karriere-Frauen oder Aktivistinnen aus der Frauenbewegung –, fast immer landeten diese Gespräche bei der Sexualität und bei den Männerbeziehungen dieser Frauen. Auch und gerade Frauen, die sich in anderen Bereichen scheinbar weitgehend »emanzipiert« hatten, bleiben in ihrem sogenannten Privatleben rat- und hilflos. Am schlimmsten ist es in der Sexualität: die »Sexwelle«, Kolle und Reich brachten den Frauen nicht mehr Freiheit und Befriedigung, sondern mehr Selbstverleugnung und Frigidität.

Nachdem ich mich mit Problemen wie Abtreibung, Berufsarbeit und Hausarbeit beschäftigt habe, ist mir klar geworden, dass die Sexualität der Angelpunkt der Frauenfrage ist. Sexualität ist zugleich Spiegel und Instrument der Unterdrückung der Frauen in allen Lebensbereichen.

Hier fallen die Würfel. Hier liegen Unterwerfung, Schuldbewusstsein und Männerfixierung von Frauen verankert. Hier steht das Fundament der männlichen Macht und der weiblichen Ohnmacht. Hier entzieht sich scheinbar »Privates« jeglicher gesellschaftlichen Reflexion. Hier wird die heimliche Wahrheit mit der öffentlichen Lüge zum Schweigen gebracht. Hier hindern angstvolle Abhängigkeit und schamerfüllte Isolation Frauen daran, zu entdecken, wie sehr sich die Schicksale gleichen ...

Das aufzubrechen, Frauen zu zeigen, dass ihre angeblich persönlichen Probleme zu einem großen Teil unvermeidliches Resultat ihrer Unterdrückung in einer Männergesellschaft sind, ist mein Anliegen.

Fast immer, wenn ich in den letzten Jahren versucht habe, mit Männern über Emanzipation zu reden – egal, ob mit Freunden oder Kollegen, ob mit Rechten oder mit Linken –, fast immer landeten diese Gespräche beim »kleinen Unterschied«. Das sei ja alles schön und gut mit der Emanzipation, und es läge auch noch manches im

Argen (so die, die sich für fortschrittlich halten), aber den kleinen Unterschied – den wollten wir doch hoffentlich nicht auch noch abschaffen? Und je progressiver die Kreise sind, in denen er debattiert wird, der Unterschied, umso kleiner wird er – nur die Folgen, die bleiben gleich groß.

Es wird darum Zeit, dass wir uns endlich einmal fragen, worin er eigentlich besteht, dieser so gern zitierte kleine Unterschied. Und ob er tatsächlich rechtfertigt, dass aus Menschen nicht schlicht Menschen, sondern Männer und Frauen werden.

Lange muss man in dieser potenzwütigen Männergesellschaft nach besagtem Unterschied nicht suchen. Im schlaffen Zustand beträgt er, so versichern Experten, acht bis neun Zentimeter, im erigierten 14 bis 17 Zentimeter. Und in diesem Zipfel liegt das Mannstum? Liegt die magische Kraft, Frauen Lust zu machen und die Welt zu beherrschen? Die Zipfelträger zumindest scheinen davon überzeugt.

Nicht dieser biologische Unterschied, aber seine ideologischen Folgen müssten darum restlos abgeschafft werden! Denn Biologie ist nicht Schicksal, sie wird dazu gemacht. Männlichkeit und Weiblichkeit sind nicht Natur, sondern Kultur. Sie sind die in jeder Generation neu erzwungene Identifikation mit Herrschaft oder Unterwerfung.

Die Ideologie vom Unterschied und den zwei Hälften, die sich angeblich so gut ergänzen, hat uns verstümmelt und eine Kluft zwischen uns geschaffen, die heute kaum überwindbar scheint. Frauen und Männer fühlen unterschiedlich, denken unterschiedlich, bewegen sich unterschiedlich, arbeiten unterschiedlich, leben unterschiedlich. Nichts, weder Rasse noch Klasse, bestimmt so sehr ein Menschenleben wie das Geschlecht. Und dabei sind Frauen und Männer Opfer ihrer Rollen – aber Frauen sind noch die Opfer der Opfer.

Angst und Abhängigkeit, Misstrauen und Ohnmacht der Frauen sind groß. Nicht wir Feministinnen versuchen, einer Mehrheit von »zufriedenen Frauen« den Männerhass einzureden, sondern wir Feministinnen gestehen ihn nur ein. Wir wollen nicht länger darüber hinweglügen. Und je näher wir hinschauen, umso tiefer wird die Kluft zwischen den Geschlechtern.

Nur wer es wagt, diese Kluft auszuloten, wird sie eines fernen

Tages vielleicht auch überwinden. Nur wer Existierendes eingesteht, wird es auch verändern können. Langfristig haben dabei beide Geschlechter zu gewinnen, kurzfristig aber haben Frauen vor allem ihre Ketten und Männer ihre Privilegien zu verlieren.

Alle, die von Gleichheit reden, obwohl Ungleichheit die Geschlechterbeziehungen bestimmt, machen sich täglich neu schuldig. Sie sind nicht an einer Veränderung, nicht an der Vermenschlichung von Männern und Frauen interessiert, sondern an der Beibehaltung der herrschenden Zustände. Denn sie profitieren davon.

Frauen arbeiten mehr denn je zuvor. Nur die Formen dieser Ausbeutung sind manchmal subtiler, schwerer fassbar geworden. Das, was offiziell unter »Emanzipation« verstanden wird, bedeutet für Frauen oft nicht mehr, als dass aus Sklavinnen freie Sklavinnen wurden.

[ ... ]

Bei meinen vielen Gesprächen in den letzten Jahren habe ich den Eindruck gewonnen, dass zwei Drittel aller Frauen akut oder zeitweise »frigide« sind. Besser: frigide gemacht worden sind. Sexualforscher vermuten, dass jede dritte oder zweite Frau akut »frigide« ist und fast alle Frauen massive Schwierigkeiten in der Sexualität haben. Mit solchen Zahlen wird erst richtig klar, wie makaber die »Sexwelle« für Frauen ist. Für sie hat sich weder an ihrer Abhängigkeit von Männern noch an der Unwissenheit über den eigenen Körper grundlegend etwas geändert. Für sie hat sich nur eines geändert: Frauen müssen die nicht vorhandene Lust nun auch noch vorspielen.

Früher konnten Frauen sich aus »Prüderie« oder Angst vor unerwünschter Schwangerschaft wenigstens verweigern, wenn sie keine Lust hatten, heute haben sie dank Aufklärung und Pille zur Verfügung zu stehen. Nach *ihren* Bedürfnissen fragt niemand. Auch sie selbst nicht.

Nur manchmal durchbricht ein Blick, ein Satz, eine Zahl den Druck der öffentlichen Lüge. So veröffentlichte Prof. Bell 1974 in den USA seine Untersuchung bei 2373 Frauen und resümierte: Die Frauen sind so frigide wie zu Zeiten des Kinsey-Reports, also vor 20 Jahren. Nur behaupten sie heute, im Unterschied zu früher, »in überwältigender

Mehrheit«, das sexuelle Zusammensein »nicht mehr als Pflicht zu empfinden, sondern Spaß daran zu haben«. – Eine tragische Kapitulation vor dem Zwang der angeblichen Normalität. Die Frauen täuschen damit nicht nur die anderen, sondern auch sich selbst. Resultat: Frauen sind total verunsichert und glauben sich allein mit ihren Problemen. Wir geraten noch mehr in die Abhängigkeit von Männern, die uns nicht mehr nur gegen unseren Willen, sondern oft auch mit unserer hilflosen Zustimmung benutzen.

Prof. Schorch und Gunter Schmidt vom »Hamburger Institut für Sexualforschung« berichten, dass immer mehr Männer ihre Frauen in die Sexualberatung schicken, damit sie »richtig funktionieren«: »Immer wieder sind in den letzten Jahren Frauen in die Sprechstunde gekommen mit Erklärungen wie: Mein Mann hat mich aufgefordert, etwas zu unternehmen, damit ich einen Orgasmus bekomme. Er verlangt von mir, dass ich richtig reagiere.«

Und auf Vorstadtbällen ist es schon lange üblich, dass Jungen Mädchen vor dem Tanz fragen: »Hast du heute schon geschluckt?« – die Pille nämlich. Hat sie noch nicht geschluckt, wird gar nicht erst mit ihr getanzt – sie ist ja doch nicht zu gebrauchen ...

So erklärt es sich, dass eine 15-jährige Schülerin, die noch keine sexuelle Beziehung hatte, vor zwei Jahren einem Journalisten auf die Frage, warum sie die Pille nehme, antwortete: »Damit ich vielleicht auch einmal einen Jungen kennenlerne, mit dem ich ein wenig länger zusammen sein kann.« »Wie lange?« »Na, vielleicht ein paar Wochen, das wäre schön.«

Was heißt: Frauen erkaufen sich menschliche Nähe, Hautkontakt, Zärtlichkeit und soziale Anerkennung durch sexuelle Verfügbarkeit. Deshalb machen auch wünschenswerte Freiheiten – wie Verhütung oder legaler Schwangerschaftsabbruch – Frauen manchmal noch unfreier: Sie schlagen als Bumerang auf die Frauen zurück. Darum muss jede Liberalisierung, gerade auch in der Sexualität, Hand in Hand gehen mit Bewusstseinsprozessen, die es den Frauen möglich machen, dies für sich selbst zu nutzen, anstatt sich zusätzlich benutzen zu lassen.

[ ... ]

Vor allem anderen macht Abhängigkeit vom Mann Frauen unfähig, sexuelle Lust zu empfinden. Ein ebenso wesentlicher Faktor wie die Abhängigkeit aber sind die herrschenden sexuellen Normen, die total an den körperlichen Bedürfnissen von Frauen vorbeigehen. Als »frigide« gilt heute eine Frau, die keinen »vaginalen Orgasmus« bekommt, das heißt, einen Orgasmus, der durch das Eindringen eines Penis in die Scheide ausgelöst wird. So lautet die offizielle Definition der Sexualwissenschaft. Gleichzeitig aber weiß diese Wissenschaft seit mindestens einer Generation (seit dem Kinsey-Report), dass es diesen vaginalen Orgasmus gar nicht gibt.

Der Kinsey-Report basiert auf der Befragung von 6000 Frauen und ebenso vielen Männern. Er ist die bisher umfassendste Studie herrschender Sexualpraktiken und konstatiert in nüchternen Zahlen und Fakten unter anderem: Es gibt keinen vaginalen Orgasmus, es gibt nur einen klitoralen, das heißt, einen körperlich durch die Klitoris ausgelösten Orgasmus. Die Klitoris ist das weibliche Pendant zum männlichen Penis, ist das erotische Zentrum des weiblichen Körpers.

Der Kinsey-Report, der eigentlich Schul-Lektüre sein müsste, wurde in mehreren Ländern verboten, in einigen sogar verbrannt. In allen aber wurde er durch verfälschte Zusammenfassungen und Auslassungen manipuliert. Kein Wunder, er ist Dynamit für die heutigen menschlichen Beziehungen, vor allem für die zwischen Mann und Frau.

Denn der vaginale Orgasmus ist eine physiologische Absurdität, die Vagina hat so viele Nerven wie der Dickdarm, das heißt: fast keine. Ihr Hauptteil kann ohne Betäubung operiert werden. Frauen wissen selbst sehr gut, dass sie zum Beispiel ein Tampon gar nicht spüren und dass das auch alles andere als erotisierend wirkt. In der Vagina spielt sich nichts ab.

Zur sexuellen Stimulierung muss der klitorale Bereich direkt oder indirekt gereizt werden – einmal abgesehen von dem psychisch bewirkten Orgasmus, der körperlich ebenfalls in der Klitoris ausgelöst wird. Bei der Penetration, dem Eindringen eines Penis in die Scheide, geschieht das in den meisten Fällen nicht: die Klitoris liegt zu weit vorne, um automatisch mit berührt zu werden. Viele Frauen masturbieren (oft heimlich) bis zum Orgasmus, während sie in der gleichen Zeit mit ihren Männern »frigide« sind.

Die amerikanische Psychiaterin Mary Jane Sherfey geht dem »Unterschied« bis in den Mutterleib nach. Sie erinnert daran, dass, embryologisch gesehen, die biologische Weiblichkeit und Männlichkeit nur leichte Varianten ein und desselben Grundmusters sind: Dass am Anfang nicht Adam ist, sondern Eva. Zwar liegt bei der Befruchtung das Geschlecht fest, doch ist zunächst jeder Embryo weiblich. Erst in der fünften Woche »maskulinisieren« Androgene die ursprünglich weiblichen Fortpflanzungsanlagen und Sexualorgane des zukünftig männlichen Embryos. Sherfey schließt daraus: »Embryologisch gesehen ist es durchaus richtig, im Penis eine wuchernde Klitoris, im Skrotom eine übertrieben große Schamlippe, in der weiblichen Libido die ursprüngliche zu sehen! Die moderne Embryologie müsste für alle Säugetiere den Adam-und-Eva-Mythos umkehren.«

Am Anfang war also das Weib. Daraus soll nicht die ideologische Umkehrung geschlossen, die »natürliche« Überlegenheit des Weibes propagiert werden. Aber in einer Gesellschaft, die die Überlegenheit des Mannes und die Minderwertigkeit der Frau im Namen der scheinbar »natürlichen« männlichen Erstlingsrechte folgert, sind diese Klarstellungen natürlich nicht ganz ohne Sinn.

[ ... ]

Der Koitus, der bis heute als unentbehrliche und zentrale Praxis in der Heterosexualität gilt, ist zwar unentbehrlich zur natürlichen Zeugung von Kindern, aber durchaus entbehrlich zur Zeugung von Lust. Er könnte eine von vielen möglichen Varianten des Hautkontaktes sein, die man tun, aber auch lassen kann. Körperlich entscheidend für eine lustvolle Sexualität ist für die Frau nicht die Penetration, sondern das Stimulieren ihrer Klitoris – so wie für den Mann das Stimulieren seines Penis.

Wie aber konnte es überhaupt zu diesem scheinbar absurden Dogma des vaginalen Orgasmus kommen? Was spricht für die Penetration? Nichts bei den Frauen, viel bei den Männern! Der die Frau zur Passivität verurteilende Koitus ist für Männer die unkomplizierteste und bequemste Sexualpraktik: Sie müssen sich nicht mit der

Frau auseinandersetzen, müssen sie weder seelisch noch körperlich stimulieren – passive Hingabe genügt.

Auch ist die psychologische Bedeutung dieses Aktes des Eindringens für Männer sicherlich nicht zu unterschätzen: Bumsen, wie es im Volksmund so treffend heißt, als höchste Demonstration männlicher Potenz! Außerdem wird für viele Männer Gewalt gleich Lust sein und ist für diese Männer darum die Penetration vielleicht auch das Lustvollste.

Aber das allein erklärt noch nicht den absoluten Zwang zu sexuellen Normen, die konträr zu den Bedürfnissen der Hälfte der Menschheit (nämlich der weiblichen) stehen. Und die zusätzlich die ungeheure Belastung der Verhütung mit sich bringen. Man stelle sich vor: Das ganze Grauen der ungewollten Schwangerschaften und Abtreibungen, die Nebenwirkungen der Pille und die Entzündungen durch die Pessare – alles wäre mit einem Schlag überflüssig, wenn Frauen Sexualität ihren natürlichen Bedürfnissen entsprechend leben könnten.

Doch weder das Elend der Abtreibung noch die weibliche Frigidität konnten das Dogma vom vaginalen Orgasmus erschüttern. Die Gründe müssen also gewichtig sein. Meine These lautet:

Nur der Mythos vom vaginalen Orgasmus (und damit von der Bedeutung der Penetration) sichert den Männern das Sexmonopol über Frauen. Und nur das Sexmonopol sichert den Männern auch das Liebesmonopol, das das Fundament des Monopols der Männergesellschaft über Frauen ist.

Ein Mann ohne Frau ist in unserer Gesellschaft allemal ein Mann, eine Frau ohne Mann aber keine Frau. Männer finden ihre Existenzberechtigung nicht nur in der privaten Beziehung, sie haben weitere Bereiche der Bestätigung (Beruf, Öffentlichkeit, Kumpanei mit anderen Männern). Ein Mann zum Beispiel, der im Privatleben scheitert, es aber im Beruf schafft, ist anerkannt. Eine Frau kann im Beruf noch so tüchtig sein, sie wird immer an ihrem Privatleben gemessen werden. So ist zum Beispiel sogar einer Simone de Beauvoir ein Leben lang die verweigerte Mutterschaft vorgeworfen worden. Wer käme darauf, Sartre nach der verpassten Vaterschaft zu fragen? Die Frau hat keine Existenzberechtigung als autonomes Wesen, sondern nur in Relation zum Mann.

Das ist der entscheidende Punkt: Das Sexmonopol von Männern über Frauen sichert ihnen gleichzeitig das emotionale Monopol (Frauen verlieben sich selbstverständlich nur in Männer), das soziale Monopol (Frauen sind zur sozialen Anerkennung auf die Ehe, mindestens aber auf die Männerbeziehung angewiesen) und das ökonomische Monopol (Frauen akzeptieren »aus Liebe zum Mann« Gratisarbeit im Haus und Zuverdiener-Jobs im Beruf). Darum kann nur die Erschütterung des männlichen Sexmonopols die Geschlechterrollen von Grund auf ins Wanken bringen.

Kategorien wie Heterosexualität und Homosexualität sind kultureller Natur und nicht biologisch zu rechtfertigen. Die herrschende Heterosexualität ist eine kulturell erzwungene, eine Zwangsheterosexualität.

In einer Kultur, in der die Zeugung nicht mehr der primäre Impuls für menschliche Sexualität ist, müsste bei freien Entfaltungsmöglichkeiten die gelebte Homosexualität ebenso selbstverständlich sein wie die Heterosexualität. Dass sie das nicht ist, hat politische Gründe. Denn: Nur eine zum Dogma erhobene Heterosexualität kann das männliche Sexmonopol sichern – ihr Vorwand ist der »kleine Unterschied«.

Im Namen der Liebe werden Frauen ausgebeutet. Darum ist Sexualität nicht privat, sondern politisch. Wenn die Liebe der Frauen für Männer kein selbstverständliches Privileg mehr ist, werden sie sich anstrengen müssen.

»Genau wie am Ende einer sozialistischen Revolution nicht nur die Abschaffung von ökonomischen Klassenprivilegien, sondern die Aufhebung der Klassenunterschiede selbst steht, so darf die feministische Revolution nicht einfach auf die Beseitigung männlicher Privilegien, sondern muss auf die Beseitigung des Geschlechtsunterschiedes selbst zielen«, schreibt Shulamith Firestone. Und die Amerikanerin fährt fort: »Genitale Unterschiede zwischen den Geschlechtern hätten dann keine gesellschaftliche Bedeutung mehr. Das bedeutet die Rückkehr zu einer ungehinderten Pansexualität –

Freuds ›polymorphe Perversion‹ – und würde dann wahrscheinlich die Hetero-Homo-Bisexualität ersetzen.«

Das hieße, dass Menschen in erster Linie Menschen wären und nur in zweiter biologisch weiblich oder männlich. Geschlecht wäre nicht mehr Schicksal. Der Männlichkeitswahn wäre so passé wie der Weiblichkeitskomplex. Die geschlechtsspezifische Arbeitsteilung und Ausbeutung wäre aufgehoben. Nur die biologische Mutterschaft bliebe Frauensache, die soziale Mutterschaft aber ginge Väter ebenso an wie Mütter.

Das Leben von weiblichen und männlichen Menschen verliefe nicht nach Rollenzwang, sondern nach individuell unterschiedlichen Bedürfnissen und Interessen – unabhängig vom biologischen Geschlecht.

Dabei kann und darf es nicht um neue Normen gehen. Nicht alle Frauen sollen bisexuell oder lesbisch leben. Aber alle Frauen sollten die Möglichkeit haben, bisher Selbstverständliches infrage zu stellen.

*Aus: »Der kleine Unterschied und seine großen Folgen, Protokolle und Essay«, Fischer Verlag, Frankfurt, 1975*

# Der Stern-Prozess | 1978

Die Heftigkeit der Reaktion ist entlarvend. Einen seitensprengenden Kommentar diktierte Bundesdeutschlands Medien-Halbgott Augstein aus seiner Chefetage, und auch der direkt visierte *Stern* nahm's nur scheinbar auf die leichte Schulter: Aufgrund eines immer noch wachen journalistischen Instinktes fand er das Thema allemal titelwürdig, wenn er auch gleichzeitig versuchte zu verniedlichen ... Nicht Qualität, Quantität signalisierte die Getroffenheit der anderen Seite.

Auf dem Papier landete Übliches. Den Frauen-Argumenten hatten die Medien-Herren nichts, aber auch gar nichts entgegenzusetzen, also versuchten sie es wie gewohnt mit der Diffamation und Einschüchterung der Protestierenden – um so vom Protest selbst abzulenken. Stil: »freudlose Grauröcke«, »jämmerliches Selbstbewusstsein«, »Zwangsfixierung aufs Objektsein« (Nannen); »mangelndes Selbstwertgefühl«, »ärgerliches Selbstmitleid«, »Meinungs- und Geschmacksdiktatur« (Augstein).

Worum geht es? Um das Verbot von Nacktheit? Mitnichten. Gegen Nacktheit an sich ist selbstverständlich nichts einzuwenden. Es ist noch nicht einmal das Ausschlaggebende, dass auf den Titeln, gegen die wir jetzt exemplarisch Klage erhoben haben (exemplarisch, weil diese eine Klage juristisch zwar nur den *Stern* meint, sich aber alle andern durchaus angesprochen fühlen dürfen – und das ja auch tun), die Models meist nackt oder halbnackt sind. Ausschlaggebend sind die Posen, ist der Gesichtsausdruck, ist die ganze Haltung, die signalisieren sollen: Ich bin ein willenloses Wesen, geschaffen, dir zur Verfügung zu stehen, bereit, alles zu tun, was du verlangst.

Hier werden weibliche Menschen degradiert zu läufigen Hündinnen, die vor ihrem Herrn herwinseln. Hier geht es um mehr, um sehr viel mehr, als um unsere Rolle als Sexualobjekt. Hier geht es um die Ideologie von der weiblichen Minderwertigkeit (im progressiven Sprachgebrauch auch gern verbrämend »Anderssein« genannt). Unterworfen, verfügbar, benutzbar. Im Bett wie im Büro, auf der Straße wie auf der Leinwand.

Und genau das »begehren« sie an uns. Spielt eine nicht mit, wird sie flugs mit dem Stigma der »Frustrierten«, der »von Männern nicht Begehrten« gebrandmarkt. Denn bei dem von Männern für Frauen geschaffenen Attraktivitätsbegriff geht es nicht um »Schönheit« (die von Kultur zu Kultur sowieso variiert), sondern um das »relative Wesen« (Simone de Beauvoir) – ein Wesen, das nur in Relation zu ihm, in Bezug auf ihn überhaupt eine Existenzberechtigung hat (die Freundin/Frau/Sekretärin von ...). Wer wir selbst sind und was wir selbst wollen, darf unsere Sorge nicht sein. Wie ER uns will und was ER erwartet, soll uns in Atem halten. Von vorne? Oder lieber von hinten? Knochig oder knackig? Sanft oder wild? Schmollend oder aggressiv? Wie ist es recht?

Die Sklaven des 20. Jahrhunderts tragen keine Ketten mehr. Es gehört nicht mehr zum guten Ton, Leibeigene offen zu halten. Verfügung über andere gestehen die Herrenmenschen sich 1978 nur zu, wenn diese Verfügten (»Begehrten«) es selbst so wollen und sich von Herzen wohl fühlen in ihrer Rolle. – Doch wehe, wir sprechen das aus – dann leiden wir an »Realitätsverlust«. Denn gegen Leichtlohngruppen und § 218 dürfen wir inzwischen gerade noch kämpfen, uns aber mit anerkannt Diskriminierten, mit Schwarzen oder gar Juden vergleichen? – Bitte keine Geschmacklosigkeiten! Und vor allem keine Taktlosigkeiten. Solche Parallelen – die nötig sind, weil oft erst das die Ungeheuerlichkeit der Frauen-»Normalität« klarmacht – verstoßen gegen die guten Männersitten.

Dazu ein paar Fakten: In den USA zum Beispiel sieht die Lohnhierarchie heute so aus: weiße Männer, schwarze Männer, weiße Frauen, schwarze Frauen. Das heißt: Sexismus, die Diskriminierung eines Geschlechts, wiegt schwerer als Rassismus. Bei beiden ist die angebliche »Natur« des Unterdrückten Anlass zur Unterdrückung, ist die Biologie Vorwand zur Benachteiligung, ist das geschaffene Bild Rechtfertigung zur Degradierung.

Der »trolläugige, tumbe Onkel Tom« bot sich zur Versklavung förmlich an. Die »hakennasigen, verschlagen fremd blickenden Juden« waren es über Jahrtausende »selber schuld«, dass sie in Gettos gesperrt und ausgeschlossen wurden. Und die »knackigen« Mädchen von Nannen & Co provozieren förmlich Sprüche wie »Hallo, Süße« und »Na, so allein heut Abend ...«; oder auch Taten wie »in den Po kneifen« oder »auf der Straße oder im Ehebett vergewaltigen«.

In den Reaktionen der Medienmänner steckt viel Demagogie, viel Unwahres wider besseres Wissen, aber auch ein wenig Unvermögen, zu begreifen. Wie sollten sie auch, sie stecken schließlich nicht in unserer Haut. Und warum sollten sie auch, sie haben schließlich den besseren Part. So kritisierte Nannen in wirklich echter Verständnislosigkeit, glaube ich, Margarete Mitscherlich, als sie sich als Mitklägerin im Fernsehen gegen den Vorwurf, dies sei Zensur und eine reaktionäre Prüderie, verwahrte und darauf hinwies, dass die neuen sexuellen Freiheiten der letzten Jahre für Frauen nicht immer befreiend, sondern oft nur neue Formen von Unfreiheiten waren.

Denn: Alles, wofür wir gekämpft haben und weiterkämpfen werden, könnte sich auch gegen Frauen wenden – nämlich dann, wenn es nicht die Frauen selbst sind, die darüber verfügen. So kann zum Beispiel die Pille zum Bumerang werden (»Was, du schluckst nicht ...?!«) und auch das Recht auf Schwangerschaftsabbruch (»Schwanger? Dann treib doch ab!«).

Und auch das Recht auf Nacktheit wurde nicht selten zur Pflicht zur Nacktheit. Früher hatten wir jungfräulich und prüde zu sein, heute haben wir's »locker, locker« zu bringen – beide Male bleiben wir selbst auf der Strecke.

Dass es sich bei unserer Klage nicht um den Versuch der Zensur handelt, ist so selbstverständlich, dass es mir fast lächerlich scheint, es noch zu betonen. Ich bin nicht nur Frau, ich bin auch Journalistin und werde immer in den Reihen derer stehen, die mit aller Vehemenz für Freiheit überhaupt und damit auch für Pressefreiheit kämpfen.

Aber die Pressefreiheit wird – sehr zu Recht – schon im Grundgesetz Artikel 5 Absatz 2 beschränkt, wo es heißt, sie fände »ihre Schranken in den Vorschriften der allgemeinen Gesetze, den gesetzlichen Bestimmungen zum Schutze der Jugend und in dem Recht der persönlichen Ehre«. Auch Frauen stehen diese minimalsten Menschenrechte, steht das Recht auf persönliche Ehre und der

Schutz vor Volksverhetzung zu – die Verhetzung aller Männer gegen alle Frauen.

»Aus blinder Wut sollten sie nicht die politische Rechtsordnung zerstören helfen«, belehrte Rudolf Augstein in seinem Kommentar die Klägerinnen. Manche hielten das für einen intellektuellen Ausrutscher eines sonst klugen Mannes. Sie irren. Rudolf Augstein hat mit diesem Satz den Kern der Sache getroffen: Es geht um die Erschütterung einer Ordnung, in der Männer das Recht auf Erniedrigung von Frauen haben.

*Aus:* EMMA *8/1978*

# Frauen ins Militär | 1978

Zu der Fernseh-Debatte »Pro und Contra« versammelten sich – unter großzügigem Verzicht auf die Alibifrau – exklusiv männliche Diskutanten. Nur auf den Zuhörerbänken lockerten einige wenige Frauen die Mannschaft auf, sichtbar in ihrer Funktion als Gattinnen. Männer unter sich. Diesmal beim männlichsten Thema überhaupt: beim Soldatentum. Anlass war die jüngste Entscheidung des Verfassungsgerichtshofes, der – unter Berufung auf angebliche Verfassungsfeindlichkeit – die von der SPD/FDP-Fraktion verabschiedete Gesetzesreform zur Erleichterung der Wehrdienst-Verweigerung wieder aufhob.

Den live Debattierenden ging es nun um die Frage, ob der Ersatzdienst nun auch noch zu verschärfen sei oder nicht. Eine »Einschränkung des Grundrechtes auf Wehrdienst-Verweigerung« und »Bestrafung« witterten die Wehrdienstgegner, einen »gerechten Ausgleich zwischen Ersatz- und Wehrdienst« die Befürworter.

Nun, wäre ich ein Mann, ich wäre Wehrdienst-Verweigerer. Das war für mich schon immer klar, schon als junges Mädchen empörte mich die Wiederaufrüstung, schockierten mich Kasernendrill und Waffengeprotze.

Genauso fühle ich auch heute noch. Aber – ich habe seither dazugelernt. Ich habe begreifen müssen, dass Ideal nicht immer gleich Realität ist, dass, wer den Frieden will, ihn notfalls auch verteidigen oder gar erkämpfen muss. Ich habe auch gelernt, dass Waffen Macht bedeuten und wie sehr Waffengewalt und Männlichkeitswahn miteinander verquickt sind.

Als französische Feministinnen 1970 zum ersten Mal demonstrierten, schleuderte ihnen eine Gruppe linker Studenten in Abwandlung eines Mao-Wortes entgegen: »Die Macht liegt im Laufe des Phallus!« Und die Amerikanerin Susan Brownmiller beweist in ihrer umfassenden Analyse der Funktion von Vergewaltigungen (»Gegen unseren Willen«), dass Vergewaltigungen auch in Kriegszeiten nicht die Untat Einzelner, sondern systematisch eingesetzte Waffe eines

Männerbundes ist, der hier in höchster Potenz seinen Männlichkeitswahn austobt.

Über den realen Stellenwert der Bundeswehr heute sagt schon die folgende Zahl einiges aus: Fast ein Fünftel des gesamten Haushalts-Budgets (nämlich 35 Milliarden Mark!) gehen in die Verteidigung. Es zeichnet die neuen Emanzipationsbewegungen seit 1968 aus – auch die der Frauen –, dass sie nicht nur in Zahlen und Machtkategorien denken. Sie interessieren sich vor allem für den Menschen und darum auch für seine Veränderung, die Voraussetzung für die Veränderung unmenschlicher Verhältnisse ist. Der Kampf auf der Bewusstseinsebene ist gut und wichtig – nur: er allein, ohne den Kampf um Macht, ist gefährlich. Was nutzt schon das schönste Bewusstsein angesichts blanker Gewehrläufe? Und was nutzt der lauteste Friedenswille, wenn der, der die Waffen hat, nicht mitspielt?

Es ist also kein Zufall, dass das Thema Frauen und Waffen so tabuisiert ist. Unsere Ausschaltung aus diesem Bereich ist nicht etwa Galanterie, sondern eine reine Machtfrage. Das signalisiert schon die Art der Argumentation. Frauen und Waffen? – lächerlich. Flintenweiber.

Frauen sind von Natur aus friedfertig, heißt es. Dabei weiß jeder Mann, der den Frieden will, dass der ihm selten geschenkt wird. So leitete zum Beispiel Ex-Verteidigungsminister Leber die Broschüre »Bundeswehr 77« mit den hehren Worten ein: »Wir wollen nichts anderes, als in Freiheit und in Frieden unser Leben nach unseren eigenen Vorstellungen ohne Druck und Nötigung von außen gestalten.« – Wir auch. Nur wird uns Frauen das Recht auf vorsorgliche Verteidigungsmaßnahmen als »widernatürlich« versagt.

Mehr noch: Frauen wird, wider alle Erfahrung, die Fähigkeit zur Verteidigung und zum Kampf überhaupt abgesprochen. In Kriegswie in Friedenszeiten. Dabei beweisen Frauen ohne Unterlass, dass sie – im Guten wie im Bösen – durchaus so kämpferisch handeln können wie Männer. An »Heimatfronten« halten Frauen die Stellung und dürfen, wenn sie die Bombardierungen und Vergewaltigungen überleben, die Trümmer wieder aufschichten. Und im Notfall müssen sie sowieso mannhaft ans Gewehr. Von ihrer »natürlichen« Friedfertigkeit und Häuslichkeit redet da niemand mehr – die fällt den Männern immer erst nach dem Sieg wieder ein. Nämlich dann, wenn sie mit diesem Argument die Frauen zurück ins Haus schicken wollen (so zum Beispiel nach der von Frauen mit erkämpften Französischen Revolution oder nach dem Algerienkrieg).

Linke argumentieren da wie Rechte, bestens gestützt von ihren Theorien. Bezeichnenderweise wurde in kaum einem sich als sozialistisch begreifenden Land die Frage nach einer gleichberechtigten Integration von Frauen in die Armee auch nur gestellt. Und schon Sozialisten-Vater Bebel schrieb um die Jahrhundertwende in seiner in vielen Punkten durchaus emanzipierten »Frau im Sozialismus«: »Auch wir glauben, dass es eine zweckmäßige Arbeitsteilung ist, den Männern die Verteidigung des Landes zu überlassen, den Frauen die Sorge für Heimat und Herd.«

Mit derselben Konsequenz, mit der wir Frauen uns gegen die Festlegung auf den heimischen Herd wehren und Zugang zu allen wesentlichen gesellschaftlichen Bereichen fordern, müssen wir uns darum die Frage nach unserem Verhältnis zum Militär stellen. Denn der von uns so selbstverständlich hingenommene Ausschluss hat frauenfeindliche Gründe.

1. geht es um Macht: und da, wo es um Macht geht, glänzen Frauen in Männergesellschaften generell durch Abwesenheit.

2. geht es um die ideologische und reale Verfestigung des Männlichkeitswahns (»Der muss zum Bund, damit ein richtiger Mann aus ihm wird«), Frauen bleibt durch ihren Ausschluss nicht nur absurder Drill erspart, sie lernen im Gegensatz zu den Männern auch weder Selbstverteidigung noch den Umgang mit Waffen – und bleiben rührend hilflos wie eh und je.

3. ist das Männer-Militär extremster Ausdruck der Aufgabenverteilung zwischen Männern und Frauen: hier steht ein Jahr Wehrdienst gegen 20 Jahre Mutterdienst.

Dennoch kann es uns nicht um die Integration von Frauen in diese Männerbünde, nicht um unseren jetzigen Eintritt in diese Bundeswehr, die den Frieden eher schwerer als leichter macht, gehen. Aber es muss uns um die grundsätzliche Forderung des Zugangs für Frauen zu allen Machtbereichen gehen, auch zum Militär!

Mir ist klar, wie ungewohnt und zunächst schockierend dieser Gedankengang für die meisten ist. Von der Möglichkeit, den eigenen Frieden auch selbst verteidigen und notfalls sogar erkämpfen zu können – davon können und dürfen Frauen sich nicht länger ausschließen lassen! Und ich meine: Frauen und Frieden – ja. Aber die Bemühung um Frieden sollte eine menschliche und nicht nur eine »weibliche« Qualität sein.

*Aus:* EMMA 6/1978

# Iran: Die Betrogenen | 1979

Die jungen Männer strahlen. Guerilla-Look mit Blumen in den Gewehrläufen – so ziehen sie vorbei: Helden der Revolution, zu Tausenden auf dem Weg zum ersten großen Militäraufmarsch. Die alte Diktatur ist tot, die neuen Herren demonstrieren ihre Macht. Ganz ähnlich muss das ausgesehen haben in Portugal, in Kuba, in Algerien.

Sie waren meine ersten Begegnungen auf dem Weg vom Teheraner Flughafen zum Hotel. Als ich sie sah, musste ich daran denken, dass es noch vor wenigen Wochen Frauen waren, die bei Demonstrationen in den vordersten Reihen gingen. Tief verschleiert. So auch am 8. November 1978, dem berüchtigten »Schwarzen Freitag«, wo allein an diesem Tag 4000 Schahgegner auf der Straße erschossen wurden, darunter 700 Frauen.

Doch der Schleier ist zu einem tragischen Symbol geworden: einst Zeichen des Kampfes gegen die Zwangsverwestlichung, ist er jetzt Zeichen einer neuen Unterwerfung. So kommt es, dass Frauen, die früher aus Protest gegen den Schah den Schleier trugen, jetzt aus Protest gegen den Schleier auf die Straße gingen.

Das haben wir in diesen drei Tagen begriffen. Wir: die 18 Frauen des zu diesem Anlass hastig in Paris gegründeten »Komitees zur Verteidigung der Rechte der Frauen«. Eingeladen von niemandem, gekommen aufgrund der Hilferufe einiger iranischer Frauen.

Schon am Flughafen empfing uns eine Gruppe erstaunter Auslandskorrespondenten. Bis zuletzt hatten sie nicht damit gerechnet, dass wir überhaupt ins Land gelassen würden. Dann aber wurden wir plötzlich auffallend zuvorkommend behandelt – bis hin zum Empfang bei den politischen und religiösen Führern des Landes, bei Ajatollah Taleghani und Chomeini sowie dem Ministerpräsidenten Bazargan. Was uns denn die Herren gesagt hätten, wurde ich nach meiner Rückkehr oft gefragt. Nun, das Übliche. Wobei es zwei Sorten von Patriarchen gibt im Iran: die Hemmungslosen, nämlich die Religiösen, die uns wie Taleghani auf die Frage nach den Rechten der

Frau schlicht antworteten: »Das erste Recht der Frau ist das auf einen Ehemann, das zweite das auf die Mutterschaft«; und die Taktischen wie Ministerpräsident Bazargan, der grundsätzlich »selbstverständlich« für Gleichberechtigung ist, konkret in allem ausweicht und sich ansonsten gern auf den »natürlichen Unterschied« beruft: »Mann und Frau sind komplementär.« Das klingt in Teheran nicht anders als in Bonn.

Und die iranischen Frauen? Nur eine Minderheit ist beunruhigt, die Mehrheit vertraut den neuen Machthabern. Das wurde uns klar in diesen drei Tagen, in denen wir zahlreiche Frauen aus verschiedensten politischen Lagern trafen.

Da ist Kateh, die Feministin, die schon jetzt Angst hatte, in unser von Chomeini-Garden bewachtes Hotel zu kommen. Wir trafen sie und ihre Freundinnen versteckt, in wechselnden Wohnungen. Diese Frauen sind fast ausnahmslos vor wenigen Wochen oder Monaten aus dem Exil zurückgekommen, ihre Vorstellung von Emanzipation ist importiert. Und dennoch sind auch sie pro Chomeini (»Wir verehren ihn alle sehr für das, was er für den Iran getan hat«) und halten auch sie die Befreiung der Frau und den islamischen Glauben für vereinbar (»Im Koran steht nichts gegen Frauen«).

Da ist die europäisch gekleidete Studentin, der wir auf dem Universitätsgelände begegneten und die uns auf die Frage nach dem Schleier antwortete: »Na und? Wenn's den Frauen gefällt ... Was jetzt zählt, ist die Revolution und sonst nichts.«

Da ist die persische Französischlehrerin, zufällig auf der Straße kennengelernt, deren Mutter schon keinen Schleier mehr getragen hatte und die selbst den Schador nur bei Protestdemonstrationen gegen den Schah trug. Am 8. März war sie eine der Frauen, die spontan auf die Straße gingen: gegen den Schleierzwang und die neue Einschränkung von Frauenrechten. Nun aber sagte sie zögernd: »Das ist jetzt alles nicht mehr so wichtig. Wir müssen erst unser Land aufbauen.«

Da sind die kichernden jungen Mädchen auf der Straße, unter deren knöchellangem schwarzen Schador gerade noch die Jeans und die bunten Tennisschuhe vorblitzen. Daneben in der Zeitung die

Meldung, die Ehefrauen der Minister Bazargans hätten erklärt, sie hätten den Schleier nie getragen und hätten auch in Zukunft nicht die Absicht, es zu tun.

Und da sind die tief verschleierten Frauen der gerade gegründeten Islamischen Frauenunion. Auch sie erkämpften den Umsturz, nicht selten mit der Waffe in der Hand. Auch sie hoffen auf volle Gleichberechtigung im politischen und beruflichen Leben («Wir können uns sehr gut vorstellen, dass eine Frau eines Tages Ministerpräsident unseres Landes wird!«). Und dennoch halten sie, ganz nach der offiziellen Männerversion, die Frauenproteste des 8. März für Komplotte der Savak (Geheimdienst des Schahregimes) und der CIA.

Doch sie alle – egal ob sie jetzt für oder gegen den Schleier kämpfen –, sie alle werden betrogen werden. Sie werden ein weiteres tragisches Exempel liefern dafür, dass Menschen, die nicht für ihre eigenen Rechte kämpfen, vergessen werden. Doch wenn sie es merken, wird es zu spät sein. Denn sie haben sich ihren Protest zu gutgläubig wieder ausreden lassen. Und sie haben keine eigene Organisation, ihre Ohnmacht zeigt sich schon jetzt.

Bereits in den Wochen vor dem endgültigen Sturz des Schahs stellten Perserinnen öffentlich die Frage: Was wird danach mit uns Frauen? Die Antwort ließ nicht lange auf sich warten. Vor dem Machtwechsel noch um diplomatische Formulierungen bemüht, verloren die Ajatollahs danach keine Zeit mehr. Ajatollah Schiriat Madari, als »liberal« bekannt, führte den ersten Schlag: Im »Kayhan« erklärte er, in einer islamischen Republik könnten Frauen nicht mehr Richter sein, denn sie seien bekanntermaßen zu emotional.

24 Stunden später widersprachen zehn Richterinnen in derselben Zeitung energisch. Und wenige Tage danach veröffentlichte die winzige Teheraner Feministinnengruppe, die maximal einige Dutzend Aktivistinnen zählt, eine Anzeige im »Kayhan«. Zum »Internationalen Tag der Frau« suchte das frisch gegründete »Komitee zur Organisation des 8. März« Mitstreiterinnen. Kateh: »Wir dachten, das könnte ein Anfang sein.«

Reaktion: zirka 40 Briefe, 300 Frauen beim ersten Treffen am 24. Februar und – die ersten Schwierigkeiten. Für eine zweite Versammlung bekamen die Frauen schon keinen Raum mehr. Argument: »Der Koran verbietet den 8. März.«

Und prompt erfolgte der bisher spektakulärste Angriff auf die Frauen. Aus der »heiligen Stadt« Chom verkündete Chomeini erneut den Schleierzwang, die Aufhebung der Koeduktion und die Annullierung des Familiengesetzes, das unter dem Schah zumindest theoretisch die Scheidung möglich gemacht, die Vermögensverhältnisse zwischen den Geschlechtern einigermaßen gerecht geregelt und dem Mann statt vier »nur noch« zwei Frauen zugestanden hatte.

Von diesem Tag an sprachen die Ansagerinnen im Fernsehen die Nachrichten verschleiert ...

Zur Explosion fehlte nur noch ein Funke. Der flog am Morgen des 8. März. Ausgerechnet. Tausenden von weiblichen Büroangestellten wurde an diesem Tag der Zugang zu ihren Arbeitsstellen verweigert: »Geht erst mal nach Hause und zieht euch anständig an, statt so nackt herumzulaufen.« Nackt meint: ohne Schleier. Manche Frauen wurden auch tätlich angegriffen, Eiferer schnitten ihnen die Haare ab.

Schon eine Stunde später zogen 20 000 bis 30 000 Frauen durch die Straßen Teherans. Sie skandierten: »Wir sind Iranerinnen und lassen uns nicht länger an Ketten legen!« und »Ohne die Frauenbefreiung ist die Revolution sinnlos gewesen!« und »Wir haben nicht gegen die alte Diktatur gekämpft, um uns einer neuen Diktatur zu beugen«.

Die Chomeini-Garden schossen. Allerdings nicht auf die Frauen, wie in der hiesigen Presse fälschlicherweise berichtet wurde, sondern in die Luft und zum Schutz der Frauen, die von einzelnen Männern angegriffen, geschlagen und an den Haaren gezerrt wurden. Deren Antwort: »Wir haben keine Angst!«

Dieser erste Protest war noch ganz euphorisch, heiter in der Sicherheit, dass sie, die alten Kampfgefährtinnen, Gehör finden würden.

Am nächsten Morgen, Freitag, Sit-in im Universitätsgelände. Trotz Regen trägt keine Frau ein Kopftuch. Am Samstag 50 000 Frauen bei der Demonstration. Viele rauchen, auch Nichtraucherinnen. Protest gegen Ajatollah Chomeinis Ermahnung: »Eine iranische Frau raucht nicht auf der Straße« (vertraute Töne in deutschen Ohren ...).

Am Montag, dem 12. März, hat der Frauenprotest bereits die Provinzstädte erreicht, bis hin in den Kurdistan. Und siehe da, dieselben Männer, deren Differenzen sich in Ermangelung des gemeinsamen Außenfeindes in den ersten Wochen der neuen Machtverteilung rasch gezeigt hatten, sie alle, vom Mullah (islamischer Priester) bis zum Fedayin (nichtreligiöser Revolutionär), waren sich plötzlich einig: »Der Frauenprotest muss aufhören! Er schadet der islamischen Revolution und nutzt nur der Savak und der CIA.«

Eine Männergesellschaft, ein Wort. Und die Frauen? Sie gehorchten. Wieder einmal. Sie, die Kampfgewohnten, waren überzeugt oder eingeschüchtert. Einige auch verzweifelt. So wie die Schülerin, die sich am Morgen des 13. März die Pulsadern aufschnitt. Oder die geschiedene Sekretärin, die auf dem Rückflug neben mir saß und mir über Athen anvertraute: »Ich bin auf der Flucht. Ich gehe nicht zurück. Ich habe Angst.«

Nur eine verschwindende Minderheit, ein paar Tausend Frauen vielleicht, begreift die Hoffnungslosigkeit der Lage. Sie lassen sich auch von der taktischen Abwiegelung der vom heftigen Protest überraschten Ajatollah keinen Sand in die Augen streuen: Nicht der Schleier sei Zwang, sondern nur »die züchtige Kleidung« – was auch immer das sein mag.

Hunderttausende sind, wie die Französischlehrerin, halb optimistisch, halb resigniert. Die weite Mehrheit der Perserinnen aber ist tief im islamischen Glauben verwurzelt und hat volles Vertrauen zu den neuen Herren. Noch.

Sie werden repräsentiert von der Islamischen Frauenunion, mit deren Vertreterinnen wir uns einen Vormittag lang unterhielten. In diesem Kreis gehört den Traditionellen das Wort. Wortführerin ist die schador-gewandete Azam Taleghani, Tochter des Ajatollah und Heldin des bewaffneten Widerstandes. Zahrah Hejazi, Tochter Bazargans, die im Gegensatz zu den meisten Iranerinnen in dieser Runde europäisch gekleidet ist und das bunte Kopftuch sichtbar improvisiert umgeschlungen hat, ist auffallend zurückhaltend und ergreift das Wort nur zum Übersetzen.

Fast all diese Frauen sind berufstätig, sind Ärztinnen, Lehrerinnen,

Chemikerinnen. In so vielem haben sie mir imponiert, diese Frauen der Union, so wie sie vor mir saßen mit ihren würdigen und starken Gesichtern. Sie glauben an die Verwirklichung einer klassenfreien Gesellschaft im Iran, an das Ende von Unterdrückung und Ausbeutung. Sie glauben an ihre maßgebliche gesellschaftliche Beteiligung auch in der Zukunft.

Tahez Labaf, Ärztin und Mutter zweier Kinder, beruft sich bei ihrer Definition von der Freiheit des Menschen allein dreimal auf Jean-Paul Sartre. Gleichzeitig aber verteidigt sie ungebrochen das Recht des Mannes auf Polygamie (zum Teil mit fast rührenden Rechenexempeln, Stil: Wenn nach einem Krieg weniger Männer ... Oder: Kinder müssen dann nicht mehr ins Waisenhaus. Oder: Alternde Frauen sind so nicht einsam ...).

Tahez ist es auch, die uns freundlich die Exekution der ersten Homosexuellen bestätigt. »Homosexualität verstößt gegen den Islam, weil sie gegen die Gesellschaft gerichtet ist: sie ist nur Begierde und nicht Ausdruck eines Kinderwunsches.« Diese Frauen, die nicht selten in den Kerkern des Schahs gefoltert wurden, erläutern uns detailliert, wie in Zukunft »beim einmaligen Vorkommen« von Homosexualität die Prügelstrafe angewandt werden wird und, »wenn es zur Gewohnheit wird«, die Todesstrafe. Bei Männern und Frauen. Ganz gleichberechtigt.

»Die Unterdrückung des Schah kam für uns Iraner von außen und war so offensichtlich und gewalttätig, dass man sich dagegen wehren konnte. Die religiöse Unterdrückung aber kommt vom Volke selbst und wird von der Mehrheit der Iraner selbst blindwütig gutgeheißen, denn sie fanden nur diese Form der Auflehnung gegen die Schreckenstyrannei.« Das schrieb die Iranerin Anoucha Hodes in der letzten *EMMA*. Wie recht hat sie.

Sie glauben sich so fest auf der Seite der Gerechten, dass sie Unrecht noch nicht einmal mehr erkennen. Und sie haben vom Westen nie Alternativen geboten bekommen. Die scheinbare Liberalisierung unter dem Schah-Regime war nicht mehr als eine Fratze. Wenn der Schah-Vater den Frauen einst durch Soldaten gewaltsam den Schador vom Körper reißen ließ, so ist das nicht besser als Chomeinis neues Diktat.

Wie überhaupt die Arroganz der Christen, die alles Islamische schlicht als »mittelalterlich« abtun wollen, schwer erträglich ist. Denn es ist nicht alles schlecht, was islamisch ist. So einfach ist das nicht.

Farideh Ahmadian von der Frauenunion erzählt mir von ihren Erfahrungen in Frankreich, wo sie zusammen mit ihrem Mann vier Jahre lang gelebt hat. Die tiefgläubige 26-Jährige hat auch dort ihren Schador nicht abgelegt. Zum Hohn und Spott ihrer Umwelt. »In der Mensa haben sie mir sogar einmal Joghurt auf den Kopf gegossen und an meinem Schleier gerissen.« Warum Farideh so daran festhält? »Weil Allah es so will« – eine Antwort, der wir an irgendeinem Punkt der Gespräche immer wieder und überall begegneten ... Und Farideh weiter: »Weil ich kein sexuelles Objekt sein will! Ich möchte von den Männern respektiert werden!«

Bei Farideh bin ich am nächsten Tag, dem islamischen Neujahrstag, zum Mittagessen eingeladen. Ihr Mann, ein Physiker, ist auf Dienstreise. Sie ist Hausfrau und Mutter zweier Kinder. Ihr einstöckiges lichtes Haus liegt im privilegierten Norden der Stadt. Sie muss nicht, wie so viele in diesem vom Schah erbarmungslos ausgebeuteten Land, zu acht, zwölf Personen in einem 20-Quadratmeter-Raum hausen.

Farideh ist sehr heiter an diesem Tag. »Das ist unser erstes islamisches Neujahrsfest! Vor einem Jahr sprach zu dieser Stunde noch der Schah, und mein Bruder war im Gefängnis ...« Farideh war eine der Frauen, die am Schwarzen Freitag in der ersten Reihe gingen – im Arm ihre kleine Tochter, und unter dem Schador ein Küchenmesser.

Farideh sagt: »Mein Haus ist mein Paradies«, und – ich glaube es ihr. Sie glaubt so tief und ist so unberührt von Zweifeln, dass sie wahrscheinlich dieses ihr Leben in Hingabe und Demut und dennoch auf ihre Weise glücklich verbringen wird. Oder wird sie zu denen gehören, die eines Tages aufwachen, erkennen werden, dass sie betrogen wurden? Und die sich dann auf ihre alte Kampftradition besinnen?

Farideh glaubt an das Recht von Frauen auf Berufstätigkeit und würde doch nie darauf drängen. Sie sieht auch nicht die ökonomischen Interessen des Irans, der schon jetzt drei Millionen Arbeitslose hat und schon darum versuchen wird, die Frauen zurück ins Haus zu drängen.

Und wer soll das verhindern? Das Sagen haben in diesem Land heute weder die Frauen noch die Arbeiter noch die Intellektuellen. Das Sagen haben die Baazaris – die kleinen Kaufleute – und die Religiösen. Mullahs besetzen alle strategischen Posten, Mullahs sind auch Vorsitzende der neu gegründeten Arbeiterzellen, in denen übrigens ausschließlich Männer sind, versteht sich. Obwohl es heute zwei Millionen Arbeiterinnen im Iran gibt.

Ich verbringe trotz alledem heitere Stunden mit Farideh. In vielem kann ich sie so gut verstehen, in anderem ist sie entwaffnend: Was soll ich entgegnen auf das Argument »Allah will es so«?

An der Tür sagt sie mir zum Abschied dreimal »Allah ist groß« – Allah o Akbar. Und ich weiß, dass auch sie von Allahs Jüngern betrogen werden wird. Denn Farideh und ihre Schwestern waren gut genug, um für die Freiheit zu sterben. Sie werden nicht gut genug sein, in Freiheit zu leben.

*Aus:* EMMA 5/1979

# Emanzipiert Pädophilie? | 1980

Pädophilie. Das Wort kommt aus dem Griechischen und bedeutet: Liebe zu Kindern. Die juristische Definition gibt der § 176 des Strafgesetzbuches, der Pädophilie als »sexuellen Missbrauch mit Kindern« bezeichnet und droht: »Wer sexuelle Handlungen an einer Person unter 14 Jahren (Kind) vornimmt oder an sich von dem Kind vornehmen lässt, wird mit Freiheitsstrafe bis zu fünf Jahren oder mit Geldstrafe bestraft.«

Seit Beginn der 70er Jahre wehren sich in der BRD und auch in Nachbarländern wie Holland oder Frankreich Pädophile zunehmend offen gegen dieses Verbot. In Fachzeitschriften treten vor allem sich als progressiv verstehende Sexualwissenschaftler und Pädagogen engagiert für das Recht auf Pädophilie ein. Und in der linken Presse findet die Diskussion in jüngster Zeit breiten Raum. Einige der Blätter, wie zum Beispiel die *taz*, machen sich zu uneingeschränkten Sprachrohren des Anliegens.

Die Pädophilen-Gruppe selbst – die sich treffenderweise jetzt »Pädosexuelle« nennen (denn das entscheidende Merkmal ist ja die praktizierte Sexualität!) – bezeichnen sich als »Emanzipationsbewegung«, und als »kriminalisierte Minderheit unter den Minderheiten«, für deren Recht auf freies Ausleben ihrer Bedürfnisse alle emanzipationsbewegten Männer und Frauen einzutreten hätten.

Immer häufiger werden Pädosexuelle auch mit Feministinnen in einem Atemzug genannt: als solche, die doch eigentlich am gleichen Strang zögen. – Ich meine: Das Gegenteil ist der Fall! Ich halte Pädophile nicht für eine zu befreiende verkannte Minderheit, sondern für das willkommene Sprachrohr einer Männergesellschaft, die es schon immer gut verstanden hat, ungleiche Beziehung als »gleich« zu propagieren – um dann umso unbehelligter herrschen zu können ...

Ist die Folge nun, dass die noch Schwächeren, dass die Kinder daran glauben müssen? Ist die Bereitwilligkeit zur Liberalisierung der Pädophilie Vorbote einer grundsätzlichen gesellschaftlichen Billigung des Rückgriffes des Mannes auf das Kind?

Die aktuelle Debatte wird vor allem von homosexuellen Pädophilen geführt. Die Statistiken jedoch zeigen, dass etwa die Hälfte der Pädophilen heterosexuell ist, also Kontakte zu Mädchen sucht. Nur ein Drittel ist homosexuell, der Rest bisexuell. In diesen Statistiken geht es um die im engeren Sinne pädophilen Männer, das heißt, diejenigen, die zwanghaft und ausschließlich auf Sexualität mit Kindern fixiert sind.

Hinzu kommen jedoch die Millionen von Gelegenheits-Pädophilen, Väter und Onkel, die sich eingeschüchterte Kinder gefügig machen. Bei ihnen ist der Prozentsatz der heterosexuellen Kontakte eher höher als geringer. Und diesen Gelegenheits-Pädophilen vor allem nutzt der neue Trend, der Pädophilie mehr und mehr ungeniert als Kavaliersdelikt deklariert. Da titelt die *Quick* mit den »Lolitas, die Macht über die reifen Männer haben«, nimmt sich der *Stern* verständnisvoll der armen »verdammten Verführer« an, und findet es niemand anstößig, wenn ein Filmregisseur wie Polanski, der in Amerika wegen Vergewaltigung einer 13-Jährigen verurteilt wurde, in Paris mit neuen Kindfrauen arbeitet und lebt.

In der linken Presse schließlich ist das Problembewusstsein so gering, dass sogar die dreiste Behauptung, Pädophile seien »Kinderbefreier«, setzten sich für eine freie Sexualität der Kinder ein, unwidersprochen bleibt. Dabei liegt es auf der Hand, dass es bei der Pädophilie nicht um das Recht der Kinder auf ihre Sexualität geht, sondern um das Recht der Erwachsenen auf die Sexualität der anderen, der Kinder.

Die Kinder selbst wollten die pädophilen Beziehungen, heißt es. Doch bei der Sicht ist nur von der Gefühlswelt der Erwachsenen die Rede. Erfährt man in einem Pädophilen-Bericht einmal etwas über das Kind, so ist das fast immer entlarvend und zeigt, dass Kinder eigentlich etwas ganz anderes wollen, etwas, was sie sich mit der sexuellen Verfügbarkeit nur erkaufen: menschliche Wärme zum Beispiel, Schmusekontakte, einen Gesprächspartner oder einfach materielle Vorteile.

Unter den gegebenen Umständen sind Beziehungen zwischen Erwachsenen und Kindern Herrschaftsbeziehungen – ob man will oder nicht. Und selbst wenn wir in einer Welt lebten, in der es Abhängigkeiten und daraus resultierende Machtverhältnisse nicht mehr gäbe – so bliebe doch, dass die Bedürfnisse und die Sexualität eines Kindes etwas ganz anderes sind als die eines Erwachsenen.

Pädophilie sei ein »Verbrechen ohne Opfer«, heißt es. Als einziger Beweis für diese These muss immer wieder eine vor Jahren gemachte holländische Untersuchung herhalten, in der der Sexualwissenschaftler Frits Bernard ganze 30 Erwachsene, die als Kinder oder Jugendliche sexuelle Kontakte zu Erwachsenen hatten, per Fragebogen nach eventuellen Traumata ausforschte ... Diesem auch wissenschaftlich fragwürdigen und dürftigen Unterfangen stehen millionenfache körperliche und seelische Verletzungen gegenüber, die Mädchen und Jungen erleiden mussten und müssen.

Nach Kinsey hat etwa jede vierte Frau als Kind sexuelle Erfahrungen mit Erwachsenen erdulden müssen – wohl in den seltensten Fällen »freiwillig« – soweit man gerade bei Sexualität in einer Erwachsenen-Kind-Beziehung überhaupt von Freiwilligkeit reden kann.

Sicher, auch so mancher Lebenslauf eines zwanghaften Pädophilen ist trist, denn auch er ist Opfer innerer und äußerer Zwänge. Nur – die betroffenen Kinder sind noch die Opfer dieser Opfer. Und wer setzt sich für ihre Interessen ein? Wer verhindert, dass auf sie niederprasselt, wogegen wir Frauen uns jetzt wehren?

Die offiziellen Pädophilen-Gruppen in der BRD und in Westberlin (DSAP) fordern übrigens nicht nur die Streichung des §176, sondern auch die der Gesetze gegen Inzest (!), Sexualität mit Abhängigen, Kuppelei mit unter 16-Jährigen, uneingeschränkte Verbreitung pornografischer Schriften (!) sowie homosexuelle Beziehungen auch für unter 18-Jährige.

*Aus: EMMA 4/1980*

# Prostitution: Das verkaufte Geschlecht | 1981

In Wien fordern Prostituierte eine gesetzliche Sozialversicherung und selbstverwaltete Häuser. In Amsterdam wehren sie sich gegen geplante Eros-Center auf Holländisch: Bordellschiffe, auf die sie abgeschoben werden sollen. In Paris verteilen sie auf dem Strich Flugblätter zu den Wahlen (»Auch wir haben ein Wahlrecht!«) und gründen einen Verein zur »Aktion und Verteidigung von Prostituierten«. In Genf werden sie vorstellig bei der UNO und fordern die Einlösung der auch ihnen, zumindest auf dem Papier, zugestandenen Menschenrechte. In London und New York sind sie seit Jahren militant: Engländerinnen erzwangen im Parlament eine Verbesserung des Prostituiertengesetzes mit der Drohung, ihre Kundenliste (auf der so mancher Parlamentarier figurierte) zu veröffentlichen. Und die Frauen der Prostituierten-Selbstorganisation »Coyote« sagen offen: Ohne die Unterstützung der Feministinnen wären wir nicht so weit gekommen.

Nur hier, in der Bundesrepublik, scheint Ruhe zu herrschen. Noch. Die Ruhe vor dem Sturm. Denn so wie Anfang der 70er Jahre die gesamte neue Frauenbewegung in der Bundesrepublik verspätet, zögernder und zäher begann als in den westlichen Nachbarländern, so beginnt auch der direkte Angriff auf die Prostitution hier später, aber unaufhaltsam. Denn die Prostituierte ist eine Schlüsselfigur dessen, was so abwiegelnd »Frauenfrage« genannt wird; und der Kampf gegen die Prostitution – der nur auf den ersten Blick paradoxerweise gleichzeitig ein Kampf für die Prostituierten ist – ist Hauptschlachtfeld des Frauenkampfes.

In den vergangenen Monaten mehrten sich auch hierzulande die Frauentexte zu dem Thema. Prostituierte gingen in die Offensive: Sie zeigten, wie in Bochum, brutale Zuhälter an; sie protestierten, wie in München, gegen ihre Vertreibung vom Straßenstrich. Erste Begegnungen zwischen Prostituierten und aktiven Feministinnen zeitigten Früchte: So entstand in Berlin der Treffpunkt »Café Hydra« (»unabhängig, parteiisch, unmoralisch«) und in Hamburg das nach den

Prinzipien der »Häuser für geschlagene Frauen« organisierte autonome Prostituiertenhaus »Arche«. Langsam aber stetig rücken die Zeichen auf Sturm ...

*Sexualität.* Spiegel und Instrument der Unterdrückung von Frauen. »Hier sind Erniedrigung, Scham und Unterwerfung von Frauen verankert. Dies ist das Fundament männlicher Macht und weiblicher Ohnmacht«, wie ich im »Kleinen Unterschied« geschrieben habe. – Prostitution. Zerrspiegel und Endprodukt einer Sexualität, in der es nicht um Liebe geht, sondern um Macht.

Wir Frauen sind vom Patriarchat mit vielen Spaltungsmanövern auseinandergetrieben und aufeinandergehetzt worden. Die Schönen gegen die Hässlichen, die Alten gegen die Jungen, die Mütter gegen die Nicht-Mütter, die Berufstätigen gegen die Hausfrauen. Und: die Prostituierten gegen die Nicht-Prostituierten. Darum ist schon der Beginn eines Gesprächs zwischen Frauen, die von der gewerbsmäßigen Prostitution leben, und solchen, die dies nicht tun, ein unerhörter Schritt.

Kate Millett tut diesen Schritt. Die Art, wie sie ihn tut, ist eine radikale Absage an dieses Spaltungsmanöver. Sie ist eine Gleiche, hat eine von vier Stimmen, spricht von der eigenen »Prostitution« und – ihrem Wunsch nach Schwesterlichkeit mit den Frauen, die dieses Stigma der Prostitution, das heimlich auch das unsere ist, offen tragen.

Zu Beginn der Frauenbewegung pflegten wir (noch ganz im marxistischen Geiste Engels) zu räsonnieren: Die Prostitution ist die Kehrseite der Monogamie. Heute können wir es genauer sagen: Zwar sind Prostitution wie Monogamie Ausdruck der Doppelmoral und der Ideologie von der Frau als Ware: die eine kauft man für eine Nacht, die andere für ein Leben; die eine für ein paar Scheine, die andere für den Unterhalt und die soziale (Schein-)Sicherheit. Doch: Männer gehen eben *nicht* zu Prostituierten, weil »ihre« Frau nicht will und/oder sie keine andere Frau kriegen können. Männer gehen zu Prostituierten, weil sie bei ihnen etwas suchen, was sie bei der Nicht-Prostituierten nicht bekommen: die totale Verfügbarkeit und das totale Gefühl der Macht.

»Das, was sie kaufen, ist, wenn man so will, Macht«, sagt die Ex-Prostituierte J. im Gespräch zu Kate Millett. »Sie können uns sagen, was wir zu tun haben, und von uns wird erwartet, dass wir ihnen angenehm sind und ihren Befehlen folgen. Selbst wenn man es mit einem Masochisten zu tun hat, der selbst am Gehorchen Lust findet, gehorchen wir *seinem* Befehl, ihm Befehle zu geben. Wenn sie zum Beispiel damit anfangen, ihre Meinung über die ›Nigger‹ zu sagen, dann kann man nur ›Oh ja‹ sagen und ihnen recht geben. Das ist es, was ich einfach nicht ertrug, solche Dinge. Da hatte ich wirklich das Gefühl, ihnen den Arsch zu lecken – mehr, als wenn ich es in Wirklichkeit tat. Das ist das Erniedrigendste: ihnen immer recht geben zu müssen.« Für J. ist darum »das Schlimmste« an der Prostitution, »dass man nicht nur Sex verkauft, sondern auch seine Menschlichkeit. Man verkauft seine Menschenwürde. Nicht so sehr im Bett, als mehr dadurch, dass man den Handel abschließt, dass man sich kaufen lässt.«

Die Analyse Kate Milletts gipfelt konsequent in der Aussage: »Ich sehe in der Prostitution so etwas wie ein Paradigma: ein Exempel für die soziale Situation der Frau, wie sie im Grunde besteht. Hier wird nicht nur ihre Abhängigkeit offenbar, verknüpft mit den finanziellen Beziehungen zwischen den Geschlechtern, in Ziffern und Zahlen fixiert, statt versteckt hinter Paragrafen eines Heiratsvertrags. Mehr noch wird durch den bloßen Akt der Prostitution unser Wert deklariert: als Wert einer Sache. Was die Prostituierte in Wahrheit verkauft, ist nicht Sex, sondern ihre Entwürdigung. Und der Käufer, der Kunde, kauft nicht Sexualität, sondern Macht: die Macht über einen anderen Menschen.«

Im Bereich der psychischen Auswirkung der Unterwerfung von Frauen, ihrer Verinnerlichung der Erniedrigung und ihrer Selbstverstümmlung ist die Radikalfeministin Kate Millett ohne Zweifel eine der klarsichtigsten Autorinnen ihrer Generation. Gehetzt von Erkenntnis und Betroffenheit umkreist sie diesen Sumpf *in* uns. »*Basement*«, ihr bisher gewagtester Wurf, kündigt sich, unübersehbar, bereits hier im »*Verkauften Geschlecht*« an, wenn sie schreibt:

»Es wird viel Unsinn über den Masochismus der Frau erzählt. Die

Männer im Allgemeinen und die Psychoanalytiker im Besonderen behaupten, er sei der Frau angeboren. Man kann darin eine Zwecklüge sehen, eine ›Rationalisierung‹, da man ja weiß, dass jede an einer Frau begangene Grausamkeit sich auf diese Weise rechtfertigen lässt (…) Wenn uns ein so selbstzerstörerisches Verhalten aufgezwungen worden ist, dann, weil unsere Gesellschaft es darauf angelegt hat, etwas in ihren Frauen zu zerstören: ihr Ich, ihre Selbstachtung, ihre Hoffnung, ihren Optimismus, ihre Fantasie, ihr Selbstvertrauen, ihren Willen. ›Masochismus‹ ist in einer solchen Gruppe nur der Anpassungsreflex jeder unterdrückten Gruppe, die überleben will. Denn wenn die Mitglieder einer solchen Gruppe nicht an ihrer eigenen Unterdrückung mitarbeiten, indem sie den Hass und die Verachtung ihrer Unterdrücker gleichsam übernehmen, würde ihre Insubordination zutage treten, und sie würden bestraft werden und vielleicht sterben müssen.«

Darum ist der Griff nach der Menschenwürde – die *allen* Frauen vorenthalten wird, nicht nur, aber eben doch *vor allem* auch den Prostituierten – ebenso revolutionär wie untrennbar vom Griff nach ökonomischer Autonomie oder gar Macht. Es ist nicht erst eine Erkenntnis der revolutionären Befreiungsbewegungen dieses Jahrhunderts, dass es bei der Unterdrückung von Menschen nicht nur um direkten materiellen Nutzen, sondern um Macht im weitesten Sinne geht. Erniedrigung ist die Voraussetzung für Ausbeutung. Und genau darum haben zum Beispiel die Titelbilder im *Stern* (& Compagnon) sehr viel mit Leichtlohngruppen und Gratisarbeit von Frauen zu tun: Wen man verachtet, den kann man auch getrost ausbeuten.

Uns Radikalfeministinnen ist das klar. Seit wir angetreten sind, kämpfen wir nicht nur für Brot, sondern auch für Rosen – Symbole materieller *und* psychischer Autonomie. Prostituierte kriegen Brot, aber keine Rosen.

Wir Frauen und Männer der Konsumgesellschaft verhungern nicht mehr. Wir haben zwar noch gegen viel krasses soziales Unrecht zu kämpfen, aber nicht selten kaschiert mehr Geld nur die Entfremdung und Würdelosigkeit der Natur der zu leistenden Arbeit. Das ist bei der Prostitution nicht anders als bei den beschwichtigenden Top-

Löhnen in der Werbung oder dem abwiegelnd geplanten Taschengeld für Hausfrauen (»Lohn für Hausarbeit«). Kleiner Unterschied zwischen Männern und Frauen: Männer kassieren mehr, und wenn Frauen wirklich mal was verdienen, kassieren die Männer es meist gleich wieder ab. So in der Prostitution, wo der Löwenanteil des von Frauen verdienten Geldes in die Hände der Zuhälter, Barbesitzer und des Staates fließt.

Aus Protest gegen den Lächel-Zwang-für-Kunden, das Sich-Antatschenlassen-Müssen-vom-Abteilungsleiter, das Steh-Diktat beim Verkauf, besetzten Verkäuferinnen im französischen Thionville ihr eigenes Kaufhaus. Erst später, nachdem sich die Gewerkschaft in den zunächst »wilden« Streik eingemischt hatte, wurde aus dem Verkäuferinnen-Aufstand eine griffige Soundso-viele-Centimes-mehr-in-der-Stunde-Forderung. Dabei ging es ursprünglich um so viel mehr: Um Schikane und Erniedrigung, um materielle und psychische Ausbeutung, um Macht und Menschenwürde.

Umso erstaunlicher ist es, dass neuerdings aus frauenbewegten Kreisen Texte auftauchen, die all diese doch längst errungenen Erkenntnisse vernachlässigen und die Frauenfrage auf die Geldfrage reduzieren – und damit zurückfallen auf eine längst überwunden geglaubte platt-materialistische Ebene, die die sozialen und psychologischen Dimensionen von Abhängigkeit und Herrschaft nicht erfasst.

Sicher, es stimmt: Immerhin bekommt die Prostituierte Geld für das, was so manche Ehefrau/Freundin ebenso wider Willen, aber dennoch umsonst tut. Sicher, es stimmt: Gerade Frauen können Geld nur allzu gut gebrauchen. Doch was ist der Preis für die Prostitution? Und wer bekommt letztendlich dies von Frauen angeschaffte Geld?

»Prostitution ist eine Art Sucht. Es ist die Sucht nach Geld«, sagt J. »Alle sind wegen des Geldes Prostituierte geworden. Bei den meisten Callgirls in Uptown handelt es sich nicht um die Wahl zwischen Leben und langsamem Hungertod, sondern zwischen 5000 und 50000 Dollar im Jahr. Das ist ein ganz hübscher Unterschied.« Und darum, so J.: »Wenn ich an die Zeit der Prostitution zurückdenke, geschieht es in einem großen Zwiespalt. Es ist nicht alles negativ.« Und: »Lieber wäre ich Prostituierte als verheiratete Frau, die an einen Mann gebunden ist, den sie nicht ertragen kann.«

Nur – maximal jede zehnte Prostituierte ist heute eine »freie« Prostituierte, zumindest frei von der »privaten« Unterdrückung; hat keinen Zuhälter, der abkassiert und auf ihre Kosten lebt. Die meisten Prostituierten können das Geld, das sie verdienen, nicht für sich behalten und enden im Elend. So wie das durch die Profumo-Affäre einst berühmt gewordene Callgirl Christine Keeler: Sie war schon mit 36 Jahren am Ende, war Sozialhilfeempfängerin.

»Als Prostituierte war ich irgendwie nicht ich selbst«, sagt J. »Ich empfand es nicht so stark. Man fühlt sich einfach nicht in dieser Weise gedemütigt. Vielleicht weil man als Prostituierte schon so tief unten ist, dass man nicht mehr sehr gedemütigt werden kann.« Kate Millett kennt auch »die anderen Arten der Prostitution«, die an der Universität zum Beispiel: »Die Kriecherei vor den Departmentchefs, in den Fakultätssitzungen.« Aber: »Ich weiß auch, was J. die Jahre der sexuellen Prostitution gekostet haben. Ich kann es an ihren Augen sehen, wenn das Blau der Iris tot wie Glas ist.«

Es kann uns Frauen heute also nicht um eine Mystifizierung der Prostitution gehen. So wenig wie um eine Mystifizierung des Hausfrauendaseins oder der Karriere, der Mutterschaft oder der Homosexualität. Es kann uns nur um die genaue Erkenntnis gehen: Was bekommen wir dabei und was verlieren wir? Eine moralische Verurteilung der Wahl einer jeden Frau scheint mir ebenso falsch wie die ideologische Verschleierung des Preises, den sie dabei zahlt. Der Kampf *mit* den Prostituierten muss darum für eine Radikalfeministin immer gleichzeitig der Kampf *gegen* die Prostitution sein! So wie der Kampf mit den Hausfrauen der gegen die Gratisarbeit von Frauen ist, oder der mit den Fließbandarbeiterinnen der gegen das Fließband.

Wenn wir Frauen das Recht auf Menschenwürde fordern, dann dürfen wir nicht nur *überleben*, sondern wir müssen *leben* wollen. Leben mit erhobenem Kopfe. »Es ist weder ein romantischer noch ein frömmelnder Unsinn, wenn ich in der Prostitution ein Verbrechen gegen die Menschlichkeit sehe«, sagt Kate Millett. Und die Verbrecher, das sind nicht wir, die sich Prostituierenden (für Geld oder für »Liebe«, direkt oder indirekt). Die Verbrecher, das sind die, die es wagen zu glauben, man könne die Seele eines Menschen und seinen Körper wirklich kaufen.

*Aus: Kate Millett, »Das verkaufte Geschlecht«, Vorwort, Kiepenheuer & Witsch, Köln, 1981*

# Essstörungen: Dünne machen! | 1984

Es schien so glatt zu funktionieren. Dem Gebot der Schlankheit beugten sich in den letzten zwei Jahrzehnten zunehmend mehr Frauen. Sie schaffen es oder schaffen es nicht, es beschäftigt sie auf jeden Fall. Manchmal rund um die Uhr.

Sie haben Komplexe, lassen sich den Appetit verderben, zählen Kalorien, haben zu tun. Hausfrauen, Studentinnen, Sekretärinnen, Karrierefrauen – keine scheint gefeit. Während Männer nach Profil streben, streben Frauen nach Linie. Während Männer Raum einnehmen, machen Frauen sich dünne.

Seit Neuestem aber ist Sand im Getriebe. Das Gift des Diätwahns scheint in Überdosis verabreicht worden zu sein. Die bisher diskret hungernden (und heimlich fressenden) Frauen flippen aus. Zunehmend. Ärzte schlagen Alarm. Eine neue Frauenkrankheit breitet sich aus: die Bulimie, profaner auch Fress- und Kotzsucht genannt. An ihr leiden Frauen, die zwischen Hungerkuren und Fresstouren schwanken, in diesen Phasen ungeheure Mengen verschlingen und durch künstliches Erbrechen und Abführmittel gleich wieder ausscheiden.

Allein in der Bundesrepublik schätzen Ärzte die Zahl der essgestörten Frauen auf mindestens 300 000–400 000. Für sie ist die alltägliche Diät zur unentrinnbaren Sucht geworden, Sucht, die ihr Denken und Fühlen beherrscht und ihr Leben bestimmt.

Frauen treiben den Diätwahn auf die Spitze, werden krank und verrückt, funktionieren nicht mehr. Die Zahl der Frauen, für die das Essen so zur Sucht geworden ist (oft in Kombination mit Medikamenten, den Abführmitteln) wie für andere der Alkohol, steigt. Sie steigt so beunruhigend, dass selbst die, die es bisher am tollsten getrieben haben, die Bremse ziehen. Zumindest leicht. So heben *Brigitte* und *Bild* plötzlich warnend den Finger: Die Frauen sollten es nicht gar zu toll treiben mit der Diät, »lieber mollig und glücklich, als schlank und unglücklich« (und veröffentlichen gleich ein paar Seiten weiter die allerneueste Blitz-Diät).

Täglich bis zu 1500 Briefe erhält nach eigenen Angaben die Frauenzeitschrift *Brigitte* zur Diät. 1500 Briefe. Man stelle sich vor, Frauen schrieben täglich 1500 Briefe, um mehr Rechte für Frauen zu fordern. Oder, um gegen den Rüstungswahnsinn zu protestieren ...

Doch man muss diese Zahlen nicht kennen, man muss sich nur im eigenen Leben umschauen, um zu begreifen, in welchem Maße die Idee »Ich bin zu dick« Frauen okkupiert. Egal, wie alt sie sind. Egal, wie bewusst sie sind. Egal auch, wie schlank oder dick sie wirklich sind. Die Zauberformel »Diät« scheint Erlösung von allem Leiden zu versprechen. So kommt es, dass die »Traumfigur« inzwischen in den Träumen vieler Frauen noch vor dem »Traumprinzen« rangiert.

Besonders beunruhigend dabei ist, dass der alltägliche Diätwahn so selbstverständlich geworden ist, dass wir ihn noch nicht einmal mehr als solchen wahrnehmen. Da lacht kaum eine schallend über die zwei Messerspitzen Petersilie, die wir, um die Völlerei auf die Spitze zu treiben, zum Abendessen laut *Brigitte* noch über das geraspelte Radieschen streuen dürfen. Da schüttelt kaum eine den Kopf über die neue Mode, die, diesmal, »breite Gürtel« um die Hüften vorschlägt und dazu Mannequins defilieren lässt, deren Hüftumfang in Zentimetern das misst, was bei einem einigermaßen gesunden Körper eigentlich der Taillenumfang sein müsste. Da ist Protest auch kaum hörbar, wenn einem die liebste Freundin, der eh schon die Knochen vorstehen, sagt: Ach, ich muss unbedingt abnehmen, ich bin nämlich schon wieder dicker geworden.

Die Perversion ist eine doppelte: Man muss schon in einer Überflussgesellschaft leben, um Essen so zum Spielball der Ideologien machen zu können. Und man muss schon im Patriarchat leben, um als Frau in einer Überflussgesellschaft so zu hungern.

Etwa Mitte der 70er Jahre haben wir Feministinnen begonnen, laut über die Ursachen und Folgen des Schlankheitsdiktats nachzudenken. Wir haben schon einiges dazu gesagt, aber noch längst nicht alles. Es scheint so zu sein, dass ausgerechnet in den Zeiten, in denen wir Frauen es geschafft haben, äußere Fesseln zu lockern, sich neue, innere Fesseln um uns gelegt haben. Und dass eine der schlimmsten inneren Fesseln ebendieser Schlankheitswahn ist, der sehr viel mehr Folgen hat, als wir ahnen.

Es beginnt mit einem tief gestörten Verhältnis zum Essen. Millionen Frauen essen entweder nicht. Oder sie essen zu wenig. Oder sie essen, haben dabei ein schlechtes Gewissen. Oder aber, neuere Entwicklung, sie schlingen das Essen hinunter. Aus Hunger. Hunger nach dem Leben. Und sie kotzen es wieder aus. Weil das Leben zum Kotzen ist.

Einer der elementarsten sinnlichen Genüsse, Essen, ist all diesen Frauen nicht mehr möglich. Das Hungern und das Schwanken zwischen Hungern und Fressen schwächt den Körper, ja macht ihn regelrecht kaputt. Hinzu kommen die zerstörerischen Auswirkungen der Appetithemmer und Abführmittel.

Die heute modische »Idealfigur« entspricht, rein medizinisch gesehen, einer Unterernährung. Dabei ist sich die seriöse Medizin längst darüber einig, dass ein paar Kilo mehr gesünder sind als ein paar Kilo zu wenig. Denn dem unterernährten Körper fehlen Kräfte und Abwehrkräfte. Man stelle sich nur eines dieser dürren Wesen in der körperlichen Auseinandersetzung mit einem ordentlich ernährten Mann vor – hoffnungslos.

Hinzu kommt die seelische Zerrissenheit, der permanente Doublebind. Denn die »Idealfigur« ist für keine jemals erreichbar (ich jedenfalls habe noch nie eine Zufriedene getroffen). Auch die Schlankste fühlt sich noch »zu dick« – und ist das in Relation zu den Kleiderständern der Modeseiten ja auch tatsächlich. Und noch bei der Dürrsten stimmt etwas nicht mit den Pfunden: da ist der Hintern zu dick für Jeans, der Busen zu groß, die Waden sind zu stramm ... Und wenn frau endlich so rank ist wie Jane Fonda oder Lady Di, wispert es in ihr: Jetzt bist du vielleicht schön schlank, aber begehrt bist du nicht, denn eigentlich, eigentlich mögen die Männer etwas ganz anderes ...

So kann der eigene Körper zum narzisstisch-autistischen Gegenstand allen Sehnens und Handelns, kann er zur Ersatzwelt werden. Vor allem natürlich für die Frauen, die sonst schon nicht viel Platz in der Welt haben. Aber auch Frauen mit Engagement und Beruf räumen der Beschäftigung mit der Linie oft einen Platz ein, der für einen Mann undenkbar wäre. Alle Sehnsüchte, alle Revolten, alle Kämpfe gelten dem eigenen Körper. Nicht die Lebensumstände und die Welt sollen sich ändern – der Körper soll es. Und wenn er erst anders, wenn er erst perfekt wäre, dann würden auch das Leben und die Welt wunderbar.

Einst fragte die Königin: »Spieglein, Spieglein an der Wand, wer ist die Schönste im ganzen Land ...« Heute fragen die Frauen: »... wer ist die Schlankste im ganzen Land?« Die Schlankheitskarriere scheint die begehrteste zu sein, der Wettbewerb um die Pfunde der weitverbreitetste Konkurrenzkampf unter Frauen. Du bist viel schlanker als ich – Ich habe jetzt endlich abgenommen – Kompliment, du bist ja wunderbar schlank geworden.

Während Männer Karriere machen, machen Frauen Diäten.

»Ich wusste nicht, dass ich so stark sein kann«, titelte *Brigitte* in ihrem Septemberheft 84 den »Brigitte-Diät-Club«. Der stolze Spruch kam aus dem Mund von Petra Hunger, 21, aus Goslar. Petra hatte zwischen Januar und April 84 genau 24 Kilo abgenommen. Und darauf ist Petra stolz. Verständlicherweise. Denn ansonsten gibt es zur Zeit wenig, worauf sie stolz sein könnte. Wie einigen wenigen Nebensätzen in *Brigitte* zu entnehmen war, hatte Petra mit 17 geheiratet und dann prompt angefangen, »mehr und öfter zu essen«. Als sie ihre Lehre beendet hatte, keine Stelle fand und zu Hause blieb, aß sie noch mehr. Jetzt sitzt sie noch immer berufslos in ihren vier Wänden, aber sie hat etwas zu tun: sie kämpft um die Linie. Und sie hat sich bewiesen, dass sie Energie und Selbstdisziplin hat, dass sie »stark« ist. – Jubelt *Brigitte*: »Petra hat wieder Konfektionsgröße 38«. Wie schön.

An Brigittes Petra wird karikatural eines klar: der Ablenkungs- und Ersatzcharakter der Welt der Diäten. Ablenkung vom Hausfrauenleben, bei dem eine lebendige junge Frau ja aus der Haut fahren (aus dem Leim gehen) muss, Ersatz für die fehlende Welt. Da wird die Kalorientabelle zum Gradmesser für Tüchtigkeit, die erreichte »Traumfigur« zum Ziel aller Träume. Zentrum weiblicher Existenz ist hier nicht das Selbstexistieren, sondern das Anderengefallen. Und der Horizont weiblichen Strebens ist nicht vom Universum begrenzt, sondern – von der eigenen Haut.

Es wird kein Zufall sein, dass ausgerechnet mit erstarkender Emanzipation die Frauen immer dünner werden sollen. Daran haben auch Aerobic und Bodybuilding wenig geändert. Im Gegenteil: Diese Moden haben einerseits das Streben von Frauen nach mehr Bewegung und Stärke aufgenommen, es aber andererseits im Handumdrehen wieder pervertiert: schlank sein und dekorativ, das bleibt Gesetz.

Ja, warum machen die dämlichen Frauen denn all das mit, wird da so manch eine/r fragen. Ja, warum. Weil Ideologien zäher sein können als Realitäten. Weil frau ökonomisch schon unabhängig sein kann, aber seelisch noch gefangen – das sind langwierige Prozesse. Und weil die Frauen selbst, als Schwächere, die nach dem Gesetz des Starken streben, Trägerinnen und Mitverbreiterinnen dieser Ideologien sind. Doch: Bestimmt werden Ideologien von den Herrschern. Und sie sind es auch, die letztendlich davon profitieren. Auch vom Schlankheitswahn. Diese Männergesellschaft will, dass wir Frauen uns dünne machen. In jeder Beziehung.

Unsere Körper, Terrain männlicher Normen, männlicher Gewalt, männlicher Besitznahme, sind seit Jahrtausenden enteignet, kolonialisiert vom Patriarchat. Nicht zufällig lautete eine der ersten Forderungen der neuen Frauenbewegung: Mein Bauch gehört mir! Wenn wir Freiheit wollen, müssen wir zuallererst einmal uns selbst, unsere eigenen Körper befreien. Und unsere Seelen entgiften. Auch vom Gift des Diätwahns.

Dann wird vielleicht ein Teil der Fantasie und Energie, die wir heute in dieses kleinliche und wahrhaft unwürdige Kalorienzählen investieren, wieder frei sein. Frei zum Leben. Frei zum Kämpfen um etwas, das sich lohnt.

*Aus: »Durch dick und dünn«, EMMA-Sonderband 1984*

# Homoehe: Auch das noch? | 1984

Welt verkehrt? Plädieren nun auch Feministinnen für die Ehe? Ausgerechnet die Feministinnen, die sich bisher eher durch eine harsche Kritik an der Institution Ehe hervortaten? Nein, aber ... lautet die Antwort. Denn es ist eine Sache, aus wohlerwogenen Gründen gegen die Ehe zu sein, aber es ist eine andere Sache, Menschen zu verbieten, zu heiraten.

Gegen eine Ehe, die aus zwei eigenständigen Menschen zwei Hälften und, in einer Männergesellschaft, aus Frauen ein Anhängsel, »die Frau von«, macht, habe ich als Feministin viele stichhaltige Argumente. Dennoch käme es mir nie in den Sinn, eine Frau, die geheiratet hat oder heiraten will, dafür einfach zu verlachen oder gar zu verachten. Zu mächtig sind die Gefühle, Zwänge und Hoffnungen, die – trügerisch oder nicht – Frauen (und Männer) zum Standesamt drängen können. Noch weniger käme es mir in den Sinn, Frauen die Ehe gar verbieten zu wollen.

Doch als jüngst die Nachricht von der ersten kirchlichen Trauung zweier Frauen bekannt wurde, hatten auch unter meinen fortschrittlichen Freundinnen etliche nur ein verächtliches Schulterzucken nebst raschen Kommentaren wie »So was Spießiges« oder »Auch das noch«. Freundinnen, die selbst oft ledig, sehr oft aber auch geschieden, manchmal sogar verheiratet sind. Sie scheinen von homosexuellen Frauen (und wohl auch Männern) zu erwarten, dass die, ausgerechnet die, gefeiert sind gegen den Traum von der Ehe. Ich gehöre dir. Du gehörst mir. Wir gehören zusammen. Für alle Welt und alle Ewigkeit. – Schön, oder? Leider zu schön, um wahr zu sein. Aber das ist wieder ein ganz anderes Kapitel.

Ausgerechnet Homosexuelle, die sich jeden Kuss, jede Liebe heimlich stehlen müssen! Ausgerechnet Homosexuelle, die den Widerstand ihres ganzen Begehrens aufbringen müssen gegen das alltägliche Trommelfeuer des Bollwerks Zwangsheterosexualität! Ausgerechnet Homosexuelle, für deren Erotik und Liebe nur in dunklen Nischen Platz ist in dieser Welt – ausgerechnet Homosexuelle sollen nicht träumen von der höchsten Weihe für ihre Liebe, vom heiligen Stand der Ehe?!

Die in ihrer heutigen Form historisch ja noch sehr junge Ehe ist ein Akt der Gefühle, eine soziale Demonstration sowie ein ökonomisches und juristisches Kalkül. In der patriarchalischen Ehe zum Vorteil des Mannes und zum Nachteil der Frau. Legionen von Männern, die als Freund oder Lebensgefährte noch selbst spülten und stopften, hören am Tag nach dem Standesamt schlagartig damit auf und pochen auf ihre ehelichen Rechte. Wird es bald auch wieder Legionen von Frauen geben, denen man mit dem Hinweis auf den »Doppelverdienst« das Recht auf Erwerb nimmt?

Die Institution Ehe ist dem Männerstaat heilig. Er schützt und hätschelt sie, denn sie nutzt ihm. Für Eheleute gibt es Vergünstigungen bei den Steuern, bei der Krankenversicherung, bei der Rente, im Erbrecht; es gibt für eine/n Ehegattin/en die Möglichkeit der Zeugnisverweigerung im Strafverfahren sowie die, nach dem Tod des/der einen das Mietverhältnis fortzusetzen, und bei der Vergabe von Studienplätzen werden Ehepartner/innen berücksichtigt; selbst beim Asyl- und Ausländerrecht kann es von Vorteil sein, verheiratet zu sein.

Das ist alles nicht zu verachten. Aber mehr noch: Die Eheschließung ist ganz einfach ein elementares Menschenrecht. Ein Menschenrecht, das im 3. Reich nur »unwertem Leben« versagt wurde. In der Bundesrepublik nun (und in allen mir bekannten heutigen Staaten und Gesellschaften) wird dieses Recht homosexuellen Frauen und Männern versagt.

Allerdings: Das Verbot der Homosexuellen-Ehe kann sich in der Bundesrepublik nicht aufs Grundgesetz berufen. Denn das Grundgesetz stellt zwar mit Artikel 6 die Ehe unter den »besonderen Schutze der staatlichen Ordnung«, redet in dem Zusammenhang aber nicht von Mann und Frau, sondern nur von »Eltern«, deren »zuvörderst ihnen obliegende Pflicht« die »Pflege und Erziehung der Kinder« sei.

Gleichzeitig gebietet Artikel 3 des Grundgesetzes: »Alle Menschen sind vor dem Gesetz gleich«. Der Gesetzgeber schließt Ehen, ohne nach dem Kinderwunsch zu fragen, und versagt folgerichtig auch zeugungs- oder gebärunfähigen Menschen den staatlichen Segen nicht. Doch selbst wenn das so wäre: auch zwei Frauen (zwei Männer) können Eltern sein, können Kinder aufziehen. – Dass trotz alledem die Interpreten des Grundgesetzes Schlüsse ziehen wie Schmidt/Bleibtreu/Klein, bei denen es heißt: »Ehe ist auch für das Grundgesetz die Vereinigung eines Mannes und einer Frau« – dafür kann das Grundgesetz nichts und die herrschende Moral alles. Das könnte sich ändern.

Doch ich bin ganz und gar sicher, dass diese Gesellschaft homosexuellen Frauen und Männern nie das uneingeschränkte Eherecht zugestehen wird. Was jedoch ehewillige Homosexuelle nicht hindern sollte, dafür dennoch zu kämpfen!

Mir scheint die Sehnsucht nach der Ehe gerade in einer homosexuellen Liebe individuell gesehen zwar durchaus konform, strukturell gesehen aber glatt revolutionär: In einer zwangsheterosexuellen Welt wie der unseren ist und bleibt es eine Unerhörtheit, die homosexuelle Liebe so ernst zu nehmen wie die heterosexuelle.

*Aus:* EMMA 7/1984

# Die Würde der Frau ist antastbar | 1987

In diesen letzten Monaten habe ich mir einiges ansehen müssen. All das, wovor Frauen normalerweise die Augen verschließen. Schön war das nicht. Nach abgründigen Stunden allein mit den »Hart-Pornos« habe ich den *Playboy*-Stapel zusammen mit einer Freundin durchgesehen. Und siehe da, wir guckten uns, überrascht, an und gestanden es: Ehrlich gesagt, hab ich's mir schlimmer vorgestellt ...

Was war passiert? Hatten *Playboy* und Konsorten gelernt aus dem Protest der Frauen? Waren ihre Hasen jetzt frauenfreundliche Hasen? Wir verglichen mit alten Ausgaben. Nein, nicht *Playboy* hatte sich verändert. Wir hatten uns verändert. Unser Blick hat sich verändert. Das tägliche Bombardement mit Pornografie ist auch an uns nicht spurlos vorübergegangen.

Längst ist die illegale harte Pornografie in legale Billig- und Hochglanzzeitschriften übergeschwappt. Denen genügt es nicht mehr, unsere Haut zu Markte zu tragen. Die ziehen uns die Haut ganz vom Leib. Die gefolterte und zerstückelte Frau – das ist die Antwort auf unsere Emanzipation.

Wer kann sich bei diesem Stand der Dinge noch über nach Inzest gierende Schulmädchen und nach Befriedigung lechzende Hündinnen im *Playboy* echauffieren? Old-Boy-Pornos, wie die Amerikanerinnen sagen. Die New Boys ziehen da ganz andere Saiten auf.

Dabei haben die Old Boys in den letzten zehn Jahren auch ganz schön dazugelernt. Waren früher die ausklappbaren Pin-ups unbekannte Schöne, die nichts als ihre Silikonbrüste darboten, so sind es heute Frauen, zu deren bloßen Brüsten *Playboy* in Kinderschrift Geburtsort und Lieblingsspeise, Hobbys und Träume preisgibt.

Ihr beschwert euch darüber, dass wir Männer uns nur für eure Titten und Ärsche interessieren? Aber nein doch. Wir interessieren uns auch für eure Seelen. Die verkaufen wir jetzt gleich mit dazu. Doch auch das kann den »Soft«-Porno nicht retten. Er verliert unerbittlich seine Marktanteile an den »Hart«-Porno. Folgerichtig, ist doch der Hart-Porno nur die logische Konsequenz aus dem Weich-Porno. Die

Grenzen sind fließend, beides wird aus einer Quelle gespeist: aus der der Verachtung von Frauen. Der Unterschied ist nur ein Unterschied in Graden, nicht in der Sache. Und die Dosierung richtet sich nicht nach Männerlust, sondern nach Frauenstärke: Je bedrohlicher (für Männer) die Emanzipation, umso bedrohlicher die Pornografie.

Für diese These lieferte ausgerechnet das Zeitgeist-Blatt *Tempo* jüngst ein hübsches Beispiel aus dem Bereich der »angewandten Psychologie«: Beim Betrachten »brutaler Sexszenen« schnellten bei den Frauen die Kurven höher: »Gehirn- und Herzströme, Pupillenerweiterung, Schweißbildung«. Klar, Angst. – Oder? Nein, doch nicht klar. Für das Jungherrenmagazin handelt es sich bei diesen registrierten Reaktionen selbstverständlich um »sexuelle Erregungskurven«. Jetzt klar?

82% aller Männer zwischen 18 und 65 kennen Pornos. Zwei Drittel aller SchülerInnen einer Frankenthaler Hauptschule sehen wöchentlich elf und mehr Porno- und Gewaltvideos. Jede dritte ausgeliehene Videokassette ist harte Pornografie.

Gesehen hat die natürlich keiner. So wie ja auch niemand die Pornohefte liest. Und der *Playboy* nur wegen der (vorgeblich) guten Interviews gekauft wird. – Wo also sind sie, all diese Jungs, die bis zur Halskrause vollgefüllt sind mit erniedrigenden und gewalttätigen Bildern von uns Frauen?

Sie sind auf der Straße. Am Arbeitsplatz. Im Parlament. An der Uni. In den Medien. In der Schule. Nebenan. Zu Hause. Sie sehen die Pornos. Und sie sehen uns. Und sie sehen wieder die Pornos. Und sie sehen wieder uns. Genau das ist einer der Gründe, warum so viele Frauen die Bedrohung durch die Pornografie nicht wahrhaben wollen: Das soll ich sein? Dieses Stück Fleisch? Dieses willige Geschöpf? Diese winselnde Hündin? – Zu der Sorte Mensch soll ich gehören? Eine, die nur existiert, um SEINE Allmacht zu zelebrieren.

Eine, die wimmert: Nimm mich, wie du willst! Mach mit mir, was du willst! Verfüge über mich. Benutze mich. Zerstöre mich. – So eine soll ich wirklich sein? – Nein. Das bin ich nicht! Lieber verschließe ich die Augen.

Und dann? Dann kriechen zu den Bildern von draußen die Bilder von drinnen. Und die sind oft nicht weniger beklemmend. Denn die Erotik der Frauen selbst ist ja nicht frei von alldem, sie ist ganz einfach auch Produkt der herrschenden Verhältnisse – und damit keineswegs immer auf der Höhe feministischer Erleuchtung. Das gilt für Nicht-Feministinnen wie für Feministinnen.

Mit dem Widerspruch müssen (manche) Frauen leben: Sie kämpfen gegen eine Verachtung und Erniedrigung, die so manches Mal sogar unter ihrer eigenen Haut sitzt, zur Selbstverachtung und Selbsterniedrigung umschlägt. Auch und gerade erotisch. Da heißt das dann »Masochismus« und ist neuerdings wieder ganz chic.

Aber halt: Diese passiven, sich den Mächtigen anpassenden und unterwerfenden Fantasien von Frauen sind keine Realität. Die sexualisierten Machtfantasien von Männern hingegen, die sind Realität.

Die meinen es ernst. Wie ernst, das zeigt uns die rasende Desensibilisierung und Brutalisierung in der privat wie öffentlich vorgeführten Erotik: Immer mehr Männer erwarten auch von ihren eigenen Freundinnen/Frauen die erniedrigenden Re-Inszenierungen von Pornografie. Zunehmend werden Vergewaltigungen und Sexualmorde nach Porno-Vorlagen »nachgespielt«.

Die Scham und die eigenen Widersprüche. Zwei gute Gründe, Pornografie nicht wahrhaben zu wollen. Und es gibt noch einen dritten sehr guten Grund: die Angst. Denn Frauen, die den Kampf gegen die Pornografie aufnehmen, machen sich unbeliebt. Sehr unbeliebt.

Das wurde ja oft genug an mir selbst und an *EMMA* exemplarisch demonstriert. Der von *EMMA* angezettelte sogenannte »*Stern*-Prozess« gegen die sexistischen (will sagen: pornografischen) Titelbilder brachte uns viel Dreck und viel Ärger (aber auch viel Zustimmung). Noch Jahre danach zerrte uns der *Stern* von Prozess zu Prozess, was uns ökonomisch fast kirre machte. Und der Auslieferungsboykott der letzten *EMMA*-Ausgabe durch einen Teil des Handels ist auch alles andere als ein Zufall: Es ist eine prompte Antwort der Porno-Branche. Hier wird nicht diskutiert, hier wird ökonomisch Tacheles geredet ...

Denn an der Pornografie verdienen sie (fast) alle. Direkt wie indirekt. Pornografie ist ja so viel mehr als das, was wir juristisch in unserem Gesetzesvorschlag zu erfassen suchen. Die konkret benennbare

Pornografie ist in Wahrheit nur ein Teil des Problems: Was da lebensbedrohlich auf uns zukommt, das ist die Pornografisierung der ganzen Sexualität, ja der gesamten Geschlechter-Beziehungen.

Es geht bei der Pornografie nicht um Lust. Es geht um Macht. Dass Männer nur zu gern Lust mit Macht verwechseln, ist bekannt. Die herrschende Sexualität hat der Lust weitgehend den Garaus gemacht. Eros liegt plattgewalzt unter den Rädern der Sexmaschine.

Sexualität ist kaum Natur, sie ist vor allem Kultur. Sie ist Produkt vieler bewusster und unbewusster Einflüsse, Fantasien, Gebote und Zwänge unseres Lebens. Der erste scheue Kuss; der erste heimliche Sex; die Frauen, die eigentlich nicht wollen/dürfen und die mann zur »Liebe« erobert oder zwingt – all das haben nicht nur die Männer drauf, das haben auch wir Frauen drin.

Wo Staaten sich streiten, sind die Grenzen dicht. Wo Klassen sich bekämpfen, sind sie durch Wohnviertel getrennt. Wo Geschlechter aufeinanderprallen, ist oft kein Millimeter Raum mehr zwischen den Leibern. Männer und Frauen teilen Tisch und Bett. Diese Erkenntnis ist nicht neu. Die Konflikte, die daraus resultieren, müssen dennoch täglich neu durchgestanden werden. Nach außen wie nach innen. Auch und gerade von den Frauen und Männern, die es anders, die es besser machen wollen.

Sex und Gewalt sind heute in den Fantasien und Bedürfnissen von uns allen nur schwer lösbar miteinander verbunden. Es gibt jetzt wieder Sexualwissenschaftler, die das für angeboren halten.

Feministinnen antworten ihnen: Es ist anerzogen und angeprügelt. Und die Pornografie festigt erneut und schürt verstärkt diese unselige Verknüpfung. Pornografie macht die Frauen und die Sexualität kaputt. Pornografie, dieses »kalte Herz der Frauenfeindlichkeit« macht »Sexismus sexy« (MacKinnon). Mehr noch: Sie macht den Geschlechterkampf zum Geschlechterkrieg. Pornografie ist Kriegspropaganda gegen Frauen.

Sie sind in diesem ihrem Krieg schon ganz schön weit gekommen: Am Anfang haben sie uns »nur« ausgezogen; dann haben sie uns »nur« vergewaltigt; dann haben sie uns »nur« gefoltert; jetzt zerstückeln sie uns. Immer mehr wird die Porno-Produktion zur Gewalt-

Porno-Produktion. Jeder Bürger ein de Sade. Das ist Demokratie im Patriarchat.

Wir leben in einem Land, in dem, 40 Jahre nach der Nazizeit, die Propagierung eines plumpen Antisemitismus auf Protest stößt: Wer Bilder von hakennasigen, raffgierigen, kinderschändenden Juden veröffentlichen würde, bekäme Ärger. Zu Recht. Wir leben in einem Land, in dem, weitab vom Schuss, die Propagierung eines plumpen Rassismus auf Protest stößt: Wer Bilder von trolläugigen, blöden, allzeit dienstbaren Schwarzen veröffentlichen würde, bekäme Ärger. Zu Recht. Wir leben in einem Land, in dem, mitten im Geschlechterkampf, die Propagierung eines plumpen Sexismus eine Selbstverständlichkeit ist, Teil der »Meinungsfreiheit« und »echt in« in modernen Kreisen: allzeit bereite, dümmliche, unterwürfige, verfügbare, benutzbare, missbrauchte Frauen.

Es gibt nur wenige Männer, die das empört. Was nicht verwunderlich ist. Gehören sie doch nicht zur Kategorie der Opfer, sondern zu der der Täter. Und Täter können bekanntlich gemeinhin besser schlafen als Opfer. Doch auch unter den Frauen sind noch längst nicht alle gegen Pornografie. Das ist schon befremdlicher! Denn sie gehören zur Kategorie der Opfer. Ob sie wollen oder nicht.

Wenn wir den Kampf gegen die Pornografie nicht gewinnen, verlieren wir den Kampf um unsere Emanzipation. So einfach ist das. Nicht zufällig schließlich lautet der allererste Satz des Grundgesetzes: »Die Würde des Menschen ist unantastbar.«

Die Würde der Frau ist antastbar. – Wie lange noch?

*Aus: EMMA 11/1987*

## Warum musste Angelika B. sterben? | 1991

Ich bin den Weg tausendmal gegangen. Die letzten Meter der Ehrenstraße, links das »Schmittchen« und danach die WDR-Schaukästen, rechts der Feinkostladen und der Optiker; dann über die sechsspurige Nord-Süd-Fahrt, die die Kölner Innenstadt zerschneidet; vorbei an dem Herrenausstatter, der Galerie und der Parfümerie auf der Ecke vom Kolpingplatz. Ich würde jetzt in die erste Tür links reingehen, da logiert *EMMA*. Aber sie, was hat sie getan an diesem Abend?

Samstag, 5. Oktober 1991. Angelika Bayer, 37, kauft mit ihrem Lebensgefährten Rainer N. in Köln ein. Die beiden wohnen in dem Düsseldorfer Vorort Eller und sind mit dem Wagen da. Langer Samstag. Als die Geschäfte schließen, kehren sie im »Schmittchen« ein. Das Lokal im Bistro-Stil hat eine ausladende Theke, ein paar Tische und gehobenes Publikum. Neben Kölsch wird auch gerne Schampus geordert und passend dazu geflirtet, »der WDR« verkehrt hier.

Angelika und ihr Freund »versacken«, halten mit bei einer Geburtstagsfeier am Nebentisch. Gegen eins ist sie müde, möchte nach Hause. Ihr Freund will noch bleiben. Sie verlässt das Lokal. Beide haben einen Autoschlüssel, der Wagen steht drei Fußminuten entfernt, direkt am Kolpingplatz. Und der Bahnhof ist nur ein paar Hundert Meter weiter, von da aus fährt die S-Bahn nach Eller. Angelika Bayer tritt auf die Straße. Allein. Es regnet in Strömen. Wenige Minuten später folgt ihr Freund. Zu spät.

Der Tod tritt zwischen ein und drei Uhr nachts ein. Genauer lässt sich die Uhrzeit nicht bestimmen, die Leiche lag zwei Nächte und zwei Tage lang im Gebüsch. Mitten in der Stadt. Einen Steinwurf entfernt von der Hauptgeschäftsstraße am Dom. Und – schräg gegenüber von *EMMA*. Noch nicht einmal 50 Meter von unserer Tür.

Wir sind alle in diesen zwei Tagen mehrere Male an der Leiche vorbeigegangen. Wir alle nehmen täglich diesen Weg, den auch sie gegangen ist oder geschleift wurde. Ihre Endstation war das Gebüsch am Museum, gleich neben der Kirche, wo ein paar Blumen, Büsche und Bäume stehen. Am Platz: Wohnhäuser, Geschäfte, ein Lokal und die Pförtnerloge des WDR, Tag und Nacht besetzt. Gleich um die Ecke der Pförtner des Museums, ebenfalls rund um die Uhr da.

Dennoch hat es zwei Tage gedauert, bis ein Mann »zum Wasserlassen ins Gebüsch trat« (Polizeibericht) und die Leiche sieht. Da liegt Angelika Bayer, den Rock hochgeschoben, die Strumpfhose zerrissen, die Handtasche unberührt daneben.

Als der Passant sie am Montagabend gegen 22 Uhr findet, ist sie seit etwa 44 Stunden tot. Einen Monat später tappt die Kölner Polizei noch immer im Dunkeln. »Ein Zufallstäter«, sagt sie, »das sind immer die Schwierigsten. Und dann der Regen, der hat alle Spuren verwischt.« Wahrscheinlich wird der Vergewaltiger und Mörder von Angelika Bayer nie gefunden werden.

Wie konnte das passieren? Als die von allen als »attraktiv« und »selbstbewusst« geschilderte Frau Samstagnacht das Lokal verlässt, hat sie nicht mehr als 500 Meter zum Auto am Kolpingplatz. Und von da aus weitere 500 Meter zum Bahnhof. Ist Angelika Bayer zum Auto gegangen und wurde dort in die Büsche gezogen? Ging sie weiter in Richtung Bahnhof und wurde in der kleinen Anlage überfallen? Stellte sie sich im strömenden Regen unter und wurde angesprochen oder verfolgt? Stieg sie an der Nord-Süd-Fahrt vielleicht sogar in ein Auto ein, weil ihr jemand anbot, sie zum Bahnhof zu fahren?

Wir werden es vermutlich nie erfahren. Sicher scheint nur zu sein, dass es keiner der Gäste im Lokal war, sondern eben ein »Zufallstäter«. Einer, der jede genommen hätte. Angelika Bayer. Oder mich. Zum Beispiel.

Es vergeht kein Tag in der *EMMA*-Redaktion, an dem wir nicht über Angelika Bayer reden. Sieben Tage später kommt die zweite Hiobsbotschaft: Etwa zur gleichen Zeit, nur wenige Hundert Meter entfernt, wird eine 24-jährige Frau in ihren Hausflur gedrängt, vergewaltigt und gewürgt. Sie kommt mit dem Leben davon.

Zehn Tage später die dritte. Ein paar Straßenbahnstationen entfernt von der Innenstadt wird die 16-jährige Seckin Caglar in dem Kölner Vorort Poll um 18.45 Uhr auf dem Nachhauseweg vergewaltigt und erwürgt. Die alarmierte Polizei sucht nicht nach der Vermissten. Ihr Onkel findet sie am nächsten Morgen tot im Gebüsch, nur 150 Meter von der Wohnung entfernt. Die junge Türkin hatte vor diesem einsamen und unbeleuchteten Fußweg am Stadtrand, zwischen Haltestelle und Wohnblock, immer Angst. Alle Frauen hatten Angst. Darum forderte die Frauenbeauftragte der Stadt schon vor zwei Jahren die Verlegung der Haltestelle – wäre das geschehen, Seckin würde noch leben.

Auch der Mörder von Seckin Caglar scheint ein »Zufallstäter« zu sein. Einer, dem egal ist, welche – Hauptsache Frau. Auch er ist bei Redaktionsschluss dieses Heftes, also einen Monat nach der Tat noch nicht gefunden.

Nicht immer ist die Polizei so erfolglos. 90 Prozent aller Morde werden aufgeklärt. Vorneweg die Polizistenmorde. Am 12. Oktober werden zwei Polizisten brutal getötet. Die Tat macht täglich Schlagzeilen, die Fahndung läuft bundesweit. Am 22. Oktober gehen 10 000 Polizisten auf die Straße. – Am 16. Oktober, also vier Tage nach der Tat, werden die Täter gefasst. Die Beerdigung der Opfer erregt große Anteilnahme.

Und noch etwas beschäftigt die Öffentlichkeit in diesen Tagen: Die eskalierenden Aggressionen gegen AusländerInnen. Hoyerswerda wird zum Signal. Rassisten randalieren, Steine fliegen, Feuer lodert. Die ersten Toten. Grund genug für alle anständigen Deutschen, nicht tatenlos zuzusehen.

Solidaritätserklärungen, Proteste, Demonstrationen, Bundestagsdebatten, eine Artikelflut über und gegen Ausländerhass. Allein in Köln gehen am 8. Oktober 6000 Menschen auf die Straße (»Ausländer, lasst uns mit diesen Deutschen nicht allein!«). Eine der Demo-Stationen gegen den Rassismus ist der Kolpingplatz. Hoch-die-inter-natio-nale-Soli-dari-tät! Ja.

Bei *EMMA* wird noch gearbeitet, Redaktionsschluss. Ich stehe am Fenster und schaue runter: rechts die Gegner des Rassismus, 50 Meter weiter links der Tatort des Sexismus. Noch vor 24 Stunden hatte Angelika Bayer da gelegen, erwürgt.

Hätte da statt ihrer ein Türke oder ein Schwarzer gelegen, wäre dieser Ort jetzt zu Recht das Ziel des antirassistischen Protestes von Tausenden: Kerzen, Blumen, Blitzlichter und TV-Kameras. Seht her, hier ist er gestorben, und ihr habt es zugelassen! Ihr alle seid mit schuld. Nicht nur die Täter. Auch ihr potenziellen Täter. Auch ihr Gleichgültigen. Auch ihr, die ihr es bagatellisiert. Und ihr, die ihr die Augen zumacht.

Aber da lag kein Fremder. Da lag nur eine Frau, Angehörige einer Spezies, die Männern wohlvertraut ist. Zwei Wochen später erhalte ich einen Brief meines Kollegen Hans-Geert Falkenberg. Er schickt mir eine Resolution des PEN-Clubs und lässt mich wissen, dass er ganz persönlich sich im Raum Köln dafür einsetzen wird, dass dieser Beschluss nicht Papier bleibt. Und das ist der Wortlaut der Resolution des PEN, dieser honorablen internationalen Vereinigung von SchriftstellerInnen:

»In unserem Land werden wieder einmal Menschen verletzt, geschlagen, gejagt, verbrannt. Wir dürfen dem nicht länger tatenlos zusehen und damit Schuld auf uns laden. Sofort müssen wir diese bedrohten und bedrängten Menschen persönlich schützen. Das heißt, wir sind bereit, vor und in ihren Unterkünften Wachen zu stellen und die Polizei bei ihrer Schutzaufgabe symbolisch zu unterstützen. Langfristig müssen wir außerdem Patenschaften übernehmen, damit Schutz und Hilfe von Dauer sind.«

Bravo! »Wir dürfen nicht länger tatenlos zusehen und damit Schuld auf uns laden.« Dieser Satz hat mich am stärksten beeindruckt, denn er benennt den Kern des Problems: und das sind weniger die paar Schurken und mehr die Millionen Gleichgültigen. Ja, Herr Kollege, ich bin dabei! Nur – sind Sie auch bei meiner Sache? Sind sie gegen Rassismus – und gegen Sexismus? Machen Sie sich überhaupt klar, dass nicht »wieder einmal«, sondern immer noch Frauen verletzt, geschlagen, gejagt, vergewaltigt und getötet werden – nur weil sie Frauen sind? Ja? Dann dürfen Sie auch hier nicht länger zusehen und Schuld auf sich laden.

Begleiten Sie mich also, Herr Kollege, auf meiner Fahrt von Köln nach Düsseldorf-Eller, um ein wenig mehr zu verstehen von dem Menschen, der Angelika Bayer war. In der S-Bahn haben wir Zeit, aus dem Fenster zu schauen. Der Rhein, die Vororte, Kleinstädte. In der verebbenden Häuserflut die letzten Felder, wie Inseln. Da, wo Düsseldorf anfängt, ins Brachland zu kriechen, da steigen wir aus.

Ein langer, öder Bahnsteig, Treppen, die Unterführung. Etwa 300 Meter bis zum Haus von Angelika Bayer – reichlich Gelegenheit für einen »Zufallstäter«. Rechts ein verlassener Gebrauchtwagen-Parkplatz, daneben eine Grabstein-Werkstatt mit Lagerhallen, Höfen und Schutthalden. Links stille Wohnhäuser mit niedrigem Gebüsch.

Nein, halt, Herr Kollege, laufen Sie nicht weg. Begleiten Sie mich noch in den dritten Stock des Hauses Karlsruher Straße 40. Da wird uns die Nachbarin zögernd die Tür aufmachen und am Küchentisch sagen: »Wir haben hier immer Angst ... Aber als Frau verdrängt man das ... Dir kann das nicht passieren ... Ich kann mir auch nicht vorstellen, warum die Männer so was tun ... Haben die einen Hass ...?«

Und auch das, Herr Kollege, sollten Sie sich noch zumuten. Nur eine Treppe höher ist die Wohnung von Angelika Bayer und ihrem Lebensgefährten. Unten an der Haustür stehen noch beider Nachnamen an der Klingel, hier oben steht nur: Angelika & Rainer, darüber ein hellgelber Schmetterling. Der Lebensgefährte macht die Tür schon lange nicht mehr auf, er flüchtet seit ihrem Tod vor der Sensationspresse, für die das Ganze ein geiler »Sex-Mord« ist.

Wer war Angelika Bayer? Eine Frau wie viele. Mit 16 Flucht von zu Hause, weg von Mutter und Stiefvater, von Gewalt und Kleinstadt, rein in ein selbstbestimmtes Leben. An der Uni studiert sie Wirtschaftswissenschaften und Pädagogik in Düsseldorf und Essen. Nach dem Staatsexamen macht sie sich mit einem Freund selbstständig. Und lernt, lernt, lernt: Fernuniversität, Schulungen, Kurse. 1988 fängt sie bei einer Düsseldorfer Softwarefirma an, Marketing und Verkauf sind ihre Domänen. Die Kunden schätzen sie.

»Sie hat immer gekämpft«, sagen die Kollegen. Als Feministin hätte sie sich wohl nicht bezeichnet, doch sie hatte ein »ausgeprägtes Selbstbewusstsein, darunter aber war sie empfindsam und sehr abhängig von Lob«. Ab 1992 wollte sie sich selbstständig machen, für die Firma freiberuflich arbeiten und PC-Schulungen geben.

Der Arbeitsplatz von Angelika Bayer ist leer, auf ihrem Schreibtisch stehen Blumen. Ihre Kollegen wirken nachdenklich. Die einzige Kollegin kann es nicht fassen. »Ich dachte immer«, sagt die 24-Jährige, »so was passiert nur jungen Mädchen. Aber Angelika – ausgerechnet Angelika ...«

Im letzten Urlaub auf Ischia hat sie sich Hotpants aus schwarzem Samt gekauft und ist damit abends ausgegangen, trotz der Bedenken ihres Freundes. Als die beiden das Restaurant betraten, verstummten alle – na und! Angelika war: attraktiv, selbstbewusst und aufgeschlossen. Eine moderne Frau.

»Nie hätte ich gedacht, dass die mal Opfer wird«, sinniert die Kollegin und vergisst dabei ganz ihre Chefs, die neben ihr sitzen: »Man ist wirklich machtlos ... Nichts hilft ... Alles machen die Männer ... Sogar die Mode ... In diesem Sommer haben sie uns kurze Röcke diktiert – und was passiert? Man wird mit Blicken ausgezogen. Man will den Männern ja gefallen. Und so wird man dann da hineingepresst ...«

Angelika Bayer machte sich gerne chic und ging gerne aus, auch allein. »Ich sehe nicht ein, dass ich mich einschränken soll! Warum kann ich mich nicht bewegen wie ein Mann?« Das sind ihre Worte. Sie hat sie vor noch gar nicht langer Zeit ihrer besten Freundin gesagt. Ihr Freund, stolz und beunruhigt zugleich über Angelikas Selbstbewusstsein, war sich der Gefahr bewusst und brachte ihr in den letzten Jahren Selbstverteidigung bei. »Mir kann nichts passieren, ich kann Karate!«, hat Angelika Bayer im Büro stolz gesagt.

Und ihre beste Freundin? Was sagt die? »Angelika ist ermordet worden, weil sie zu selbstbewusst war.« Wie sie darauf kommt? »Ich spüre das ...«

»Attraktiv« ist das häufigste Adjektiv der lokalen Berichterstattung über Angelika Bayer, »selbstbewusst« das zweithäufigste. Warum Angelika Bayer an diesem Abend das Lokal früher verließ als ihr Freund? Der *Kölner Stadt-Anzeiger* weiß von Kommissar Kosemund: »Der Mann sei weniger müde gewesen als die Frau. Die selbstbewusste Angelika Bayer habe wohl mal wieder einmal ihren Kopf durchsetzen wollen und beabsichtigt, allein mit dem Zug nach Düsseldorf zu fahren.«

Das hat sie nun davon. Wollte wieder mal ihren Kopf durchsetzen. Und Seckin Caglar? »Die 16-Jährige galt als äußerst bedacht«, weiß die Presse, sie nahm immer dieselbe Bahn, ließ sich normalerweise vom Vater oder Bruder von der Bahn abholen und informierte ihre Eltern schon bei einer halben Stunde Verspätung. So oder so, selbstbewusst oder bedacht, attraktiv oder unscheinbar, jung oder alt – Frauen sind Opfer. Und Männer sind Täter.

Frauen und Männer, die davor nicht länger die Augen verschließen und es zu Ende denken, müssen handeln! Frauen müssen sich schützen und sich zusammentun. Und Männer müssen sich von den Tätern distanzieren, ja, sie bekämpfen – oder aber hinnehmen, dass auch sie für (potenzielle) Täter gehalten werden. Wäre der Sexismus eine nur annähernd so ernst genommene politische Kategorie wie der Rassismus, würden wir alle kopfstehen wegen der Welle sexistischer Gewalt, die tagtäglich durch unser Land geht.

Aufklärung, BürgerInnenwehr, Polizeischutz, Politikerdebatten, Gesetze, konkrete Maßnahmen zur Verhinderung der Aggressionen – alles zum Schutz der gefährdeten Frauen vor den potenziellen Tätern. Und jeder einzelne Mann, der tatenlos zusieht, lädt damit Schuld auf sich. Sie, Herr Kollege Falkenberg, werden verstehen, was ich meine.

Das Bundeskriminalamt (das in seiner Statistik bis 1989 noch nicht einmal »versuchte« und »vollendete« Sexualmorde trennte), behauptet allen Ernstes, 1990 habe es im gesamten Bundesgebiet nur 23 Sexualmorde gegeben. Mit Verlaub: Ich bezweifele das. Ich bin sicher, dass die Zahl um ein Vielfaches höher liegt. Allein in Frankreich wurden 1990 genau 390 Frauen ermordet, weil sie Frauen waren – eine Zahl, die nicht aus den Polizeistatistiken stammt, sondern von Feministinnen gesammelt wurde. Sind also die 23 eine bewusste Manipulation? Oder einfach nur Schlamperei, weil die Herren diese Art von Morden nicht so relevant finden?

Für Angelika Bayer hat niemand demonstriert. Für Seckin Caglar schon. Zehn Tage nach ihrem Mord riefen kurdische und türkische Feministinnen zum Protest: Samstag, 11 Uhr, an der Haltestelle. Es kamen rund 30 Menschen, darunter ein Mann. Übrigens alles Türken, bis auf die zwei *EMMA*-Frauen.

Was ist los? Haben inzwischen selbst deutsche Feministinnen vergessen, warum Angelika Bayer sterben musste? Dabei ist die Antwort einfach. Sie starb, weil sie eine Frau war.

Aus: EMMA 12/1991

PS: Zwölf Jahre nach der Tat wurde Angelikas Mörder gefasst. Eher zufällig. Aufgrund neuer Möglichkeiten bei der Analyse von DNA-Spuren. Detlef W. kam 2004 in Köln vor Gericht. Es stellte sich heraus, dass der 49-Jährige eine lange Karriere als Sexualverbrecher hinter sich hatte. Seit den 1970er Jahren war er mehrfach wegen Sexualverbrechen verurteilt worden, 1987 nach einer »massiven Attacke« zu zweieinhalb Jahren Gefängnis und lebenslanger Sicherungsverwahrung. Am Ende der Haftzeit bestätigte ein Gutachter die von W. ausgehende Gefahr und befürwortete die weitere Sicherungsverwahrung. W.s Anwalt legte Einspruch ein und präsentierte einen neuen Gutachter, genauer gesagt eine Gutachterin. Die kam nach drei Gesprächen zu dem Schluss, bei W. sei »eine Nachreifung der Persönlichkeit« festzustellen. W. kam auf freien Fuß. Ein Jahr später ermordete er Angelika Bayer. In der Folge gab es im Kölner Raum noch zwei tote Frauen, bei denen die Polizei aufgrund »der sadistischen Tatmerkmale« Parallelen zu Detlef W. sah. Es konnte jedoch nicht bewiesen werden. Detlef W. wurde zu lebenslang, also 15 Jahren Haft verurteilt. Ohne Sicherungsverwahrung. Der Gutachter hielt das nicht für nötig, genauer gesagt: die Gutachterin. Der Frauenmörder dürfte seit Langem wieder auf freiem Fuß sein.

# Irak – die Mutter aller Schlachten | 1991

In den ersten 16 Tagen fliegen sie genau 44 000 Bombereinsätze, jede Minute einen, flächendeckend, so wie damals in Vietnam, und zum Teil mit den gleichen Flugzeugtypen. Allein in der ersten Nacht fallen mehr Bomben auf Bagdad als auf Dresden im ganzen Zweiten Weltkrieg. Am 22. Tag legen sie die dritte Brücke über den Euphrat in Schutt und Asche – am helllichten Nachmittag und just in dem Moment, in dem dort die Männer auf dem Nachhauseweg sind, die Frauen einkaufen und die Kinder spielen. Allein diese Brücke begräbt Hunderte von Toten unter sich. Gegen Ende der dritten Kriegswoche sprechen Experten von mindestens 30 000 Toten – die Verletzten, Hungernden, Heimatlosen, die verendeten Tiere und die zerstörte Natur nicht mitgezählt.

Und das ist erst der Anfang. »Abschneiden und Vernichten«, so lautet die Parole von »Stormin Norman«, dem kriegführenden US-General Schwarzkopf. Nur drauf mit der westlichen Wunderwaffe auf den arabischen Untermenschen. Das macht Spaß. Mordsspaß.

Wie sie so war, die erste Bombennacht? »Fantastisch! Wie Weihnachten … Aber jetzt gehe ich erst mal frühstücken und dann mach ich wieder meinen Job« (ein britischer Bomberpilot nach seinem ersten Einsatz über Bagdad). Was vom Feind zu halten ist? »Es ist so, wie wenn man nachts das Licht in der Küche anknipst: Die Kakerlaken fangen an zu rennen, und wir töten sie« (US-Luftwaffenkommandant Dick White nach den ersten Luftangriffen auf irakische Bodentruppen). Und warum das alles? »Wir sind hier nicht nur wegen der Benzinpreise. Wir legen die Zukunft der Welt für die nächsten 100 Jahre fest« (US-Hauptfeldwebel J. Kendall).

So ist es, Colonel Kendall. Hier geht es nicht um die Befreiung Kuwaits. Hier geht es um die Eroberung der Welt. Drei Lektionen sollen der Welt dabei eingebombt werden. Erstens: Die USA sind im nächsten Jahrhundert die Führungsmacht. Zweitens: Der Westen hält die Kontrolle über die arabischen Ölfelder. Drittens: Der weiße Mann bleibt der Größte.

Seit dem 17. Januar 1991 befinden wir uns im Dritten Weltkrieg. Nach der Auflösung der Ost-West-Blöcke, deren Satelliten die Dritte-Welt-Länder waren, gilt es, die Welt neu aufzuteilen. Der (ex)kommunistische Teufel hat seine Fratze abgelegt und versucht mitzufahren auf dem Karussell der ganz und gar freien Marktwirtschaft. Neue Feindbilder müssen her. Denn nur so kann die pathologisch patriarchalische Weltordnung weiter funktionieren, die vom Oben und Unten, vom Wert und Unwert, vom Gut und Böse.

Da bietet sich dem nordischen Herrenmenschen der südliche Bastard an: Schwarze, Asiaten und Araber. Letztere sind eh noch vom Stiefeltritt der Kolonialherren gebeugt. Und neue Märkte können auch nichts schaden. Am liebsten solche, die man erst für Milliarden aufrüstet, dann für Milliarden zerbombt und sodann für Milliarden wieder aufbaut. Allein für den Wiederaufbau von Kuwait werden 90 Milliarden Dollar geschätzt – dreimal dürfen wir raten, wer daran verdienen wird ...

Der Konflikt entzündete sich nicht zufällig in einer Region der Dritten Welt, in der das meiste Öl gepumpt wird. Und er entzündete sich nicht zufällig an einer Nahtstelle: Hier prallen Norden und Süden aufeinander, Christen und Moslems, Abendland und Morgenland. Das ist in der Tat ein »Krieg der Kulturen«.

Bagdad ist die Wiege der morgen- und der abendländischen Kultur. Hier erzählte einst Scheherazade 1001 Nacht lang dem mächtigen Harun al Raschid Geschichten, um ihren Kopf zu retten. Und hier reichte Eva Adam den Apfel. Der Irak, so will es die alttestamentarische Legende, ist das Gebiet, in dem einst das Paradies lag. Jetzt werden die Menschen dort ein zweites Mal vertrieben.

Aber diesmal hat Gott nicht die Hand im Spiel. Diesmal sind es die Herren der Welt, die uns zeigen, wozu so ein echter Kerl fähig ist. Und bevor sie in ihre mit Computern und Videokameras ausgerüsteten Cockpits steigen und aus ihren Spielchen blutiger Ernst wird, nehmen sie einen letzten Schluck Cola und machen sich im Wüstenzelt mit Porno-Videos scharf (diese Information sickerte durch, obwohl die Militärzensur sie gerne als zu »unangenehm« unterdrückt hätte).

Und die Medien? Sie liefern uns seit Wochen einen sauberen Krieg. Das Fernsehen feiert Triumphe über das Kino. Kein Kriegsfilm ist so spannend, wie die Nachrichten von CNN es sind. Alltäglich feiert der Männlichkeitswahn 24-Stunden-Orgien. Und die sich Bekriegenden stehen sich wenig nach in Sachen Selbstgerechtigkeit, Nationalismus und Blutrünstigkeit. Nur einen kleinen Unterschied gibt es da: Präsident Bush scheint stärker – darum hat auch er den Krieg gewollt. Und da Manipulation und Meinungsmache so extrem sind, lohnt es sich, kurz an die Vorgeschichte des Krieges zu erinnern.

Solange Saddam Hussein Krieg gegen den fundamentalistischen Iran führte (1980–1988), war er der Darling von Ost und West. Wie grausam der pseudosozialistische Militärdiktator dabei gegen seine Feinde drinnen und draußen vorging – dass er Oppositionelle folterte und Kurden wie Iraner mit Giftgas erstickte –, das störte in all diesen Jahren nicht nur keinen, es galt sogar als förderungswürdig. Der Irak wurde von der Sowjetunion wie vom Westen aufgerüstet – zur viertstärksten Militärmacht der Welt. Allein in der Bundesrepublik kaufte Saddam Hussein im vergangenen Jahr Waren im Wert von über einer Milliarde DM – und die Bundesregierung übernahm dafür auch noch die Bürgschaft.

Nach Beendigung des Iran-Krieges blieb der Irak hochverschuldet zurück. Aber die Gläubiger, darunter die Golfstaaten, drängten auf Zahlung. Am 25. Juli 1990 ließ Saddam Hussein bei der amerikanischen Botschaft in Bagdad vorfühlen, wie die USA wohl auf seinen Einmarsch in Kuwait reagieren würden. Die inzwischen viel zitierte Antwort lautete: »Unsere Seite hat keine Meinung zu innerarabischen Konflikten.« Damit war Saddam grünes Licht gegeben zur Besetzung seines Nachbarn, bei dem der Irak dick in der Kreide stand.

Am 2. August 1990 marschierte Saddam Hussein in Kuwait ein- und saß damit in der Falle. Denn ab jetzt gaben die USA ihm nicht mehr die geringste Chance zu einem Kompromiss. Sie waren, darauf deuten einfach alle Informationen, von Anfang an zum Krieg entschlossen. Dass sie so schlecht verhandelten, lag nicht etwa am Ungeschick der amerikanischen Diplomatie, sondern an der Absicht der Regierung. Die wusste nur zu gut, dass der von ihr geforderte demütigende Rückzug für den Araber Saddam einfach unmöglich war. Am 17. Januar eröffneten die Amerikaner ihren »Blitzkrieg«.

Zwölf Tage später hielt der Präsident eine denkwürdige Ansprache zur »Lage der Nation«: Bush wörtlich: »Heute Abend trete ich vor dieses Haus und vor das amerikanische Volk mit einem Aufruf zur Erneuerung.« Denn »auf dem Spiel steht mehr als ein kleines Land, es ist eine große Idee, eine neue Weltordnung, in der unterschiedliche Nationen in einer gemeinsamen Sache zusammenstehen«. Unter der Führung der USA, denen sich nur noch die Bush-Frage stellt: »Wer von unseren Bürgern wird uns in das nächste amerikanische Jahrhundert führen?«

Bürger Norman Schwarzkopf zum Beispiel. Er ist sozusagen schon familiär vorbelastet. Sein Vater, so berichtet *Time*, brachte als CIA-Mann den Vater des Schahs von Persien an die Macht und baute den folternden Polizeiapparat des letzten Schahs auf. Schon als zehnjähriger Militärkadett träumte Norman jr. davon, ein »zweiter Alexander der Große« zu werden und sein Vaterland in »die Schlacht aller Schlachten« zu führen. Gesagt, getan!

Ihm gegenüber steht ein Feldherr, der »die Mutter aller Schlachten« führt. Saddam Hussein nämlich war inzwischen auch nicht faul. Der einst »sozialistische« Staatschef hat sich neuerdings zu einem muslimischen Führer gemausert und offeriert sich den gedemütigten Arabern als Rächer gegen die verhassten Imperialisten. Mit Erfolg. Die absolute Mehrheit aller Araber, Männer wie Frauen, stehen heute hinter Saddam Hussein.

Dieser Mann, der heute für die Westler ein »Irrer« ist, ein »Satan«, ja sogar ein »zweiter Hitler« ist, ist für die Araber ein Held. Und das nicht nur in den Augen des verführten Volkes, sondern auch in denen der kritischen Intellektuellen.

Wenn also jetzt westliche Intellektuelle hergehen und das demagogische Bush-Wort vom »zweiten Hitler« unreflektiert übernehmen, so zeigt das nur, wie wenig auch sie gewillt sind, ihre privilegierte weiße Position zu hinterfragen und die Dinge einmal nicht nur mit eigenen Augen, sondern auch mit den Augen der anderen zu sehen. Und die Medien spielen mit.

Tröstlich, dass es trotzdem mehr und mehr Deutsche gibt, die das so nicht mehr mitmachen wollen. Vor allem die Jungen – inklusive unserer so sympathischen »unmännlichen« Soldaten – und die Frauen wollen diesen Krieg nicht. Sie erteilen der martialischen Kriegshetze der Konservativen und den intellektuellen Winkelzügen des 68er-Establishments eine klare moralische Absage. Denn für sie, für uns gibt es keinen »gerechten Krieg«. Es gibt nur ungerechtfertigtes Leid.

Aber was ist mit Israel? Richtig, das ist ein Argument, das gerade uns Deutsche angeht. Schließlich ist die Existenz des jüdischen Staates nicht zuletzt Resultat der Ermordung von sechs Millionen jüdischen Menschen. Nur dürfen wir gerade jetzt nicht vergessen: Wir Deutschen sind in Bezug auf Israel Täter, die Araber jedoch sind Israels Opfer. Sie waren es, die einen Teil ihres Landes räumen mussten für die vor dem weltweiten Antisemitismus flüchtenden Juden. Nicht nur darum wäre es von Anfang an klug gewesen, den Judenstaat auf die Koexistenz mit den dort lebenden Arabern aufzubauen. Viele Israelis und Juden in aller Welt haben das so gewollt und wollen es noch. Leider aber haben die Falken auch in Israel gesiegt. Sollte die Existenz Israels eines Tages wirklich gefährdet sein – was schrecklich wäre –, so wäre das vor allem diesen Falken zu verdanken.

»Die Welt steht hinter uns«, verkündet Bush an dem Tag, an dem er den Krieg erklärte. Welche Welt? Die der Milliarde Moslems (ein Fünftel der Weltbevölkerung – davon allein in der Sowjetunion 50 Millionen)? Die der Milliarden Schwarzen, Asiaten und Südamerikaner? Wer sind hier »wir«? Und wer sind »die Anderen«?

Die Lage der Frauen in den islamischen, zum Fundamentalismus neigenden Ländern war schon vor Beginn des Krieges dramatisch. Jetzt aber werden die gedemütigten Moslems ihren Hass noch mehr auf den eigenen Frauen abladen – und auch das ist mit die Schuld der weißen Herren.

*Aus: EMMA-Sonderband »Krieg«, März 1991*

# Newton: Kunst oder Pornografie? | 1993

Ihr sollt euch kein Bild von mir machen. – Der alttestamentarische Gott erließ nicht zufällig dieses Gebot. Er wusste, dass, wer sich ein Bild vom anderen macht, sein Bild dem/der anderen überstülpt. In der Geschichte der Menschheit haben Bilder zweifellos das Bild vom Menschen stärker geprägt als Worte. Und wir leben in einer Zeit, in der die Macht des Bildes zunimmt.

Gerade Frauen können ein Lied davon singen. Gerade sie sind tausendfach fixiert in Werbung, Medien, Film und Kunst: als Hure oder Heilige, als Körper ohne Kopf, als Objekt, das benutzt oder zerstört werden kann – ganz nach Lust und Laune des Betrachters. Es gehört zum Backlash, dass das »starke Geschlecht« die Definitionsmacht über das »schwache Geschlecht« nutzt, bis zum Anschlag. Diese Bildermacht ist so allgegenwärtig, dass viele sie noch nicht einmal mehr als solche wahrnehmen.

Eine Reaktion darauf ist die andauernde Empörung über das Frauenbild der Werbung. Ach, wenn es nur das wäre … Längst hat die Bilder-Propaganda vom Untermenschentum der Frauen ihren Triumphzug durch Medien und Kunst angetreten. Im Namen der sogenannten »Meinungsfreiheit« oder »Freiheit der Kunst« ist alles möglich – mit Frauen sogar das, was, würde es Ausländer oder Juden treffen, längst Gegenstand öffentlicher Empörung und staatlicher Verbote wäre.

Der Tat geht der Gedanke voraus. Bevor man es tut mit dem/der anderen, führt man ihn oder sie in der Fantasie vor: als solche, mit denen man es machen kann und denen es nur recht geschieht. Das war in der jüngeren deutschen Vergangenheit nicht anders. Die viehischen Transporte jüdischer Menschen an die Stätten ihrer seriellen Vernichtung waren ja nicht nur Resultat eines seit Jahrhunderten verwurzelten Antisemitismus. Sie wurden auch gezielt vorbereitet von einer mit allen Mitteln der Kunst betriebenen Wort- und Bild-Propaganda gegen »den jüdischen Untermenschen«: So sieht einer/eine aus, den/die ihr anspucken, vertreiben, töten dürft …

Der 1920 in Berlin geborene Großbürgersohn Helmut Newton

hatte einen jüdischen Vater. Seine von ihm verehrte Fotolehrerin Yva wurde in Auschwitz ermordet. Er selbst flüchtete rechtzeitig nach Australien. Doch das Herrenmenschentum nahm er mit, in ihm lebt es weiter. Seine Fantasiewelt ist bevölkert von Tätern in Uniform oder Nadelstreifen und Opfern, deren besondere Anziehung meist darauf basiert, dass sie stark sind und erst noch gebrochen werden müssen: hochgewachsene blonde Gretchen, glänzende schwarze Sklavinnen und lüsterne Herrinnen, die ihren Herrn suchen.

Das Phänomen Newton wäre nicht denkbar ohne die Frauenbewegung. Er liefert einer verunsicherten, irritierten Männerwelt den neu geschärften Blick auf die erstarkenden Frauen. Solchen, denen die Herren es schon zeigen werden, und die heimlich davon träumen, es gezeigt zu kriegen. Bis Mitte der 70er war Newton ein Fotograf wie viele. Dann wurde er plötzlich berühmt. Der Zeitpunkt – wenige Jahre nach dem Aufbruch der Frauen – ist kein Zufall.

Helmut Newton ist als Mann und Jude potenzieller Täter und potenzielles Opfer zugleich. Er hat sich entschieden. Er hat sich auf die Täterseite geschlagen. Zumindest in seinen Fantasien. Würden seine sadomasochistischen Phantasmen ihn nur in dunklen Träumen beschäftigen, so wäre das traurig und ein Fall für den Analytiker. Aber Newton veröffentlicht und verkauft seine Phantasmen. Und er macht Schule damit. Er prägt den Blick von Millionen. Aus dem Modefotografen ist ein politischer Fotograf geworden: Newton liefert Propagandamaterial für den Geschlechterkrieg. Jahr für Jahr höher dosiert.

»Ich bin Feminist«, sagt Newton – wohl wissend, dass die Vereinnahmung des Feminismus und die Verkehrung der Werte ein zentrales Element der modernen Pornografie ist. Eine schwache Frau unterwerfen – wie uninteressant. Eine starke Frau brechen – echt scharf. Seit Röhls *konkret* Anfang der 70er gehört die Mischung aus Objektfrau und Feminismus auch in Deutschland zur Hausmannskost des Pornografen.

Und das sind ihre Ingredienzien: »Newtons Ideen sind aufwendige Ideen: sie erfordern edelstes Rohmaterial«, prahlt das Vorwort zu *White Women*. Und für den Modeschöpfer Karl Lagerfeld sind die Newton-Models schlicht »Nordfleisch« (zu diesem Titel inspirierte ihn die Neonreklame eines Hamburger Kühlhauses). Er rühmt in seinem Vorwort zu *Big Nudes* Newtons »Liebe für blasses Fleisch« und hat recht damit: Nichts scheint Newton so anzumachen wie der erkaltete Frauenkörper, die weibliche Leiche.

Aber zuvor darf sie getötet werden. Und zum Frauenfoltern und -schlachten liefert der Zeremonienmeister des Sadomasochismus den Stoff, aus dem die Träume, die Begierden – und die Taten sind. Ich analysiere hier vor allem Newtons Produktion aus den 80er und 90er Jahren, vorher ging's harmloser zu. Das ist Newtons Frauenbild: Von der nackten Herrin mit Fetisch Stöckelschuh über die glänzende Sklavin in Ketten bis hin zum viehisch vorgeführten Objekt. Den bloß stöckelnden Frauen in dem so assoziationsreichen Kellergewölbe gibt der Fotograf den Titel »Arbeitende Frauen«. Für ihn arbeitet sein »Rohmaterial« umsonst.

Newton, der nach eigenen Angaben 100 000 Dollar am Tag verdient, zufrieden: »Die Models könnte ich gar nicht bezahlen.« Zum Lohn erhalten sie ein vom Meister signiertes Abbild ihrer Erniedrigung. – Übrigens: Die nackte Grace Jones in Ketten war es, die 1978 die legendäre *Stern*-Klage auslöste, in der *EMMA* zusammen mit anderen Frauen den *Stern* wegen seinen »frauenerniedrigenden Titelbildern« verklagte.

Es folgen Newtons Arrangements. Die Inszenierung »Frau und Hund«, die 1981 mit Raquel Welch so scheinbar harmlos begann und heute eines der Lieblingssujets von Newton ist, bringt er 1984 auf den Punkt: Die Frau liegt mit gespreizten Beinen, roten Fußnägeln, Stöckelschuhen und Folterbändern aus Leder und Stahl an Arm- und Fußfesseln auf dem Rücken – sichtbar überwältigt von der Dogge über ihr, deren kraftvoll-aggressive Bewegung eindeutig ist. Titel: »Siegfried« (sic). Übrigens: Die Vergewaltigung von Frauen durch dafür eigens abgerichtete Schäferhunde und Doggen ist in modernen Diktaturen eine klassische Foltermethode.

Ersparen möchte ich mir an dieser Stelle die »lesbischen« und pädophilen Fantasien von Newton (auch Letztere widerspruchslos publiziert!). Ersparen würde ich mir am liebsten alles, denn keines seiner Bilder ist das Produkt eines Besessenen, der einen gemarterten Blick in die eigenen Abgründe wagt. Newtons Bilder beunruhigen nicht, sie bestätigen – die bestehenden Verhältnisse in einer Welt der Gewalt, der Folter, der Kriege. Newtons Bilder stellen keineswegs »produktive Fragen«, sie geben glatte Antworten.

Newtons Bilder sind kühl kalkulierte Hochglanzprodukte für einen expandierenden Sadomaso-Markt und regen zur forschen Nachahmung an, zumindest die Täter – und vielleicht auch so manches Opfer, das glaubt, nur als solches »begehrenswert« zu sein.

Die Bilderpaare in »Archives de nuit« wurden von Newton so arrangiert – mithilfe seiner Frau June, die unter dem Namen Alice Springs selbst fotografiert: Sie zeichnet verantwortlich für »Konzeption und Realisation« seiner jüngsten Publikation. Das Buch wird vom Verlag mit den anzüglichen Worten »erotisch abgründig und bedeutungsdunkel« angekündigt. In der Tat, dunkel und bodenlos geht es da zu. Da paart Newton Herrn M. in betonierter Herrschaftsarchitektur mit Madame O. in der Wildnis. Er kombiniert die bloß gelegte, sezierte Frau mit dem sich verschließenden, gepanzerten Mann. Er stellt neben die ewig Nackte auf der Folterstreckbank den Jäger mit seiner (Frauen-)Beute. Er wirft neben den erlegten Berglöwen im Müll die Aufgebahrte. Kommentarlos. Denn diese Bilder brauchen keine Worte.

Das geht zu weit? I wo. Newton ist steigerungsfähig. Immer wieder spielt er auf »11 000 Kontaktbögen« an, die noch in seiner tiefsten Schublade liegen ... Er ist unstreitig führend in der Porno-Avantgarde. Wenn Pornografie die Verknüpfung von Lust mit Herrschaft und Gewalt ist, dann ist Newton der Hohepriester der Pornografen. Er ist ihr Schrittmacher. Denn wenige sind so begabt, so raffiniert, so kalt wie er. Und so zu allem bereit.

Eines seiner Bildpaare zeigt eine blond bezopfte KZ-Wärterin und eine dunkel geschorene KZ-Insassin, er macht beide gleichzeitig zum Opfer der Begierde. Und dann der – vorläufige – Höhepunkt der Newton'schen Pornografie: Die »Young Women Suspended« auf Seite 48. Ihr gegenüber, Seite 49, der »Birch tree«, ein Birkenwald. Die junge Frau hat, wie üblich, einen perfekt-modischen Körper, sie ist gefesselt und aufgehängt und trägt, wie üblich, Stöckelschuhe (das unentbehrliche Signal für weibliche Hilflosigkeit: Diese Frau kann nicht weglaufen, noch nicht einmal vor Newtons Fantasien).

Die Frau hängt gekreuzigt inmitten einer seelen- und menschenlosen Welt aus Beton und Stahl. Sie blickt auf den Wald. Auf den Wald von Birkenau bei Auschwitz. Auf den Wald, der – spätestens seit Landmanns *Shoah* – seine Unschuld verloren hat. Oder blickt sie auf den Wald bei Los Angeles oder Wien oder Hamburg, wo der Körper aller young and old women verscharrt wird? Danach.

Auf die Frage, was er vom »Rechtsradikalismus in Deutschland« halte, antwortete Helmut Newton jüngst: »Schrecklich!« Und auf die Frage, was er gerne ändern würde, wenn er könnte: »Die Grausamkeit von Menschen an Menschen.«

Der Mann verdient es, beim Wort genommen zu werden.

*Aus: EMMA 6/1993*

PS: Auf die Veröffentlichung des Textes zusammen mit 19 Foto-Beispielen reagierte der Newton-Verleger Lothar Schirmer mit einer Klage: *EMMA* habe keine Erlaubnis für den Abdruck der Fotos eingeholt. *EMMA* argumentierte, dies sei nicht nötig gewesen, da es sich im juristischen Sinne um eine »wissenschaftliche Bildanalyse« handele, dem die Fotos als Beispiele beigegeben seien. Das Münchner Landgericht gab *EMMA* recht – im Gegenteil zu dem, was oft kolportiert wird. Es befand jedoch, elf Fotos (statt 19) hätten genügt, darum soll *EMMA* nun den Abdruck aller 19 zahlen. Trotz dieser eigenwilligen Urteilsbegründung ging *EMMA* nicht in Berufung. Grund: Bei dem Prozess ging es nicht um Inhalte, sondern nur um das formaljuristisch in Deutschland bisher nicht eindeutig geklärte Recht auf Bild-Zitate.

# Frauenmörder, die SS des Patriarchats | 1994

Sind Sie eine Frau? Wenn ja, dann stellen Sie sich nur einmal und wenigstens ein paar Minuten lang Folgendes vor: Wir leben in einer Welt, in der es alle Freuden und Probleme gibt, die Sie kennen. Liebe und Hass, Freiheit und Abhängigkeit, Sinnlichkeit und Gewalt. Nur ein Problem gibt es nicht: Es gibt auf der Straße keine Sexualverbrecher mehr, weder Vergewaltiger noch Lustmörder. Es gibt zwar immer noch die private (Sexual-)Gewalt gegen Frauen, aber wenigstens keine öffentliche mehr.

Können Sie sich vorstellen, wie wir Frauen uns in einer solchen Welt bewegen würden? Wie wir durch die Straßen schlendern. Wie wir in langen Sommernächten im Park sitzen (zwar immer noch auf der Hut vor Räubern, aber befreit von der Angst vor Vergewaltigern). Wie wir auf Abenteuerreisen gehen, quer durch den Dschungel der Städte und der Natur. Wie frei wir wären. Wie übermütig und verwegen. Es wäre ein anderes Leben! Ein Leben, das jeder Mann kennt. Ein Leben, von dem Frauen noch nicht einmal etwas ahnen.

Das Verhältnis zwischen Männern und Frauen ist seit Jahrtausenden ein Machtverhältnis, in dessen Strom sich nur Einzelne auf Inseln der Zärtlichkeit und des Respekts retten können. Machtverhältnisse aber, auch die zwischen den Geschlechtern, funktionieren nur, solange die Unterdrückten stillhalten. Dazu müssen sie Angst haben, müssen den Preis der Auflehnung kennen. Und die, die rebellieren, müssen diesen Preis zahlen, sichtbar zahlen. Das ist logisch. Zur wahren Machterhaltung aber gehört immer auch die scheinbare Unlogik: die Willkür des Terrors. Es kann jede treffen. Egal, was sie tut.

Für uns Frauen bedeutet das: Eine jede ist Opfer von Sexualgewalt oder kann es werden – egal wie stark oder selbstbewusst sie ist. Für die Männer heißt das: Ein jeder ist Täter oder kann es werden – egal wie schwach oder bewusst er ist. Denn das Fuchtbare ist, dass der Mann seinen eigenen Körper zur Waffe gemacht und Liebe mit Hass schier unlösbar verknüpft hat. Diesen Körper haben Frauen lieben gelernt – und hassen.

Alle Frauen wissen um die Gefahr, auch die, die sie nicht wahrhaben wollen: Unsere Mütter haben sie uns zugewispert, oft ohne Worte; unsere Schwestern werden vor unseren Augen ihre Opfer; und unseren Freunden sind wir dankbar, wenn sie keine Täter sind. Dieses Wissen um die drohende Erniedrigung und Zerstörung sitzt tief in uns allen. Es prägt jedes Gefühl, jeden Gedanken, jede Regung. Und sollten wir es in Momenten des Übermuts einmal vergessen, erinnert uns spätestens die rituelle Tagesmeldung über die Vergewaltigung oder den Sexualmord von nebenan wieder daran.

Im Interessenkonflikt zwischen Völkern und Rassen wird geschossen und gebombt. Im Interessenkonflikt zwischen den Geschlechtern wird gerammelt und gewürgt. Aber erst der Lustmörder macht uns wirklich klar, dass wir Frauen der allerletzte Dreck sind. Eine, die man nicht nur dumm anmachen, antatschen und vergewaltigen kann, sondern eine, die man auch zerstören und zerstückeln kann. Eine, die Lust macht – Lust zu töten.

Auf dem Schlachtfeld dieses längsten und nie erklärten Krieges der Menschheitsgeschichte haben Vergewaltiger und Lustmörder eine wichtige Funktion: Vergewaltiger sind die »Stoßtrupps, die terroristischen Guerillas« (Susan Brownmiller). Und Lustmörder, Lustmörder sind die Elite, die SS des Patriarchats. Ihre Opfer sind nie nur Zufallsopfer, sondern immer strategisch unentbehrlich zum Machterhalt. Denn sie dienen der Einschüchterung aller Frauen: Seht her, das machen wir mit einer wie euch.

Konfliktforscherinnen haben entdeckt, dass in Gesellschaften mit stabilen Geschlechterverhältnissen am wenigsten und mit instabilen am meisten vergewaltigt wird. Stabil meint: gefestigt gleich oder gefestigt ungleich. Instabil meint: erschüttert durch Frauen, die die Vorherrschaft von Männern infrage stellen. Sexualgewalt ist also keine Frage von Lust, sondern eine von Macht. Und Sexualgewalt ist eine politische Gewalt: Ihre Opfer sind politische Opfer.

Dies zu Ende zu denken, ist bedrückend. Aber es ist auch ermutigend. Denn nur wenn wir der Wahrheit ins Gesicht sehen, können wir sie auch begreifen – und beginnen, sie zu verändern.

Von sympathisierenden Männern müssen wir die eindeutige Absage an jegliche Sexualgewalt fordern, Hilfe beim Schutz von Frauen und Bekämpfung der Sexualverbrecher. Von einem Staat, der vorgibt, nicht länger ein Männerstaat, sondern eine Demokratie für alle sein zu wollen, ist zumindest das Ernstnehmen der Sexualgewalt zu erwarten, das Erkennen ihres Ausmaßes und Bekämpfung ihrer Wurzeln. Dazu gehört auch, dass die Täter endlich ernst genommen und nicht nur entschuldigt werden. Denn nur die Erkenntnis von Schuld ermöglicht auch die Verarbeitung und gibt damit eine Chance zur Veränderung.

Und wir Frauen? Verdrängen und Leugnen nutzt wenig. Sich-Beugen noch weniger. Erobern wir uns also den Stolz zurück. Greifen wir nach den Sternen – auch nachts.

*Aus:* EMMA 6/1994

## Lorena Bobbitt | Beyond Bitch | 1994

Für die meisten Amerikanerinnen ist Lorena Bobbitt eine Heldin. Sie hat sich gewehrt. Sie hat ihren Mann entwaffnet. Auch wenn der Preis, den sie dafür zahlt, hoch ist. So mancher Mann aber sieht das anders.

Die Ruhe ist dahin. »Ich kann nur raten, auf dem Bauch zu schlafen«, warnte John Bobbitt seine Geschlechtsgenossen. »Wenn ein Typ darauf besteht, seinen Penis als Waffe einzusetzen, gehört er – wie auch immer – schleunigst entwaffnet«, bekräftigte »Time«-Kolumnistin Barbara Ehrenreich. Und auf den Autos, Frau am Steuer, mehren sich die Aufkleber: »Beyond Bitch«. Frei übersetzt: »Schlampen, wehrt euch!«

Eine hat es getan. Jetzt könnte es jede tun. Der Damm ist gebrochen, Gewalt ist für Frauen kein Tabu mehr. Es kann zurückgeschlagen werden. Oder gestochen. Amerikanische Hausfrauen denken beim Anblick eines Küchenmessers jetzt nicht mehr nur ans Petersilie-Hacken.

Diese Revolution in ihren Köpfen verdanken sie einer kleinen, zierlichen 24-jährigen Kosmetikerin namens Lorena Bobbitt. Die Frau schritt in der Nacht vom 23. Juni 1993 zur Tat: Sie schnitt ihrem schlafenden Ehemann, dem 26-jährigen Marine-Soldaten John Bobbitt, mit einem Küchenmesser den Penis ab. Das Ding konnte wieder angenäht werden, was so manche verbitterte (»Sie hätte es in den Mülleimer schmeißen sollen!«).

Beide kamen vor Gericht. Sie wegen Kastration. Er wegen »sexueller Nötigung«, denn »nur« Vergewaltigung ist in der Ehe im US-Staat Virginia so wenig strafbar wie in der Bundesrepublik Deutschland. Er wurde im November freigesprochen und tourt seither für Hunderttausende von Dollars auf Talkshows. – Und das, obwohl vor Gericht bewiesen werden konnte, dass er sie seit Jahren folterte (»Mit den Methoden, die er bei den Marines gelernt hatte«) und ein Faible fürs Vergewaltigen hat. Das sagte nicht nur die Ehefrau, die von ihm auch in der Tatnacht im Schlaf vergewaltigt wurde, das bestätigten auch seine Kumpel: »Er hat oft erzählt, wie er es genießt, Frauen zum Sex zu zwingen.«

Sie wurde jetzt ebenfalls freigesprochen. Scheinbar. Denn bei näherem Hinsehen hat ihr Freispruch die Grenzen einer psychiatrischen Anstalt. Lorena Bobbitt sei zum Zeitpunkt der Tat »nicht zurechnungsfähig« gewesen, urteilten die zwölf Geschworenen (darunter sieben Frauen). Sie ersparten der geborenen Ecuadorianerin damit die denkbare Höchststrafe von 20 Jahren und die Ausweisung aus den USA. Aber sie ersparten ihr nicht die Einweisung in die Psychiatrie, wo sie 45 Tage lang bleiben muss. Dann werden die Ärzte entscheiden, ob sie wirklich freikommt.

Die amerikanischen Frauen – die neuerdings beim Victory-Zeichen anzüglich schnippen sollen – haben eine neue Heldin. Aber diese Heldin sitzt, wie so viele Heldinnen vor ihr, in der Klapse. Frauen, das verrückte Geschlecht. Verrückt vor Demütigung und Schmerz. Als die 15-jährige Lorena nach Amerika einwanderte, hatte sie noch Träume, auch von der Liebe. Die hat ihr ihr Mann gründlich ausgeprügelt und gerammelt. Ihre Tat in dieser Nacht war nackte Notwehr. Die 50-Kilo-Frau konnte sich gar nicht wehren gegen den 90-Kilo-Mann, sondern nur den Schlafenden entwaffnen.

Hätte sie gehen können? Das scheint für traditionelle Frauen wie Lorena noch schwerer zu sein, als sich zu wehren. Vor allem, wenn der Mann, wie John, droht: »Ich finde dich, wohin du auch gehst. Und ich werde dich weiter bumsen.«

Mit dem Schnitt hat Lorena Bobbitt sich vielleicht sogar das Schicksal erspart, das allein in den USA mindestens 4000 Frauen erleiden: So viele sterben alljährlich an den Folgen von Vergewaltigungen und Misshandlungen durch ihre Ehemänner, Freunde, Brüder und Väter. Das teilte die »National Coalition Against Domestic Violence« mit. In Deutschland werden diese Toten bisher (noch) nicht einmal gezählt. Wir dürfen aber getrost von relativ ähnlichen Zahlen ausgehen.

Und der Gesetzgeber? Die Opfer des Fremdenhasses kennt er. Die Opfer des Frauenhasses werden noch nicht einmal gezählt. Und in den Schubladen der Justizministerin vergammelt seit Jahren der Gesetzesentwurf, der endlich auch die Vergewaltigung in der Ehe strafbar machen soll. Unabhängig von ihrer Parteizugehörigkeit sind fast alle Politikerinnen in Bonn dafür – und fast alle Politiker dagegen.

Die seelische und körperliche Zerstörung von Frauen ist in Männergesellschaften Gewohnheitsrecht und Recht. Es bleibt den Opfern gar nichts anderes übrig, als selbst zu handeln. Und da muss ja Frauenfreude aufkommen, wenn eine zurückschlägt. Endlich.

*Aus:* EMMA *2/1994*

# Tage in Ravensbrück | 1995

Es herrscht sommerliche Hitze. Der Himmel über dem Mecklenburger Luftkurort Fürstenberg ist blau und der vor uns liegende See nicht minder. Es ist das erste schöne Wochenende im Jahr, und die Fürstenberger grillen im Garten. Auch die Familie, in deren Haus wir ein Zimmer genommen haben, grillt, Selbstgeräuchertes. Von meinem Balkon aus habe ich Blick auf den Garten, den vorbeiplätschernden Bach – und auf das Lager. So müssen schon die Eltern unserer gastlichen Vermieter rübergeguckt haben: rüber ins Frauen-KZ Ravensbrück, wo über 100 000 Frauen und ein paar Tausend Männer verhungert, zu Tode gequält, erschlagen, erschossen, vergast worden sind.

Das ehemalige Lager liegt nur ein paar Hundert Meter entfernt, am Ende des Sees. Genau hier, an diesem Haus, müssen sie immer vorbeigegangen sein: die halb verhungerten, zerlumpten, entmenschlichten Kolonnen, wenn sie frühmorgens vom Hauptlager zur Zwangsarbeit zogen und abends zurück. Für die Firma Siemens zum Beispiel. »Vernichtung durch Arbeit«, lautete die Devise. Und als das nicht schnell genug ging, kamen noch drei Gasöfen dazu.

Ein paar Tausend haben die Hölle überlebt, ein paar Hundert leben noch, und 180 sind in diesen Apriltagen 1995 gekommen, um den 50. Befreiungstag des Konzentrationslagers Ravensbrück zu begehen, befreit am 30. April 1945 durch die Rote Armee. Die 180 kommen aus allen Teilen der Welt, aus Berlin oder Moskau, Paris oder New York. Die meisten Deutschen und Osteuropäerinnen kehren nicht zum ersten Mal zurück an die Stätte, die bis zur Wiedervereinigung in der DDR lag. Aber die Französinnen und die Frauen aus dem amerikanischen Exil oder aus Israel sehen ihn meist zum ersten Mal wieder, den Ort des Grauens.

Wir, die Fotografin Bettina Flitner und ich, sind am Abend zuvor angereist. Wir wollen bei der für Samstag 11 Uhr von den Ex-Häftlingen angekündigten Pressekonferenz pünktlich sein. Die große Gedenkfeier – zu der auch Ignatz Bubis, Rita Süssmuth und Manfred Stolpe angesagt sind – ist erst für Sonntagvormittag geplant.

Samstagfrüh machen wir uns zu Fuß auf den Weg Richtung Lager. Wir gehen über die Straße, die von den weiblichen Häftlingen mit bloßen Händen gebaut und gepflastert wurde und auf der SS-Männer auch schon mal eine Gefangene einfach plattfahren ließen von der Straßenwalze, je nach Laune. Links säumen die ehemaligen SS-Unterkünfte den Weg: freundlich aussehende Zweifamilienhäuser, die von den Häftlingen unter primitivsten Bedingungen gebaut wurden. Die Vorgärten sind mit Asche aus dem Krematorium gedüngt.

An diesem Samstagmorgen, an dem »nur« die »Ravensbrückerinnen« da sind – so nennen die Ex-Häftlinge sich selbst –, ist alles ruhig. Die große Hysterie mit Absperrungen und Kontrollen wird erst morgen ausbrechen, wenn die PolitikerInnen, die Medien und Tausende von Besuchern kommen. Der Raum, in dem die Ravensbrückerinnen heute ihre Pressekonferenz anberaumt haben, ist karg und klein. Rund 200 Leute passen rein und viel mehr sind auch nicht da: vor allem Ex-Häftlinge in Begleitung und ein halbes Dutzend Medien-VertreterInnen (hochgerechnet).

Die Frauen sind aufgeregt. Auf dem Podium sitzen rechts und links von der Diskussionsleiterin (einer Tochter eines Ex-Häftlings) vier Frauen. Edith Sparmann gesteht beklommen: »Wenn ich darüber spreche, bin ich sofort wieder Häftling. Ich habe das gleiche Gefühl.« Gertrud Müller, 79, liest ihren Beitrag angespannt von einem handgeschriebenen Zettel ab und berichtet, dass eine ehemalige KZ-Inhaftierte 900 DM Entschädigung erhielt und eine ehemalige Wärterin 64 000 DM. Empörtes Gemurmel im Saal. Käthe Katzenmeier, heute Schwester Theodolinde, ballt zornig die Faust: »Verzeihen und Versöhnen kenne ich in diesem Zusammenhang nicht! Eine gerechte Strafe ist auch was Gutes. Warum ich noch lebe? Um Ihnen das hier zu sagen!« Ganz rechts außen Elisabeth Jäger, mit 14 die Jüngste im Lager. Sie wirkt am gefasstesten, schwer vorstellbar, dass sie offen Trauer oder gar Schmerz zeigen würde. Und doch ...

Es geht den Frauen auf dem Podium darum, dass nicht vergessen wird, was passieren konnte. Und dass es nie wieder passiert! Und dass das ehemalige Frauen-Konzentrationslager als würdige, eindringliche Gedenkstätte gestaltet und erhalten wird! Und es geht den Frauen im Saal darum, endlich einmal reden zu können.

Trotz der harschen Verwaltung der Veranstaltung wagt Judith Sherman, eine in die USA emigrierte deutsche Jüdin, das Wort zu ergreifen. Sie steht einfach auf und redet. Sagt, dass sie seit 50 Jahren immer daran denkt, Tag für Tag. Sagt, dass sie unter keine Dusche gehen kann, ohne daran zu denken. Sagt, dass sie nichts Gestreiftes mehr anziehen kann. Sagt, dass sie ihren Enkelkindern kein Glas Wasser reichen kann, ohne daran zu denken, wie ihr damals das Wasser in die Waggons gereicht wurde ... »Wie soll ich das nur meinen Kindern vermitteln?«, fragt Judith und sieht verzweifelt in die Runde.

Da erfasst es auch die beherrschte Elisabeth Jäger (von der mir meine Nachbarin voller Respekt zugeraunt hatte, die Wienerin sei nie mehr nach Österreich zurückgegangen, sondern habe »den sozialistischen Staat in der DDR mit aufgebaut«). Diesmal spricht Elisabeth Jäger nicht routiniert ins Mikrofon, sondern fast tonlos daran vorbei: »Meine Kinder haben mich nie gefragt«, sagt sie. »Meine Tochter hat immer gesagt: Ich will gar nicht wissen, was du erlebt hast – es drückt mir das Herz ab.« Und dann, nach einer viel zu langen Pause, sagt sie noch diesen Satz: »Man kann nicht miteinander reden – man kann nur miteinander weinen.«

Geweint wurde am Sonntag wenig, geredet dafür umso mehr. Unter noch immer strahlend blauem Himmel erklärte Brandenburgs Ministerpräsident Stolpe, gerade dieses Frauen-KZ sei »in erhöhtem Maße unmenschlich« gewesen, aber dennoch habe nichts »das Mütterliche in den Frauen hier töten« können (weil Frauen besser sind als Männer?). Bundestagspräsidentin Süssmuth setzte ihm höflich ihr Wissen um »das Böse an sich im Menschen« entgegen, »egal ob männlich oder weiblich«, und nutzte die Gelegenheit, ein öffentliches Nein zu sagen: »Nein zu einem spaltenden Vergessen.« Und Schwester Theodolinde, die am Tag zuvor noch so überzeugend zornig gewesen war, las ein Lagergebet – und hatte nicht einmal die Gelegenheit zu sagen, dass sie vor 50 Jahren eine von denen gewesen war.

Doch das war am Sonntag. Noch ist Samstag. Auch die so stramm selbstverwaltete Pressekonferenz der Frauen ließ die Frauen kaum zu Wort kommen (»Darum geht es jetzt hier nicht«). Bei Diskussionsbeginn schickte sich die Diskussionsleiterin sogar an, Nummern zu verteilen – was nur durch ein Aufstöhnen aus dem Publikum vereitelt wurde: »Nicht schon wieder Nummern!« Umso größer war das Redebedürfnis der Ravensbrückerinnen nach der Veranstaltung, im Begegnungszelt mit Imbisstheke, Infostand und Suchtafel: Ich suche. Je cherche. I am looking for. Und immer wieder fallen sich zwei in die Arme. Wiedersehen nach 50 Jahren ... Dazwischen Töchter und Söhne und »Betreuerinnen«, meist Studentinnen, die sich anscheinend auch an der Universität mit dieser Zeit beschäftigen.

Jetzt und hier aber ist »diese Zeit« Gegenwart. Sie sind nicht tot. Sie leben. 180 Ex-Häftlinge, 180 suchende Augenpaare, 180 Schicksale. Und 180-mal das Bedürfnis, es endlich hinauszuschreien! Die Jüngsten sind um 70, die Ältesten über 80. Und ausnahmslos alle wirken viel, viel jünger. Sie sind lebendig. Intensiv. Mitreißend.

Da ist Irmgard Konrad, 79, einst interniert als Kommunistin und »Halbjüdin«, jetzt angereist mit Sohn und Tochter aus Dresden, Bruder und Schwägerin aus Frankreich. Sie sagt: »Auschwitz und Ravensbrück haben mich nicht so viel gekostet wie das Stern-Tragen zuvor.« Und: »Ohne meinen Fritz hätte ich das gar nicht durchgehalten.« Ihren Fritz hat sie danach geheiratet. Er war »Arier« und hat zu ihr gehalten.

Da ist Käthe Katzenmeier, heute Benediktinerinnenschwester Theodolinde, die als junge Lehrerin von ihrem Direktor denunziert und wegen »defätistischer Äußerungen« und »Zersetzung weiter Teile der Bevölkerung« zum Tode verurteilt und nach Ravensbrück verschleppt wurde. »Ich war froh, im KZ zu sein – da gehörte ich hin!«, sagt die resolute Schwester. Die Zwangsarbeiterin im Siemens-Block ist noch heute stolz auf ihren Widerstand: »Wir haben sabotiert, das ist doch klar. Elftes Gebot: Du sollst dich nicht erwischen lassen.« Doch unter dem forschen Ton ist ein abgründiger Schmerz zu spüren. »Neben mir ist eine Elfjährige vor Erschöpfung mit dem Kopf auf die Stanzplatte gefallen – durchgestanzt. Auch ich habe viele Schläge gekriegt, bin gedemütigt und kaputtgemacht worden. Aber ich habe mir gesagt: Die kriegen mich nicht!«

Da ist Nina Lastewskaja, die Journalistin aus Moskau, die als 15-Jährige im Haushalt einer SS-Familie zwangsarbeiten musste. »Eine kultivierte Familie, die spielten sogar Klavier. Aber ich habe immer nur geweint, ich wollte nach Hause. Da haben sie mich abholen lassen ...«

Da ist Johanna Krause aus Dresden, einst interniert als Jüdin und heute liebevoll begleitet von zwei studentischen Betreuerinnen. Die extravagant gekleidete Johanna sieht aus wie eine Schwester von Else Lasker-Schüler, doch ihre Augen ... Über Ravensbrück mag Johanna kaum reden ... Die Mutter wurde in Theresienstadt ermordet.

Da ist Schoschanna Platschek aus Stuttgart, gekommen mit ihrer Mutter aus Ungarn, die als Jüdin in Ravensbrück interniert war. Die Mutter wirkt ruhig, die Tochter ist außer sich. »In Stuttgart schicken sie mir anonyme Seifenstücke zu und legen Zettel bei mit der Aufschrift: Das ist deine Zukunft.«

Da ist Ilse Stephan, weder Jüdin noch im Widerstand. Die Frau aus Löningen, die in jedem Supermarkt nebenan in der Schlange stehen könnte, hat sich 1944 ganz einfach geweigert, in einer Munitionsfabrik zu arbeiten. Ab nach Ravensbrück.

Da ist Jacqueline Pery, die in der Resistance gekämpft hat. Die Pariserin trägt ein elegantes Seidenkleid und dezenten Schmuck, darunter zeichnet sich ein Körper ab, der heute so ausgemergelt ist wie einst. Für Bettina Flitner, die sie nach einem längeren Gespräch auf dem Lagergelände porträtiert, posiert sie würdevoll – und währenddessen strömen ihr plötzlich die Tränen übers Gesicht. Tonlos.

Und da ist Sinaida Shidko, die Rotarmistin. Wir unterhalten uns lange und herzlich, in welcher Sprache auch immer. Sinaida trägt ein offenes, selbstbewusstes Lächeln, weißes Haar, ein schwarzes Kostüm, und die Brust über und über mit Orden bedeckt. Die russische Krankenschwester war ab März 1943 der Häftling Nummer 18 593. Sie gehörte zu denen, die wenige Wochen vor der Befreiung auf den berüchtigten Todesmarsch geschickt wurden, den nur wenige überlebten. Sinaida legt den Arm um mich und besteht darauf, dass wir zusammen fotografiert werden. Dann tauschen wir Adressen aus. Es werden überhaupt viele Adressen ausgetauscht in diesen Tagen.

Viele der Frauen kennen sich. Bei der Begrüßung sagen sie sich als Erstes ihre Nummer – die auf den Arm tätowierte Erkennungsmarke der Nazis, bei vielen auch heute sichtbar. »Wir Ravensbrückerinnen«, sagen sie, als seien seither nur ein paar Tage vergangen und nicht 50 Jahre. Ravensbrück überschattet alles, was vorher war – und was danach kam.

Nach intensiven Stunden im Begegnungszelt schwirrt uns der Kopf. Wir gehen raus, Richtung Lager. Denn alle Orte, an denen wir uns bisher aufgehalten hatten, lagen noch vor der Mauer. Das eigentliche Lager steht nicht mehr. Das Tor ist weg, die Baracken sind eingerissen. Aber der Todesgang, in dem die Menschen erschossen wurden, ist noch da. Auch der Appellplatz. Und die staubige Erde, auf die so viele Tränen und so viel Blut geflossen sind.

Es wird immer heißer. Unter ein paar schiefen Bäumen am Rand des alten Appellplatzes sitzt eine Gruppe von Polinnen, erkennbar an den polnischen Farben ihrer Halstücher. Sie hocken auf Klappstühlen und schwatzen. Als wir dazutreten, stocken sie – aber dann beginnen sie zu erzählen: Wir sind nicht zum ersten Mal da. Am Anfang haben wir nur geweint, aber jetzt ... Am schlimmsten waren die Winter, nichts zu essen und nur Frost.

»Ich«, sagt Sofia Jagielska, »ich habe erst gepflastert und dann pelzgefütterte Uniformen für die SS genäht. Selbst bin ich fast erfroren.« Die Frau neben Sofia sagt lange nichts. Sie lässt den Blick über das Gelände schweifen. Und dann spricht sie wie in Trance: »Ihr seid keine Menschen ... Ihr seid Mistviecher ...« In Polen treffen sich die Frauen regelmäßig im »Club Ravensbrück«.

Wir gehen weiter und treffen zwei Frauen aus Israel. Die eine schweigt. Die andere redet ohne Unterlass: »Ich sehe das alles vor meinen Augen ... Da war unsere Baracke. Und hier der Appellplatz. Und da ...« Wir hören zu. Irgendwann öffnet auch die eine zögernd die Lippen: »Sie redet und redet«, sagt sie, mehr vor sich hin als zu uns. »Aber ich will nicht reden. Sonst kommen wieder die Träume, die ganze Nacht.«

Das Gelände ist leer. Nur vereinzelt gehen Frauen durch den Staub, meist Arm in Arm. Zwei Ravensbrückerinnen. Mutter und Tochter. Ein Ex-Häftling mit Betreuerin. Oder auch eine Frau allein, unerträglich allein.

Am nächsten Tag drängen sich Tausende auf dem Gelände (darunter wohl Gabriele Goettle, von der noch die Rede sein wird). Eine Tribüne ist aufgebaut, Hunderte Stühle sind aufgestellt, Fotoapparate klicken, Kameras surren. Ich sitze neben der Moskauer Journalistin von gestern, hinter mir eine Gruppe Französinnen. Auf der Tribüne wird Deutsch gesprochen. Meine gewisperten Übersetzungen werden durch ein harsches »Ruhe!« gemaßregelt.

Auch 50 Jahre danach herrschen im Lager und um das Lager herum deutsche Ruhe und deutsche Ordnung. Alles ist abgesperrt. Polizisten mit Wachhunden. Kreisende Hubschrauber. Eine Frauen-Soli-Gruppe, angereist aus Wuppertal, wird gar nicht erst reingelassen.

Beim Verlassen des Lagergeländes spricht mich ein älterer Mann an. Er stellt sich vor: Werner Köpke aus Fürstenberg. Fürstenberg? Ich zucke zusammen. Aber nein – auch er war im Lager. Zunächst als Lehrling, der mit Zwangsarbeitern arbeiten musste. Dann als Häftling. Grund: Der damals 17-Jährige hatte Mitleid gehabt. Er hatte den Zwangsarbeitern schon mal was zu essen zugesteckt oder einen Brief rausgeschmuggelt. Seither ist Werner Köpke zu 80 % Invalide und hat ein Loch in der Lunge. Über die Zeit im Lager will er nicht sprechen. »Das Schlimmste waren die Verhöre ...« Und die anderen Fürstenberger? »Na ja ...«, sagt Werner Köpke. Doch immerhin: Inzwischen gibt es einen »Fürstenberger Förderverein«, der sich für die noch Lebenden und den Erhalt der Gedenkstätte einsetzt.

Die Lokalpresse hatte bereits im Vorfeld der Gedenktage breit berichtet, der *Oranienburger Generalanzeiger* sogar eine Sonderausgabe gemacht. Da sind die überregionalen Medien zurückhaltender. Den Abend-TV-Nachrichten ist die Gedenkfeier in dem einzigen Frauen-KZ gerade mal einen Halbsatz wert. Immerhin die *taz* bringt zwei volle Seiten, aber was für Seiten ... Titel: »Begangenheitsverwältigung« – und ähnlich schnieke ist auch der Text. *taz*-Reporterin Gabriele Goettle hatte offensichtlich am Sonntag ein paar selektive Blicke aufs Geschehen geworfen. Gesehen hatte sie dabei vor allem spießig Deutschtümelndes sowie ein paar »wohlsituiert erscheinende Französinnen« neben »bitterarm, gebrechlich wirkenden Ukrainerinnen« (die SS machte diese Klassenunterschiede nicht: für sie waren alle Untermenschen). Gesprochen hatte die Berichterstatterin nicht mit einer einzigen der 180 Ex-Häftlinge – dafür aber mit interessanten Männern in Begleitung von Romani Rose (dem Vorsitzenden des »Zentralrates der Sinti und Roma«). Über Spalten notierte Gabriele Goettle eifrig, was die Herren im Frauen-KZ zu sagen hatten, zum Beispiel dies: »Wir als Minderheit, wir haben keine mächtigen Männer, so wie die Juden, keinen Reichtum. Und einen Staat haben wir auch nicht, der für uns verhandelt.«

»Mächtige Männer«, »Reichtum« und »einen Staat« haben auch nicht alle Juden, auch wenn das antisemitische Klischee es gerne so darstellt. Und Frauen haben all das schon gar nicht. Dafür haben sie einen zusätzlichen Makel: ihr Frausein. Frauen sind eben nicht ernst zu nehmen, schon gar nicht als Opfer, noch nicht einmal als KZ-Opfer. Wenn überhaupt, sind Frauen höchstens als Täterinnen erwähnenswert bzw. als »Mittäterinnen«, wie es im Szene-Diskurs so schön heißt. Und in der Tat fällt in den zwölf taz-Spalten über das Frauen-Konzentrationslager Ravensbrück ganz am Schluss nur ein einziger Frauenname: der der Ravensbrücker KZ-Aufseherin Margot Kunz, die 1947 zu 25 Jahren Haft verurteilt und 1956 begnadigt worden war.

Nach der so wortgewandten Gedächtnis-Veranstaltung gehen die Ravensbrückerinnen an den See, meist wortlos. Es ist zur Tradition geworden, dass sie Blumen für die Toten ins Wasser werfen. Ganz vorne, auf einer kleinen Landzunge, singt eine Gruppe israelischer Frauen und Männer hebräische Siegeslieder, angefeuert von einem die israelische Fahne schwenkenden jungen Mann (wenig später sehe ich denselben jungen Mann allein am See und mit abgewandtem Gesicht still weinen). Am Ufer sitzt mit derselben würdigen Schönheit wie gestern Sinaida Shidko und schaut ins Wasser. Und Irmgard Konrad gestikuliert am Denkmal mit Tochter und Sohn. Am Fuße des Mahnmals türmen sich Kränze aus aller Welt.

Ein Kranz sticht mit seinen zarten weiß-lila Blüten besonders hervor: Er ist »Den lesbischen Opfern des Nationalsozialismus« gewidmet, niedergelegt von einem aus Berlin angereisten »Bündnis lesbischer Frauen«. Homosexuelle Frauen waren in Ravensbrück nicht als solche interniert, sondern als »Kriminelle«, wegen angeblicher »Nötigung zur Unzucht« oder »Prostitution«. Sie waren als »Asoziale« besonders geächtet – gleichzeitig aber »verbreitete sich die lesbische Liebe wie eine Epidemie«, wie es in einer der Erinnerungen heißt. An diesem Tag aber löst die Hommage an die lesbischen Frauen kein Befremden, sondern nur zustimmendes Kopfnicken aus, vor allem bei den Ex-Häftlingen.

In dem Moment kommt aufgeregt Fotografin Flitner auf mich zugelaufen. Sie hat sich mit einem deutschen Kollegen gestritten, der sie bei seinem Kampf um die beste »Schussposition« von hinten gestoßen und gerempelt hat. Ganz plötzlich fängt auch sie an zu weinen. Es ist einfach zu viel. Zu viel für uns beide.

Langsam gehen wir Richtung Ausgang. Von Weitem winkt uns Sinaida zu. Und Irmgard ruft: »Meldet euch wieder. Und – vergesst uns nicht!« Wie sollten wir.

*Aus: EMMA 6/1995*

# Ich habe einen Traum | 2000

Ich habe einen Traum. Ich bin eine Frau. Es ist eine laue Sommernacht. Ich schlendere durch die Straßen. Bleibe stehen. Schaue in eine Auslage. Beachte kaum, dass sich jemand neben mich stellt. Gehe weiter. Biege in einen Park ein. Setze mich auf eine Bank. Schaue in die Sterne. Erschrecke nicht, als sich jemand mit raschen Schritten nähert. Als der Mensch sich neben mich setzt, wende ich mich ihm zu. Auf seine Begrüßung antworte ich gelassen. Zu Misstrauen habe ich keinen Grund. Der Mann neben mir ist nicht mein Feind. Vielleicht wird er sogar ein Freund. Ich bin eine Frau. Ich kann überall hingehen. Ohne Angst. Die Welt steht mir offen.

Ich habe einen Traum. Ich bin ein kleines Mädchen. Nachts stört niemand meinen Schlaf. Keiner schiebt sich in mein Bett. Ich nässe nicht in meine Laken und kaue nicht meine Nägel. Wenn ich etwas sage, hören mir die anderen zu. Wenn meine Mutter die Hand hebt, zucke ich nicht zusammen. Wenn mich mein Vater auf seinen Schoß zieht, stockt nicht mein Herz. Wenn mir Gefahr droht, eilen die anderen mir zur Hilfe. Wenn ich teile oder tröste, werde ich dafür gelobt. Wenn ich stolz bin, werde ich darin bestärkt. Wenn ich verwegen bin, werde ich zu mehr ermutigt. Ich bin ein kleines Mädchen. Ich freue mich auf morgen.

Ich habe einen Traum. Ich bin ein Mädchen aus Syrien. Meine Eltern sind mit mir vor Gewalt und Bomben geflohen. Manchmal habe ich noch Albträume. Dann sehe ich sie wieder vor mir: die dunklen Gestalten mit den Kalaschnikows. Sie wollten mich unter den Schleier zwingen, meine Mutter auf die Knie und meinen Vater in den Krieg. Aber jetzt sind wir in Sicherheit – so wie früher, als alles noch gut war. Bald werde ich wieder zur Schule gehen. Vielleicht treffe ich da das Mädchen, das mir gestern eine Puppe geschenkt hat. Ich freue mich auf ein Leben ohne Angst.

Ich habe einen Traum. Ich lebe in einem fremden Land. Ich muss nicht hungern. Ich muss mich nicht prostituieren. Ich bin nicht wie Vieh verkauft, nicht wie eine Sklavin verstoßen, nicht wie ein Hund lebendig verscharrt worden. Ich bin auch nicht der Besitz eines Mannes, der mich im Namen Allahs bis zur Unsichtbarkeit unter den Schleier zwingt. Mir sind nicht die Genitalien mit einem Rasiermesser verstümmelt, mir ist nicht die Vagina zugenäht worden. Ich spüre nicht Schmerz, sondern Lust. Ich habe mich auch nicht mit Versprechungen oder Drohungen in ein reiches Land verschleppen lassen, Endstation Bordell. Ich bin eine Frau. Und im vollen Besitz meiner Menschenrechte.

Ich habe einen Traum. Ich bin eine junge Frau. Gestern war meine letzte Prüfung. Mein Leben liegt vor mir. Ich bin stolz auf mich und gespannt, was kommen wird. Ich werde einen Beruf ergreifen. Einen, für den ich geeignet bin, und der Sinn und Spaß macht. Ich habe Freundinnen, denen ich vertraue, und Freunde, die mich ermutigen. Vielleicht verliebe ich mich eines Tages. Dabei wird nicht das Geschlecht ausschlaggebend sein, sondern Ausstrahlung und Persönlichkeit. Es wird mein Leben nicht verändern, aber bereichern. Vielleicht bekomme ich ein Kind. Sollten wir zu zweit sein, werden wir beide Eltern sein und alles teilen. Das ist machbar, denn wir leben in einer Gesellschaft, die uns darin unterstützt. Vielleicht aber werde ich auch kein Kind haben. Für mein Selbstverständnis und mein Lebensglück spielt das eine so geringe oder eine so große Rolle wie für einen Mann. Ich bin eine Frau. Doch das ist eigentlich egal.

Ich habe einen Traum. Ich bin ein Mann. Nachts schlendere ich durch den Park und setze mich neben einen fremden Menschen. Es ist eine Frau. Ich beginne, über mich zu reden. Meine Mutter ist eine unabhängige, stolze Frau und mein Vater ein sensibler, fürsorglicher Mann. Geld und Macht sind für mich keine Ziele an sich, sondern Mittel zum Zweck. Ich hasse es, jemanden zu demütigen – oder gedemütigt zu werden. Ich verachte Gewalt. Nicht Ungleichheit, sondern Gleichheit zieht mich an. Frauen sind mir so vertraut – oder so fremd – wie Männer. Ich mache da keinen Unterschied. Dass ich biologisch männlich bin, ist eigentlich nebensächlich. Denn ich lebe in einer Zeit, in der Menschen nicht nach Männern und Frauen unterschieden werden, so wenig wie nach Weißen und Schwarzen oder

Dünnen und Dicken. Ich bin ein Mensch. Ein Mensch mit Gefühl und Verstand, mit Stärken und Schwächen, mit Ängsten und Hoffnungen.

*Aus: »Der große Unterschied – Gegen die Spaltung von Menschen in Männer und Frauen«, Kiepenheuer & Witsch, Köln, 2000*

## Zum Beispiel Daniel Cohn-Bendit | 2001

Nein, Daniel Cohn-Bendit, 56, ist kein Pädophiler. Und wahrscheinlich ist er auch keiner der vielen Väter, die sich an ihren Kindern vergreifen. Aber er ist – und war immer – ein Kind seiner Zeit. Mehr noch: Er war ein Leader seiner Zeit. Was er gedacht und getan hat, das geht nicht nur ihn und die direkt Betroffenen an, es geht uns alle an.

1975 hat Dany le Rouge drei Leuten in Paris, zwei Männern und einer Frau, viele Stunden lang Rede und Antwort gestanden über seine bewegte Zeit zwischen 1968 und 1975: über seine Siege, Niederlagen und Irrtümer. Der Held der Pariser Barrikaden war im Herbst 1968 von der verschreckten De-Gaulle-Regierung als »juif allemand« (deutscher Jude) nach Deutschland ausgewiesen worden. Fortan wurde der diesseits und jenseits des Rheins aufgewachsene Sohn deutscher Emigranten mit dem deutschen Wunsch-Pass (der Bruder hat einen französischen) in Frankfurt aktiv.

Zusammen mit seinem Kumpel Joschka bewohnte der rote Dany in derselben WG ein Zimmer und war ungekrönter König des »Revolutionären Kampfes«. Der RK war eine Anarcho-Action-Gruppe, deren AktivistInnen in den Fabriken »das Proletariat« agitierten, Abbruch-Häuser besetzten, sich Straßenschlachten mit der Polizei lieferten und in der Szene Furore machten.

Über diese Zeiten sprach Cohn-Bendit also anno 1975 mit seinen geneigten Interviewern. Die redigierten das Gespräch druckreif und veröffentlichten es als 150-Seiten-Monolog in Frankreich und Deutschland. Im Kapitel 9 geht es über acht Seiten um Danys Zeit als Kindergärtner. Denn während sein Zimmergenosse Joschka die Lederjacke anzog und im Stadtwald den revolutionären Kampf übte, zog es Dany zwei Jahre lang in den Uni-Kindergarten, wo er, angestellt und bezahlt, mit den Kleinen spielte.

Unter dem Titel *Little Big Man* – mit dem er wohl ebenso die Kinder wie sich selbst meint – erzählt er, wie das so herging damals. Wer diesen Text heute liest, dem muss es nicht nur wegen des Umgangs mit der Sexualität, sondern auch wegen der völligen Abwesenheit jeglicher pädagogischer Kompetenz dieses Kindergärtners nur so grausen.

Da erzählte der heutige Europa-Abgeordnete damals munter, wie zwischen 1972 und 1974 sein »ständiger Flirt mit allen Kindern bald erotische Züge« annahm: »Ich konnte richtig fühlen, wie die kleinen Mädchen von fünf schon gelernt hatten, mich anzumachen.« Und wie es »mehrmals passierte, dass einige Kinder meinen Hosenlatz geöffnet und angefangen haben, mich zu streicheln«. Der damals 28-Jährige hat, so schreibt er, »auf Wunsch« dann auch zurückgestreichelt ...

Cohn-Bendit wurde deswegen der »Perversion« beschuldigt. Daraufhin unterstellte er seinen Kritikern politische Gegnerschaft: »Als Extremist hatte ich nicht das Recht, Kinder zu betreuen.« Doch hatte er »glücklicherweise einen direkten Vertrag mit der Elternvereinigung, sonst wäre ich entlassen worden«. Ihn schützten damals genau die Eltern, von denen einige ihre lieben Kleinen fortschrittlicherweise beim »Vögeln« zugucken ließen und so manche ihr Kind auch schon mal mit ins Bett nahmen, weil das ja so natürlich und so »antiautoritär« war.

Cohn-Bendits Lebensbericht erschien 1975 in dem links-sektiererischen Trikont-Verlag und wäre längst vergessen, wenn nicht – ja wenn nicht eine, mit der er damals auch im Kindergarten hätte spielen können, die Sache wieder ans Licht geholt hätte: Bettina Röhl, 38, die traumatisierte Tochter von Ulrike Meinhof und Klaus Rainer Röhl.

Es dauerte Wochen, bis Ende Januar eine englische Zeitung, *The Observer*, den Skandal aufgriff. Und es verging noch ein Monat, bis auch die französische Presse einstieg. *Le Monde* brachte apropos des Falls gleich ein ganzes Dossier zur Frage der sexuellen Moral und sexuellen Gewalt der 68er. Daraufhin bescheinigte die deutsche Presse den französischen Medien schlicht »Hysterie« (*Die Zeit*). Die Meinungsmacher von *taz* bis *FAZ* versicherten unisono, bei Cohn-Bendit handele es sich um eine Lappalie, die nur zur späten Abrechnung mit dem einstigen Bürgerschreck und im Wahlkampf zur »Menschenhatz« des grünen Politikers benutzt werde. Und alle zitierten unhinterfragt die sehr leicht überprüfbare Behauptung Cohn-Bendits, bei dem Text handele es sich keineswegs um Realität, sondern um »Fiktion« (in Frankreich sprach er noch von »Provokation«). Und überhaupt seien das ja auch andere Zeiten gewesen.

Ja, es waren andere Zeiten. Von Anfang an war die von den Studenten ausgelöste Jugendrevolte begleitet von der Forderung nach einer »sexuellen Revolution«, mehr noch: Sie war davon ausgelöst worden. So war zum Beispiel in Nanterre, dem Pariser Uni-Campus des Studenten Cohn-Bendit, der Ärger losgegangen, weil die Jungs nicht zu den Mädchen aufs Zimmer durften.

Diese sexuelle Revolution schien zunächst eine Befreiung für alle zu sein, denn sie machte endlich Schluss mit der Unterdrückung kindlicher Lust und erwachsenen Begehrens. Doch sie leugnete gleichzeitig die Machtverhältnisse zwischen Männern und Frauen bzw. Erwachsenen und Kindern.

Aus dem alten Sexverbot wurde der neue Bumszwang. Gehörten die Frauen früher nur einem Mann, hatten sie jetzt allen zur Verfügung zu stehen (»Wer zweimal mit derselben pennt, gehört schon zum Establishment«). Wer nicht mitmachte, galt als »prüde Zicke« – und wer mitmachte, blieb bald auf der Strecke. Und die Kinder wurden wie gleichberechtigte Sexualpartner behandelt.

Denn um die Bedürfnisse von Frauen und Kindern ging es den neuen Herren von Anfang an nicht. Sie sprachen von Menschen, meinten aber nur Männer. Die sexuelle Revolution, das machte spätestens die Frauenbewegung klar, war zum Bumerang geworden. Zum Bumerang gegen Frauen und Kinder.

Es waren in der Tat die New Boys, die 68er, die die Pornos der Old Boys aus der Schmuddelecke geholt und salonfähig gemacht hatten. Und es war ausgerechnet der Vater von Bettina Röhl, der in seiner Polit-Porno-Postille *konkret* als Erster in Deutschland den Kindersex auf Hochglanz propagierte und in seinem noch unverhüllter pornografischen Nachfolgeblatt »das da« Cohn-Bendits Kapitel 9 vorabdruckte.

Bereits im Februar 1968 hatte die (übrigens heimlich von der DDR finanzierte) *konkret* erstmals mit einer nackten Minderjährigen getitelt und der »Liebe in der Schule«. In den darauffolgenden, politisch so bewegten Monaten wurden die Cover-Girls immer nackter und jünger. Im Jahre 1970 eskaliert der von *konkret* propagierte Sex mit Kindern zu Schlagzeilen wie »Vorsicht: Minderjährig!«, »Frühe Liebe mit 14« oder »Wie Schulmädchen lieben«. Auf dem Titel werden auf Lolita gestylte 12- bis 14-Jährige gezeigt. Zu der Zeit sind die Zwillingstöchter des *konkret*-Herausgebers Klaus-Rainer Röhl acht Jahre alt.

Auch die Frauen in den anderen Apo-nahen Magazinen wurden zunehmend nackter, dümmer und jünger (ich habe das selber aus der Nähe erlebt: Ich war 1969 Reporterin bei *Pardon*). Die linke Presse wurde so zum Vorreiter einer offenen Pornografisierung der Medien.

Dabei hatte es zeitweise durchaus Ansätze zur Einsicht bei den Genossen gegeben. So bekannte zum Beispiel Danys WG-Genosse Joschka Fischer und heutige Außenminister 1977 in der Szene-Zeitschrift *Autonomie*: Jeder Genosse werde wohl selber wissen, »wie kaputt Mann wirklich ist, wie kaputt seine Sexualität, seine Fantasie, seine Fähigkeit, gewaltfreie Beziehungen einzugehen«. Denn die Frauen hätten »eine ziemlich radikale Konsequenz aus ihrer Kritik an uns gezogen (und ziehen sie noch): Sie lösen sich von uns, trennen sich von uns, wollen mit uns nichts mehr zu tun haben«. Darum bliebe nun auch den Männern jetzt »nur ein Weg: Die Trennung von uns selbst«.

In der Tat, Mitte der 70er Jahre waren die Feministinnen in aller Munde und die Revolutionshelden out. Prompt retirierten die verunsicherten Machos auf die klassisch männlichen Terrains: auf Sex und Gewalt. Ein Vierteljahrhundert später wissen wir, wie es weiterging. Zu viele dieser einst halbherzig einsichtigen Männer haben sich letztendlich keineswegs von »sich selbst«, vom Männlichkeitswahn getrennt, sondern von uns, den kritischen Frauen.

Warum? Weil der als so schmerzlich empfundene Druck der Frauen nachgelassen hatte? Weil den Frauen die Luft ausgegangen war? Weil sie Kinder bekamen und dadurch wieder abhängiger wurden? Die Mehrzahl der kritisierten Männer wich auf bequemere Frauen aus und versöhnte sich mit der Machowelt. Denn die machte den verunsicherten Helden verlockende Angebote – einzige Bedingung: Die Beinahe-Softies mussten abschwören, mussten wieder Männer werden, echte Männer. So kam es, dass die Protestler von früher heute selber an der – von ihnen einst so bekämpften – Macht sind.

Cohn-Bendit gehört zu der Minderheit, die es sich dennoch nie ganz so einfach gemacht hat – aber eben trotzdem zu einfach. In seinem Interview mit *Liberation* betont er heute, von Anfang an sensibilisiert gewesen zu sein für das Selbstbestimmungsrecht der Kinder. So habe er, Seite an Seite mit den Feministinnen, schon 1971 gegen die Legalisierung der homosexuellen Pädophilie protestiert (er irrt: Dieser Kampf fand erst 1977 statt). Was ihn allerdings nicht gehindert hat, sich selbst so schockierend zu verhalten.

Darum erwarte ich noch immer gerade von Daniel Cohn-Bendit endlich ein klares Wort: Dass er sich nicht wieder rausredet, sondern die Verantwortung übernimmt für das, was er gedacht, gepredigt und getan hat.

*Aus:* EMMA *3/2001*

# Von Herren- und Untermenschen | 2002

Zu reden ist hier von dem Gespräch zwischen Martin Walser und Ignatz Bubis, das am 14. Dezember 1998 in der FAZ erschien, moderiert von Frank Schirrmacher. In diesem Gespräch hagelte es nur so von antisemitischen Klischees und kaltherziger Selbstgerechtigkeit. Es war eine regelrechte Hinrichtung des damals 71-jährigen Ignatz Bubis, der vielleicht nicht zufällig neun Monate später starb.

Was war geschehen? Der durch Walsers Friedenspreis-Rede kurz zuvor in der Paulskirche tief getroffene Bubis begann das Gespräch mit einem etwa 20 Minuten langen Monolog, in dem er in großer Offenheit und Verletzlichkeit versuchte, seinem Gegenüber klarzumachen, warum nach dessen Worten von der »Moralkeule« und der »Zumutung« der Holocaust-Filme der Friedenspreisträger für ihn ein »geistiger Brandstifter« sei.

Die beiden Männer sind ein Jahrgang, geboren 1927. Noch hat der »deutsche Jude« Ignatz Bubis Hoffnung; noch glaubt er, seinen Schmerz dem »deutschen Arier« Martin Walser vermitteln zu können. Also redet Bubis. Und redet. Und redet.

Warum er der eigenen Tochter nie ein Wort von alldem erzählt hat. Warum er erst so spät Bergen-Belsen besucht hat, wo seine Frau interniert war. Warum er in seinem Leben nur ein Buch über die KZs gelesen hat, nämlich über Treblinka, »weil mein Vater in Treblinka umgebracht wurde«: »Ich kann da nicht hinschauen. Ich würde zerbrechen, wenn ich wieder nach Treblinka gehen würde. Es würde mich zerbrechen.«

Und Walser? Was sagt der darauf? Erschrickt er? Ist er beschämt? Versucht er, Bubis zu verstehen?

Nein. Walser geht mit keinem einzigen Wort auf das Gesagte ein. Er spricht nur von sich, vom »Sprachgebrauch«, von »Themengebieten«, vom »Sinnzusammenhang«. Und er befeuert den zunehmend kleinlaut werdenden Bubis mit einem Hagel von Argumenten wie diesem: »Sie haben vom Wegschauen darauf geschlossen: Der will einen Schlussstrich ziehen. Das fand ich empörend angesichts meiner Arbeit in diesem Feld. Und, Herr Bubis, da muss ich sagen, ich war in diesem Feld beschäftigt, da waren Sie noch mit ganz anderen Dingen beschäftigt.«

Er sagt tatsächlich »Feld«. Meint der Ex-Soldat das »Feld der Ehre«, auf dem er in der deutschen Wehrmacht gedient hat? Nein, er meint das Feld der Sühne, auf dem er nach 1945 als Kommunist nicht minder stramm tätig war. Und auch darum ist Walser es jetzt wirklich leid. Er hat schließlich immer seine Pflicht getan. Als dienender Nazi-Soldat wie als sühnender Linker. Muss er, Walser, sich ausgerechnet von ihm, Bubis, etwas sagen lassen? Kann denn nicht endlich Ruhe sein?

Walser spielt auch auf die Tatsache an, dass Bubis nach dem Krieg Erfolg als Immobilien- und Diamantenhändler hatte («mit ganz anderen Dingen beschäftigt«). Und Bubis, längst in die Enge getrieben, weist diese Unerhörtheit nicht etwa zurück, sondern entschuldigt sich auch noch: »Ich hätte nicht leben können. Ich hätte nicht weiterleben können, wenn ich mich damit früher beschäftigt hätte.«

Erschrickt Walser wenigstens jetzt? Streift ihn eine Ahnung von dem existenziellen Unterschied des (lebenslangen) Leides eines Opfers und der (kurzen) Reue eines Täters? Nein. Walser entgegnet knapp: »Und ich musste, um weiterleben zu können, mich damit beschäftigen.«

Schon nach dem allerersten Schlagabtausch ist die Sache entschieden, sie geht so fort bis zu ihrem sehr bitteren Ende: Da redet ein Herrenmensch mit einem Untermenschen. Und auch der moderierende Schirrmacher bietet dem keinen Einhalt, im Gegenteil. Er munitioniert noch Walsers Massaker, indem er mit seinen wenigen knappen Interventionen jedes Mal Walser bestätigt und Bubis abkanzelt.

Unwidersprochen kann Walser sich in einem selbst in der gedruckten Version des Gespräches noch spürbar scharfem Ton »die moralische Istanzhaftigkeit« von Bubis verbitten, seine »Vorschrift« und seinen »eingeschlafenen Sprachgebrauch«. Walser will »meinen Seelenfrieden, verstehen Sie?!«. Er will sich »nicht dreinredenlassen, von niemandem«. Und er ist sicher, dass »die Leute mit diesem

Spuk nichts mehr zu tun haben«, den »Generalverdacht« nicht mehr hören wollen. Darum erlaubt er sich im Zusammenhang mit der Berliner Mahnmal-Debatte auch den Hinweis, dass ein Denkmal »so beschaffen« sein kann, »dass es Leute zur Schändung provoziert«. Die Juden sind, wir wissen's schon, mal wieder selber schuld.

Längst ist Ignatz Bubis – Überlebender, Familienvater, FDP-Mitglied, erfolgreicher Geschäftsmann und geachteter Vorsitzender des »Zentralrates der Juden« – erneut in den Abgrund der Erniedrigung und Hilflosigkeit gestürzt. Er fleht nicht mehr um Verständnis, er fleht nur noch um Gnade: »Wenn alle Ihren Standpunkt so verstanden hätten, wie Sie ihn heute hier erklärt haben, dann hätte ich überhaupt keine Probleme. Dann hätte ich keinen Mucks von mir gegeben«, sagt er. Darauf Walser: »Die Mehrheit hat mich richtig verstanden. ( ...) Das sollte Ihnen doch zu denken geben.«

Und noch immer kein ausbalancierender, erhellender Eingriff von Moderator Schirrmacher, sondern schweigendes Gewährenlassen.

Bubis wird, das zeigen auch die Fotos zu diesem Gespräch, immer kleiner. Aber er ist noch nicht klein genug. Kurz vor Schluss wagt er es zwar noch einmal, auf die Gefahr aufmerksam zu machen, dass Walser eine Art »geistiger Vater« für dunkle Kräfte in Deutschland werden könnte, aber er wiederholt auch noch einmal sein demütiges Friedensangebot: »Nachdem Sie in diesem Gespräch Ihren Standpunkt erläutert haben, nehme ich den Ausdruck geistiger Brandstiftung zurück.«

Endlich. Der Herrenmensch triumphiert. Und er führt den letzten Schlag, indem er das Opfer wissen lässt: »Ich brauche das nicht.« Er braucht nicht sein Verzeihen. Er will es gar nicht. Wie hat ein Jude mal so treffend gesagt? »Die Deutschen werden Auschwitz den Juden nie verzeihen.«

Und Schirrmacher, der sich Jahre später so in die Bresche wirft gegen Kaltherzigkeit und Antisemitismus? Schirrmacher setzt noch eins drauf, an Bubis gewandt: »Er sagt nicht das, was Sie glauben, falsch glauben. Nur weg damit, verdrängen. Ich habe ihn genau im Gegenteil verstanden.«

Wäre es den Schirrmachers dieser Welt ernst mit dem Erschrecken, müssten sie bei sich anfangen. Tabubruch? Ja, das war wirklich einer. Dass es so gesagt werden konnte. Dass niemand Einhalt gebot. Und vor allem: Dass es auch noch so redigiert und gedruckt wurde. Einfach so.

*Aus:* EMMA *4/2002*

# Die Gotteskrieger und die falsche Toleranz | 2002

Man hätte es wissen können, aber man wollte es nicht wissen. Vor allem in Deutschland nicht. Jetzt, nach einem Vierteljahrhundert ungehinderter islamistischer Agitation – gefördert nicht nur von den Gottesstaaten, sondern auch von so mancher westlicher Demokratie – lässt es sich nicht länger leugnen: Diese islamistischen Kreuzzügler sind die Faschisten des 21. Jahrhunderts – doch sind sie vermutlich gefährlicher als sie, weil längst global organisiert.

Allein aus den seit Jahren bekannten Trainingslagern von al-Qaida strömten in den vergangenen Jahren mindestens 70 000 Gotteskrieger aus 50 Nationen in die ganze Welt; etliche Staaten sind ganz in der Hand der Fundamentalisten, wie der Iran; einige halb, wie Pakistan; und so manche zittern unter ihrer Faust, wie Algerien.

Jetzt geht auch im Westen die Angst um. Denn über das »Einfallstor Balkan« sind die in Bosnien, Albanien und dem Kosovo wütenden islamischen Söldner in das Herz von Europa gedrungen, mit der Unterstützung des Westens. Die selbst ernannten Gotteskrieger haben Italien zu ihrer »logistischen Basis«, England zu ihrer »propagandistischen Zentrale« und Deutschland zu ihrer »europäischen Drehscheibe« gemacht. Längst haben die pseudoreligiösen Terroristen mafiöse Strukturen, schaufeln sie ihre Dollars mit Drogen- und Frauenhandel.

Ist es noch fünf vor zwölf – oder schon später? Sind die Kreuzzügler auf dem Weg zur islamistischen Weltherrschaft noch zu stoppen – und ist die aufgeklärte Welt überhaupt noch zu retten? Optimisten weisen darauf hin, dass der Unmut der Bevölkerung in den real existierenden Gottesstaaten wachse und die Terroristen unter den Muslimen im Westen in der Minderheit seien. Was stimmt. Nur will das nicht viel besagen. Denn wo die Schriftgläubigen die Macht haben, herrscht echter Terror; und wo sie agitieren, dümpelt falsche Toleranz. Verschärfend hinzu kommt, dass so mancher Mächtige auch im Westen geglaubt hat, mit dem Geist in der Flasche spielen, ihn für eigene Interessen benutzen zu können – gegen Kommunisten oder für Pipelines – doch ist dieser Geist schon längst der Flasche entkommen.

Drei Fragen stellen sich nun seit dem 11. September endlich auch im Westen mit Dringlichkeit: 1. Ist der Geist wieder in die Flasche zurückzutreiben? 2. Wie konnte es überhaupt so weit kommen? 3. Was sind die wahren Ursachen? Genau diese Fragen bewegen mich seit über 20 Jahren. Genau gesagt: seit meiner Reise im März 1979 in den Iran.

Doch all das wurde im Westen über Jahrzehnte ignoriert. Das Drama der entrechteten Frauen im Iran der 80er – ausgeblendet im Namen der »revolutionären Volksbewegung«. Das Leid der von den islamistischen Söldnern in blutige Bürgerkriege gestürzten Länder, wie Algerien oder Tschetschenien – geleugnet im Namen der »gerechten Sache der Entrechteten«. Die Warnung vor einer Unterwanderung Deutschlands und der internationalen Vernetzung der Islamisten in den 90ern – abgetan als Hirngespinste.

Die Reaktionen beim Friedenspreis des deutschen Buchhandels im Herbst 1995 an die Orientalistin Annemarie Schimmel haben mich also nicht wirklich überrascht. Da antworteten mir Professoren und Schriftsteller bei meiner Suche nach Verbündeten: »Ich bin ganz Ihrer Meinung, aber bitte haben Sie Verständnis, dass ich nicht unterzeichne – ich habe Angst.« So weit war es also schon, dass selbst Nicht-Muslime mitten in Deutschland Angst hatten, die Islamisten öffentlich zu kritisieren. Ein Professor erzählte mir gar von Morddrohungen nach einem kritischen Seminar über die Muslimbrüder.

Die islamischen und die christlichen Fundamentalisten probten auf der internationalen Ebene bereits 1985 den Schulterschluss: Erstmals bei der 3. Weltfrauenkonferenz in Nairobi, im Visier die Emanzipation der Frauen. Zehn Jahre später gingen sie dann auf der Weltfrauenkonferenz in Peking in die Offensive. Und auf der Nachfolgekonferenz im Jahre 2000 in New York trat die Vatikan-Iran-Connection unverhüllt als der entschiedenste Gegner der Frauen auf: gegen Verhütung, Abtreibung oder freie Sexualität und für Verschleierung und Klitorisverstümmelung.

Auch die Querverbindungen zwischen den jüdischen Ultraorthodoxen und den palästinensischen Fundamentalisten sind seit Langem bekannt. Den Palästinenserinnen ist es ergangen wie den Algerierinnen und allen Frauen in den Freiheitsbewegungen der Ex-Kolonien, die sich auf ihre angeblichen »Wurzeln« berufen, dieses Gebräu aus Nationalismus und Religion. Einst kämpften diese Frauen mit dem Maschinengewehr in der Hand: für Freiheit für alle. Heute sind die Männer an der Macht und die Frauen unsichtbar geworden: unter den Schleier gezwungen von ihren einstigen Weggenossen.

Diese Genossen sind offensichtlich überfordert durch den doppelten Verlust von männlicher Autorität: in der Welt *und* im Haus. Ihre Intellektuellen und meist im Westen ausgebildeten Anführer wissen nur zu gut um die »Bedrohung« ihrer patriarchalen Überlegenheit durch die Frauenemanzipation; und die von ihnen verführten arbeitslosen jungen Männer haben endlich wieder eine Perspektive: das Paradies; und einen, der noch unter ihnen ist: die Frau.

Denn es geht hier nicht um Glauben, es geht um Macht. Der Frage, wie weit sich unter den drei großen monotheistischen Religionen der Islam besonders zum politischen Missbrauch eignet, wird nicht nachgegangen. Eine fatale Rolle bei der Verschleierung dieser Frage und der Verwischung von Islam und Islamismus hat bisher auch im Westen die dafür zuständige Wissenschaft, die Orientalistik, gespielt. In Deutschland wird dazu noch immer geschwiegen, in Ländern wie den USA oder Frankreich ist die Kritik an den Islamwissenschaften inzwischen lauter geworden. Die Orientalisten werden bezichtigt, den Gegenstand ihrer Forschung idealisiert zu haben und darüber hinaus nur allzu oft abhängig zu sein von den Gnaden islamischer Länder, wenn nicht sogar von ihren Zuwendungen.

Die Folge ist nicht nur eine weitgehend unkritische Islamwissenschaft, die vom 11. September wie aus heiterem Himmel getroffen zu sein scheint, sondern auch eine unkritische Berichterstattung der Medien. Die lag nämlich bisher in den Händen von »Experten«, soll heißen: von IslamwissenschaftlerInnen und KonvertitInnen (nicht selten in Personalunion beides – Letztere aber spielen vermutlich nicht nur in Deutschland eine besonders problematische Rolle).

Die meisten deutschen Konvertiten kommen, laut dem Mitbegründer des *Zentralrats der Muslime* und Konvertit Murad Wilfried Hofmann, »aus den Kreisen der Grünen«. Nachdem eine verunsicherte westliche Linke ihren Glauben an die Revolution und ihre Halbgötter à la Mao oder Che Guevara verloren hat, sucht sie anscheinend nun ihr Heil in einem neuen Glauben, neuen Göttern und neuen Helden: Was einst die Vietcong oder die Revolutionären Garden waren, sind ihnen heute die Gotteskrieger.

Warum aber ist die Sympathie für die Islamisten gerade in Deutschland so besonders groß? Einige Gründe liegen auf der Hand, über andere muss noch genauer nachgedacht werden. Klar ist, dass die Deutschen seit der Nazizeit ganz besonders bemüht sind, über dem Verdacht des Rassismus zu stehen und Fremdes demonstrativ zu tolerieren. Klar ist ebenfalls, dass der Protestantismus ein besonderer Nährboden zu sein scheint für geißelnde Selbstverleugnung und adorierende Fremdenliebe.

Aber da sind auch noch andere Motive, die nicht ganz so eindeutig sind. Zum Beispiel das der Überheblichkeit, für die Fremde die »Anderen« sind, Menschen mit anderen Sitten und einer anderen Kultur, für die uns elementar und unverzichtbar scheinenden Werte wie Menschenrechte und Freiheit des Individuums schlicht nicht gelten. Oder auch das des Machotums, bei dem eine klammheimliche Freude aufkommt angesichts der brutal entrechteten Frauen – geht es denn den hiesigen Frauen dagegen nicht noch gold? Unterstützt wird dieses Denken von einem pseudo-feministischen Differenzialismus, der schon immer der Überzeugung war, dass Frauen eigentlich »anders« seien als Männer und es Zeit sei für eine Rückbesinnung auf die »wahren weiblichen Werte«.

Vor allem die übereifrigen Konvertitinnen argumentieren auch im Namen der Emanzipation. Ist es denn nicht besser, eine verschleierte Frau zu sein als ein nacktes Objekt? Nein. Denn Verhüllung und Entblößung sind nur zwei Seiten ein und derselben Medaille, auf der da geschrieben steht: Frauen sind der Besitz der Männer, sie gehören einem (bei Verhüllung) – oder allen (bei Entblößung).

Von Anfang an war das Kopftuch darum das Symbol, die Fahne des Feldzuges der Gotteskrieger. Am Kampf für das Kopftuch sind sie zu erkennen: die Islamisten und ihre, bestenfalls, naiven FreundInnen. Der deutsche Paradefall dafür ist Fereshta Ludin, die per Gerichtsbeschluss erzwingen will, dass sie ihr »privates Kopftüchlein« auch in deutschen Schulen tragen kann. Von der *taz* (»Recht auf Toleranz«) über die *Süddeutsche Zeitung* (»nicht reduzieren auf ein Stück Stoff«) bis zur *Zeit* (»wie das Kreuzlein an der Kette«) ging ein Aufschrei der Empörung durch das Land, als Ludin ihren von den Gewerkschaften unterstützten Prozess in erster Instanz verlor.

Aber wer ist diese Fereshta Ludin, die mit einem deutschen Konvertiten verheiratete Afghanin wirklich? Diese heute 29-Jährige, die die Tochter eines Botschafters und einer emanzipierten, unverschleierten Mutter ist, in Saudi-Arabien zur Schule ging, seither plötzlich das Kopftuch trägt und noch 1997 zusammen mit ihrem bärtigen Mann gern gesehener Gast der Taliban war. Der »Fall Ludin« zeigt, wie in Deutschland mit dem Kopftuch Politik gemacht wird – und wie fast alle dabei mitmachen, auch die potenziellen Opfer einer solchen Politik.

Dabei hätte spätestens seit 1979, als die »revolutionären Garden« Khomeinis den Frauen verrutschende Kopftücher auf dem Kopf festnagelten, klar sein müssen, dass das Kopftuch alles andere ist als eine »religiöse Sitte« (schließlich leben Millionen gläubiger Musliminnen ohne) oder »Privatsache«, sondern ein Politikum. Das Kopftuch ist die Flagge des islamischen Kreuzzuges. Und seither tobt auch der »Kampf der Kulturen« – aber nicht etwa zwischen Christen und Muslimen, sondern unter Muslimen. Denn die nicht-fundamentalistische islamische Mehrheit ist ja das erste Opfer der Fanatiker.

Doch vor allem in Deutschland war jegliche Kritik an den religiösen Eiferern und ihrer Kopftuch-Propaganda jahrzehntelang tabu: Das ging so weit, dass selbst etwas so Handfestes wie der Jahresbericht des Verfassungsschutzes (dessen Aufgabe es ja ist, ihm »verfassungsfeindlich« dünkende Kräfte zu beobachten) als Larifari abgetan wurden. Als der Präsident des Verfassungsschutzes, Peter Frisch (SPD), im Herbst 1996 seinen Jahresbericht vorstellte und den islamischen Fundamentalismus als »Sicherheitsproblem Nr. 1 für Deutschland« und »größte Gefahr für das 21. Jahrhundert« benannte – da fragte kein einziger Journalist auch nur nach. Und berichtet wurde darüber schon gar nicht.

Die deutschen Journalisten wollen einfach viel lieber über »Neonazis« reden – dass hier eine ganz neue Art von Nazis im Namen Allahs die Welt verbessern und erobern wollen, übersahen sie geflissentlich. Im besten Falle. Meist trugen die Medien nicht nur zur Ignorierung, sondern sogar zur Idealisierung der Islamisten bei. Fragen nach dem, was da eigentlich wirklich in den (in der weltlichen Türkei verbotenen) Koranschulen in Deutschland gelehrt und in den (von den Gottesstaaten finanzierten) Moscheen gepredigt wird, werden mit dem Hinweis auf die »Religionsfreiheit« und die »Toleranz« abgetan. Man war ja auch selbst nicht Opfer. Noch nicht. Über 20 Jahre lang waren in erster Linie die Frauen im Visier – genauer: die Musliminnen. Und die waren weit weg.

Auffallend ist, dass bei dem Versuch, Psychologie und Motive der Täter zu begreifen, vieles in Erwägung gezogen wird, nur eines, das Sichtbarste, nicht: der Faktor Männlichkeit. Diese Männlichkeit – und vor allem: die verunsicherte Männlichkeit – ist der Stoff, der aus dem wirren Gebräu überhaupt erst ein explosives macht. Der Männlichkeitswahn mit seinem pathologischen Narzissmus und Fremdenhass, der zu Beginn des 21. Jahrhunderts leider nicht nur in den orientalischen Gottesstaaten, sondern auch in westlichen Demokratien grassiert, ist der entscheidende Faktor.

Die Frauen. Mit ihnen fängt es immer an. Sie sind immer die Ersten, die von allmachtssüchtigen Männerbünden entrechtet werden. Dann folgen die Juden (wo noch welche sind); sodann die Intellektuellen (von denen so manche bis dahin selber kräftig dazu beigetragen hatten); und dann alle und alles, was den neuen Herren so nicht passt. Doch wenn es schon nicht das Mitgefühl für die weibliche Hälfte der Menschheit ist, so sollte es wenigstens die Erkenntnis sein, dass Menschenrechte unteilbar sind und das Los der Frauen schon immer der Gradmesser für Recht und Gerechtigkeit einer Gesellschaft waren. Eine Gesellschaft, in der ein männlicher Mensch den anderen erniedrigen kann, nur weil der weiblich ist – eine solche Gesellschaft ist im Keim eine Unrechtsgesellschaft. Ein Mann, der es gewohnt ist, die eigene Mutter, Schwester, Frau zu verachten – der kann auch kein Mitgefühl für seine Nächsten haben und schon gar nicht für Fremde.

*Aus: »Die Gotteskrieger und die falsche Toleranz«,*
*Kiepenheuer & Witsch, Köln, 2002*

# Der Aufstand der jungen Muslime | 2005

Früher haben sie Mülleimer und Autos verbrannt – jetzt verbrennen sie Mädchen.« Diesen Satz sprach Kahina Benziane, nachdem ihre Schwester Sohane am 4. Oktober 2002 in der Pariser Banlieue Vitry von Mitschülern vergewaltigt, gefoltert und bei lebendigem Leibe verbrannt worden war. Sohane war – im Gegensatz zu ihrer Schwester, die wegzog und Soziologie studiert – im Quartier geblieben. Sie hatte es aber dennoch gewagt, zu leben wie die Schwester; das heißt: sich zu schminken, auszugehen, einen Freund zu haben. Das hat sie das Leben gekostet. Denn damit gehörte sie nicht zu den »anständigen Mädchen«, sondern zu den »putes«, den Huren.

»Fils de pute«, Hurensohn, lautet heute die Schmähung der Polizeibeamten durch die Steine und Brandsätze werfenden Jugendlichen bzw. Jungen. Mädchen kommen in dieser »Jugendrevolte« nicht vor.

Fakt ist: Von den etwa sechs Millionen Zuwanderern der ersten, zweiten und schon dritten Generation in Frankreich kommt die Mehrheit aus dem muslimischen Maghreb, also aus den französischen Ex-Kolonien bzw. Protektoraten Algerien und Marokko. Eine Vergangenheit, die die Gegenwart nicht einfacher macht. Auffallend ist: Die beurs, die Enkel, sind – ganz wie in Deutschland – zum Teil schlechter integriert als ihre Großeltern. Und 40 Prozent der Jugendlichen zwischen 16 und 25 sind arbeitslos, genauer: jeder vierte junge Mann und jede zweite junge Frau. Unter dem sozialen Aspekt gesehen hätten also die Frauen eigentlich doppelten Grund zum Protest.

Nur: Die muslimischen Frauen schreien nicht auf der Straße, sie flüstern hinter den Gardinen. Und wenn sie es denn doch mal öffentlich wagen, dann richtet sich ihr Protest nicht gegen den Staat, sondern gegen die eigenen Männer und Brüder. Wie nach dem Tod von Sohane. Damals gründete sich die Bewegung »Ni putes, ni soumises« (Weder Huren, noch Unterworfene) und löste mit ihren Demonstrationen ziemliches Aufsehen in Frankreich aus. Am 8. März 2003 zogen Hunderte von jungen Frauen aus den Vorstädten durch

Paris und erklärten: »Wir ersticken an dem Machismo der Männer in unseren Vierteln. Im Namen der ›Tradition‹ verweigern sie uns die elementarsten Menschenrechte. Wir nehmen das nicht länger hin!«

Parlamentspräsident Debré sowie die Ex-Justizministerin (und KZ-Überlebende) Simone Veil empfingen Kahina und ihre Schwestern. Und im Sommer 2003 prangten an den Säulen des neoklassizistischen Parlaments 14 überlebensgroße Porträts von Kahina, Samira, Aischa und all den anderen – auf dem Kopf der modernen Mariannen die Jakobinermütze, stolzes Symbol der Republik.

Umso verwunderlicher, dass neben dem berechtigten Aspekt des Rassismus der Sexismus bzw. Machismus dieser Unruhen bisher kaum Thema war in den französischen und internationalen Medien. In der Tat wird seit Langem, genau gesagt seit 20 Jahren, in Frankreich ein unaufhaltsames Ansteigen männlicher Gewalt in den Banlieues registriert. In 300 von 630 observierten, gefährdeten Wohnvierteln wurden typische Anzeichen für die Bildung von Parallelgesellschaften registriert: die »Abkapselung in Gemeinschaften« sowie religiöser und sexistischer Fanatismus (die bekanntermaßen Geschwister sind).

Die Mädchen und Frauen in den Vierteln leben schon lange in Angst. Sie sind nicht nur innerhalb der Familien viel häufiger Opfer von Gewalt als die Durchschnittsfranzösin, sie sind auch auf den Straßen gefährdeter. Die von Islamisten zunehmend beeinflussten Jungen und Männer teilen die Frauen in Heilige und Huren. Die Heiligen bleiben im Haus, die Huren gehen hinaus in die Welt. Sie bezahlen es teuer. Ihr Preis geht vom brutalen Straßenraub, der auffallend häufig Frauen trifft, bis hin zur sogenannten Rotonde: der Gruppenvergewaltigung, deren Opfer auch Kahinas Schwester Sohane wurde.

Die Bambule sei das Resultat einer Zweiklassengesellschaft, die es versäumt habe, die Zugewanderten und ihre Kinder zu integrieren, heißt es. Richtig. Aber wenn es dunkel wird und die Krawalle beginnen, ist keine einzige Frau mehr auf der Straße. Denn die »Huren« sind in diesen brennenden Nächten in ähnlicher Gefahr wie die »Hurensöhne«.

Schon vor den Unruhen sind allein in diesem Jahr rund 200000

Autos in Frankreich in Flammen aufgegangen. Bisher vorwiegend im einst kommunistischen »Roten Gürtel« von Paris, der zunehmend islamistisch grün wird. Jetzt brennen die Autos im ganzen Land und die Schulen dazu. Ursache: Arbeitslosigkeit und mangelnde Integration – sowie die offensive Agitation der Islamisten seit Mitte der 90er Jahre.

Auch in Deutschland warnen Jugendforscher und Soziologen seit Langem vor dem Abdriften der Jungen und Männer in den muslimisch dominierten Vierteln. Aus repräsentativen Langzeit-Untersuchungen des Hannoveraner Kriminologen Prof. Christian Pfeiffer wissen wir, dass hierzulande die Hälfte aller Jugendstraftaten von nur sechs Prozent der Täter verübt wird. Zu diesem harten Kern gehört jeder zehnte türkische, aber nur jeder 33. deutsche Junge. Dazu passt, dass jeder vierte türkische Junge Gewalt bejaht (jeder 25. deutsche) – aber nur jedes 20. türkische Mädchen.

Die Gewalt ist in türkischen Familien dreimal so hoch wie in deutschen. Die Täter sind Männer, die Opfer Frauen und Kinder. Die Mädchen aber identifizieren sich mit der Opfer-Mutter, die Jungen mit dem Täter-Vater (auch wenn sie selber sein Opfer sind). Doch solange wir uns im Namen eines Rassismus-Vorwurfs das Benennen dieser Tatsachen verbieten lassen, solange werden wir auch nicht an die Wurzeln des Übels kommen.

Denn wie soll ein Junge Achtung vor seinen Nächsten oder gar vor den Repräsentanten des Staates haben, wenn er von Kindesbeinen an lernt, seine Nächste – die eigene Mutter, Schwester, Freundin – zu verachten? Schlimmer noch: Diese Jungen sind überzeugt: Nur ein gewaltbereiter Mann ist ein »echter Mann«! Gewalt ist der Kern der Männerherrschaft in den Gettos. Gewalt ist cool. Gewalt ist das identitätsstiftende Element von »Männlichkeit« – am begierigsten aufgesogen in Zeiten irritierter, erschütterter Männlichkeit.

Die mitten in den europäischen Metropolen agitierenden Islamisten versprechen diesen verlorenen jungen Männern eine neue, stolze Identität, inklusive 70 Jungfrauen im Himmel – um den Preis der Erhebung über die eigenen Frauen und Bekämpfung der »Ungläubigen«.

Ganz so dramatisch wie in Frankreich sind die Probleme in Deutschland nicht. Aber auch hierzulande steigt die Sympathie vor allem der jungen Männer mit den Fundamentalisten und Gotteskriegern unaufhaltsam. Die neue Regierung wird bald tun müssen, was die alte versäumt hat. In einem Interview erklärte Innenminister Schäuble, die Vernachlässigung der »jungen Menschen« aus der Türkei und der Ex-Sowjetunion sei unser größter Fehler gewesen. Dieser Lost Generation müssten dringend Sprachkenntnisse, Bildung und Arbeit gegeben werden. Das ist richtig. Aber wir dürfen unsere Augen auch nicht länger verschließen vor dem doppelten Zwei-Klassen-System: dem zwischen Deutschen und Zugezogenen einerseits – und dem zwischen den Männern und Frauen innerhalb der Einwanderer-Communitys andererseits.

Wollen wir das Problem der brennenden Autos wirklich in den Griff bekommen, müssen wir auch das der brennenden Mädchen angehen (Stichwort: Ehrenmorde); wollen wir das Gesetz der Paten innerhalb der mafiösen Strukturen brechen, müssen wir auch die grenzenlose Autorität der Patriarchen innerhalb der Familien infrage stellen (Stichwort: andere Sitten). Und mindestens ebenso dringend wie der Sprachunterricht ist der Demokratieunterricht – unter deutlichem Hinweis auf Paragraf 3, Absatz 2 des Grundgesetzes: »Frauen und Männer sind gleichberechtigt.«

*Aus: FAZ, 17.11.2005*

## Schröder: Ein Mann sieht rot | 2005

Irgendetwas stimmt hier nicht. Irgendetwas ist hier anders als sonst. Aber niemand will es wahrhaben. Alle reden drumrum. Ganz wie beim sogenannten »Familiendrama«, das angeblich schicksalhaft ist, scheinen auch bei dieser Schicksalswahl höhere Kräfte zu walten. Es gibt da nur einen kleinen Unterschied: Beim privaten Familiendrama (auf Türkisch: Ehrenmord) bringt er sie um, weil sie *geht*. Bei diesem politischen Familiendrama will er sie umbringen, weil sie *kommt*. Der Noch-Ehemann, der ohne seine Frau nicht leben kann (bzw. nicht will, dass sie ohne ihn lebt), handelt nach dem gleichen Gesetz wie der Noch-Kanzler, der für sie nicht weichen will. Beim Ersten heißt das Motiv »Liebe«, beim Zweiten »Vaterlandsliebe«. Denn jetzt gilt es, das Land nicht nur vor einem »Systemwechsel« zu retten, sondern vor etwas viel, viel Schlimmerem: vor dem Geschlechterwechsel.

Wir erkennen den typischen Tyrannen daran, dass er männlich ist; er macht, was er will; und es tödlich sein kann, ihm zu widersprechen. Innerhalb seines Universums gilt sein Gesetz, ob Eigenheim oder Kanzleramt. Unser Polittyrann spielt sich als Wahlsieger auf, obwohl er der Verlierer ist. Seine Herausforderin hat 2005 rund 450 000 Stimmen mehr als er – 2002 hatten ihm schlappe 6000 Stimmen mehr genügt, um sich als Kanzler bestätigt zu sehen. Und niemand hat es ihm streitig gemacht.

Doch ein Tyrann sieht das anders. Er verwandelte die gezählte Wahlniederlage in einen gefühlten Wahlsieg und führte sich am Wahlabend so machtbesoffen auf, als hätte er die absolute Mehrheit in der Tasche. Nach sieben Jahren an der Macht kann der Cohiba-Kanzler es sich offensichtlich gar nicht mehr vorstellen, seinen Platz zu räumen. Weil »niemand außer mir in der Lage ist, eine stabile Regierung zu stellen. Niemand außer mir!« Noch Tage später verkündet sein Paladin Müntefering: »Gerhard Schröder bleibt Kanzler!« Und seine ganze Politfamilie klatscht dazu.

Denn das ist die Logik solcher geschlossenen Systeme: Der Tyrann macht das Gesetz. Das System hat nur eine Schwäche: Keiner wagt, sich ihm in den Weg zu stellen. Auch nicht, wenn es der falsche ist. So kommt es, dass die gesamte SPD die surrealen Szenarien des Tyrannen mitträgt.

Plan Nr. 1: Ich komme mit meiner Dreistigkeit durch, weil ich das A so gewohnt bin und B in einer Mediendemokratie Inszenierungen schwerer wiegen als Realitäten. Plan Nr. 2: Ich werde mich mit den echten Männern in der FDP schon noch einigen. Plan Nr. 3: Okay, ich gebe den Weg für die große Koalition und damit für einen CDU-Kanzler frei, weil selbst ich ahne, dass meine Position unhaltbar ist – aber dann nehme ich *sie* mit. Wenn ich stürze, dann soll die mitstürzen. Denn schließlich ist es ja keine Frage, höhöhö, dass ein Mannsbild wie ich nicht ersetzt werden kann durch eine Frau.

Also bedrängt der Tyrann den Sieger und grölt: Gebt sie raus! Ich mach sie platt! Zunächst erreicht der Tyrann damit das Gegenteil. Er nötigt mit seinem brachialen Angriff die schwankende Mannschaft zur Solidarität mit der eigenen Kandidatin. Die Männer der Union scharen sich im Rücken der einsamen Frau an ihrer Spitze zusammen. Noch. Aber wie lange noch?

Werden die SPD-Machos, die es bis heute verstanden haben, keine Sozialdemokratin auch nur als Kandidatin hochkommen zu lassen, jetzt auch noch die christdemokratische Kandidatin verhindern? Werden sie es wagen, Ja zur großen Koalition zu sagen – und damit Ja zu einem CDU-Kanzler –, aber Nein zu einer Kanzlerin? Wie wollen sie dann ihre Präferenz für die Wulffs oder Kochs begründen? Und was würden die stummen SPD-Frauen wohl dazu sagen? Wieder nichts?

Nicht nur der überraschend knappe Sieg, auch Schröders Pöbeleien haben Angela Merkel angefasst. Und vorgeführt. Denn es liegt in der Logik des Tyrannen-Systems, dass die Schwächeren von ihm fasziniert sind. Auch die Medien sprechen plötzlich nicht mehr von einem Verlierer und einer Siegerin, sondern von den »beiden Kandidaten«, die das jetzt »miteinander austragen« sollen. Wir ahnen schon, wer da als Leiche auf dem Schlachtfeld zurückbleiben würde ...

Oder, noch kommoder: Beide ziehen sich zurück. »Mit dieser Lösung«, schreibt gestern *Bild*, »könnte Schröder gesichtswahrend abtreten. Motto: Wenigstens hab ich Angela Merkel verhindert.« Ein offenes Wort. Der Schröder-SPD geht es in der Tat schon lange nicht mehr um das Wohl der Partei oder gar Deutschland, nein: Es geht darum, dass ein Mann sein Gesicht nicht verliert. Es geht um Männerehre. Und wenn die verletzt wird, sieht ein echter Mann bekanntlich rot.

Auf dem Altar dieser Männerehre soll nun die Frau geopfert werden, die es gewagt hat, IHN herauszufordern. Da sind alle Mittel recht, auch der klägliche Winkelzug einer Geschäftsordnungsänderung. Denn dieser Alien, dieser Ossi, diese Frau muss verhindert werden! Das fordert der Tyrann.

Schon vor den Wahlen war die große Koalition im Kalkül. Doch niemand wäre auch nur auf den Gedanken gekommen, bei einem Wahlsieg der Union die Kanzlerschaft von Merkel jetzt noch infrage zu stellen. Die einzige Frage schien: Welcher Mann ist selbstbewusst und gelassen genug, um unter ihr Vize sein zu können? Jetzt aber hat der stürzende Tyrann es geschafft, sie mit ins Wanken zu bringen. Was den diversen Kanzleramts-Aspiranten in ihren eigenen Reihen so unrecht nicht sein wird.

Nein, es hat keinen Sinn, noch länger drumrum zu reden. Deutschland scheint nicht reif für eine Kanzlerin. 60 Jahre nach dem Führer und 87 Jahre nach Erringung des Frauenstimmrechtes hat zwar das Volk sie gewählt, doch scheint die Mehrheit der Mächtigen dieses Landes weit davon entfernt, einer Frau das höchste Staatsamt zugestehen zu wollen. Zutrauen vielleicht. Aber zugestehen? Nein!

»Suboptimal« soll die Kanzlergattin, his masters voice, den Auftritt ihres Mannes am Wahlabend genannt haben, plauderte der Immernoch-Kanzler von eigenen Gnaden vor laufenden Kameras aus. Denn er hat es sich angewöhnt, seine Privatangelegenheiten für Staatsangelegenheiten zu halten. Subminimal ist auch die Rolle der Politikerinnen bei diesem Männerpoker. Bis auf die eine. Darum soll sie weg.

Es ist nicht ohne Tragik, dass die Kandidatin bis zuletzt davon überzeugt war, es spiele »keine Rolle, dass ich eine Frau bin«. Sie war, trotz einschlägiger Erfahrungen, auf einen so kruden Angriff nicht gefasst. Ich gebe zu: Selbst ich habe das so enthemmt nicht mehr erwartet.

Da erleben wir im Jahre 2005 den Versuch eines scheidenden Kanzlers, seine designierte Nachfolgerin in einer Art und Weise öffentlich zu desavouieren, die er sich auch mit dem härtesten politischen Gegner nie erlaubt hätte – und die der ihm auch nie durchgehen ließe. Schröders Motiv ist unübersehbar Verachtung, ja Hass auf die Frau, die ihm gewachsen sein könnte.

Sollte ich mir vor den Wahlen noch Fragen gestellt haben – weil der kaltherzige und frauenignorante Wahlkampf beider großen Parteien nicht gerade einladend war –, so ist es mir spätestens seit dem gewalttätigen Auftritt des Tyrannen am Wahlabend klar: Eine Kanzlerin für Deutschland ist überfällig! Denn was auch immer sie täte – so tritt diese Frau nicht auf, die am Wahlabend »demütig und akzeptierend den Wählerwillen zur Kenntnis« nahm. Genau darum wäre kein anderer als sie jetzt der wahre Systemwechsel.

Aus: *Frankfurter Allgemeine Sonntagszeitung, 25.9.2005*

## Bushido: Du bist ein Spießer! | 2010

Hey Bushido, als ich dich vor drei Jahren in meine Talkshow einlud, um mit dir über deine kruden und menschenverachtenden Songs zu reden, da hast du gekniffen. Jetzt sehe ich im Internet, dass du davon träumst, mit mir zu sprechen. Und in deiner Fantasie stellst du dir vor, dass ich zu dir sage: »Hey, Bushido, wie waren denn die Titten damals von deiner Mutter? Als du als kleiner Junge daran gesaugt hast.« Und du würdest mir antworten: »Ey, Fotze! Fick dich ins Knie!«

Hallo?

Seit wann habe ich pornografische Fantasien mit stillenden Müttern? Die hast du! Und genau das ist dein Problem.

Das Fass mit mir machst du jetzt auf, weil dein Film läuft. Und da kannst du jede Werbung gebrauchen. Was läge da näher, als ein öffentlicher Fight mit Alice Schwarzer?

Ich tu dir den Gefallen aber nicht. Denn, ganz ehrlich: Ich kann dich nicht ernst nehmen. Du redest viel von Ehre und Respekt, aber du redest davon wie der Blinde von der Farbe.

Und jetzt ist es dir noch nicht einmal zu blöd, für deinen PR-Gag auch noch obszön über deine eigene Mutter zu labern. Dabei liebst du sie doch angeblich so. Nicht zuletzt, weil sie ein Leben lang bedingungslos – zu bedingungslos? – zu dir gehalten hat.

Ja, schon klar, Bushido: Du bist irgendwie zerrissen. Zwischen dieser deutschen, ergebenen Mutter und diesem tunesischen, abwesenden Vater. Der war schwach – aber stark genug, deine Mutter regelmäßig zu verprügeln.

Und welche Lehren hast du Muttersohn daraus gezogen? Die, gewalttätige Männer zu verachten? Nein, im Gegenteil: Du identifizierst dich mit dem Täter! Auch du verachtest die Frauen. Wir sind für dich nur Fotzen, die man von hinten fickt.

Deine Idole sind gewalttätige, »echte« Männer. Männer wie Arafat Abou Chaker, nach deiner eigenen Aussage »einer der mächtigsten und berüchtigtsten Männer Berlins«. Das sieht die Polizei genauso.

Dieser libanesische Clanchef hat dich vor sechs Jahren auf deine Bitte hin aus dem Knebel-Vertrag mit deiner alten Plattenfirma Aggro rausgehauen. Vermutlich auf seine Art. Jetzt bist du in seinem Label ersguterjunge GmbH sein Goldesel. Humor scheint er zu haben, dein Arafat.

Mit ihm bewohnst du jetzt samt Mama und vielen, vielen stiernackigen Bodyguards anscheinend eine Villa im biederen Lichterfelde. So heißt es in den Medien. Da grillst du, schneidest die Hecken und hörst Depeche Mode. Okay. Ich gönn es dir. Nur erzähl uns nichts vom Getto, von Verzweiflung und Ehre.

Dein Leben war, abgesehen von ein paar Ausrutschern, immer eines auf dem Sofa. Du bist als Anis Mohamed Youssef Ferchichi im kleinbürgerlichen Berlin-Tempelhof aufgewachsen und hast das Gymnasium kurz vor dem Abi geschmissen. Es folgten Drogen, Heim und eine Lehre als Anstreicher (mit Bestnote abgeschlossen). Nicht so aufregend, klar.

Da bist du auf den Trichter mit dem Gangsta-Rap gekommen. Aber der Punkt ist: Du siehst nur so aus. Du spielst nur. Der einzige echte Gangsta in deiner Nähe ist vermutlich dein Beschützer Arafat.

Du aber tust dir nur selber leid und bist von Mutters Rockzipfel nie weggekommen. Ganz wie die verunsicherten Jungs und Mädels, denen du deinen 80 000-Euro-Stundenlohn beim Konzert verdankst.

Jetzt gehst du also Mainstream in Berliner Salons, trägst steingraue Edeljacketts und dinierst mit deiner Filmmutti Hannelore Elsner im Borchardt oder machst Small Talk mit CSU-Seehofer. Der hält dich vermutlich, ganz wie dein midlifekrisender Filmproduzent Eichinger, für ein Sesam-öffne-dich zur rebellischen Jugend.

Du bist aber nur ein kleinbürgerlicher Spießer, der die echt Verzweifelten abzapft. Also ganz ehrlich, Bushido: Respekt kann ich davor nicht haben.

Es grüßt dich und vor allem deine Mutter
Alice Schwarzer

Aus: EMMA 2/2010

# Prostitution – ein deutscher Skandal | 2013

Die Prostitution und das sie begleitende Übel des Menschenhandels sind mit der Würde und dem Wert der menschlichen Person unvereinbar und gefährden das Wohl des Einzelnen, der Familie und der Gemeinschaft.« Mit diesen Worten führten die Vereinten Nationen 1949 ihre Konvention »zur Unterbindung des Menschenhandels und Ausnutzung der Prostitution anderer« ein und forderten die Bestrafung – nicht der Prostituierten, sondern aller, die davon profitieren. Auch, und das wird mehrfach betont, wenn die »in der Prostitution ausgenutzte Person selber damit einverstanden« ist, es also »freiwillig« tut.

Seither sind 64 Jahre vergangen und ist viel passiert. Prostitution & Menschenhandel sind nicht weniger, sondern mehr geworden; in diesen Zeiten der wachsenden sozialen Ungleichheiten bzw. des ökonomischen Gefälles zwischen den Völkern, der Pornografisierung und internationalen Vernetzung.

20 Jahre nach der UN-Resolution hat dann die »sexuelle Revolution« der 68er-Linken Schranken eingerissen und dabei eigene Machtverhältnisse ignoriert: zwischen Frauen und Männern, zwischen Erwachsenen und Kindern. Von »Menschenwürde« war von nun an in Sachen Prostitution nicht mehr die Rede. »Liberalisierung« war angesagt. Die Profiteure der Prostitution sitzen nicht im Gefängnis, sondern in Talkshows. Zumindest in Deutschland, wo Prostitution jetzt als »Beruf wie jeder andere« gilt.

Drehscheibe des Frauenhandels in Europa ist heute Deutschland. Das liegt nicht nur an der zentralen geografischen Lage, sondern vor allem an der liberalen Gesetzgebung. Die 2002 von Rot-Grün verabschiedete Reform des Prostitutionsgesetzes sollte vorgeblich den Prostituierten nutzen – sie hat jedoch, wie zu erwarten, den Frauen nur geschadet und lässt das Geschäft der Profiteure boomen. Die seit der Reform mögliche Werbung auch für Großbordelle (Laufhäuser) sowie die neuen »Wellness«-Bordelle, sie planen Börsengänge. Und Vater Staat kassiert mit.

Prostitution und Frauenhandel sind zu Beginn des 21. Jahrhunderts neben dem Waffen- und Drogenhandel weltweit das profitabelste Geschäft. Der Jahresumsatz wird allein in Deutschland auf 14,5 Milliarden Euro geschätzt (Quelle: ver.di), mit Profitraten von oft über tausend Prozent. Die kassieren allerdings nicht die Prostituierten, sondern die Menschenhändler, Zuhälter, Bordellbetreiber und Manager. Ihnen zur Seite steht eine Handvoll der seit Jahren immer gleichen Paradeprostituierten, die in den Talkshows und Illustrierten erzählen, wie gern sie es tun und wie gut sie dabei verdienen. Sie betreiben in der Regel längst selbst Bordelle oder Studios und lassen andere Frauen für sich anschaffen.

Wir reden bei der Prostitution nicht von Ausnahmen. Wir reden von einem Massenphänomen. Die Zahl der Frauen in der Prostitution wird heute allein in Deutschland auf zwischen 120 000 bis 400 000 geschätzt. Jeder zweite oder dritte Mann in Deutschland scheint gelegentlich oder regelmäßig zu Prostituierten zu gehen – und jede zweite Freundin oder Ehefrau ist davon betroffen, moralisch wie gesundheitlich (die Zahl der Freier, die es ohne Kondom machen wollen, steigt).

Und all das passiert nicht in einem fernen Land, sondern gleich nebenan: auf dem Strich zehn Meter vom Supermarkt entfernt, in der Modelwohnung im Nebenhaus, im Sauna-Club inmitten ländlicher Idylle oder im »Wellness-Bordell« in den Metropolen. Wir könnten es sehen – wenn wir nicht länger wegsehen. Wir könnte die Männer sehen, die hinschleichen oder -schlendern, und die Frauen, deren Pupillen oft geweitet sind von den Drogen, ohne die sie es nicht aushalten.

Die Realität der Mehrheit der Prostituierten sieht so aus: 86 bis 90 Prozent sind Armuts- und Zwangsprostituierte. Mit welchen Illusionen Mädchen und Frauen in den goldenen Westen gelockt, mit welcher Gewalt sie von Menschenhändlern verschleppt und mit welcher Skrupellosigkeit sie von ihren eigenen Familien zum Anschaffen gezwungen werden, ist bekannt – doch die Empörung bleibt aus. Wie kann das sein?

Schon lange stellt sich die Frage, ob und wie die »Hurenprojekte«

von der Prostitutionslobby in Deutschland unterlaufen wurden und Medien sowie Politik manipuliert. Wie konnten wir zum Zuhälterparadies werden?

Bis heute hält Deutschland an seinem Sonderweg fest – trotz aller Warnungen von Justiz und Polizei, denen mit der Gesetzesreform von 2002 die Strafverfolgung von Zuhälterei und Menschenhandel massiv erschwert wurde.

Die Prostitution ist das Ende einer langen Kette, in der Männer glauben, das Recht zu haben, Frauen missbrauchen bzw. (ver)kaufen zu können. Entscheidend dabei ist der Freier. Ohne ihn, den Käufer, gäbe es keinen Prostitutionsmarkt.

Machtmissbrauch kennt keine Empathie. Würden die Männer hinsehen, wessen Seele und Körper sie da für 100, 50, 30 oder auch nur 10 Euro (auf dem Drogenstrich) benutzen – sie könnten es nicht mehr tun. Sie müssen also wegsehen. Sie müssen die Prostituierten entpersonalisieren, was durchaus auch die Form von Verklärung annehmen kann. Und die Frauen machen mit, sie spielen ihren Kunden etwas vor. Dieses Buch möchte auch diesen Männern die Augen öffnen.

Studien belegen: Mindestens drei von vier Frauen in der Prostitution greifen zu Drogen und Alkohol. Zwei von drei Prostituierten werden im Job vergewaltigt, jede zweite mehr als fünfmal. Zwei von drei (Ex-)Prostituierten leiden unter posttraumatischen Störungen, die mit denen von Folteropfern vergleichbar sind.

Da ist es keine Überraschung, dass neun von zehn Frauen gerne aussteigen würden – wenn sie nur könnten.

In keiner westlichen Demokratie aber scheint der Ausstieg aus der Prostitution so schwer wie in Deutschland. Was auch daran liegt, dass Prostitution bei uns nicht mehr geächtet wird, sondern toleriert, ja mehr noch: propagiert! Männer, die zu Prostituierten gehen, schämen sich heutzutage noch nicht einmal mehr. Sie finden das cool und »Promis« erzählen es stolz in den Medien. Mit dem Resultat, dass die Frauen in der Prostitution mit ihrer Verzweiflung einsamer sind als je zuvor. Denn: »Warum stellt die sich denn so an? Es ist doch nichts dabei.«

Die erste Frauenrechtlerin, die die Abolition, die Abschaffung der

Prostitution, ab 1875 mit Verve und im internationalen Stil betrieben hat, ist Josephine Butler. Sie war nicht zufällig die Tochter eines Vaters, der für die Abschaffung der Sklaverei gekämpft hatte. Für Josephine ist die Prostitution nichts anderes als eine »weiße Sklaverei«. Ein Begriff, den heutige Feministinnen international wieder aufgenommen haben.

Eine Welt ohne Prostitution ist denkbar. Es ist ja auch noch gar nicht lange her, dass wir begonnen haben, eine Welt ohne die so lange akzeptierte schwarze Sklaverei zu denken. Tun wir jetzt also den nächsten Schritt – und bekämpfen wir die weiße Sklaverei.

*Aus: »Prostitution – ein deutscher Skandal«, Kiepenheuer & Witsch, Köln, 2013*

# 10 Jahre Kanzlerin | 2016

Zehn Jahre Merkel. Zehn Jahre eine Bundeskanzlerin für Deutschland. Und das 87 Jahre nach Erringung des Frauenwahlrechts und 60 Jahre nach dem Ende von Nazi-Deutschland: Von »Kohls Mädchen« zur »mächtigsten Frau der Welt« (Forbes); vom beflissenen Antrittsbesuch beim (golf)kriegführenden Bush in Washington zur Verweigerung einer Beteiligung an der fatalen, folgenschweren Bombardierung Libyens; von der zunächst auch von Frauen Ignorierten zum Idol vor allem der jungen Frauen.

Und während ihr von ihren Kritikern Stillstand vorgeworfen wurde, hat sie nicht nur international Akzente gesetzt, sondern auch klammheimlich ihre Partei revolutioniert. Außenpolitisch hat sie zuletzt dank ihrer Tag-und-Nacht-Verhandlung mit Putin die von den Amerikanern bereits geplante Waffenlieferung an Kiew verhindert (was ganz Europa hätte in Brand setzen können) und sich besonnen durch die Abgründe der Finanzwelt laviert. Längst gilt die deutsche Kanzlerin als zentrale Figur der internationalen Politszene, neben der die Mächtigen sich gerne fotografieren lassen.

Innenpolitisch hat sie die so schwerfällige Union modernisiert, hat eine heilige Kuh nach der anderen geschlachtet. So wurde unter der Ägide der Physikerin aus der DDR die Familienpolitik auf den Kopf gestellt: Krippen, Ganztagsschulen, Väterurlaub – all das war wenig zuvor noch des Teufels in den Augen ihrer Partei. Die Wehrpflicht wurde im Hauruck-Verfahren abgeschafft, das Ende der Atommeiler eingeläutet, die Stammzellenforschung legalisiert – auch das bis zuletzt ein totales No-Go für viele Konservative und Grüne. Ja, sogar bei der weitgehenden Akzeptanz und Gleichstellung der Homosexualität zog die CDU/CSU unter Merkel mit, zögerlich, aber dennoch.

Das alles war natürlich nicht immer einfach für die Konservativen. Jetzt also die Flüchtlinge. Niemanden in Not abweisen. Keine Obergrenze. Wir schaffen das! Zunächst vor allem von links für diese humane Haltung bejubelt, wird sie nun zunehmend nicht nur von rechts dafür kritisiert, sondern von vielen als »naiv« gescholten. Die

Massaker in Paris haben die kritische Stimmung verstärkt – gleichzeitig aber die Kritiker in den eigenen Reihen zum Verstummen gebracht.

Dennoch: Die Bevölkerung wird unruhig. Sicher, man will helfen. Aber wie viele kommen wirklich? Wer kommt? Und wird man es tatsächlich schaffen? Hat die Kanzlerin sich etwa zu weit vorgewagt? Die Beliebtheitswerte der Kanzlerin sinken. Die Querschüsse innerhalb ihres Kabinetts steigen. Doch entspricht das auch der Stimmung innerhalb ihrer Partei? Eine *Stern*-Umfrage bei CDU-Mitgliedern offenbarte auf dem Höhepunkt der Kritik Überraschendes: Die Stimmung an der Spitze spiegelt nicht die an der Basis. 82 Prozent der CDU-Mitglieder sind mit der Arbeit der Kanzlerin »zufrieden«; 81 Prozent wünschen sich, dass Merkel 2017 wieder kandidiert.

Aber hat die Kanzlerin denn nicht auch Fehler gemacht? Gewiss. Jeder Mensch macht Fehler. Aus meiner Sicht ist ihr schwerster Fehler ihre seit Jahren chronische Unterschätzung der Gefahr, die vom politisierten Islam droht (nicht vom Islam als Glauben!). Dazu meldet sie sich immer erst, wenn Tote daliegen. Aber dann ist es zu spät. Das Problem beginnt lange, lange vorher: nämlich bei den der islamistischen Agitation schutzlos ausgelieferten Söhnen und Töchtern muslimischer EinwanderInnen.

Es raunt in den deutschen Medien immer lauter: Wird Merkel über die Flüchtlingspolitik stürzen? Steht Schäuble schon bereit? Auffallend dabei ist, wie schnell nicht nur politische GegnerInnen, sondern auch die eigenen Truppen den Daumen wieder mal nach unten halten in der Causa Merkel. Gehört sie selbst nach zehn Jahren Kanzlerinnenschaft noch immer nicht dazu? Ist und bleibt sie die Außenseiterin, die Fremde?

Angela Merkel war der erste Kanzler, der es ganz ohne Hausmacht geschafft hat – weniger noch: Sie hat ihr Ziel gegen den zähen Widerstand in den eigenen Reihen und mit etlichen Messern im Rücken erreicht. Sie kam aus dem Nichts. Ihr Weg an die Spitze war ein Ritt über den Bodensee.

Die Ungeheuerlichkeit, dass eine Frau, und dazu noch eine aus dem Osten, nach der Macht greift, scheint Merkel selber zunächst gar nicht klar gewesen zu sein. Den halluzinanten Auftritt des unterlegenen Ex-Kanzlers Gerhard Schröder in der Wahlnacht 2005 (»Die kann das nicht! Das Volk will, dass ich regiere!«) beobachtete die Siegerin mit gelähmtem Entsetzen. Bedrückt auch von einem Sieg, der zwar eindeutig war – 450 000 Stimmen mehr als der Gegenkandidat (Schröder hatte 2002 nur 6027 Stimmen mehr als Stoiber) –, der ihr jedoch dennoch als Niederlage ausgelegt wurde.

Folgten drei Wochen in Absurdistan. Im Ausland konnte man es damals kaum fassen, dass in Deutschland im Jahr 2005 ernsthaft darüber debattiert wurde, ob die Kanzlerkandidatin der gewählten Partei denn nun auch wirklich Kanzlerin werden sollte. Oder ob nicht doch Schröder erst mal weitermachen solle, für zwei Jahre, und dann werde man ja sehen (Klammer auf: Bis dahin ist von der eh nicht mehr die Rede). So räsonierten nicht nur Journalisten und Koalitionspartner, sondern so dachte auch so manch Altvorderer in Merkels eigenem Laden.

Denn es ging natürlich um viel mehr als nur um die Person Merkels. Es ging um den Schock, dass der deutsche Mann erstmals das politische Ruder einer Frau überlassen sollte. Einer Frau! Dabei hatte Merkel selbst sich echt Mühe gegeben, nicht weiter auffallen zu lassen, dass sie eine Frau ist: Frauen waren im Wahlkampf auch für sie kein Thema (so wenig wie Ossis). Doch es nutzte nichts. Da kann frau sich noch so bedeckt halten bzw. anbiedern: Die Machos unter den Männern vergessen nicht, dass die da eben doch kein Mann, sondern nur eine Frau ist. Und das stört ganz einfach ihre Kreise – und schmälert ihre Pfründe.

Doch welche Rolle haben bei diesem Dennoch-Aufstieg der deutschen Kanzlerin eigentlich die Wählerinnen gespielt? Sie waren zunächst, bei den ersten Merkel-Wahlen, misstrauisch (»Frausein allein ist noch kein Programm«, schrieb *EMMA*). Seit 2009 aber sind vor allem die unideologischen, jüngeren Frauen die Mehrheitsbeschafferinnen der Kanzlerin. Sie ist ihr Vorbild! Sie ist der lebende Beweis, dass eine Frau es schaffen kann. Bis ganz nach oben.

Für die Frauen in der Welt schließlich ist die deutsche Kanzlerin schlicht eine Lichtgestalt, jenseits aller ideologischen oder parteipolitischen Orientierungen. Ein beneidenswerter Glücksfall für alle Frauen! Nur eines wünschen sich die Frauen der Welt: Dass diese deutsche Kanzlerin nicht nur klammheimlich, sondern auch offen stärker für Frauen einträte. Wer, wenn nicht sie?!

Gleichzeitig ist Merkel in der Männerwelt bis heute eine Außenseiterin geblieben. Daran konnten offensichtlich auch zehn Jahre sachorientiertes, respektables Regieren nicht wirklich etwas ändern. Auch darum wird jetzt der Daumen wieder so eilfertig nach unten gehalten. Sie kann es eben doch nicht. Haben wir ja immer gesagt.

Merkel bleibt die Fremde. Die aus dem Osten. Die Frau. Die, die einfach nicht dazugehört zu den interessengelenkten, ideologisierten Männercliquen der Berliner Republik.

*Aus: EMMA 1/2016*

# Der gekränkte Mann | 2016

In Deutschland wurden im Jahr 2015 rund 117 000 Frauen vergewaltigt; jede fünfte vom eigenen (Ex-)Ehemann bzw. (Ex-)Freund. Etwa 643 000 Frauen wurden Opfer von Gewalt in Beziehungen (verschleiernd »häusliche Gewalt« genannt). Und 320 wurden getötet; jede zweite vom eigenen Ehemann bzw. Freund. Woher die Zahlen kommen? Ganz einfach: Es handelt sich um reale Fälle (bei den Toten) oder um erstattete Anzeigen mal zwölf. Denn, so erforschte das Bundesfrauenministerium in einer breit angelegten Studie: Nur jedes zwölfte Opfer von (sexueller) Gewalt erstattet Anzeige.

Und da reden wir weder von Flüchtlingen noch von Migranten noch vom Islamismus. Diese epidemische, strukturelle Männergewalt in unserer christlich geprägten Demokratie ist hausgemacht. Sie ist das dunkle Geheimnis im Herzen des Machtverhältnisses der Geschlechter. Zwar ist diese private Gewalt gegen Frauen sanktioniert in den westlichen Demokratien; doch auch hier seit noch gar nicht so langer Zeit. Das Gesetz gegen Vergewaltigung in der Ehe zum Beispiel wurde erst 1997 eingeführt. Die Frau oder die Welt will nicht so, wie Er will – also greift Er zur Gewalt. Der gekränkte Mann.

Was aber ist der Unterschied dieser Gewalt zwischen den Geschlechtern zu dem, was wir an Silvester in Köln erlebt haben – und seither immer mal wieder auf öffentlichen Veranstaltungen? Zuletzt im Juli 2016 bei einem Kulturfest in Bremen, wo 24 Anzeigen erstattet wurden wegen sexueller Übergriffe nach der Methode »Höllenkreis« (dabei umzingelt eine Gruppe von in der Regel jungen Männern eine Frau und begrabscht sie bis hin zur Vergewaltigung).

Was ist der Unterschied zwischen unserer alltäglichen Gewalt und den öffentlichen Gewaltorgien im Namen Allahs zum Beispiel in Ochsenfurt, wo der Täter seinem letzten Opfer eine Axt ins Gesicht hieb und die Worte gerufen haben soll: »Ich mach dich fertig, du Schlampe!«?

Der Unterschied ist die Legitimierung von Gewalt in den patriarchalen Herkunftsländern der Täter, sie kennen keine Frauenbewegung und keine Gleichberechtigung. In ihren Ländern sind Frauen rechtlos und ist Gewalt ein Herrenrecht. Verschärfend hinzu kommt die Befeuerung dieser traditionellen Frauenverachtung durch die islamistische Propaganda, sie gießt Öl ins Feuer.

Die heimliche private Gewalt gilt nur dem einen Individuum – die demonstrative öffentliche Gewalt soll uns alle in Angst und Schrecken versetzen. Das gilt für islamistisch motivierte Attentäter ebenso wie für Amokläufer. In beiden Fällen ist der Täter der narzisstisch gestörte, der gekränkte Mann.

Der Islam ist nicht die Ursache der Welle der öffentlichen Gewalt, auch wenn sie mit ihm begründet wird. Die islamistische Propaganda ist es, sie ist die Ideologie der Stunde, die diese Gewalt gegen Frauen und »Fremde« rechtfertigt; wie bei den jungen Männern aus Marokko oder Algerien an Silvester in Köln. Deren Länder sind in den vergangenen Jahren von einer gemäßigten Religiosität in einen maßlosen Islamismus gekippt. Diese verhetzten Männer kennen nur noch Heilige und Huren. Die Heilige ist zu Hause eingesperrt und möglichst verschleiert – die Hure bewegt sich im öffentlichen Raum.

Diesen sich gedemütigt fühlenden Männern kommt Allah gerade recht. Der politische Islam bietet ihnen einen Kontext. Er ist, ganz wie der Faschismus, ein Hort des Männlichkeitswahns und der Autoritätshörigkeit. Im Namen des »Vaters« rotten sich die gekränkten Söhne zusammen und schwören Rache. Für seine Leader – vom Islamischen Staat bis hin zu den Ideologen im Westen – ist der Islamismus eine Machtstrategie; für ihr Fußvolk ist er das Gebräu, das sie trunken macht. Und hochmütig gegenüber den Frauen, diesen ersten »Fremden« in der patriarchalen Hierarchie. Sicher, der Islamismus hat ganz wie der Faschismus komplexe Gründe, aber er ist ganz wie er auch eine Antwort auf die Erstarkung der Frauen. Hie immer mehr Staatschefinnen – da immer mehr Frauen unterm Schleier. Das muss unsere Welt ja zerreißen.

Die Tatsache, dass der Westen an der Entwurzelung der Menschen in Nahost und Nordafrika seinen satten Anteil hat, macht das Problem nicht geringer. In der Tat hat Amerika in den 1980er Jahren die Taliban in Afghanistan überhaupt erst aufgerüstet – für den Kampf gegen die Sowjetunion. Und der Westen hat die Kriege in Irak und Afghanistan angefangen und damit auch Syrien destabilisiert; um sodann, offensichtlich unfähig dazuzulernen, auch noch Libyen ins Chaos zu stürzen. Ohne Amerika kein Islamischer Staat, das räumen inzwischen sogar die Interventionisten selber ein. So gestand jüngst Obama, dass die Irakkriege »ein Fehler waren«. Sorry.

Doch als würde das alles nicht genügen, verschließen wir im Westen bis heute die Augen vor dem 1979 in Khomeinis Iran gestarteten, weltweiten Eroberungsfeldzug des politisierten Islam. Die Wirtschaft macht munter weiter Geschäfte mit Saudi-Arabien, Iran & Co., den Hauptfinanziers des Terrors. Und Politik wie Gesellschaft ignorieren oder verharmlosen seit Jahrzehnten die Offensive des politischen Islam mitten unter uns.

Anstatt die aufgeklärten und fortschrittlichen MuslimInnen zu unterstützen, führen wir verlogene »Dialoge« mit rückwärtsgewandten, schriftgläubigen Muslimverbänden und deren Lobbyisten und Lobbyistinnen (die nicht selten KonvertitInnen sind). Mit dieser Strategie haben wir in den vergangenen 20 Jahren nicht zuletzt die Mehrheit der nicht-radikalen Muslime und Musliminnen im Stich gelassen. Die sind aus Angst vor den Radikalen verstummt – oder aber sie radikalisieren sich, wie wir bei der Pro-Erdoğan-Demonstration in Köln sehen konnten sowie in jüngsten Umfragen. Da erklären neuerdings sage und schreibe 50 Prozent der Türkischstämmigen in Deutschland, dass für sie die »islamischen Gebote« über dem Gesetz stehen (das ergab eine aktuelle Emnid-Umfrage).

Es ist also Zeit. Höchste Zeit, dass wir endlich unterscheiden lernen zwischen Islam und Islamismus, zwischen Glauben und Ideologie. Das eine ist eine Religion, bei der Selbstkritik und Reform nottut, aber das ist Sache der Muslime. Das andere ist eine totalitäre, faschistoide Ideologie, deren Kern die Frauen- und Fremdenverachtung sowie Autoritätshörigkeit ist. Und das fängt nicht erst beim offenen Terror an, sondern hat seine Wurzeln in der Schriftgläubigkeit.

Die Probleme begannen ja nicht erst mit den Flüchtlingen, sondern schon in den 1990er Jahren. Stichwort: Kopftuch. Stichwort: Geschlechtertrennung in Schulen beim Schwimmunterricht. Stichwort:

Halal und Ramadan. Doch die eine Million Menschen aus Kriegsgebieten, viele davon brutalisiert bzw. traumatisiert, haben das Problem dramatisch verschärft.

Inzwischen wissen wir: Manche vorgebliche Flüchtlinge wurden offensichtlich geschickt mit der Absicht, den Krieg nach Deutschland zu tragen. Es wird eine verschwindende Minderheit sein. Und es ist falsch, die Mehrheit dafür verantwortlich zu machen. Aber mit dieser Minderheit müssen wir uns beschäftigen.

Bei fast allen Tätern, ob Gotteskrieger oder Amokläufer, lesen wir in den Medien gerne immer als Erstes, die Täter seien »einsam« gewesen und »depressiv« (das war 2015 auch bei dem Piloten Andreas Lubitz so, der 149 Menschen geplant mit in den Tod gerissen hat). Mag sein. Aber viele Menschen sind einsam. Und viele neigen zur Traurigkeit. Ein Zustand, der zweifellos verstärkt wird, wenn man aus einem (Bürger-)Kriegsland kommt, seine Familie zurückgelassen hat und als Opfer oder/und Täter schon viel Traumatisches erlitten oder auch verbrochen hat.

Aber bedeutet eine solche Argumentation nicht, die wahren Gründe durch eine bereitwillige Pathologisierung der Täter zu verschleiern? Wir sollten den Tätern nicht auch noch das letzte Stück Menschenwürde absprechen, das sie haben: die Freiheit der Verantwortung!

Es sind immer Männer. Es sind fast immer jüngere Männer, die nicht eingebunden sind in eine Familie. Es sind immer entwurzelte und gekränkte Männer. Erfahrene Psychologen diagnostizieren bei diesen Männern weniger eine Depression (die ja auch eher passiv macht), sondern eher eine »narzisstische Störung«. In den Augen der Umwelt sind sie klein, sie aber halten sich für groß. Eine solche narzisstische Kränkung in Aggression nach außen zu wenden, auch das ist typisch männlich. Narzisstisch gestörte Frauen wenden in der Regel ihre Aggressionen nach innen, gegen sich selbst.

Jetzt ist viel von Aufrüstung die Rede: der Polizei, der Sicherheitsmaßnahmen. Es ist richtig, dass Großveranstaltungen in diesen Zeiten besonders gesichert werden müssen. Aber das allein kann es nicht sein. Auch die Prävention muss weit über das von Bundeskanzlerin Merkel geforderte »Frühwarnsystem« hinausgehen. Sie darf nicht erst bei den ersten Anzeichen ansetzen, da ist es meist schon zu spät. Sie muss früher einsetzen. Und zwar sowohl bei den wütenden, herrschsüchtigen Männern aus den patriarchalen, islamischen (Bürger-)Kriegsgebieten; wie auch bei der Minderheit der hier geborenen Söhne der Migranten, die sich radikalisieren.

Was können wir tun? Der salafistischen Agitation in den Flüchtlingslagern und Parallelgesellschaften muss strikt Einhalt geboten werden. Die Muslim-Verbände, die bisher mit ihrer rückwärtsgewandten, schriftgläubigen Propaganda den Islamisten in die Hände gespielt haben, müssen verpflichtet werden, aktiv zu Aufklärung und Integration beizutragen.

Die »verlorenen Seelen« (Kamel Daoud) schließlich müssen eine reale Chance zur Integration bekommen und verpflichtet werden, Rechtsstaat und Gleichberechtigung der Geschlechter zu respektieren. Gegen die unrettbar an die fanatischen Gotteskrieger »verlorenen Seelen« allerdings muss in aller Entschiedenheit und mit allen Mitteln vorgegangen werden. Denn der gekränkte Mann kann gefährlich sein. Lebensgefährlich.

*Aus: EMMA 5/2016. Der Text erschien zuerst im »Spiegel«.*

# Die Burka verstößt gegen das Grundgesetz! | 2016

Nach 25 Jahren Kopftuch-Debatte jetzt also die Burka. Allen Ernstes. Und auch die wieder im Namen der »Religionsfreiheit«. Dabei hat die Vollverschleierung weder etwas mit Glauben zu tun, noch und schon gar nicht mit Freiheit. Im Gegenteil: Sie ist die ideologische Flagge der Islamisten und die höchste Form von Frauenverachtung und Frauenunterdrückung.

Menschen, die behaupten, aus dem Koran ein Verschleierungsgebot herauszulesen, sind Extremisten, vor denen sowohl der Islam wie auch die nicht-fundamentalistische Mehrheit der MuslimInnen geschützt werden müssen. Denn Burka und Nikab sind keine religiösen, sie sind politische Symbole. Das zu ignorieren oder gar zu leugnen, ist die Ursünde von Politik und Justiz in Deutschland.

Als die syrische Stadt Manbidsch im August 2016 von den Terroristen des IS befreit wurde, rissen die Frauen sich den Schleier vom Gesicht und machten ein Freudenfeuer damit. Das war Freiheit! Eine Freiheit, von der die Millionen Frauen in den von Islamisten terrorisierten Ländern nur träumen können. Sie sind unter einem Leichentuch namens Nikab oder Burka begraben.

Die Innenminister der unionsregierten Bundesländer forderten Ende August in ihrer »Berliner Erklärung« ein Teilverbot der Vollverschleierung: an Schulen und Universitäten, im Öffentlichen Dienst und in Ämtern sowie bei Gericht. Sie argumentieren dabei mit der »Sicherheit«. Was natürlich Unsinn ist und sie angreifbar macht. SPD, Grüne und Linke hängten sich prompt an die große Toleranz-Glocke und denunzierten schon diesen halbherzigen Versuch eines Teilverbotes der Burka als »populistisch« oder gar »rassistisch«.

Die provokant Vollverschleierten sind auffallend oft Konvertitinnen. Hinter ihnen stehen in der Regel Ehemänner bzw. Organisationen, wie wir inzwischen aus Frankreich und der Schweiz wissen. Die zu zahlenden Strafen für die dort verbotene Vollverschleierung werden von Hintermännern übernommen.

In Deutschland wird es ähnlich sein: Hinter der einzelnen vollverschleierten Frau steht die politische Absicht, die Scharia auch hierzulande akzeptabel zu machen. Und selbst wenn die so instrumentalisierte Frau das selber nicht durchschauen sollte – wollen wir allen Ernstes wegen der verqueren seelischen Befindlichkeit einzelner Frauen dieses Schandtuch auch mitten in unserer Demokratie akzeptieren? Nur weil manche Frauen das masochistische Bedürfnis nach demonstrativer Unterwerfung haben und Angst vor der (von Frauen errungenen) Freiheit? Wollen wir darum unsere elementarsten Werte von einer so menschenfeindlichen Propaganda erschüttern lassen?

Das war ja schon bei dem Kampf um das »Recht« auf das Kopftuch von Lehrerinnen in der Schule und im Öffentlichen Dienst so. So war die erste kopftuchtragende Lehrerin, die Deutsch-Afghanin Fereshta Ludin – die sich in den 1990er Jahren bis zum Bundesverfassungsgericht geklagt hatte –, vom »Zentralrat der Muslime in Deutschland« unterstützt, wenn nicht gar initiiert worden. Und die kopftuchtragende Lehrerin und Konvertitin Maryam Brigitte Weiß – 2006 eine von elf Lehrerinnen in NRW, die sich weigerten, das Kopftuch abzulegen – war Mitglied im Vorstand des »Zentralrats der Muslime«.

Schon das Kopftuch, das das »sündige« Haar der Frauen verbirgt, ist eine Abgrenzung und Sexualisierung von Mädchen und Frauen. Die Vollverschleierung eines Menschen nun ist der Ausstieg aus dem menschlichen Miteinander. Sie raubt dem Menschen nicht nur die Bewegungsfreiheit, sondern auch das Gesicht, seine Individualität. Unter dem Schleier ist der Mensch nur noch ein Haufen Stoff.

Die Vollverschleierung verstößt darum elementar gegen den ersten Satz unseres Grundgesetzes: Die Würde des Menschen ist unantastbar!

Nun gibt es Experten, die mahnen, das Verbot der Vollverschleierung sei »verfassungswidrig«. Ihr Argument: dies verstoße gegen die »Religionsfreiheit«. Einer von ihnen ist der in den Medien gern zitierte Jurist und Islamwissenschaftler Prof. Mathias Rohe. Rohe, der sich selbst als »Protestant« bezeichnet, hat nach eigenen Angaben 1978/79 »als Koch« in Saudi-Arabien gearbeitet und später in Tübingen und Damaskus Recht studiert. Schon 2002 erklärte dieser Jurist in der *Frankfurter Rundschau* stolz: »In Deutschland wenden wir jeden Tag die Scharia an. Wenn Jordanier heiraten, dann verheiraten wir sie nach jordanischem Recht. Die Menschen haben in diesen privaten Verhältnissen Entscheidungsfreiheit.«

Private Verhältnisse? Entscheidungsfreiheit? Was Rohe nicht sagt, ist, dass nach dem islamischen Familienrecht, also der Scharia, Frauen rechtlose Unmündige sind, abhängig von Vater, Bruder oder Ehemann. Dieses islamische Familienrecht wird darum in allen Ländern, in denen es gilt, seit Jahrzehnten von den dortigen Frauenrechtlerinnen bekämpft. Es gilt als das zentrale Problem bei der Entrechtung der Frauen. Eigentlich hätten wir in einem Rechtsstaat also die Pflicht, die Frauen vor so einer Entrechtung zu schützen – statt dieses (Un-)Recht auch noch bei uns anzuwenden.

Der deutsche Professor Rohe aber befasst sich seit Jahrzehnten mit dem Gegenteil: nämlich mit der Infiltrierung des islamischen Rechts in unser Rechtswesen. 2008 gründete Rohe an der Universität Erlangen das Institut »Zentrum für Islam und Recht in Europa«. Und da störte es anscheinend auch niemanden, dass Rohe kurz zuvor wegen einer für das österreichische Innenministerium verfassten Studie von dortigen Soziologen scharf kritisiert worden war für »gröbste methodische und technische Mängel«.

Es geht in Wahrheit nicht um die paar Hundert oder auch ein paar Tausend Vollverschleierte in Deutschland. Es geht nicht um »Sicherheitsfragen«. Es geht auch nicht darum, dass die Vollverschleierung ein »Integrationshindernis« ist für die einzelne Frau (Kanzlerin Merkel). Denn das ist ja selbstverständlich. Burka und Nikab sind das volle Gegenteil: nämlich der schärfste Ausdruck von Abgrenzung.

Es geht ums Prinzip. Um die Akzeptanz – oder aber eben die Nicht-Akzeptanz der Scharia im Rechtsstaat.

Was auch immer das jeweils subjektive Motiv einer Frau für die Verschleierung sein mag – objektiv ist diese immer auch ein politisches Signal. Das scheinen vor allem Linke und Liberale im Westen immer noch nicht begriffen zu haben. Sie überlassen fatalerweise das berechtigte Unbehagen der Bevölkerung an der islamistischen Agitation den rechten Populisten.

81 Prozent aller Deutschen sind für ein Verbot der Burka im Öffentlichen Dienst etc., das ergab eine ARD-Umfrage. Und jedeR Zweite ist für ein Vollverbot in der Öffentlichkeit. Doch im *Spiegel* zum Beispiel durften wir Anfang September die vollkommen unkritische, rührende Geschichte einer Frau lesen, die schwärmte: »Ich liebe meinen Nikab.« Zwei Journalist*innen* hatten mit der Nikab-Trägerin gesprochen. Die war nicht nur vollverschleiert – wir sahen also ein ganzseitiges Fotoporträt mit sehr viel Stoff und zwei Augen –, sondern selbst ihr Vorname, Monika B., war noch verschleiert, also verschlüsselt.

Bei aufmerksamer Lektüre waren folgende Fakten zu erfahren: Die Frau ist 48 Jahre alt, in Österreich geboren, hat drei Jahre in Ägypten gelebt, ist vor acht Jahren zum Islam konvertiert und mit einem Marokkaner verheiratet.

Rein journalistisch hätte man dieser Frau noch einige Fragen stellen können, ja müssen: Warum hat sie in Ägypten gelebt? Welche Erfahrungen hat sie da gemacht? Ist ihr Mann ein Schriftgläubiger? Oder gar einer der aktiven Islamisten, zu deren Strategie es seit 10, 15 Jahren gehört, westliche Frauen zu heiraten? Nicht nur, um so deren Staatsangehörigkeit zu erlangen, sondern auch, um diese Konvertitinnen für ihre politischen Zwecke einzusetzen.

Aber diese Fragen wurden alle nicht gestellt. Leider. Die Journalistinnen blieben auf einer privaten, gefühligen Ebene. Wir erfuhren, dass Monika B. Deutschland als eine »sexualisierte Gesellschaft« empfindet, in der Frauen, so wörtlich, »viel stärker durch ihr Äußeres definiert werden als Männer«. So weit, so richtig. Nur, warum sich deswegen die Frau verhüllen muss, statt zu versuchen, die sexistische Gesellschaft zu verändern, das blieb offen.

Stattdessen durfte Monika B. im *Spiegel* unhinterfragt erzählen, dass sie den Nikab trägt, weil sie sich in ihrem Stoffgefängnis so »selbstbestimmt« fühlt. Wörtlich: »Ich habe mehr Privatsphäre und bin weniger angreifbar. Ich sehe mich mit dem Nikab als gleichberechtigte Person.«

Selbstbestimmt. Gleichberechtigt. Das könnte doch so in *EMMA* stehen, oder? Eine Frau, die sich weniger angreifbar fühlt, wenn sie sich gleich schon mal freiwillig unsichtbar macht ... Redet der *Spiegel* da etwa mit einer Feministin? Oder doch mit einer Masochistin? Monika B.s trauriger Satz »Ich liebe meinen Nikab« ist auch der Titel des Artikels. Und selbstverständlich ist der ganze Artikel implizit ein einziges Plädoyer für das »Recht« auf Vollverschleierung, also gegen das gegenwärtig diskutierte Burka-Verbot. Würde man diesen Journalistinnen vorhalten, in einer Welt, in der der Schleier für Millionen Frauen ein Leichentuch ist, sei so ein Plädoyer pro Vollverschleierung der reine West-Luxus und nackter Zynismus, und außerdem ein Verstoß gegen die Menschenwürde – sie wären wohl erstaunt. Denn schließlich verhüllt Monika B. sich doch »freiwillig«.

So freiwillig, wie vorgeblich auch manche Frauen, die sich professionell entblößen. Zwischen diesen Entblößten und den Verhüllten gibt es übrigens frappante Parallelen. Zumindest bei den Propagandistinnen. Auch für die Prostitutionsbranche agiert und agitiert in den Medien eine sehr überschaubare Minderheit, die sich »gerne und freiwillig« prostituiert. Auch diese in der Regel immer gleichen sogenannten »Sexarbeiterinnen« werden als Beweis für das Nichtvorhandensein eines Problems zitiert. Schließlich tun sie es ja »freiwillig«.

Doch so wenig, wie wir bei den etwa 95 Prozent der hunderttausend aus Osteuropa in die deutschen Bordelle angekarrten Mädchen und Frauen von Freiwilligkeit reden können – so wenig können wir es bei den Millionen zwangsverhüllter Frauen in den islamischen Ländern, von Afghanistan über Iran bis Saudi-Arabien.

Und während Millionen Frauen in diesen Ländern unter Zwang unter diesem Leichentuch verschwinden, erlauben wir uns hierzulande die Koketterie, über »das Recht auf die Burka« zu diskutieren – statt Solidarität mit den Entrechteten zu flaggen. Eines hoffentlich nicht allzu fernen Tages wird vielleicht der Moment kommen, wo wir DemokratInnen uns schämen, eine solche Debatte überhaupt geführt zu haben.

*Aus: EMMA 6/2016*

# MeToo: Sexuelle Gewalt & Macht | 2018

Fangen wir von vorne an.
1. Herrschaft über Menschen lässt sich nur ausüben mittels Ausführung oder Androhung von Gewalt. So wie heute zum Beispiel in Iran Oppositionelle nur mit Gewehren auf die Knie und Frauen unter den Schleier gezwungen werden können; so wie Schwarze in Amerika über Jahrhunderte nur mit der Peitsche in Ketten gehalten werden konnten; so wurde die Domination von Männern über Frauen über Jahrtausende mittels indirekter und direkter Gewalt aufrechterhalten. Und jede, der es (noch) nicht passiert war, wusste: Es könnte auch mir passieren.

2. Im Machtverhältnis zwischen den Geschlechtern mischen sich Gewalt & Sexualität. Der als Erstes von Feministinnen erhobene Anspruch auf eine kommunikative und lustvolle Sexualität auch zwischen Männern und Frauen ist nicht alt. Über Jahrtausende war Sexualität eine Waffe gegen Frauen. Sie wurden im Krieg, in der Öffentlichkeit oder im Ehebett vergewaltigt und geschwängert. Gewalt & Sexualität waren untrennbar verbunden – und zwar für Männer wie Frauen. Für Frauen, weil sie dachten – oder gar noch immer denken –, das gehöre einfach dazu bei »den Männern«; und weil Frauen gefällig sind bzw. sein müssen.

3. Traditionell ist also schon die Gewalt an sich lustvoll besetzt für Männer – und zwar unabhängig von der Ausführung sexueller Handlungen (wie Penetration). Erst im Zuge der Emanzipation der Geschlechter wurde das infrage gestellt, versuchen Frauen wie Männer, Gewalt & Sexualität zu trennen. Doch nach Jahrtausenden braucht es dazu mehr als ein paar Jahrzehnte. Denn Sexualgewalt ist kein individueller Ausrutscher, sondern strukturell verankert; ein tiefes, dunkles Erbe. So kommt es, dass für so manchen Mann Gewalt gegen Frauen weiterhin lustbesetzt, ja die höchste Lust ist.

Womit wir bei den Harvey Weinsteins, Tariq Ramadans und Dieter Wedels dieser Welt wären. Solchen Männern geht es nicht nur um »Sex«, es geht um Domination, Demütigung und Gewaltausübung. Sie wollen erniedrigen, foltern, ficken.

Es fällt auf, dass die Frauen, die sagen, sie seien Opfer dieser Männer geworden, alle dasselbe berichten: von dem Amerikaner und Juden Weinstein, dem Sohn ägyptischer Eltern und Muslim Ramadan und dem Deutschen und christlich getauften Wedel. Die Verknüpfung von Gewalt & Sexualität ist kultur- und religionsübergreifend.

Alle drei pflegten offensichtlich die Frauen in ihre (Hotel-)Zimmer zu locken – einmal die Türen hinter ihnen geschlossen, veränderten sich ihre Gesichtszüge und ihr Benehmen schlagartig. Aus dem Menschen wurde ein Monster. Eine solche Inszenierung richtet sich nicht nur nach außen, um Angst zu machen, sondern auch nach innen, um sich groß zu fühlen: Er ist kein Mann mehr, er ist ein reißender Wolf. Das ist die Rolle, in die er sich hineinfantasiert, die ihn antörnt.

Solchen Männern stehen nun Frauen gegenüber, die genau gegenteilig konditioniert sind. Ihnen wurde suggeriert, sie müssten sich »hingeben«, sich erobern lassen, denn es gefalle Männern nicht, wenn eine Frau eine eigene Lust habe oder gar aktiv werde. Und wenn schon, dann gehöre wenigstens ein bisschen Widerstand dazu. Denn eine Frau, die es so einfach mit sich machen lasse, sei ein Flittchen. Und dann habe sie es auch nicht anders verdient!

Eine Frau, der so was passiert, die muss sich schämen. Das ist praktisch. Für die Männer. Denn die Frau wird sich aus Scham selber Vorwürfe machen und mit niemandem über das Vorgefallene reden. Bis die frühe feministische Parole »Die Scham ist vorbei!« Realität wird, braucht es wohl noch Generationen; bis sie so verinnerlicht ist – und die Verhältnisse entsprechend verändert sind –, dass eine sexuell gedemütigte Frau sich nicht mehr selber schämt, sondern begreift: Nicht ich, sondern der Täter muss sich schämen!

Literatur, Kunst, Popkultur – sie alle raunen bis heute die Geschichte vom Rotkäppchen und dem Wolf. Die schützende Mutter ist weit und die Großmutter, die inzwischen Bescheid weiß, schon gefressen (so, wie die feministischen Pionierinnen »von gestern« sind). Doch muss die Frau von heute gar nicht mehr in den Wald gehen, um vom Wolf gefressen zu werden. Sie ist in der Falle, umringt von drei Hürden.

Hürde Nr. 1: Die öffentliche Gewalt, in unserem Kulturkreis beschränkt auf dunkle Straßen und einsame Parks; in anderen Kulturkreisen noch allgegenwärtig. Hürde Nr. 2: Die sexuelle Gewalt im Beruf, psychisch in der Form von Belästigung, physisch als gewalttätiger Übergriff. Hürde Nr. 3: Die sexuelle Gewalt innerhalb von Beziehungen, vom sexuellen Missbrauch des Kindes bis zur Vergewaltigung der Ehefrau.

Die öffentliche (Sexual-)Gewalt ist eine allgegenwärtige Bedrohung, die den öffentlichen Raum für Frauen einschränkt. Bis heute steht auch unerschrockenen Frauen die Welt nicht so offen wie Männern. Sie müssen die Gefahr immer mitdenken – auch wenn sie ihr trotzen.

Die verharmlosend so genannte »sexuelle Belästigung« im Beruf hält Frauen unten und fern. In den traditionellen »Frauenberufen«, in denen Frauen die Mehrheit sind und eine Minderheit männlicher Chefs über sich haben, war lange überhaupt kein Denken an Gegenwehr. Die Fabrikarbeiterin, die sich gegen die Übergriffe des Vorarbeiters gewehrt, oder die Krankenschwester, die sich über den Chefarzt beschwert hätte, wäre umgehend geflogen. Dasselbe gilt für die Schauspielerin, die sich die Übergriffe des Regisseurs verboten hätte: Das wäre ihre letzte Rolle gewesen.

Erst das Eindringen von Frauen in sogenannte »Männerberufe« und ihr relativer Aufstieg in allen Branchen machen eine Gegenwehr heute überhaupt denkbar. Time's up! Selbst Stars in Hollywood haben Jahrzehnte geschwiegen, bis sie jetzt gewagt haben, wagen konnten zu reden.

Kommen wir zum Inner Circle, der (Sexual-)Gewalt innerhalb von Beziehungen, in Deutschland verschleiernd »häusliche Gewalt« genannt (als würden Häuser prügeln und nicht Männer). Hier, beim sexuellen Missbrauch von Kindern und der Gewalt gegen die eigene Freundin/Ehefrau, werden die Weichen gestellt, werden die Verhaltensmuster geprägt: Männer als Täter, Frauen als Opfer.

Darum ist der Fall Woody Allen noch viel ungeheuerlicher als der Fall Harvey Weinstein (so eine Steigerung überhaupt vorstellbar ist). Woody Allen vergriff sich an den eigenen (Adoptiv-)Kindern. Die konnten nicht gehen, das Grauen wartete zu Hause auf sie – und war auch noch für die Opfer kaum durchschaubar vermischt mit »Vertrauen« und »Liebe«.

Nicht zufällig hatte die neue Frauenbewegung vor knapp einem halben Jahrhundert genau da angesetzt: bei dem bis dahin verschwiegenen Missbrauch von Kindern und der als »Leidenschaft« oder »Liebe« verbrämten sexuellen Gewalt gegen die eigenen Frauen. Wir feministischen Pionierinnen nahmen diesen dunklen Kern als Erstes ins Visier: von Kate Milletts »Sexus und Herrschaft« über Shulamith Firestones »Sexuelle Revolution« bis hin zu meinem »Kleinen Unterschied«.

Seither ist viel passiert zwischen Frauen und Männern. Auch viel Positives. Sexualität wandelte sich für viele vom Machtinstrument zum Lustinstrument. Aber der Backlash ließ nicht auf sich warten. Allgegenwärtige Pornografie. Einseitige Libertinage. Anpassung von Frauen an männliche Normen.

Auf unserem Weg in die Welt werden wir Frauen also auch weiterhin diese drei Hürden zu nehmen haben. Und wo die Gewalt im Inner Circle endlich gebannt ist, taucht sie prompt im Beruf oder auf der Straße wieder auf.

Dass gerade jetzt der Beruf in den Fokus rückt, ist kein Zufall. Denn in der Berufswelt werden heute die Pfründe neu verteilt, Männer sollen rücken, um Frauen Platz zu machen. Frauen gehen in Männerberufe (zögerlich) und Frauenkarrieren werden gefördert (in Maßen). Das zentrale Abwehrinstrument der Männerwelt gegen die größere Teilhabe von Frauen bleibt die Gewalt bzw. Sexualgewalt. Darum geht es, um nichts anderes! Und darum ist die unter dem Schlagwort MeToo geführte Debatte so existenziell für uns alle.

*Aus: EMMA 2/2018*

# DANKSAGUNG

Ich danke Helge Malchow für Inspiration und Begleitung, den *EMMAs* für Engagement und Loyalität, insbesondere Margitta Hösel – und Bettina Flitner für alles.

# ANMERKUNGEN

### Wie halten Sie das aus, Frau Schwarzer?
1. Alice Schwarzer: »Der kleine Unterschied und seine großen Folgen«, Fischer Verlag, Frankfurt, 1975
2. Christian Schultz-Gerstein: »Wie Journalismus zur Menschenjagd wird«, *Die Zeit*, 16.7.1976
3. Phyllis Chesler: »Frauen, das verrückte Geschlecht«, Rowohlt, Reinbek, 1974
4. Phyllis Chesler: »Woman's Inhumanity to Woman«, Nation Books, 2002
5. Alice Schwarzer: »Lebenslauf«, Kiepenheuer & Witsch, Köln, 2011
6. Simone de Beauvoir: »Das andere Geschlecht«, Rowohlt, Reinbek, 1951
7. Hans-Ulrich Wehler: »Eine Lanze für Schwarzer«, *Die Weltwoche*, 21.5.2007

### Wer hat die Frauenbewegung gegründet?
1. Sina Walden: »Der Protest findet in aller Stille statt«, *Brigitte*, 6/1971, 5.3.1971
2. Ute Geißler, zitiert aus einem Interview 2019, Oral-Herstory-Projekt des FMT
3. Helke Sander: »Resümee – 50 Jahre nach dem Tomatenwurf«, Rede 14.9.2018, Akademie der Künste
4. Peter Brügge: »Die rosa Zeiten sind vorbei«, *Der Spiegel*, 48/1968
5. KD Wolff in: Clara Zetkin: »Zur Geschichte der proletarischen Frauenbewegung Deutschlands«, Verlag Roter Stern, Frankfurt, 1971
6. Alice Schwarzer: »Frauen gegen den § 218«, Suhrkamp, Frankfurt, 1971
7. Alice Schwarzer: »Frauenarbeit – Frauenbefreiung«, Suhrkamp, Frankfurt, 1973
8. »Der Frauenkalender«, hrsg. von Alice Schwarzer und Ursula Scheu, Frauenkalender-Selbstverlag 1974–2000

### Vilar, Feldbusch, Romy …
1. Senta Trömel-Plötz: »Ach, Alice …«, *EMMA* 6/1993
2. Patrick Jeudy: »Ein Abend mit Romy«, TV-Dokumentation, Arte, 2018

### Sexuelle Identitäten: Neue Freiheiten?
1. J. Bancroft/A. Kinsey: »Sexual Behavior in the Human Female«, Indiana University Press 1998
2. Alfred Kinsey: »Das sexuelle Verhalten der Frau«, G. B. Fischer, Frankfurt, 1954
3. Mary Jane Sherfey: »Die Potenz der Frau«, Kiepenheuer & Witsch, Köln, 1974
4. Helen O'Connell: Studie »The Anatomy of the Clitoris«, The Journal of Urology, 2005
5. Alice Schwarzer: »Auch das noch?«, *EMMA* 7/1984
6. Alice Schwarzer: »Brief an meine Schwester«, *EMMA* 1/1984
7. Meo Hellriegel-Rentzel: »Killersatellitenabwehrraketenstrahlenwaffen-All-Macht«, Courage 6/1981
8. Alice Schwarzer: »Nehmt Euch in Acht vor dem Hausfrauenlohn«, *Pardon* 9/1974

### Frauenarbeit – Männerarbeit
1. Alice Schwarzer: »Frauenarbeit – Frauenbefreiung«, Suhrkamp, Frankfurt, 1973
2. Bärbel Boy: »Ändert euch, dann helft ihr euch!«, *Die Zeit*, 11.3.2020

### Begegnungen mit Angela Merkel, 1991-2020
1. Angela Merkel, in: »Zu weit gegangen?« *EMMA* 4/1992
2. ibd.
3. Susan Faludi: »Die Männer schlagen zurück«, Rowohlt, Reinbek, 1993
4. Angela Merkel: »Die Töchter schlagen zurück«, *EMMA* 3/1993
5. Angela Merkel, Rede auf dem CDU-Bundesparteitag, 10.4.2000 in Essen
6. Alice Schwarzer: »Westerwelle, der Papst & ich«, *EMMA* 5/2004
7. Alice Schwarzer: »Verachtung der Demokratie«, *Der Spiegel*, 40/2005
8. »Eine Islamisierung Deutschlands sehe ich nicht«, Interview mit Angela Merkel, *FAZ*, 16.1.2015
9. Bürgerdialog mit Angela Merkel, Bern 3.9.2015

### EMMA: so fing es an!
1. Margarete Stokowski: »Der Hass radikalisiert mich«, konkret, 11/2018
2. SPD-Pressedienst »ppp«: »Alice Schwarzer – Die Ziege als Gärtnerin«, 10.9.1980
3. Adele Meyer: »Offene Antworten«, *EMMA* 5/1980
4. Margarete Mitscherlich-Nielsen: »Offene Antworten«, *EMMA* 5/1980

**Männer in EMMA**
1. Niklas Frank: »Sieben Zwerge bei Schneewittchen«, *Stern*, 23.6.1988
2. Holger Fuß: »Stimmung wie im Krematorium«, *Wiener*, Juli 1988

**Recht ist nicht gleich Gerechtigkeit**
1. Gerhard Mauz: »Ich hab' keine Erinnerung davon«, *Der Spiegel*, 15.11.1976, Nr. 47/1976

**Von der *Stern*-Klage bis zu PorNo**
1. Klageerwiderung Stern-Prozess, *EMMA* 8/1978
2. Andrea Dworkin: »Pornographie. Männer beherrschen Frauen«, *EMMA*-Verlag, Köln, 1988

**Missbrauch und Kinderfreunde à la Woody Allen**
1. Florence Rush: Das bestgehütete Geheimnis, sub rosa Frauenverlag, Berlin, 1982
2. Edo Reents: »Moral frisst Geist«, *FAZ*, 10.3.2020
3. Mia Farrow: »Dauer hat, was vergeht«, Lübbe Verlag, Bergisch Gladbach, 1997
4. Richter Elliot Wilk, Urteil Zivilprozess Woody Allen, Supreme Court, New York County, 7.6.1993
5. ibd.
6. Maureen Orth: »Woody Allens Tochter Dylan klagt an«, *EMMA* 1/2014
7. Alice Schwarzer, »Dear Ronan Farrow!«, *EMMA* 1/2019
8. Judith L. Herman: »Die Narben der Gewalt«, Droemer Knaur, München, 1994
9. Helmut Kentler: »Leihväter – Kinder brauchen Väter«, Rowohlt, Reinbek, 1989
10. Reinhart Wolff: »Mit dem gefährdeten Kind wird Politik gemacht«, *Psychologie heute*, Juli 1994

**Frauenhass: Aus Worten werden Taten**
1. Susan Brownmiller: »Gegen unseren Willen. Vergewaltigung und Männerherrschaft«, Fischer Verlag, Frankfurt, 1978
2. Gisela Friedrichsen: »Ein Ausholen zum Gegenschlag«, *Der Spiegel*, 2.11.1992, Nr. 45/1992
3. Jack Unterweger: »Fegefeuer oder die Reise ins Zuchthaus«, Maro Verlag, 1983
4. Norman Mailer: »Am Rande der Barbarei«, Herbig Verlag, München, 1952

**Prostitution und Menschenwürde**
1. Kate Millett: Das verkaufte Geschlecht. Die Frau zwischen Gesellschaft und Prostitution. Vorwort Alice Schwarzer, Kiepenheuer & Witsch, Köln, 1981

**Welchen Islam wollen wir?**
1. Arzu Toker: »Liebe Freundinnen des Kopftuchs«, *EMMA* 4/1993
2. Alice Schwarzer (Hrsg.): »Die Gotteskrieger und die falsche Toleranz«, KiWi, Köln, 2002
3. Alice Schwarzer (Hrsg.): »Die große Verschleierung. Für Integration, gegen Islamismus«, KiWi, Köln, 2010
4. Thilo Sarrazin: »Deutschland schafft sich ab«, DVA, München, 2010
5. Alice Schwarzer (Hrsg.): »Die große Verschleierung. Für Integration, gegen Islamismus«, KiWi, Köln, 2010
6. Konferenz »Das islamische Kopftuch – Symbol der Würde oder der Unterdrückung?«, Universität Frankfurt 8.5.2019, Video auf Youtube: www.youtube.com/watch?v=daV4aGWOjb4&feature=emb_logo
7. Alice Schwarzer: »Meine algerische Familie«, Kiepenheuer & Witsch, Köln, 2018

**Unvereinbar? Soldatinnen und Pazifistinnen**
1. Alice Schwarzer: »Frauen ins Militär?«, *EMMA* 6/1978
2. Chantal Louis: »Kreil gegen Deutschland«, *EMMA* 1/2000

**West-Feministinnen und Ost-Genossinnen**
1. Irmtraud Morgner: »Leben und Abenteuer der Trobadora Beatriz«, Aufbau Verlag, Berlin/DDR, 1974
2. Irmtraud Morgner: »Jetzt oder nie! Die Frauen sind die Hälfte des Volkes«, *EMMA* 2/1990

**Judenhass und Frauenhass**
1. Delphine Horvilleur: »Überlegungen zur Frage des Antisemitismus«, Hanser Berlin, 2020
2. Otto Weininger: »Geschlecht und Charakter«, Braumüller & Co, Wien, 1903

**Von Köln bis Algier: der Silvester-Schock**
1. Kamel Daoud, in: Alice Schwarzer (Hrsg.): Der Schock – die Silvesternacht von Köln, KiWi, Köln, 2016
2. Alice Schwarzer: »Meine algerische Familie«, Kiepenheuer & Witsch, Köln, 2018

**Menschen brauchen Vorbilder**
1. Alice Schwarzer: »Romy Schneider. Mythos und Leben«, KiWi, Köln, 1998
2. Alice Schwarzer: »Marion Dönhoff – Ein widerständiges Leben«, Kiepenheuer & Witsch, Köln, 1996
3. Patrick Jeudy: »Ein Abend mit Romy«, TV-Dokumentation, Arte, 2018
4. Alice Schwarzer: »Eine tödliche Liebe – Petra Kelly + Gert Bastian«, Kiepenheuer & Witsch, Köln, 1993
5. Alice Schwarzer/Barbara Maia: »Liebe Alice! Liebe Barbara! Briefe an die beste Freundin«, Kiepenheuer & Witsch, 2005
6. Alice Schwarzer: »Simone de Beauvoir. Weggefährtinnen im Gespräch«, KiWi, Köln, 2007
7. Alice Schwarzer: »Simone de Beauvoir live 1973« (DVD), *EMMA*-Verlag, Köln, 2008
8. Kate Kirkpatrick: Simone de Beauvoir: ein modernes Leben, Piper, München, 2020

# BILDNACHWEIS

Alle Fotos: privat – außer:
S. 1: Walter Vogel
S. 3 unten: Medienzentrum Wuppertal
S. 4: Bruno Pietszch (2)
S. 7 oben: Uwe Schaffrath, unten: Bettina Flitner
S. 8: Walter Vogel (2)
S. 9: Bettina Flitner (2)
S. 10 unten: Gabriele Jakobi
S. 11 Mitte: bpk/Abisag Tüllmann
S. 12 oben: Sven Simon, unten: Radio Bremen
S. 13 oben: Bettina Flitner, unten: ddp/Axel Schmidt
S. 14 oben: WDR, unten: ZDF
S. 15 oben: Gabriele Jakobi, unten: Bettina Flitner
S. 16 oben: Rainer Wirtz (1), unten: Bettina Flitner
S. 17 unten: Marion Gräfin Dönhoff
S. 18 oben: Bettina Flitner (2), unten: dpa/Boris Roessler
S. 19 oben: imago images/Sven Simon, unten: Renate Hempel
S. 21 unten: Michael von Aulock
S. 22/23: Bettina Flitner (4)
S. 24/25: Bettina Flitner (3)
S. 26: Bettina Flitner (2)
S. 27 oben: Bettina Flitner, unten: Peter Rakoczy
S. 29: picture alliance/Reuters
S. 32: Bettina Flitner

# PERSONENREGISTER

Ackermann, Sr. Lea 226
Allen, Woody 149, 192–197, 460
Améry, Jean 187
Ates, Seyran 235
Augstein, Jakob 150
Augstein, Rudolf 49, 56 f., 63, 82, 140, 174, 177, 339, 342
Augspurg, Anita 30
Aust, Stefan 101, 126

Baader, Andreas 48 f., 191
Bachmann, Ingeborg 190
Badinter, Élisabeth 270 f., 274, 305
Bardot, Brigitte 62
Bartsch, Jürgen 162
Bastian, Charlotte 295
Bastian, Gert 153, 295
Bausch, Pina 291, 309
Bayer, Angelika 210 f., 378–385
Beauvoir, Simone de 12 f., 19, 24, 33, 38 f., 48, 50, 231, 233, 291, 296, 297–300, 304, 316, 336, 340
Becker, Franziska 108, 137, 148 ff.
Bergmann, Christine 247, 249
Bisky, Lothar 268
Böll, Heinrich 140
Bohley, Bärbel 261
Bouvier, Volker 95
Brandt, Willy 47
Braun, Eva 147 ff.
Brownmiller, Susan 18, 207, 218, 343, 397
Bruno (Pietszch) 41, 46 f., 68, 86, 204, 304

Bubis, Ignatz 54, 213, 272 f., 402, 419 ff.
Butler, Judith 41, 443

Chafiq, Chalah 233
Chesler, Phyllis 18
Cohen, Annie 41
Cohn-Bendit, Daniel 49, 191, 414–418
Constabel, Sabine 227

Däubler-Gmelin, Herta 178
Daoud, Kamel 275, 284, 287, 452
Deneuve, Catherine 40 f.
Deter, Ina 151
Diana, Lady 154, 367
Diekmann, Kai 57
Dönhoff, Friedrich 294
Dönhoff, Marion Gräfin 56, 294 f.
Dohm, Hedwig 13, 80, 150, 152
Dohnal, Johanna 254
Driest, Burkhard 56, 163, 206 f.
Dworkin, Andrea 18, 137, 177

Elyas, Nadeem 239
Emcke, Carolin 150
Engelschall, Manfred 175
Erbakan, Amina 240
Erbakan, Necmettin 240
Erpenbeck, Jenny 262

Faludi, Susan 13, 81, 97, 99, 258
Farrow, Dylan 149, 192–196
Farrow, Mia 193–197

Farrow, Ronan 192 ff., 196 f.
Feldbusch, Verona 57–61
Firestone, Shulamith 13, 18, 46, 337, 461
Flitner, Bettina 75, 108, 144, 148, 223, 229 f., 263, 287, 315, 402, 406, 410
Foucault, Michel 23, 233
Frank, Niklas 141 ff.
Friedrichsen, Gisela 162, 164, 215
Frisch, Peter 240, 427
Fuchsberger, Joachim 62
Fuß, Holger 141 ff.

Geiger, Michaela 62 f., 247, 259
Geißler, Heiner 98, 103, 253
Geißler, Ute 35
George, Götz 143
Geyer, Klaus 213 f.
Geyer-Iwand, Veronika 214
Goebbels, Joseph 148 f.
Gottschalk, Thomas 141, 143
Gouges, Olympe de 13, 80, 312
Gremliza, Hermann 117, 139
Greno, Franz 139
Gross, Johannes 53
Gümüsay, Kübra 284, 287

Haag, Romy 151
Hagen, Nina 151
Heidenreich, Elke 119
Heitmeyer, Wilhelm 282
Hempel-Soos, Karin 131
Herman, Judith L. 198
Heymann, Lida Gustava 30
Hildebrandt, Regine 247, 249, 253
Hitler, Adolf 148, 215, 270, 272, 274, 295, 389
Hösel, Margitta 100, 137 f., 138, 149
Hofmann, Wilfried Murad 109, 239, 426

Honecker, Erich 263, 266
Honka, Fritz 163 f.
Horvilleur, Delphine 274
Huffzky, Hans 139
Hussein, Saddam 99, 388 f.

Jauch, Günther 63
Jelinek, Elfriede 291
Jetzschmann, Frieda 261 f.

Kachelmann, Jörg 165 f., 193, 208 ff.
Karasek, Hellmuth 54, 177
Kayman, Murat 236 f.
Kelek, Necla 235
Keller, Anett 137
Kelly, Petra 153, 253, 295
Kentler, Helmut 163, 199 f.
Kerner, Johannes B. 57, 59
Khomeini, Ayatollah 232 ff., 241, 427, 450
Kinkel, Klaus 239
Kinsey, Alfred 70, 332, 334, 357
Knobloch, Charlotte 272
Kohl, Hannelore 53
Kohl, Helmut 53, 95, 99, 145, 248, 250
Kreil, Tanja 259
Kreisky, Bruno 254
Kruse, Joseph 310

Lange-Müller, Katja 266
Laqueur, Thomas 184
Lautmann, Rüdiger 199
Lerner, Gerda 149
Leutheusser-Schnarrenberger, Sabine 247, 249
Leyen, Ursula von der 91, 103, 107, 114, 156, 250 f., 260
Lindenberg, Udo 143, 145
Löwitsch, Klaus 62 f.
Lorenzo, Giovanni di 126

Louis, Chantal 77
Lovelace, Linda 183
Ludin, Fereshta 240, 427, 454
Lundi, Monika 56, 163, 206 f.

MacKinnon, Catherine 184, 376
Macron, Emmanuel 110
Männle, Ursula 103, 248
Maia, Barbara 295 f.
Maier, Sepp 62
Malchow, Helge 287
Mallmann, Angelika 134 f.
Mandel, Ernest 37
Martin, Claude 310
Marx, Karl 37 f.
Mauz, Gerhard 162, 164, 213
Mazyek, Aiman 109
Meibom, Irmgard von 51, 253
Meinhof, Ulrike 415
Meisner, Joachim 306 ff.
Merkel, Angela 20, 54, 95–108, 111–116, 226, 250, 252, 260, 435 f., 444–447, 452, 455
Merseburger, Peter 47 f.
Merz, Friedrich 95, 99, 114
Messaoudi-Toumi, Khalida 241
Meyer, Adele 132
Meysel, Inge 174, 272
Millett, Kate 13, 18, 220 f., 230, 296, 359 f., 363 f., 461
Mitscherlich, Margarete 22, 132, 153, 274, 296 f., 309, 341
Möbius, Julius 81
Möllemann, Jürgen 239
Mohammed, Hesham Ahmad 285
Morgan, Robin 18, 68
Morgner, Irmtraud 153, 262 ff., 266, 296
Müller, Peter 95
Müller-Luckmann, Elisabeth 165

Nannen, Henri 174, 176, 339, 341
Newton, Helmut 173, 391–395
Nüsslein-Volhard, Christiane 108, 291

O'Connell, Helen 73
Oettinger, Günther 95
Oltmanns, Reimar 176
Oppenheim, Meret 291, 304
Orbach, Susie 154 f.
Otto-Peters, Louise 152

Paczensky, Susanne von 271
Peschel-Gutzeit, Lore Maria 173, 176, 247, 249
Pfefferkorn, Elisabeth 315
Pluhar, Erika 174
Poschardt, Ulf 126
Primor, Avi 310

Rasimus, Irina 136
Reemtsma, Jan Philipp 302
Röhl, Klaus Rainer 415, 417
Ross, Annika 134
Rudloff, Jürgen 223 f.

Sachs, Gunter 61
Sahwil, Reem 111
Saint Laurent, Yves 24
Sander, Helke 36
Sarrazin, Thilo 241
Sartre, Jean-Paul 19, 48 f., 191, 233, 293, 298 ff., 336, 352
Schimmel, Annemarie 238 f., 424
Schirrmacher, Frank 273, 419 ff.
Schlei, Marie 253
Schmidt, Helmut 129 f., 189, 250, 253
Schmidt, Renate 107, 177, 251
Schmidt, Ulla 156 f., 177, 247, 252
Schmidt, Gunter 333

Schneider, Romy 29, 63, 122, 294, 304
Schock-Werner, Barbara 276 f.
Scholz, Gustav »Bubi« 163, 212 f.
Scholz-Kling, Gertrud 148
Schoppe, Waltraud 248
Schröder, Gerhard 53, 95, 98 f., 102–107, 248, 250 f., 434–437, 446
Schröter, Susanne 243
Schulz-Gerstein, Christian 17 f.
Schwarzer, Ernst 20
Schwarzer, Margarete 21, 309
Schwenn, Johann 208
Seckler, Herbert 61
Seddiki, Djamila 287 ff.
Semler, Christian 49
Senfft, Heinrich 174 f.
Seyrig, Delphine 41, 304
Sherfey, Mary Jane 72 f., 335
Singer, Peter 238
Sinnen, Hella von 149, 152
Smudo 144
Sollwedel, Inge 51
Sotoudeh, Nasrin 234
Steinem, Gloria 18, 121
Stöcker, Helene 30
Stokowski, Margarete 125
Strauß, Franz Josef 129, 145, 263
Sürücü, Hatun 218
Süssmuth, Rita 103, 117, 247, 253, 402, 404

Thatcher, Margaret 107, 257
Toker, Arzu 237 f.

Trotta, Margarethe von 174, 291

Unterweger, Jack 215 f.
Ursula (Scheu) 47 f., 50

Vilar, Esther 15 f., 53–57, 60 f., 63, 117

Wallraff, Günter 37
Walser, Martin 273, 419 ff.
Walter, Franz 200
Wehler, Hans-Ulrich 25
Wehner, Herbert 47
Weidner, Stephan 54
Weininger, Otto 274
Weinstein, Harvey 160 f., 165, 192, 196, 205, 458 ff.
Westerwelle, Guido 100 f., 104
Wettig-Danielmeier, Inge 131
Wiens, Paul 263
Wild, Gisela 173, 175
Wilk, Elliot 195
Wittig, Monique 41 f.
Wolf, Christa 262
Wolf, Gerhard 264
Wolf, Markus 27
Wolff, Karl Dietrich 38
Wolff, Reinhardt 199 f.
Woolf, Virginia 13, 24, 152 f., 190
Wulff, Christian 95, 435

Zelensky, Anne 41, 231
Zetkin, Clara 38

In großer Offenheit schreibt Alice Schwarzer in »Lebenslauf«, über das, was sie geprägt hat: über ihr schwieriges Verhältnis zur Mutter, ihre Kindheit auf dem Dorf und die Jugend in Wuppertal. Über den ersten Kuss, ihr Leben als Korrespondentin und den euphorischen Aufbruch der Pariser Frauenbewegung. Über ihre frühen feministischen Aktionen gegen den § 218 und den Skandal vom »Kleinen Unterschied« – bis hin zur EMMA-Gründung.

# Weitere Titel von Alice Schwarzer bei Kiepenheuer & Witsch

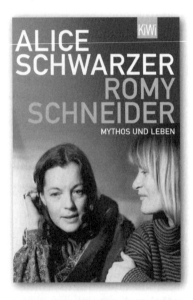

Leseproben und mehr unter www.kiwi-verlag.de

# Eine Reportage wie ein schillernder Familienroman

Seit Jahrzehnten hat Alice Schwarzer eine enge und liebevolle Beziehung zu einer Familie in Algerien, die in ihrer Vielfalt und Lebendigkeit ein Abbild dieses nordafrikanischen Landes zwischen Tradition und Moderne ist, zwischen islamistischer Bedrohung und demokratischen Hoffnungen.

Kiepenheuer & Witsch

Leseproben und mehr unter www.kiwi-verlag.de

# EIN 1/2 JAHR

## EMMA. BLEIBT MUTIG!

## emma.de

# EMMA TESTEN

## EMMA. ZUR PROBE!

**3 Hefte frei Haus Für nur 18 €** (statt 30)

Karte schicken/mailen
emma@zenit-presse.de
oder www.emma.de/abo
Hotline 0711/7252-285

**aliceschwarzer.de**

# Weitere Titel von Alice Schwarzer bei Kiepenheuer & Witsch

Leseproben und mehr unter www.kiwi-verlag.de